Külp/Berthold
Grundlagen der Wirtschaftspolitik

Grundlagen der Wirtschaftspolitik

von

Dr. Bernhard Külp
Ordinarius für Volkswirtschaftslehre
an der Albert-Ludwigs-Universität Freiburg

Dr. Norbert Berthold
Ordinarius für Volkswirtschaftslehre
an der Julius-Maximilians-Universität Würzburg

Verlag Franz Vahlen München

Die Deutsche Bibliothek – CIP-Einheitsaufnahme

Külp, Bernhard:
Grundlagen der Wirtschaftspolitik / von Bernhard Külp ; Norbert Berthold. – München : Vahlen, 1992
  ISBN 3-8006-1695-5
NE: Berthold, Norbert:

ISBN 3-8006-1695-5

© 1992 Verlag Franz Vahlen GmbH, München
Satz und Druck: Appl, Wemding
Gedruckt auf alterungsbeständigem (säurefreiem) Papier gemäß der ANSI-Norm für Bibliotheken

Vorwort

Der Inhalt dieses Lehrbuches ist aus Vorlesungen hervorgegangen, die die Autoren an der Albert-Ludwigs-Universität Freiburg und der Bayrischen Julius-Maximilians-Universität Würzburg gehalten haben. Mit diesem Buch soll vor allem in die Betrachtungsweise der Wirtschaftspolitiklehre eingeführt und aufgezeigt werden, auf welche Art und Weise der Wirtschaftswissenschaftler einen Beitrag leisten kann, um dringende wirtschaftspolitische Probleme zu lösen. Die einzelnen Kapitel sind – wo immer es sinnvoll erschien – so konzipiert, daß zunächst die theoretischen Grundlagen gelegt werden, die dann anhand ausgewählter Fallbeispiele veranschaulicht werden. Dies soll den Leser auch dazu anregen, das wirtschaftspolitische Instrumentarium selbständig auf aktuelle Probleme anzuwenden.

Dieses Lehrbuch unterscheidet sich von anderen u.a. durch zwei Elemente: Zum einen wird die Interdependenz von wirtschaftlichem und politischem System explizit in die Überlegungen einbezogen. Da die Güte wirtschaftspolitischer Aktivitäten in starkem Maße auch davon abhängt, wie funktionsfähig die politischen Märkte sind, erscheint es notwendig, den politischen Willensbildungsprozeß in demokratischen Gesellschaften etwas näher unter die Lupe zu nehmen (Kapitel 6). Zum anderen wird aber auch eine umfassende Ordnungsanalyse durchgeführt. Dabei wird nicht nur versucht, Antworten auf die Frage zu geben, wie und wie effizient sich individuelles Handeln in unterschiedlichen Ordnungssystemen koordinieren läßt (Kapitel 8) und welche Elemente konkrete Ordnungstypen enthalten (Kapitel 9), sondern auch der – nach dem Zusammenbruch zentralverwaltungswirtschaftlicher Ordnungen – spannenden Frage nachgegangen, was den Wandel von Ordnungen bestimmt (Kapitel 10).

Auf dem langen Weg von der Idee zu einem solchen Buch, den verschiedenen Fassungen bis zum fertigen Manuskript haben uns viele geholfen. Für kritische Hinweise, wertvolle Anregungen und zahlreiche Verbesserungsvorschläge möchten wir uns aber vor allem bei Herrn Dipl.-Vw. *Michael Grömling* bedanken, der auch das Stichwortverzeichnis erstellt hat.

Freiburg und Würzburg, *Bernhard Külp*
im Sommer 1992 *Norbert Berthold*

Inhaltsverzeichnis

Vorwort V

Kapitel 1: Gegenstand und Aufgaben der Wirtschaftspolitiklehre 1

1.1 Zur Definition der Wirtschaftspolitik 1
1.2 Abgrenzung der Wirtschaftspolitik gegenüber anderen Politikbereichen 7
1.3 Die Einteilung der Wirtschaftspolitik nach Zielen, Mitteln und Trägern 10
1.4 Wirtschaftspolitiklehre im Sinne einer Anwendung der Wirtschaftstheorie 16
1.5 Wirtschaftspolitiklehre als Entscheidungshilfe 19
1.6 Wirtschaftspolitiklehre als Analyse der politischen Prozesse (Ökonomik der Politik) 23
1.7 Die Beziehungen zwischen Wirtschaftspolitiklehre und anderen Wissenschaftszweigen 26

Kapitel 2: Zur Methode in den Wirtschaftswissenschaften 31

2.1 Der Methodenstreit in der Geschichte der Wirtschaftswissenschaft ... 31
    2.11 Theorie versus historische Schule 31
    2.12 Die Forderung nach Werturteilsfreiheit 32
    2.13 Die neoklassische Theorie 32
2.2 Die Denkinstrumente 34
2.3 Aussagen über Faktenzusammenhänge 37
    2.31 Die Forderung nach Allgemeingültigkeit 37
    2.32 Verifizierung versus Falsifizierung 39
    2.33 Das Problem der Kausalität 40
    2.34 Quantitative versus qualitative Analyse 42
    2.35 Statische versus dynamische Analyse 43
2.4 Zur Werturteilsproblematik 44
    2.41 Bewertungen als Erkenntnisobjekt der Wissenschaft 46
    2.42 Bewertungen als Voraussetzung der Wissenschaft: Das Wertbasisproblem 47
    2.43 Bewertungen als Ergebnis wissenschaftlichen Arbeitens ... 52

Kapitel 3: Zielanalyse 61

3.1 Die Frage nach dem normativen Gehalt wirtschaftspolitischer Ziele 62
    3.11 Beispiel: Forderung nach „gerechter" Verteilung 65
3.2 Die Frage nach der Aktualität wirtschaftspolitischer Ziele 69

	3.21 Beispiel: Beschäftigungspolitischer Handlungsbedarf	74
3.3	Die Frage nach der Begründung wirtschaftspolitischer Ziele	76
	3.31 Beispiel: Gründe für Inflationsbekämpfung	81
3.4	Die Frage nach den Zielkonflikten	83
	3.41 Beispiel: Außenwirtschaftliches versus binnenwirtschaftliches Gleichgewicht	89

Kapitel 4: Mittelanalyse ... 93

4.1	Die Frage nach der Konkretisierung wirtschaftspolitischer Mittel	93
	4.11 Beispiel: Charakterisierung des Investivlohnes und der investiven Gewinnbeteiligung	94
4.2	Die Frage nach dem Eigenwert wirtschaftspolitischer Mittel	97
	4.21 Beispiel: Staatsverschuldung	98
4.3	Die Frage nach der Effizienz wirtschaftspolitischer Mittel	100
	4.31 Beispiel: Expansive Fiskalpolitik als Mittel der Beschäftigungspolitik?	104
4.4	Die Frage nach den Sekundärwirkungen wirtschaftspolitischer Mittel	106
	4.41 Beispiel: Beschäftigungsprogramme und ihr unerwünschter Einfluß auf die Einkommensverteilung	109
4.5	Die Frage nach der Systemkonformität wirtschaftspolitischer Mittel	111
	4.51 Beispiel: Zur Marktkonformität außenwirtschaftlicher Maßnahmen	116

Kapitel 5: Trägeranalyse ... 119

5.1	Die Frage nach den charakteristischen Merkmalen wirtschaftspolitischer Träger	120
	5.11 Beispiel: Die Entscheidungsstrukturen unterschiedlicher Notenbanken in der Bundesrepublik und Frankreich	124
5.2	Die Frage nach dem Eigenwert wirtschaftspolitischer Träger	126
	5.21 Beispiel: Subsidiarität als politischer Eigenwert	129
5.3	Die Frage nach der Eignung wirtschaftspolitischer Träger: Die Interessenkollision	131
	5.31 Beispiel: Expansive Lohnpolitik der Gewerkschaften und ihre Eignung als Beschäftigungspolitik	134
5.4	Die Frage nach der Eignung wirtschaftspolitischer Träger: Mangelnde Möglichkeiten	136
	5.41 Beispiel: Mangelnde Möglichkeiten einer Gemeinde zur Konjunkturpolitik	137

Kapitel 6: Analyse des politischen Willensbildungsprozesses ... 141

6.1	Demokratische Wahlen als Koordinationsmechanismus zwischen Politikern und Wählern	141
	6.11 Beispiel: Der politische Konjunkturzyklus	144
6.2	Die Bedeutung von Verbänden im demokratischen Willensbildungsprozeß	146
	6.21 Beispiel: Protektionismus als Folge lobbyistischen Einflusses	150

6.3	Die Rolle der Bürokratie in einer Demokratie	153
	6.31 Beispiel: Verstärkung des Verbändeeinflusses über die Bürokratie .	156
6.4	Föderalismus als Lösungsmechanismus	157
	6.41 Beispiel: Der Wettbewerb der Gemeinden bei der Industrieansiedlung	159
6.5	Internationale Kooperation	161
	6.51 Spieltheoretische Ansätze zur Erklärung internationaler Kooperation	166
6.6	Die Rolle der Wissenschaft bei der Politikberatung	168
	6.61 Beispiel: Rahmenbedingungen für Politikberatung durch Wissenschaftler	171

Kapitel 7: Der Beitrag der Wohlfahrtsökonomik zur Wirtschaftspolitiklehre . . 177

7.1	Problemstellung	177
7.2	Wertprämissen der traditionellen Wohlfahrtstheorie	179
7.3	Das Wohlfahrtsoptimum	180
	7.31 Beispiel: Das Meade'sche Handelsoptimum	183
7.4	Die Theorie des Zweitbesten	186
	7.41 Beispiel: Deutsche Währungsunion als second best-Lösung	189
7.5	Die Kompensationskriterien	190
	7.51 Beispiel: Enteignungen im Zusammenhang mit dem Straßenbau . .	193
7.6	Die Cost-benefit-Analyse	194
	7.61 Beispiel: Industrieansiedlung aufgrund einer cost-benefit-Analyse .	195
7.7	Das Rentenkonzept als Instrument des Wohlfahrtsvergleichs	197
	7.71 Beispiel: Marktinterventionen versus Subventionen für die Landwirtschaft	199
7.8	Distributive Ansätze der Wohlfahrtstheorie	201
	7.81 Beispiel: Entwicklungshilfe als Ausfluß externer Nutzenfunktionen	203

Kapitel 8: Ordnungsanalyse 205

8.1	Problemstellung	205
8.2	Die charakteristischen Merkmale der einzelnen Ordnungstypen	205
8.3	Die unterschiedliche Zieleignung der einzelnen Ordnungssysteme	216
8.4	Zur Pathologie der einzelnen Ordnungssysteme	222

Kapitel 9: Ordnungskonzeptionen 227

9.1	Liberale Ordnungskonzeptionen	229
9.2	Die Konzeption einer staatlich gelenkten Marktwirtschaft	232
9.3	Staatlich-planwirtschaftliche Konzeptionen	235

Kapitel 10: Entstehung und Zerfall von Ordnungen 239

10.1	Problemeinführung	239
10.2	Unterscheidung stabiler und instabiler Systeme	240
10.3	Bestimmungsgrund: Entwicklungsstand	246
10.4	Interdependenz der Ordnungen	250

10.5 Stützung einer Ordnung durch ausländische Mächte 253
10.6 Der Einfluß von Ideen und Persönlichkeiten 256
10.7 Eigendynamik der Systeme? 259
10.8 Zur Konvergenzthese 261

Literaturverzeichnis 267

Sachverzeichnis 279

Kapitel 1:
Gegenstand und Aufgaben der Wirtschaftspolitiklehre

1.1 Zur Definition der Wirtschaftspolitik

Vermutlich bringen die meisten Laien ein gewisses Verständnis darüber mit, welche politischen Maßnahmen und Einrichtungen der Wirtschaftspolitik zugerechnet werden. So dürfte z. B. Einigkeit darüber bestehen, daß eine von der Notenbank durchgeführte Diskontsatzsenkung zur Konjunkturbelebung eine wirtschaftspolitische Maßnahme darstellt. Sowohl der Träger der Maßnahme (die Notenbank) als auch die mit dieser Maßnahme angestrebte Zielsetzung (Belebung der Konjunktur) sowie das Mittel selbst (Diskontsatzsenkung) sind – nach allgemeinem Verständnis – wirtschaftspolitischer Art. Andererseits dürfte gleichfalls Einigkeit darüber bestehen, daß der Beitritt der Bundesrepublik zur UNO zumindest nicht primär als eine wirtschaftspolitische Maßnahme einzustufen ist, da hier weder der Träger (der Gesamtstaat) noch die Zielsetzung (Integration der Bundesrepublik in die Staatengemeinschaft der Welt), noch das Mittel (Beitrittserklärung) primär dem wirtschaftspolitischen Bereich zuzurechnen sind.

Trotz dieses gemeinsamen Vorverständnisses bei einem großen Teil der zur Diskussion stehenden wirtschaftspolitischen Maßnahmen dürfte sich der Laie in vielen Fällen nicht darüber klar sein, ob eine Maßnahme der Wirtschaftspolitik zugerechnet werden soll oder nicht. Machen wir uns diesen Zusammenhang an drei Beispielen klar:

1. Der Bundesverband der Industrie gebe an seine Mitglieder die Empfehlung, Preisdisziplin zu wahren. Fraglich ist hier, ob ein privater Verband überhaupt als Träger der Wirtschaftspolitik bezeichnet werden kann.
2. Die Bundesregierung beschließe eine Erhöhung des Kindergeldes, um auf diese Weise der Bevölkerungsstagnation entgegenzuwirken, die sich aber de facto nur konjunkturbelebend auswirke. Handelt es sich hierbei um Wirtschaftspolitik? Die Zielsetzung ist gesellschaftspolitischer Art, die tatsächlichen Wirkungen beziehen sich jedoch annahmegemäß auf einen wirtschaftspolitischen Problembereich (Konjunkturbelebung). Kommt es also auf das angestrebte Ziel oder auf die tatsächliche Wirkung an, um eine Maßnahme als wirtschaftspolitisch zu bezeichnen?
3. Die Bundesregierung gewähre dem polnischen Staat zinsvergünstigte Kredite im Rahmen der Wiedergutmachung. Von der Zielsetzung her handelt es sich hier sicherlich nicht um Wirtschaftspolitik, wohl aber vom eingesetzten Mittel her. Entscheidet also die Zielsetzung oder die Mittelwahl darüber, ob wir eine Maßnahme wirtschaftspolitisch nennen oder nicht?

Bereits diese drei Beispiele machen deutlich, daß im Rahmen einer wissenschaftlichen Auseinandersetzung in einem ersten Schritt festzulegen ist, was genau unter Wirtschaftspolitik verstanden werden soll. Dazu wollen wir uns kurz daran erinnern, welche Aufgaben eine Definition innerhalb einer wissenschaftlichen Analyse erfüllt. Begriffe sind Werkzeuge einer wissenschaftlichen Analyse von Sachzusammenhängen. Deshalb gilt zumindest für Erfahrungswissenschaften – und hierzu zählt auch die Wirtschaftswissenschaft –, daß es bei Begriffsbestimmungen nicht darum geht, das Wesen einer Sache zu bestimmen (Realdefinition), sondern vielmehr darum, im Sinne einer Vereinbarung festzulegen, welche Erkenntnisgegenstände einem Begriff zweckmäßigerweise zugerechnet werden sollen (Nominaldefinition).

Eine solche Nominaldefinition kann deshalb auch nicht falsch oder wahr sein, sie wird vielmehr allein nach ihrer Zweckmäßigkeit beurteilt. Nominaldefinitionen ergeben sich deshalb auch nicht „aus der Natur der Sache", ebenso können sie nicht generell zweckmäßig sein. Je nach dem Zweck können unterschiedliche Definitionen angezeigt sein. Die Zweckmäßigkeit einer wissenschaftlichen Definition wird hierbei danach gemessen, ob sie den Erkenntnisfortschritt fördert oder nicht.

Die Zweckmäßigkeit einer wissenschaftlichen Definition dürfte vor allem von folgenden drei Kriterien abhängen: Erstens kommt es darauf an, die Definition eng an den üblichen Sprachgebrauch anzulehnen. Auf diese Weise können Mißverständnisse beim Gebrauch bestimmter Begriffe vermieden werden. Nur so ist damit zu rechnen, daß man zu einheitlichen Definitionen und zu einer gegenseitigen Verständigung kommt.

Zweitens sollte eine Definition operational in dem Sinne sein, daß man für jeden beliebigen Erkenntnisgegenstand eindeutig bestimmen kann, ob er unter einen Begriff fällt oder nicht. Dieses Ziel wird üblicherweise dadurch erreicht, daß die Merkmale genau bestimmt werden, die ein Objekt aufweisen muß, um unter diesen Begriff zu fallen. Diese Operationalität ist deshalb von Bedeutung, weil sie eine der Voraussetzungen für eine empirische Überpüfung von Theorien darstellt.

Drittens schließlich müssen Definitionen problemadäquat bestimmt werden. Nur wenn in den Definitionen Sachverhalte zusammengefaßt werden, die ähnlichen Gesetzmäßigkeiten unterliegen, kann man damit rechnen, daß man zu allgemeinen Theorien vorstößt, die über die gemeinsamen Bestimmungsgründe bestimmter Tatbestände informieren. Das Kriterium der Problemadäquanz verlangt auch, Begriffe wertneutral zu definieren: Ob ein Gegenstand einem Begriff zugerechnet wird, darf nicht davon abhängig gemacht werden, ob man selbst diesen Gegenstand gutheißt oder nicht. Die Ursachen eines Ereignisses oder die Wirkung einer Maßnahme hängen ja nicht davon ab, wie ein neutraler Beobachter diese beurteilt.

Diese drei Kriterien können allerdings im allgemeinen nur teilweise erfüllt werden, u. a. deshalb, weil die genannten Kriterien in einem Konflikt zueinander stehen. So sind die meisten Begriffe in einem unsystematischen sprachlichen Prozeß gewachsen. Gerade deshalb wird man häufig nur dann dem Kriterium der Problemadäquanz entsprechen können, wenn man vom üblichen Sprachgebrauch mehr oder weniger abweicht und diejenigen Erkenntnisgegenstände vom Begriffsinhalt ausklammert, von denen ganz andere Wirkungen ausgehen als von den typischen Erkenntnisobjekten.

Fragen wir uns auf der Grundlage dieser Überlegungen, was man zweckmäßigerweise unter Wirtschaftspolitik versteht. Einigkeit dürfte darin bestehen, daß es sich hierbei um jenen Teilausschnitt der Politik handelt, der sich auf wirtschaftliche Aktivitäten bezieht. Unterschiedliche Interpretationen beginnen jedoch bereits dann, wenn man festlegt, was als „Politik" und was als „Wirtschaft" zu gelten hat.

Drei Definitionen werden besonders häufig gebraucht: Politik wird erstens mit Ziel-Mittel-Systemen in Verbindung gebracht. Wenn man jemanden danach fragt, welche Politik er verfolge, so befragt man ihn nicht nur nach seinen Zielen, sondern auch nach den Mitteln (Wegen), die er einzuschlagen beabsichtigt. Im Rahmen der systemtheoretischen Literatur ist es vor allem *T. Parsons*, der die Zielfestlegung einer Gruppe (goal attainment) als **politische** Funktion definiert.

Eng hiermit zusammen hängt eine Begriffsbestimmung, nach der politische Fragen **Bewertungsprobleme** darstellen. So wird oftmals im Rahmen der Wissenschaft davon gesprochen, daß ein bestimmtes Problem nicht mehr wissenschaftlich, sondern nur politisch gelöst werden könne. Hiermit ist gemeint, daß die Problemlösung eine Bewertung notwendig macht.

Eine hiervon abweichende, zweite Definition des Politischen liegt vor, wenn man politische Probleme mit **Machtfragen** gleichsetzt. Überall dort, wo Probleme nur mit Machteinsatz gelöst werden können, spricht man in diesem Fall von politischen Problemen.

Eine dritte, ebenfalls häufige Definition beschränkt den politischen Bereich auf alle Aktivitäten des **Staates**. Eine Maßnahme wird in diesem Falle deshalb zur politischen Maßnahme, weil sie vom Staat ausgeht, wobei der Träger „Staat" selbst wiederum recht unterschiedlich definiert wird (z. B. mit oder ohne die Gemeinden, mit oder ohne die Notenbank etc.).

In ähnlicher Weise unterscheiden wir im üblichen Sprachgebrauch auch unterschiedliche Definitionen des Wirtschaftlichen. Häufig werden unter wirtschaftlichen Maßnahmen alle Handlungen verstanden, bei denen das sogenannte **wirtschaftliche Prinzip** befolgt wird: Dieses verlangt, knappe Ressourcen so einzusetzen, daß bei gegebenem Aufwand der Ertrag maximiert bzw. bei gegebenem angestrebtem Ertrag der Aufwand minimiert wird. Beide Formulierungen haben gemeinsam, daß das Verhältnis von Ertrag zu Aufwand maximiert werden soll. Ferner wird zweitens Wirtschaften auch mit **nutzenmaximierendem** Verhalten gleichgesetzt. Drittens schließlich wird Wirtschaften bisweilen sehr eng nur auf **produzierende** Tätigkeiten bezogen.

Keiner dieser genannten Begriffe des Politischen und des Wirtschaftlichen befriedigt im Rahmen einer wissenschaftlichen Analyse. Wenn wir Politik mit Zielfestlegung gleichsetzen, so fassen wir recht heterogene Dinge zusammen: Aktivitäten einzelner Personen ebenso wie Aktivitäten, die im Namen von Gruppen durchgeführt werden, weiterhin so unterschiedliche Maßnahmen, wie Entscheidungen von Kirchenbehörden, von Regierungen und von Unternehmungen. Im Grunde genommen fällt hier jegliche menschliche Aktivität, soweit ihr nur rationale Entscheidungen zugrundeliegen, in die Klasse der politischen Maßnahmen: Da mit wissenschaftlichen Methoden ohnehin fast nur Rationalentscheidungen analysiert werden können, hieße dies fast den Gesamtkomplex menschlicher Aktivitäten dem politischen Bereich zuzuordnen, obwohl Politik lediglich ein Teilsystem menschlicher Handlungen neben anderen darstellen soll.

Ähnlich unzweckmäßig ist es, jede Ausübung von Macht dem Politischen zuzurechnen. Auch hier gilt es festzustellen, daß es recht unterschiedliche Ursachen von Macht gibt: Wir unterscheiden üblicherweise **kulturelle,** auf Wissen und Charisma beruhende Macht, **wirtschaftliche,** also auf Besitz und Verfügung zurückführbare Macht und schließlich **politische,** im Auftrag einer Gruppe ausgeübte Macht. Je nachdem, welche dieser unterschiedlichen Bestimmungsgründe der Macht angesprochen sind, dürften unterschiedliche Gesetzmäßigkeiten gelten und gerade deshalb dürfte es unzweckmäßig sein, alle diese Bereiche unter dem Begriff der Politik zusammenzufassen.

Unzweckmäßig ist es schließlich, Politik ex definitione mit allen Aktivitäten des Staates gleichzusetzen. Auf der einen Seite gibt es eine Reihe von Aktivitäten, die von nichtstaatlichen Trägern ausgeübt werden, die aber trotzdem ähnlichen Gesetzmäßigkeiten unterliegen wie die Entscheidungen des Staates – dies dürfte z.B. für die Politik der Tarifverbände gelten. Auf der anderen Seite kann der Staat auch recht unterschiedliche Tätigkeiten ausüben. Nehmen wir beispielsweise den Fall, daß die Produktion von Gütern verstaatlicht wird. Bei der Güterproduktion geht es jedoch um ganz andere Entscheidungsprobleme als etwa im Rahmen der Vollbeschäftigungspolitik, unabhängig davon, daß beides in diesem Beispiel in den Aufgabenbereich des Staates fällt. Gegen die Gleichsetzung des wirtschaftlichen mit dem ökonomischen Prinzip spricht allein schon der Umstand, daß auch in anderen Wissensdisziplinen, beispielsweise in der Biologie und Psychologie, Prozesse mit einem „ökonomischen" Prinzip erklärt werden.

Will man jede nutzenmaximierende Aktivität dem Bereich der Wirtschaft zuordnen, so wird auch hier wiederum fast der Gesamtbereich menschlicher Aktivitäten einem einzigen Teilbereich der Gesellschaft zugeordnet, obwohl auch der Bereich der Wirtschaft nur als Teilbereich neben anderen verstanden wird. Schließlich wäre es unzweckmäßig, nur produzierende Tätigkeiten dem Begriff der Wirtschaft zuzurechnen. Auch hier gilt, daß beispielsweise der reine Tausch oder der Konsum mit produzierenden Tätigkeiten soviel Gemeinsamkeiten aufweisen, daß es unklug wäre, diese Aktivitäten in verschiedenen Wissensdisziplinen zu behandeln.

Wir wollen bei unseren weiteren Überlegungen davon ausgehen, daß jeder Mensch – unabhängig davon, welche Lebensziele er im einzelnen verfolgt – drei Arten von Leistungen benötigt: materielle Güter, Regelungen sozialer Beziehungen, insbesondere einen Schutz vor Eingriffen anderer, und ein Minimum an Wissen. Diese drei Aufgaben sind in den entwickelten Gesellschaften arbeitsteilig organisierten Subsystemen des gesellschaftlichen Gesamtssystems übertragen.

Die Erfüllung der ersten Aufgabe, die Bereitstellung materieller Güter, wird vor allem deshalb zu einem Problem, weil die materiellen Güter im allgemeinen **knapp** sind. Der Vorrat an materiellen Gütern – einschließlich der Dienstleistungen – ist geringer als der Bedarf. Daneben müssen die materiellen Güter in der Regel erst aufbereitet werden, um konsumiert werden zu können. Wir sprechen hierbei von **mangelnder Konsumreife,** die eine Produktion der Güter voraussetzt. Schließlich sind oftmals mehrere Alternativen möglich, so daß eine Entscheidung notwendig wird, welcher der technisch möglichen Verwendungsarten die knappen Ressourcen zugeführt werden sollen (**Allokationsproblematik**).

Eine Bereitstellung der materiellen Güter kann hierbei in drei unterschiedlichen Aktivitäten bestehen: Erstens in der **Produktion,** wobei wir unter diesen Begriff alle Aktivitäten zusammenfassen, durch die materielle Güter der Konsumreife zugeführt werden. Hierzu zählt u. a. die Gewinnung von Rohstoffen, die Verarbeitung und Veredelung von Produkten, aber auch der Transport der Güter an den Ort des Konsums. Die Bereitstellung materieller Güter umfaßt zweitens auch die Übertragung eines Gutes von einer Person zur anderen, wobei in einem marktwirtschaftlichen System die häufigste Form der **Übertragung** der Kauf darstellt. Bereitstellung materieller Güter umfaßt drittens schließlich auch die **Konsumtion** selbst, also den Ge- oder Verbrauch materieller Güter, die letzte Stufe der Konsumreifung materieller Güter. Diesem Bereich kann auch die Reproduktion der Produktionsfaktoren zugerechnet werden.

Alle Aktivitäten, die in der Produktion, in der Übertragung oder im Konsum materieller Güter bestehen, wollen wir als wirtschaftliche Handlungen und alle Einrichtungen, die vorwiegend diese drei Aktivitäten regeln, als wirtschaftliche Einrichtungen bezeichnen. Die Gesamtheit aller wirtschaftlichen Einrichtungen soll als wirtschaftliches Subsystem der Gesellschaft zusammengefaßt werden.

Im Gegensatz zum üblichen Sprachgebrauch wird hier die Bereitstellung von Dienstleistungen nur soweit dem wirtschaftlichen Bereich zugeordnet als sie auf direkte oder indirekte Weise der Bereitstellung materieller Güter dient. Richtet sich die Endnachfrage der Konsumenten auf die Dienstleistung selbst, so soll die Bereitstellung dieser Leistungen als das Ergebnis eines nichtwirtschaftlichen Subsystems aufgefaßt werden. So wird z. B. die wissenschaftliche Beratung auch dann als Ergebnis des kulturellen Subsystems aufgefaßt, wenn es sich hierbei um Beratung über wirtschaftliche Zusammenhänge handelt, die u. U. sogar organisatorisch in Form einer Unternehmung betrieben wird, sofern sie nur um ihrer selbst willen nachgefragt wird und nicht nur deshalb, um die Bereitstellung materieller Güter zu fördern.

Andererseits rechnen wir z. B. die Dienstleistungen des Friseurs dem Wirtschaftsbereich zu, da der Konsument letztendlich am Haarschnitt, also an materiellen Ergebnissen, und nicht an der Tätigkeit des Haarschneidens als solcher, also an der Dienstleistung, interessiert sein dürfte. In ähnlicher Weise wollen wir die Dienstleistungen im Bankenbereich zum wirtschaftlichen Bereich zählen, weil auch hier letztlich die Nachfrage von der Endnachfrage nach Gütern abgeleitet werden kann.

Die Erfüllung der zweiten Aufgabe, die Regelung der sozialen Beziehungen wird deshalb zum Problem, weil ein Großteil der individuellen Aktivitäten die Interessen anderer negativ berührt (wir sprechen davon, daß individuelle Handlungen **externe Effekte** auslösen), und weil jede **arbeitsteilige** Lösung eines Problems die Festsetzung von Rechten und Pflichten der einzelnen Mitglieder einer Gemeinschaft voraussetzt. Eine solche Festsetzung von Rechten und Pflichten im Namen einer Gesamtgruppe und vor allem ihre Durchsetzung – notfalls unter Einsatz von physischen Machtmitteln – wollen wir als eine politische Aktivität bezeichnen und alle Einrichtungen, die vorwiegend dieser Aufgabe dienen, als politische Einrichtungen definieren. Dabei bildet die Gesamtheit aller politischen Einrichtungen das politische Subsystem einer Gesellschaft.

Dem Recht eines Individuums entspricht hierbei die Pflicht eines anderen. Wenn z. B. die Staatsorgane als Vertreter der Gesamtheit das Recht auf Steuererhebung haben, so entspricht diesem Steuerrecht des Staates die Steuerpflicht der einzelnen Bürger. Die Festsetzung von Pflichten besteht jedoch in Einschränkungen der individuellen Handlungsfreiheit, die sich teilweise als Einzelbeschränkungen, teilweise als allgemeine, das individuelle Handeln einschränkende oder bestimmende **Regeln** äußern können.

Zum besseren Verständnis dieses Begriffes des Politischen sei auf zweierlei hingewiesen. Wir fragen im Rahmen der Begriffsbestimmung erstens nicht nach der Zielsetzung, die mit der Festlegung von Rechten und Pflichten angestrebt wird; die mit dieser Festsetzung verbundene Verteilung der Handlungsräume kann, muß aber nicht Selbstzweck sein, da mit einer politischen Aktivität auch andere Ziele verfolgt werden können, wobei die Festsetzung von Rechten und Pflichten in diesem Fall nur Mittel zum Zweck darstellt. Mit anderen Worten: Es ist die Festsetzung und Durchsetzung von Rechten und Pflichten, die eine Aktivität zu einer politischen macht, und nicht die Zielsetzung, die mit dieser Aktivität verfolgt wird.

Zweitens hängt es von den jeweiligen politischen Leitbildern ab, inwieweit das Gesamtorgan einer Gruppe (z. B. der Staat) die Rechte, die es zu schützen gilt, selbst autoritär festlegt oder deren inhaltliche Bestimmung den Beteiligten überläßt. Dem Leitbild eines freiheitlichen Rechtsstaates entspricht es, daß die Beteiligten weitgehend selbst über die Aufteilung der Rechte und Pflichten befinden, so etwa beim Abschluß eines Kaufvertrages. Der politische Aspekt eines Kaufvertrages besteht nun nicht darin, daß die am Kauf Beteiligten ihre Rechte und Pflichten gegenseitig festlegen, sondern darin, daß der Staat einem Kaufvertrag dann, wenn er bestimmten allgemeinen Kriterien entspricht, einen Rechtsschutz verleiht.

Zur politischen Aktivität zählen Kodifizierungen von Gesetzen, die bestimmen, unter welchen Voraussetzungen Kaufverträge einen staatlichen Rechtsschutz erlangen und ggf. darüber hinaus die richterlichen und polizeilichen Tätigkeiten bei Verletzung des Kaufvertrages durch eine der Vertragsparteien. Obwohl wir ein Beispiel aus dem wirtschaftlichen Bereich angeführt haben, um die Verbindung des wirtschaftlichen mit dem politischen Subsystem zu verdeutlichen, erstrecken sich die politischen Aktivitäten auf alle Bereiche des gesellschaftlichen Lebens.

Wie erwähnt, stellt die Wissensvermittlung eine dritte Grundaufgabe dar, die in unserer Gesellschaft ebenfalls vorwiegend im Rahmen eines besonderen Subsystems gelöst wird. Im Gegensatz zum Tier ist beim Menschen das Verhalten nicht vorwiegend durch Instinkte und Reflexe geprägt, der Mensch ist – um mit *A. Gehlen* zu sprechen – plastisch, d. h. der Formung bedürftig, und er bedarf gerade deshalb der Wissensvermittlung. Dieses Wissen kann sich hierbei

a) auf das logische Verstehen von Zusammenhängen (**theoretisches Wissen**) oder aber auf das Einüben von Aktivitäten (**praktisches Wissen**) richten. Weiterhin läßt sich

b) zwischen **normativem** und **explikativem** Wissen unterscheiden, wobei sich das normative Wissen auf Zielsetzungen und Werte, das explikative Wissen auf Fakten- und Sachzusammenhänge bezieht. Schließlich ist

c) die Unterscheidung zwischen Wissen über **natur-** und **sozialwissenschaftliche** Regelmäßigkeiten von Bedeutung. Die Gesamtheit aller wissensvermittelnden

Tätigkeiten sei als kulturelle Tätigkeiten, die Gesamtheit der Einrichtungen, die vorwiegend diesen Tätigkeiten dienen, als kulturelle Einrichtungen definiert. Wiederum gilt, daß die Gesamtheit aller kulturellen Einrichtungen zum kulturellen Subsystem der Gesellschaft zusammengefaßt wird.

Wir haben nun davon auszugehen, daß die Leistungen (der Output) der einzelnen Subsysteme nicht nur den einzelnen Individuen unmittelbar zugute kommen, sondern gleichzeitig die Voraussetzung (den Input) für das Funktionieren des betreffenden Subsystemes selbst und der anderen Subsysteme bilden. Insofern stehen die einzelnen Subsysteme in einem **interdependenten Verhältnis** zueinander.

Für das wirtschaftliche Subsystem gilt z. B.: Der wirtschaftliche Output besteht in der Bereitstellung materieller Güter, und diese materiellen Güter werden zum Teil wieder zur Erfüllung der Aufgaben aller drei Subsysteme benötigt. So kann der Staat nur dann einen effektiven Rechtsschutz gewähren, wenn er vom wirtschaftlichen Subsystem materielle Güter zur Verfügung gestellt bekommt; in ähnlicher Weise kann z. B. eine Universität ihre Aufgabe der Wissensvermittlung ebenfalls nur dann erfüllen, wenn sie über materielle Güter verfügt. Mit anderen Worten: Der Output des wirtschaftlichen Subsystems wird zu einem beachtlichen Teil zum Input der anderen Subsysteme. Aber auch das wirtschaftliche Subsystem selbst benötigt als Inputfaktoren u. a. materielle Güter; die Produktion von Endprodukten setzt z. B. den Besitz von Rohstoffen, Zwischenprodukten und Investitionsanlagen voraus.

Gleichermaßen setzen die Produktion und der Tausch materieller Güter den Output nicht nur des wirtschaftlichen, sondern auch den der beiden anderen Subsysteme als Input voraus. Ebenso erfordert der Konsum den Einsatz technischen und organisatorischen Wissens. So ist eine reibungslose Produktion materieller Güter nur möglich, wenn die Unternehmung über Kenntnisse der technischen Produktionsprozesse (also über den Output des kulturellen Systems) verfügt und wenn gleichzeitig der Staat mit seinen Machtmitteln die Durchsetzung der zwischen den Beteiligten vereinbarten Rechte und Pflichten garantiert (Output des politischen Systems).

Wir sind nun in der Lage, entsprechend diesen Überlegungen den Begriff „Wirtschaftspolitik" zu definieren. Legen wir diese Einteilung der Gesellschaft in Subsysteme zugrunde, so können wir als Wirtschaftspolitik jenen Teilausschnitt von Regelungen (Output des politischen Systems) verstehen, die sich auf wirtschaftliche Aktivitäten beziehen.

1.2 Abgrenzung der Wirtschaftspolitik gegenüber anderen Politikbereichen

Im vorhergehenden Abschnitt haben wir den Begriff „Wirtschaftspolitik" inhaltlich konkretisiert. Dieser Begriff wird noch klarer, wenn wir ihn anderen, verwandten Begriffen gegenüberstellen. Wir hatten bereits darauf hingewiesen, daß das Funktionieren aller drei Subsysteme die Regelung der sozialen Beziehungen voraussetzt. Genauso wie wir die vom politischen System ausgehenden Regelungen des wirtschaftlichen Handelns als Wirtschaftspolitik definiert haben, lassen sich nun die vom politischen System ausgehenden Regelungen des kulturellen Lebens als Kulturpolitik bezeichnen. Schließlich gilt, daß auch das politische System selbst bestimmter Regelungen bedarf, die wir als Innenpolitik bezeichnen, wenn die politischen Beziehungen innerhalb einer Gemeinschaft geregelt werden, als Außenpolitik hingegen, wenn die Beziehungen zwischen mehreren politischen Gemeinschaften zur Diskussion stehen.

Während es sich bei dieser Unterscheidung zwischen Wirtschafts-, Kultur-, Innen- und Außenpolitik um zumeist eindeutig getrennte Bereiche handelt, sind die Begriffe „Wirtschaftspolitik" auf der einen und „Sozial- und Gesellschaftspolitik" auf der anderen Seite nicht so eindeutig zu trennen. Wohl kein Teilbereich der Politik wird so kontrovers definiert wie derjenige der „Sozialpolitik". Es würde den Rahmen einer Einführung überschreiten, wollten wir hier die Fülle der unterschiedlichen Definitionen der Sozialpolitik vorstellen. Wir wollen uns hier darauf beschränken, einige der am häufigsten gebrauchten Begriffe der Sozialpolitik darzustellen. Hierbei sei von zwei Unterscheidungen ausgegangen.

Die Politik kann – soweit sie sich auf wirtschaftliche Aktivitäten bezieht – in stärkerem Maße einen Einfluß auf die Bereitstellung der **materiellen Güter** bezwecken oder die **Nebenbedingungen** wirtschaftlichen Handelns zu beeinflussen versuchen. So liegt der primäre Zweck einer Unternehmung in der Güterproduktion; gleichzeitig werden jedoch im Zusammenhang mit ihrer Produktionstätigkeit andere Ziele, wie z. B. Erhaltung der Gesundheit der Arbeitnehmer, sozialer Frieden etc., negativ oder positiv berührt. Beabsichtigt der Politiker die Beeinflussung der Güterproduktion selbst, so wollen wir von einer Einflußnahme auf den materiellen Output des wirtschaftlichen Systems sprechen; zielt jedoch die Politik auf Beeinflussung der Nebenbedingungen (zumeist auf immaterielle Faktoren, wie z. B. Gesunderhaltung) ab, so wollen wir von einer Einflußnahme auf den **immateriellen** Output sprechen.

Zweitens können die politischen Maßnahmen danach eingeteilt werden, ob stärker die Produktion oder die Verteilung der Güter durch politische Maßnahmen beeinflußt werden soll. Wir erhalten durch Kombination dieser Merkmale vier Bereiche (siehe Abbildung 1) und können anhand dieses Schaubildes recht anschaulich die verschiedenen Sozialpolitikbegriffe und ihre Beziehungen zur Wirtschaftspolitik darstellen.

	Produktion	Verteilung
materieller Output	1	2
immaterieller Output	3	4

Abb. 1: Grobe Abgrenzung von Wirtschafts- und Sozialpolitik

E. Liefmann-Keil faßt unter Sozialpolitik alle politischen Maßnahmen zur Beeinflussung der Einkommens- und Vermögensverteilung zusammen. Dieser erste Begriff bezieht sich auf den Teilbereich 2. Im allgemeinen wird jedoch der Begriff „Sozialpolitik" weiter gefaßt, und es werden darunter alle Maßnahmen subsumiert, die

1.2 Abgrenzung der Wirtschaftspolitik

zum Schutze von Teilgruppen der Gesellschaft durchgeführt werden, unabhängig davon, ob die Begünstigungen in materiellen oder immateriellen Gütern bestehen. So spricht etwa *G. Weisser* bei Sozialpolitik von einer Politik, die die Lebenslage sozial Schwacher verbessern soll. Da fast jede Begünstigung einer Teilgruppe Belastungen für andere Teilgruppen mit sich bringt, liegt auch hier eine Umverteilung vor. Dieser zweite Begriff bezieht sich in unserem Schaubild auf die Teilbereiche 2 und 4.

In der Literatur wird bisweilen jedoch mit dem Begriff „Sozialpolitik" auch ein ganz anderer Problembereich angesprochen. So gingen z. B. die **Kathedersozialisten** davon aus, daß die Güterproduktion für die beteiligten Arbeitnehmer unerwünschte negative Auswirkungen auf immaterielle Ziele, z. B. auf das Sicherheits- oder Gesundheitsbedürfnis hat, und daß es Aufgabe der Sozialpolitik sei, im Sinne einer Korrekturpolitik diese unerwünschten Sekundärwirkungen der Produktionstätigkeit zu verringern. Sozialpolitik in diesem Sinne bezieht sich nun nicht mehr primär auf den materiellen, sondern auf den immateriellen Output des Wirtschaftssystems. Diese Art von Sozialpolitik kann hierbei einmal darauf zielen, das **Niveau** der immateriellen Güter oder aber auch die **Verteilung** dieser Güter zu beeinflussen. Somit deckt sich dieser 3. Begriff von Sozialpolitik in Schaubild 1 mit den Teilbereichen 3 und 4. Da im allgemeinen in der Verwirklichung von Gerechtigkeitsvorstellungen über die Einkommens- und Vermögensverteilung ein immaterieller Output sui generis gesehen wird, können wir auch die Teilbereiche 2 bis 4 der Sozialpolitik zurechnen.

Im vorhergehenden Abschnitt hatten wir Wirtschaftspolitik mit allen politischen Maßnahmen gleichgesetzt, die das wirtschaftliche Handeln zu regeln versuchen. In diesem Sinne deckt sich Wirtschaftspolitik in unserem Schaubild mit dem Gesamtbereich 1 bis 4. Nun wird bisweilen in der Literatur der Begriff „Wirtschaftspolitik" auch etwas enger gefaßt und lediglich in der engsten Version auf Teilbereich 1, oftmals aber auf die beiden Teilbereiche 1 und 2 beschränkt.

		Produktion	Verteilung
	materieller Output	1	2
immat. Output	Freiheit	3a	4a
	Sicherheit etc.	3b	4b

Abb. 2: Konkretere Abgrenzung von Wirtschafts- und Sozialpolitik

Allerdings wird traditionell die Ordnungspolitik, soweit sie an der Erhaltung der individuellen Freiheit orientiert ist, ebenfalls der Wirtschaftspolitik zugerechnet. Man könnte deshalb Abbildung 1 dahingehend modifizieren, daß wir die Teilbereiche 3 und 4 nochmals untergliedern in die Teilbereiche 3a und 4a, die sich auf Maßnahmen beziehen, welche der Erhaltung der individuellen Freiheit gelten, und in sonstige Maßnahmen zur Sicherung immaterieller Werte, wie insbesondere jene der sozialen Sicherung, Gesunderhaltung, Erhaltung des sozialen Friedens (Teilbereiche 3b und 4b). In diesem Falle würde dann Wirtschaftspolitik im engeren Sinne den Teilbereichen 1, 2, 3a und 4a gleichgesetzt, während sich Sozialpolitik auf die verbleibenden Teilbereiche 3b und 4b beziehen würde. (Siehe Abbildung 2.) Je nach Definition der Sozialpolitik ergeben sich somit recht unterschiedliche Abgrenzungen zur Wirtschaftspolitik.

Was versteht man schließlich unter **Gesellschaftspolitik**? Soweit dieser Begriff nicht einfach für die Realisierung ganz bestimmter Leitbilder der Sozialpolitik reserviert wird, bezieht er sich auf die Gesamtgesellschaft, umfaßt also neben Einflußnahme auf das wirtschaftliche Subsystem ebenfalls Einflußnahme auf die beiden übrigen Subsysteme. Wie bei der Sozialpolitik lassen sich auch bei diesem Begriff verschiedene Varianten unterscheiden, je nachdem, ob dieser Begriff an Verteilungsaspekten oder aber an der Einflußnahme auf die Nebenbedingungen eines Subsystems orientiert wird. Da sich die Gesellschaftspolitik bei einer solchen Abgrenzung zu einem großen Teil auf die nichtwirtschaftlichen Subsysteme bezieht, können wir auf weitere Analysen dieses Begriffes in diesem Buch verzichten.

1.3 Die Einteilung der Wirtschaftspolitik nach Zielen, Mitteln und Trägern

Nachdem wir dargelegt haben, was wir unter Wirtschaftspolitik verstehen und wie sie als Ganzes gegenüber anderen Teilbereichen der Politik abzugrenzen ist, wollen wir uns im folgenden den Möglichkeiten einer Untergliederung der Wirtschaftspolitik zuwenden.

Der Gesamtkomplex der Wirtschaftspolitik läßt sich nach verschiedenen Kriterien untergliedern. Eine solche Einteilung kann sich hierbei sowohl auf unterschiedliche Ziele, als auch auf unterschiedliche Mittel oder Träger beziehen. Versuchen wir zunächst die Begriffe Ziele und Mittel zu präzisieren.

Wenn wir im folgenden von Zielen der Wirtschaftspolitik sprechen, so beziehen wir diesen Begriff stets auf die mit den wirtschaftspolitischen Maßnahmen beabsichtigten Wirkungen mit denen diese Maßnahmen von seiten der Politiker gerechtfertigt werden. Wir fragen somit nicht nach den **letzten Motiven**, die die Politiker zu bestimmten Maßnahmen veranlaßt haben. Diese Beschränkung auf die **beabsichtigten** Wirkungen ist gerechtfertigt, da eine Motivforschung oftmals gar nicht möglich, für das im Rahmen der Wirtschaftswissenschaft angegangene Problem zumeist auch nicht notwendig ist.

Motivforschung ist im wirtschaftspolitischen Bereich oftmals vor allem deshalb nicht möglich oder zumindest sehr schwierig, weil in der Realität Prozesse wirksam sind, die auf eine Verschleierung der tatsächlichen Motive hinwirken. Der einzelne politisch Handelnde stellt sich oftmals besser, wenn er seine wahren Präferenzen nicht äußert. So haben z. B. die einzelnen Abteilungen der staatlichen Bürokratie ein Interesse daran, bei der jährlichen Budgetaufstellung einen überhöhten Bedarf auszuweisen. Im allgemeinen wird damit gerechnet, daß die Summe der Budgetanforderungen aller Bürokratieabteilungen die zur Verfügung stehende Finanzsumme übersteigt und daß dann die tatsächlichen Zuweisungen proportional zum angemeldeten Bedarf gekürzt werden. Eine einzelne Abteilung hofft in diesem Falle bei Anmeldung eines überhöhten Bedarfs im Endergebnis Zuteilungen zu erhalten, die dem tatsächlichen Bedarf besser entsprechen. Diese Motive überhöhter Budgetanforderungen müssen nun durch Argumente verdeckt werden, die sachlich gerechtfertigt erscheinen, will man nicht von vornherein eine Kürzung seiner Budgetanforderungen riskieren.

Eine Motivforschung ist im Rahmen wirtschaftspolitischer Probleme in der Regel auch gar nicht notwendig, da die Wohlfahrt einer Bevölkerung davon abhängt, über welche materiellen und immateriellen Güter die einzelnen aufgrund der politischen Maßnahmen verfügen können, nicht aber davon, aufgrund welcher letzter Motive diese Maßnahmen von den Politikern ergriffen wurden. Für die wirtschafts- und sozialpolitische Beurteilung der *Bismarck*schen Sozialgesetzgebung ist z. B. von Bedeutung, wie sich dieser Maßnahmenkomplex auf den Gesundheitszustand und die Sicherheit der Bevölkerung ausgewirkt hat, nicht aber inwieweit *Bismarck* diese Maßnahmen letztlich aus Gründen der Staatsräson oder des Gemeinwohles ergriffen hat.

In welchem Verhältnis stehen Ziele und Mittel zueinander, wann sprechen wir von einem **Ziel** und wann von einem **Mittel**? Als erstes gilt es festzuhalten, daß die politischen Aktivitätsbereiche nicht aufgrund ihrer natürlichen Merkmale in Ziel- und Mittelbereiche eingeteilt werden können. Jede politisch ausgelöste Zustandsveränderung oder Einwirkung auf einen Prozeß kann durch einen politischen Willensakt zum Ziel oder aber zum Mittel für ein übergeordnetes Ziel erklärt werden. Es liegt also nicht in der Natur der Sache, sondern in der politischen Entscheidung des jeweiligen Politikers, ob wir eine politische Aktivität als Ziel oder Mittel einzustufen haben.

Allerdings besteht zwischen Zielen und Mitteln ein theoretischer Zusammenhang, aufgrund dessen Aktivitäten nur dann zu Mitteln für übergeordnete Ziele erklärt werden sollten, wenn vom Mittel die erwünschten Wirkungen auf die Zielgröße ausgehen. Da die Richtung dieser Wirkungszusammenhänge zumeist durch Gesetzmäßigkeiten festliegt, lassen sich somit bei einer rationalen Politik Ziele und Mittel nicht beliebig austauschen.

Die Diskontsatzsenkung z. B. kann als Mittel zur Investitionsanregung angesehen werden, da man von der Annahme ausgehen kann, daß Diskontsatzsenkungen tatsächlich investitionsanregende Wirkungen haben. Umgekehrt führt jedoch eine Investitionssteigerung nicht zu einer Diskontsatzsenkung (eher zu einer Erhöhung). Eine Erhöhung der staatlichen Investitionstätigkeit kann man deshalb auch nicht als Mittel zur Diskontsatzsenkung einsetzen. Es ist allerdings denkbar, daß die Politiker aus Unkenntnis der faktischen Zusammenhänge Mittel einsetzen, die für das angestrebte Ziel ungeeignet sind, es handelt sich dann immer noch um Mittel, allerdings um unwirksame Mittel.

Bei der Abgrenzung von Zielen und Mitteln muß zweitens die Existenz von **Zielhierarchien** berücksichtigt werden. Ein Ziel kann nämlich selbst wiederum als Mittel für ein anderes übergeordnetes Ziel angesehen werden. Auf der untersten Stufe stehe z. B. das Mittel Diskontsatzsenkung der Notenbank, das dem Ziele diene, die private Investitionstätigkeit anzuregen. Die Belebung der Investitionstätigkeit sei jedoch selbst wiederum Mittel zur Erhöhung des Sozialproduktes, dies sei wiederum erwünscht, um den Handlungsspielraum der Individuen zu erhöhen usw.

Nach diesen Überlegungen ließe sich als vorläufige Definition festlegen, daß man immer dann von Zielen spricht, wenn eine politische Aktivität um ihrer **selbst willen** angestrebt wird, von Mitteln hingegen dann, wenn sie lediglich als **Instrument** zur Realisierung eines übergeordneten Zieles betrachtet wird. So wäre eine Diskontsatzsenkung ein Mittel, da die Zinssenkung nicht um ihrer selbst willen, sondern deshalb durchgeführt wird, um Investitionen anzuregen. Vollbeschäftigung wäre hingegen ein wirtschaftspolitisches Ziel, da einer Vollbeschäftigung ein Eigenwert zuerkannt wird.

Diese vorläufige Definition stößt jedoch auf Schwierigkeiten, da in praxi fast alle wirtschaftspolitischen Mittel gleichzeitig einen gewissen (positiven oder negativen) Eigenwert besitzen und andererseits wegen der bereits angedeuteten Zielhierarchiebeziehungen fast jedes Ziel auch Mittelcharakter gegenüber anderen Zielgrößen aufweist. Nun ließe sich zwar diese Schwierigkeit dadurch überwinden, daß eine Einteilung in Ziele und Mittel danach vorgenommen wird, ob jeweils der Mittelcharakter oder der Eigenwert im Einzelfalle überwiegt; trotzdem würden wir auch dann noch mit dem üblichen Sprachgebrauch in Konflikt geraten, wonach beispielsweise die Preisniveaustabilisierung als Ziel definiert wird, obwohl diesem Ziel nur ein geringer Eigenwert zuerkannt wird.

Hier spricht man deshalb von einem Ziel, weil die Politiker in Marktwirtschaften keine Möglichkeit haben, das Preisniveau unmittelbar (z. B. über einen generellen Preisstop) zu beeinflussen, sondern zu indirekten Mitteln greifen müssen, um eine Preisniveaustabilität zu erreichen. In diesem Sinne wird die Preisniveaustabilität trotz geringem Eigenwert zum Ziel, da das Preisniveau politisch nicht unmittelbar **kontrolliert** werden kann. Wir wollen deshalb im folgenden immer nur dann von Mitteln sprechen, wenn der Politiker diese Größen **unmittelbar politisch kontrollieren** kann, bei einer nur mittelbaren Kontrolle über eine dritte Einflußgröße jedoch von Zielen sprechen.

Wenn wir nun den Gesamtkomplex Wirtschaftspolitik nach **Zielen** untergliedern, kann diese Unterteilung prinzipiell nach Ziel**bereichen** oder aber auch nach Ziel**inhalten** erfolgen. Von Zielbereichen sprechen wir, wenn lediglich die Fragestellung, nicht aber die geforderte Lösung angesprochen wird. Sprechen wir hingegen von einer liberalen Politik, geben wir zumeist in groben Umrissen an, welche Lösungskonzepte der Politik zugrundeliegen sollen, wir beziehen uns also hier auf den Zielinhalt. Eine Definition der Ziele nach Zielinhalten ist notwendigerweise eine wertbezogene Definition und als solche, wie wir im ersten Abschnitt dargestellt haben, im Rahmen einer wissenschaftlichen Analyse unzweckmäßig. Wir wollen uns deshalb auch im folgenden allein auf Unterscheidungsmerkmale beschränken, die sich auf die Zielbereiche beziehen.

Hierzu wollen wir die in Abschnitt 1.2 eingeführte Einteilung zwischen Maßnahmen zur Beeinflussung der Produktion und der Verteilung weiterführen, indem wir innerhalb des Produktionsbereiches zwischen Beeinflussung des **Güterniveaus** und der Zusammensetzung der Güterproduktion (**Allokation**) unterscheiden. Wir erhalten auf diese Weise eine Dreiteilung der Wirtschaftspolitik in Niveau-, Allokations- und Verteilungspolitik. Bei der Niveaupolitik beschränkt sich der Politiker darauf, das gesamte Volumen des Sozialproduktes oder des Beschäftigungsgrades zu beeinflussen, bei kurzfristiger Zielsetzung sprechen wir von Konjunkturpolitik (Beschäftigungs- und Stabilitätspolitik), bei langfristiger Zielsetzung von Wachstumspolitik. Bei der Allokationspolitik geht es um die Zusammensetzung des Sozialproduktes, wobei die Zusammensetzung nach verschiedenen Kriterien wie sektoral, regional etc. weiter untergliedert werden kann. Im Rahmen der Verteilungspolitik schließlich geht es um die Begünstigung einzelner Gruppen, so z.B. der Arbeitnehmer, des Mittelstandes, der Mieter, der Kleinsparer usw.

Wählt man statt einer **ziel**orientierten eine **mittel**orientierte Gliederung des Gesamtkomplexes Wirtschaftspolitik, können zwei Fragen unterschieden werden:
1.) In welchem **Bereich** setzen die wirtschaftspolitischen Maßnahmen an?
2.) Auf welche Weise und mit welcher **Intensität** wird das Verhalten der Individuen beeinflußt?

Wenden wir uns der ersten Frage zu. Bereits in Abschnitt 1.1 hatten wir zwischen drei verschiedenen wirtschaftlichen Aktivitäten unterschieden: der Produktion, dem Tausch (Kauf, Verkauf) und der Konsumtion (einschließlich der Reproduktion der Produktionsfaktoren). Diesen drei wirtschaftlichen Aktivitäten entsprechen drei wirtschaftliche Institutionen: die **Unternehmung** als Produktionsstätte, der **Markt** als Tauschinstitution und der **Haushalt** als Konsumtionsstätte. Die wirtschaftspolitischen Maßnahmen lassen sich nun danach untergliedern, an welcher dieser drei Stellen des Wirtschaftsprozesses von Seiten des Politikers eingegriffen wird. Wenn der Staat beispielsweise einen Preisstop verfügt, so greift er in das **Markt**geschehen ein; das Betriebsverfassungsgesetz regelt hingegen die innerbetrieblichen Beziehungen zwischen Arbeitgebern und Arbeitnehmern, der Eingriffsbereich ist hier die Unternehmung. Wirtschaftspolitische Eingriffe in die Beziehungen der Haushaltsmitglieder untereinander zählen eher zu den Ausnahmen (z.B. die vermögensrechtlichen Bestimmungen des Ehe- und Scheidungsrechts).

In marktwirtschaftlichen Systemen konzentriert sich die wirtschaftspolitische Aktivität insbesondere auf den Markt, so daß wir den größten Teil der wirtschaftspolitischen Maßnahmen erfassen können, wenn wir uns im weiteren darauf beschränken, bei der Einteilung der Wirtschaftspolitik danach zu fragen, auf welchen Märkten der staatliche Einfluß einsetzt. Wir unterscheiden hierbei einerseits zwischen geld-, kapital-, güter- und arbeitsmarktpolitischen Maßnahmen, andererseits nach einer etwas anderen Zusammenfassung der Märkte zwischen außen- und binnenmarktpolitischen Maßnahmen. In beiden Fällen kann man danach weiter untergliedern, ob der staatliche Einfluß auf den Gesamtmarkt einer Volkswirtschaft (**makropolitische** Maßnahmen) oder nur auf einen Teilsektor (Branche, Region) zielt (**mikropolitische** Maßnahmen).

Diese Grobgliederung bedarf einer zweifachen Modifizierung. Soweit die Wirtschaftspolitik die innerbetrieblichen Beziehungen regelt, wollen wir der Einfachheit halber trotzdem von **Markt**beeinflussung sprechen, also z.B. von arbeitsmarktpolitischen Maßnahmen beim Betriebsverfassungsgesetz. Sofern weiterhin die wirtschaftlichen Beziehungen zwischen Staat und Bürgern (Steuerpflicht, Kollektivgüterangebot etc.) zur Diskussion stehen, wollen wir auch hier der Einfachheit halber von **Markt**beeinflussung sprechen und zwar von einer Beeinflussung des **Kollektivgütermarktes**, obwohl es sich hierbei streng genommen nicht um

Tausch- und damit Marktbeziehungen, sondern um Beziehungen mit Zwangscharakter handelt. Wir sprechen in diesem Falle auch von finanzpolitischen Maßnahmen.

Im Hinblick auf die zweite Frage nach der Art und Intensität des staatlichen Einflusses lassen sich je nach **Intensitätsgrad** folgende Maßnahmenkomplexe unterscheiden:

a) Appelle (**moral suasion**) in dem Sinne, daß der Staat die Bürger zu einem bestimmten Verhalten auffordert, ohne daß ein abweichendes Verhalten direkt bestraft wird.

b) Einflußnahme auf das **soziale Ansehen** z. B. durch Ehrungen, um auf diese Weise die Bürger zu bestimmtem Handeln anzuhalten.

c) **Finanzielle Anreize**, z. B. Prämien oder Steuernachlässe, damit die Bürger ganz bestimmte Aktivitäten ergreifen bzw. unterlassen.

d) **Verbote** in Form von Rahmenordnungen, die den Handlungsspielraum des einzelnen grundsätzlich erhalten und lediglich bestimmte Handlungsalternativen (Diebstahl etc.) verbieten.

e) **Staatliche Gebote,** die den einzelnen zu ganz bestimmten Handlungen zwingen. Formal gesehen sind hierbei Gebote ein Grenzfall der Verbote; werden immer mehr Handlungsalternativen verboten und bleibt nur noch eine Handlungsalternative übrig, kommt diese Situation faktisch einem Gebot gleich. Trotzdem bestehen zwischen Geboten und Verboten qualitative Unterschiede. Bei unvollständiger Markttransparenz lassen Verbote einen größeren Freiheitsspielraum als Gebote, da immer nur die bekannten Alternativen durch ein Verbot ausgeschlossen werden können, so daß bei einer Verbotsregelung der Betroffene immer noch auf neue, bisher unbekannte Alternativen ausweichen kann.

f) Marktaktivitäten, bei denen der Staat als Anbieter oder Nachfrager auf bestimmten **Märkten interveniert** und durch seinen Marktanteil die Marktergebnisse entscheidend beeinflussen kann.

g) Den höchsten Intensitätsgrad weist das **staatliche Monopol** auf, bei dem private Anbieter (Nachfrager) vom Markte vollkommen ausgeschlossen werden.

In den meisten der aufgezählten Fälle kann dabei die politische Einflußnahme darin bestehen, bestimmte erwünschte Handlungen hervorzurufen (**positiver** Einfluß) oder aber unerwünschte Handlungen zu verhindern (**negativer** Einfluß).

Schließlich läßt sich die Wirtschaftspolitik auch nach **Trägern** einteilen. Zunächst läßt sich der Gesamtkomplex danach untergliedern, ob es sich um nationale, supranationale oder internationale Träger handelt. Um einen supranationalen Träger handelt es sich dann, wenn die beteiligten Staaten ein gemeinsames verselbständigtes Entscheidungsorgan schaffen (z. B. EG), um internationale Träger hingegen, wenn die beteiligten Staaten selbst als Entscheidungsorgan auftreten (z. B. EFTA). Innerhalb der nationalen Träger läßt sich weiterhin nach dem rechtlichen Charakter der Organe zwischen staatlichen, sonstigen öffentlich-rechtlichen und privatrechtlichen Trägern unterscheiden. Im allgemeinen handelt es sich bei den staatlichen Trägern um öffentlich-rechtliche Gebietskörperschaften (Bund, Länder und Gemeindeverbände), bei den sonstigen öffentlich-rechtlichen Institutionen um funktionell abgegrenzte Einrichtungen wie Notenbank, Lastenausgleichsamt, Systeme der Sozialen Sicherung etc.

Die staatlichen Träger werden weiter untergliedert in legislative, jurisdiktive und exekutive Organe, je nachdem ob ihre intendierten Hauptfunktionen entscheidungstreffender, rechtssprechender oder ausführender Art sind. Auch im privaten Bereich (z. B. Gewerkschaften) läßt sich, zumindest im Ansatz, eine ähnliche Untergliederung der politischen Funktionen feststellen. Schließlich können die staatlichen Organe auch nach den Einzelfunktionen in Ressorts weiter gegliedert werden: z. B. in Wirtschafts-, Arbeits-, Entwicklungsministerien etc.

Die Frage, welche Art der Einteilung (ziel-, mittel- oder trägerorientierte Einteilung) gewählt werden soll, richtet sich nach Zweckmäßigkeitserwägungen. Eine **ziel**orientierte Einteilung ist immer dann angezeigt, wenn ein ganz bestimmtes wirtschafspolitisches Ziel zur Diskussion steht und wenn überprüft werden soll, welches von mehreren alternativ vorgegebenen Mitteln zweckmäßigerweise gewählt werden soll. Diese zielorientierte Einteilung hat den Vorteil, daß sie der üblichen Gliederung der Wirtschaftstheorie folgt. Ziele sind angestrebte Wirkungen, Mittel hingegen politisch gesetzte Ursachen. Da die Theorie nach Ursachen fragt, bedeutet dies, daß z. B. der am Vollbeschäftigungsziel orientierten Politik eine einheitliche Theorie (Vollbeschäftigungstheorie) zugrunde liegt.

Eine **mittel**orientierte Einteilung ist hingegen von Vorteil, wenn es um die detaillierte Darstellung der Mittel, ihres Einsatzes und ihrer Wirkungen geht. Das geld- oder fiskalpolitische Instrumentarium ist im wesentlichen das gleiche, gleichgültig, ob damit außenhandels-, konjunktur- oder wachstumspolitische Ziele verfolgt werden. Es wäre unzweckmäßig, das Instrumentarium bei der Abhandlung der einzelnen Ziele immer wieder von neuem darzustellen.

Eine **träger**orientierte Einteilung schließlich ist angezeigt, wenn es um die Darstellung der unterschiedlichen politischen Willensbildungsprozesse geht, in denen darüber entschieden wird, welche Ziele angestrebt und welche Mittel eingesetzt werden können. Gerade weil z. B. in supranationalen Gremien oftmals andere Abstimmungs- und Entscheidungsregeln gelten als in nationalen staatlichen Institutionen, unterscheiden sich auch die wirtschaftspolitischen Möglichkeiten nationaler und supranationaler Träger voneinander. Bei der Darstellung der wirtschaftswissenschaftlichen Wirkungsanalyse hingegen wäre eine trägerorientierte Einteilung unzweckmäßig, da die Wirkungen einer Staatsausgabenerhöhung z. B. unabhängig davon eintreten, von welchem Träger eine solche Maßnahme ausgeht.

In den folgenden Abschnitten wollen wir uns der Frage zuwenden, welche Aufgaben einer Wirtschaftspolitiklehre im Rahmen der Wirtschaftswissenschaft gestellt sind. Die Wirtschaftspolitik ist Erkenntnisgegenstand verschiedener Wissensdisziplinen. So befassen sich neben der Wirtschaftswissenschaft insbesondere die Rechts- und Politikwissenschaft, die Soziologie und die Ethik u. a. mit wirtschaftspolitischen Fragen. Jede dieser angesprochenen Disziplinen geht jedoch mit einer anderen Fragestellung an diesen Erkenntnisgegenstand heran. Wir wollen deshalb klären, was die spezifische Betrachtungsweise einer wirtschaftswissenschaftlich orientierten Wirtschaftspolitiklehre ist.

Im Rahmen der Wirtschaftspolitiklehre versucht der Wirtschaftswissenschaftler, die Ergebnisse der Wirtschaftstheorie auf die praktischen Probleme der Wirtschaftspolitik **anzuwenden** und dem Wirtschaftspolitiker **Entscheidungshilfen** anzubieten.

Diese bestehen allerdings nicht darin, daß der Wissenschaftler die Entscheidungen dem Politiker abnimmt, sondern allein darin, daß er dem Politiker gewisse Sachinformationen liefert, ohne die eine rationale Politik nicht möglich ist.

1.4 Wirtschaftspolitiklehre im Sinne einer Anwendung der Wirtschaftstheorie

Befassen wir uns zunächst etwas ausführlicher mit der These, die Wirtschaftspolitiklehre bestehe in einer Anwendung der Wirtschaftstheorie. Hier stellt sich die Frage, ob es überhaupt einer von der Wirtschaftstheorie getrennten eigenständigen Wirtschaftspolitiklehre bedarf oder ob nicht alle Probleme, die im Rahmen der Wirtschaftspolitiklehre behandelt werden, bereits Gegenstand der Wirtschaftstheorie sind. Obwohl dies zutreffen mag, entstehen jedoch im Rahmen der Anwendung der Theorie bestimmte Probleme, die im allgemeinen innerhalb der Wirtschaftstheorie selbst nicht mitbehandelt werden. Es ist deshalb zweckmäßigerweise zwischen Wirtschaftstheorie und Wirtschaftspolitiklehre zu trennen. Fragen wir uns daher, worin die Gemeinsamkeiten und Unterschiede zwischen der Wirtschaftstheorie und der Wirtschaftspolitiklehre im Sinne einer Anwendung der Theorie bestehen.

Ein erster Unterschied besteht darin, daß sich die Wirtschaftstheorie mit Trägern **wirtschaftlicher,** die Wirtschaftspolitiklehre hingegen mit den Trägern **wirtschaftspolitischer** Entscheidungen befaßt. In der Regel sind Unternehmungen und Haushalte die Erkenntnisobjekte der Wirtschaftstheorie, der Staat und die politischen Verbände hingegen die Erkenntnisobjekte der Wirtschaftspolitiklehre. Bisweilen interessiert im Rahmen der Wirtschaftstheorie zwar auch das Verhalten des Staates, dann nämlich, wenn der Staat selbst bestimmte wirtschaftliche Aufgaben wahrnimmt. Dies gilt nicht nur bei einer Verstaatlichung von Produktionsstätten, sondern gleichermaßen auch für jenen Teil der finanzwirtschaftlichen Tätigkeit des Staates, der sich mit dem Angebot an Kollektivgütern und deren Finanzierung über Steuern befaßt.

Andererseits kann sich auch die Wirtschaftspolitiklehre mit privatwirtschaftlichen Entscheidungsträgern befassen, dann nämlich, wenn privaten Organisationen (wie z.B. dem Technischen Überwachungsverein) hoheitliche oder andere politische Aufgaben übertragen sind. Diese Überschneidungen zwischen den Trägern als Erkenntnisgegenstände der Theorie und der Politiklehre ergibt sich einfach daraus, daß die wirtschaftlichen und politischen Subsysteme hier nach **funktionellen** und nicht – wie es bisweilen der Fall ist – nach **institutionellen** Kriterien voneinander unterschieden werden.

Ein zweiter Unterschied zwischen Theorie und Politiklehre ist darin zu sehen, daß die Wirtschaftstheorie nach den Bestimmungsgründen (**Ursachen**) der zu untersuchenden Problemgrößen fragt, die Wirtschaftspolitiklehre hingegen in einer **Wirkungsanalyse** besteht. Im Mittelpunkt der Wirtschaftstheorie steht z.B. die Frage, welche Bestimmungsgründe Preissteigerungen auslösen, während der entsprechende Teil der Wirtschaftspolitiklehre der Frage nachgeht, welche Wirkungen von einer staatlichen Überschußpolitik auf das Preisniveau ausgehen.

Im Hinblick auf diesen Ursache-Wirkungs-Zusammenhang sind die Untersuchungsgegenstände bei Theorie und Politiklehre noch aus einem weiteren dritten Grunde unterschiedlich. Im Gegensatz zur Wirtschaftstheorie fragt die Wirtschaftspolitiklehre nach Ziel-Mittel-Relationen, wobei allerdings jeder **Ziel-Mittel**-Zusammenhang auf eine **Ursache-Wirkungs**-Beziehung zurückgeführt werden kann (sozio-technische Umformulierung). Entscheidend ist hierbei, daß bei dieser Umformulierung der in der Ursache-Wirkungs-Beziehung behauptete Zusammenhang identisch ist mit der aus dieser Beziehung abgeleiteten Aussage der entsprechenden Ziel-Mittel-Relation.

Eine der spezifischen Aufgaben der Wirtschaftspolitiklehre liegt nämlich gerade darin, diese Umformulierung vorzunehmen. Bringen wir als Beispiel die Beschäftigungspolitik und Beschäftigungstheorie. Im Rahmen der Vollbeschäftigungspolitik werden z. B. Diskontsatzsenkungen als Mittel eingesetzt, um auf diese Weise das Sozialprodukt und indirekt den Beschäftigungsgrad (Zielvariable) zu erhöhen. Die Aussage: „Eine Diskontsatzsenkung stellt ein effizientes Mittel zur Beschäftigungssteigerung als Ziel dar", kann sozio-technisch umformuliert werden in die Aussage der Wirtschaftstheorie: „Von der Diskontsatzsenkung als Ursache gehen beschäftigungssteigernde Wirkungen aus; der Diskontsatz ist also einer der möglichen Bestimmungsgründe des Beschäftigungsgrades." Der Zusammenhang zwischen Politik und Theorie besteht dann darin, daß im Rahmen der Politik die Bestimmungsgründe bewußt als Mittel eingesetzt werden und daß das Ziel eine beabsichtigte Wirkung darstellt.

Viertens hat vor allem *J. Tinbergen* darauf hingewiesen, daß beim Übergang von der Theorie zur Politiklehre die Problem- und Datengrößen vertauscht werden. **Problemgröße** der Wirtschaftstheorie ist z. B. der Güterpreis, der sich im Gleichgewicht einstellt. Die Höhe des Gleichgewichtspreises wird im Rahmen der Theorie damit erklärt, daß Anbieter und Nachfrager in einer ganz bestimmten Weise auf Preisänderungen reagieren. **Daten der Wirtschaftstheorie** sind also die in den Angebots- und Nachfragekurven zum Ausdruck kommenden Verhaltensweisen der Wirtschaftssubjekte. Werden diese Erkenntnisse nun in der Wirtschaftspolitiklehre angewandt, so wird die Höhe des politisch erwünschten Preises zum Datum. Problemgröße ist hingegen nun das Verhalten der Anbieter und Nachfrager, speziell die Frage, in welchem Maße der Staat Angebot oder Nachfrage beeinflussen muß, um den gewünschten Preis zu erzielen.

Ein weiterer, fünfter Unterschied zwischen Theorie und Politiklehre liegt darin, daß sich die Theorie auf **allgemeine**, die Politiklehre hingegen auf **singuläre** Aussagen bezieht. Die Aussagen einer Theorie gelten – mindestens dem Prinzip nach – generell, d. h. unabhängig von Raum, Zeit und betroffenen Personen. Die These beispielsweise, daß die Anbieter auf Preissteigerungen mit Angebotsausweitungen reagieren, wird unabhängig davon aufrechterhalten, auf welche Region und Zeit und auf welche Personen diese Aussage angewandt wird. Zwar ist es möglich, daß diese Theorie in dieser allgemeinen Form falsifiziert wird, weil dieses besagte Angebotsverhalten z. B. nur dann zu erwarten ist, wenn die Anbieter in Konkurrenz zueinander stehen.

Aber auch hier hat die modifizierte Theorie wiederum die Form einer allgemeinen Aussage: Es wird nun davon gesprochen, daß immer dann, wenn Konkurrenzbedingungen vorliegen, sich die Anbieter in einer ganz bestimmten Weise verhalten. Keine Theorie würde hingegen vorliegen, wenn man z.B. behaupten würde, die Hamburger Großkaffeeröstereien hätten 1977 auf eine Preiserhöhung südamerikanischen Rohkaffees mit einer Auflösung ihrer Lagerbestände der Preisentwicklung entgegenwirken wollen. Erst wenn geklärt worden wäre, daß dieses Verhalten z.B. deshalb in dieser Zeit und Region beobachtet wurde, weil dort Konkurrenzbedingungen zwischen den Nachfragern von Rohkaffee vorlagen, hätte man eine allgemeine Theorie herangezogen. Die Politiklehre hat es demgegenüber stets mit der Analyse **singulärer** Ereignisse zu tun. Es geht z.B. um die Frage, ob die im Jahre 1975 bestehende Massenarbeitslosigkeit in der Bundesrepublik mit Maßnahmen der Diskontsatzsenkung wirksam vermindert werden konnte.

Entscheidend ist, daß diese Frage auf der einen Seite die Kenntnisse der Beschäftigungstheorie voraussetzt, daß auf der anderen Seite jedoch diese Kenntnisse zu einer befriedigenden Lösung des Problems nicht ausreichen. Ob eine Diskontsatzsenkung von z.B. 2 Prozent geeignet ist, Vollbeschäftigung herbeizuführen, hängt nämlich nicht nur davon ab, wie groß die Beschäftigungssteigerung aufgrund dieser Diskontsatzsenkung ist, sondern auch davon, wie groß die Arbeitslosigkeit im Ausgangspunkt war. Eine befriedigende Politik setzt somit neben der Kenntnis der Theorie auch immer die Kenntnis singulärer Ereignisse (**Randbedingungen**) voraus.

Ein sechster Unterschied zwischen Theorie und Politiklehre ist darin zu sehen, daß sich eine Wirtschaftstheorie immer auf die Darstellung von **Sach**zusammenhängen beschränkt, während die praktische Politik stets auch in einer **Bewertung** dieser Sachzusammenhänge besteht. Die Theorie bezieht sich z.B. auf die Frage, welche Bestimmungsgründe Beschäftigungssteigerungen auslösen, die praktische Politik hat darüber hinaus zu klären, welche Arbeitslosenrate in Kauf genommen werden soll, wie hoch der **Preis** sein darf, um ein vorgegebenes Ziel zu realisieren. Diese Unterscheidung ist – wie wir im folgenden Kapitel noch ausführlich zeigen werden – von zentraler Bedeutung, da die Aussagen über Sachzusammenhänge nach ganz anderen Kriterien zu beurteilen sind als Bewertungen. Bewertungen werden danach beurteilt, ob sie mit akzeptierten Grundwerten in Widerspruch geraten, Aussagen über Sachzusammenhänge hingegen danach, ob sie mit der Wirklichkeit in Widerspruch geraten.

Siebtens unterscheiden sich Wirtschaftstheorie und Politiklehre auch darin, daß die Problemgrößen jeweils nach **anderen Kriterien zusammengefaßt** werden. Im Mittelpunkt der Wirtschaftstheorie steht eine wirtschaftliche Problemgröße, z.B. das Preisniveau; hier wird untersucht, welche Bestimmungsgründe Preisvariationen auslösen. Im Rahmen des dieser Theorie entsprechenden Teils der Wirtschaftspolitiklehre (Stabilitätspolitik) interessiert zwar auch die Frage, von welchen Bestimmungsgründen Preisvariationen abhängen, darüber hinaus muß eine verantwortungsvolle Stabilitätspolitik auch beachten, welche eventuell unerwünschten Sekundärwirkungen von einer stabilitätspolitischen Maßnahme auf andere Zielgrößen, wie z.B. auf Wachstum und Verteilung, ausgehen.

Hierbei handelt sich um zusätzliche Problemgruppen, die im Rahmen der Theorie nicht im Zusammenhang mit inflations-, sondern mit wachtums- und verteilungstheoretischen Fragen geklärt werden. Während also in der politischen Betrachtungsweise Zusammenhänge berücksichtigt werden, die in der entsprechenden Theorie nicht angesprochen werden, interessiert im Rahmen der politischen Erörterung nur ein Teil der in der entsprechenden Theorie genannten Bestimmungsgründe, jener Teil nämlich, der politisch unmittelbar beeinfluß werden kann. So befaßt sich z. B. die Preispolitik nicht mit den Bedarfsstrukturveränderungen, die zwar zu den Bestimmungsgründen von Preisveränderungen gezählt werden müssen, annahmegemäß jedoch (zumindest kurzfristig) nicht als politisch unmittelbar beeinflußbar gelten.

Ein letzter, achter Unterschied zwischen Theorie und Politiklehre liegt darin, daß sich die Theorie oftmals auf die Darstellung von **Denkmodellen** beschränkt, also lediglich nach den logischen Konsequenzen vorgegebener Sachprämissen fragt, die Klärung der weiteren Frage jedoch, wie realistisch die unterstellten Sachannahmen sind, den anderen Sozialwissenschaften überläßt. Eine solche Betrachtungsweise findet sich z. B. häufig in der neoklassischen Theorie. In diesem Falle bedarf die Politiklehre darüber hinaus der **Überprüfung,** inwieweit die in der Theorie unterstellten Annahmen mit der **Wirklichkeit** übereinstimmen, da nur auf diese Weise geklärt werden kann, inwieweit bestimmte theoretische Zusammenhänge auf ganz konkrete Probleme der Wirtschaftspolitik angewandt werden können.

1.5 Wirtschaftspolitiklehre als Entscheidungshilfe

Wir hatten bereits festgestellt, daß die Wirtschaftspolitiklehre für den Politiker eine Entscheidungshilfe leisten soll, daß die Entscheidungen selbst jedoch von den Politikern zu treffen sind. Dies gilt sowohl für die wirtschaftspolitischen Ziele aus auch für die Mittel und Träger. Diese Aussage steht in Widerspruch zu der in der Öffentlichkeit oftmals geäußerten Meinung, daß die Wissenschaft zur Klärung politischer Ziele überhaupt keinen Beitrag leisten könne, jedoch bei Kenntnis vorgegebener Ziele eindeutig – d. h. im Sinne einer echten Entscheidung – angeben könne, welche Mittel gewählt und welchen Trägern bestimmte Aufgaben übertragen werden sollen.

Hinter dieser These, die Wissenschaft könne zur Klärung wirtschaftspolitischer Ziele keinen eigenen Beitrag leisten, sie könne allenfalls die Ziele der Politiker im Sinne einer Sachkunde beschreiben, steht die Vorstellung, daß sich die Wissenschaft auf die Analyse von Sachzusammenhängen beschränken müsse und daß die in der Politik zu fällenden Entscheidungen die Fachkompetenz der Wissenschaft übersteigen. Nun werden wir uns mit der Werturteilsproblematik im folgenden Kapitel noch ausführlich befassen.

An dieser Stelle genügt der Hinweis, daß auch ein Wissenschaftler, der sich zum Grundsatz der sogenannten **Werturteilsfreiheit** bekennt, durchaus einen Beitrag zur Beantwortung der Frage leisten kann, welche Ziele im Rahmen der Politik angestrebt werden sollen. Das Prinzip der Werturteilsfreiheit verlangt lediglich, daß die Entscheidungen über die Frage, welche Ziele angestrebt werden sollen, den Politikern vorbehalten sein müssen. Es wird jedoch eingeräumt, daß zur politischen Entscheidung eine Reihe von Sachkenntnissen notwendig ist, die der Wissenschaftler beantworten kann, ohne seine Fachkompetenz zu überschreiten. Worin diese Beiträge des Wissenschaftlers zur Lösung der Zielfrage im einzelnen bestehen, wird in Kapitel 3 ausführlich behandelt. Hier soll nur ein Beispiel verdeutlichen, worin dieser Beitrag bestehen kann.

Nehmen wir das Ziel der Vollbeschäftigung. Der Wissenschaftler kann in diesem Zusammenhang darauf hinweisen, daß zwischen dem Ziel der Vollbeschäftigung und dem Ziel der Preisniveaustabilität unter gewissen Voraussetzungen ein **Zielkonflikt** besteht, in dem Sinne, daß politische Maßnahmen zur Beschäftigungssteigerung gleichzeitig negative Auswirkungen auf das Güterpreisniveau auslösen werden. Der Politiker kann in der Frage, welchen Kompromiß er zwischen Vollbeschäftigung und Preisniveaustabilität wählen soll, nur dann eine rationale Entscheidung treffen, wenn er weiß, mit welchen negativen Sekundärwirkungen eine Beschäftigungssteigerung verbunden ist, wenn er mit anderen Worten den „Preis" kennt, den politisch gesehen eine Vollbeschäftigungspolitik die Volkswirtschaft „kostet". Der Wissenschaftler als solcher kann bei dieser Frage angeben, worin die Kosten eines Kompromisses bestehen; er kann aber nicht darlegen, welcher Kompromiß zu wählen ist.

Wenden wir uns nun der Frage zu, weshalb auch bei der Wahl politischer Mittel der Wissenschaftler auf eine Entscheidungs**hilfe** beschränkt bleibt, weshalb also bei Kenntnis der vorgegebenen Ziele nicht eindeutig wissenschaftlich bestimmt werden kann, welche Mittel im einzelnen zu wählen sind. Der Grund für diese Beschränkung liegt darin, daß politische Mittel fast immer – wie bereits angedeutet – nicht nur in ihrer Eigenschaft als Mittel befürwortet oder abgelehnt werden, sondern in der Regel darüber hinaus einen Eigenwert – positiver oder negativer Art – aufweisen.

So hängt etwa die Frage, ob das Ziel einer Beschäftigungssteigerung mittels eines Defizites des Staatsbudgets realisiert werden sollte, nicht nur von der zweifelsohne wissenschaftlich zu klärenden Sachfrage ab, ob von Defiziten des Staatsbudgets tatsächlich die erhofften beschäftigungssteigernden Wirkungen ausgehen, sondern weiterhin davon, wie eine defizitäre Politik als solche bewertet wird. Es gibt Gegner einer defizitären Beschäftigungspolitik, die keineswegs die beschäftigungssteigernden Effekte einer solchen Politik bestreiten, sondern die defizitäre Haushaltspolitik per se ablehnen. Die Frage, ob man jedoch ein Haushaltsdefizit negativ bewerten sollte, kann wissenschaftlich nicht geklärt werden, sie stellt eine rein politische Frage dar. Gerade deshalb kann jedoch der Wissenschaftler auch nicht endgültig entscheiden, ob bei Bejahung des Vollbeschäftigungszieles eine Defizitpolitik des Staates realisiert werden soll. Auf diese grundsätzlichen Probleme hat vor allem G. *Myrdal* hingewiesen.

Voraussetzung dafür, daß der Wirtschaftswissenschaftler dem Politiker eine Entscheidungshilfe geben kann, ist die Bereitschaft des Politikers zu rationalem Handeln. Da es sich bei der „**Rationalität**" um einen Zentralbegriff der Wirtschaftspolitiklehre handelt, wollen wir an dieser Stelle etwas ausführlicher auf einige Probleme eingehen, die im Zusammenhang mit der Definition des Rationalitätsbegriffes entstehen.

Wir wollen unsere Überlegungen damit beginnen, daß wir im Sinne einer vorläufigen Definition, die noch der Präzisierung bedarf, immer dann von rationalem Handeln sprechen, wenn der Handelnde jeweils die für vorgegebene Ziele geeignetsten Mittel einsetzt. Oft wird in der Alltagsdiskussion rationales Verhalten mit **zielbewußtem Handeln** gleichgesetzt. Diese Definition ist unzweckmäßig. Daß der Handelnde bei seinem Handeln Ziele verfolgt, ist zwar eine für die Rationalität notwendige, aber keinesfalls ausreichende Bedingung. Hinzukommen muß, daß die eingesetzten Mittel auch geeignet sind, diese Ziele zu realisieren.

Rationalität ist im Sinne der von uns gewählten Definition stets ein **relativer** Begriff. Es gibt weder rationale Ziele noch rationale Mittel schlechthin; stets bezieht sich die Eigenschaft der Rationalität auf das Verhältnis mehrerer Größen. Im Hinblick auf die Ziele gilt, daß man nicht einem einzelnen Ziel in seiner Zieleigenschaft Rationalität zusprechen kann, wohl aber einer Gesamtheit von Zielen; hier kann das logische Verhältnis der Ziele zueinander überprüft werden. Von einem rationalen Zielsystem im Sinne der von uns gewählten Definition wäre nur dann zu sprechen, wenn sich die Ziele logisch nicht gegenseitig ausschließen. Wenn also z. B. das Ziel verfolgt würde, den Anteil der Unselbständigen am Sozialprodukt zu vergrößern, ohne den Anteil der Selbständigen (der übrigen Bevölkerung) zu verringern, so würde in diesem Fall ein irrationales Zielsystem verfolgt, da sich beide Ziele logisch ausschließen.

In Abschnitt 1.3 hatten wir darauf hingewiesen, daß Ziele oftmals auch als Mittel für übergeordnete Ziele angesehen werden können. Insofern kann das oben angeführte Beispiel prinzipiell auch als Beispiel für die logische Unvereinbarkeit von **Mitteln** angesehen werden, so daß man auch im Hinblick auf Mittelsysteme das Kriterium der Rationalität anwenden kann.

In ähnlicher Weise gilt, daß auch ein einzelnes Mittel nicht schlechthin als rational oder irrational bezeichnet werden kann; ob es als rational eingestuft werden kann, hängt von der Relation zwischen Mittel und Ziel ab. Ein Mittel kann gegenüber einem Ziel rational, gegenüber einem anderen Ziel jedoch zur gleichen Zeit irrational sein. Betrachten wir hierzu nochmals das Instrument des staatlichen Budgetdefizites. Das Defizit des Staatshaushaltes mag gegenüber dem Ziel der Vollbeschäftigung ein rationales Mittel sein, bezogen auf das Ziel Preisniveaustabilität kann es jedoch irrational sein, da Defizite im allgemeinen zwar beschäftigungssteigernd, aber gleichzeitig preissteigernd wirken. Da – wie wir bereits gesehen haben – Ziele in einem hierarchischen Verhältnis zueinander stehen, können in einem gewissen Sinne auch Einzelziele im Vergleich zu übergeordneten Zielen als rational oder irrational eingestuft werden, das einzelne Ziel ist hier jedoch nicht in seiner Eigenschaft als Ziel, sondern als Mittel für ein übergeordnetes Ziel als rational bezeichnet worden.

Rationalität setzt weiterhin voraus, daß Ziele und Mittel vom jeweils Handelnden voneinander **unabhängig** formuliert werden; andernfalls wäre eine Überprüfung der Rationalität gar nicht möglich. Betrachten wir zur Verdeutlichung ein Beispiel aus der Haushaltstheorie. Hier wird im allgemeinen unterstellt, der Haushalt verfolge das Ziel, seinen Nutzen zu maximieren. Welche Rangordnung die einzelnen Verbrauchsgüterkombinationen einnehmen, wird im Rahmen dieser Haushaltstheorie daraus geschlossen, welche der möglichen Alternativen tatsächlich gewählt werden.

Ob die Entscheidung zugunsten eines bestimmten Güterbündels (das Mittel) im Hinblick auf das Ziel: Nutzenmaximierung rational ausgefallen ist, läßt sich bei einer solchen Vorgehensweise nicht mehr überprüfen, da die konkrete Entscheidung zugunsten eines bestimmten Güterbündels gleichzeitig als Indiz für das Ziel, eine möglichst hohe Indifferenzkurve zu erreichen, als auch als Indiz für eine optimale Mittelwahl genommen wurde. Nur dann, wenn Rationalität mit Sicherheit vorausgesetzt werden kann, sagt die tatsächliche Entscheidung auch etwas über die Präferenzordnung aus. Rationalität wird hier also vorausgesetzt und kann nicht mehr überprüft werden. Ursache hierfür ist, daß Ziele und Mittel uno actu, also nicht unabhängig voneinander formuliert wurden. Umgekehrt gilt, daß die Rationalität eines Haushaltes nur dann überprüft werden könnte, wenn die Präferenzordnung aus anderen Informationen (z. B. über eine Meinungsbefragung) gewonnen worden wäre als eben aus den Entscheidungen des Haushaltes selbst.

Rationalität setzt weiterhin voraus, daß die Ziele zeitlich vor den Mitteln festgesetzt werden. Andernfalls besteht die Gefahr der nachträglichen **Rationalisierung.** Man versteht darunter ein Verhalten, bei dem zur Rechtfertigung bestimmter Aktivitäten, die nicht zielbewußt erfolgen, nachträglich Ziele unterschoben werden, so daß die Handlungen als rational gedeutet werden können. Nehmen wir als Beispiel den Fall, daß eine Regierung aus nichtvorhersehbaren Gründen einen Haushaltsüberschuß erzielt und diesen Überschuß nachträglich damit rechtfertigt, daß auf diese Weise eine preissenkende Wirkung angestrebt und eingetreten sei.

Eine solche Rationalisierung eröffnet im Grunde genommen die Möglichkeit, jedes Verhalten als rational zu deuten, da es immer irgendwelche Ziele geben wird, die einem Handeln unterschoben werden können und die dann das Verhalten rational erscheinen lassen. Das Kriterium der Rationalität hat jedoch nur dann einen Sinn, wenn es zumindest möglich ist, daß Handeln auch irrational ist. Deshalb ist – wie gesagt – eine zeitlich vorausgehende Festlegung der Ziele vor dem Einsatz der Mittel erforderlich.

Nun wäre es äußerst unzweckmäßig, den Begriff der Rationalität so zu definieren, daß man nur dann von einem rationalen Handeln sprechen wollte, wenn die eingeleiteten Maßnahmen **tatsächlich** geeignet wären, bestimmte Ziele zu realisieren. Die tatsächliche Eignung stellt sich zumeist erst im nachhinein heraus, weil die Informationen über die gesetzmäßigen Zusammenhänge und Randbedingungen fast immer unvollkommen sind. Wollte man auf die tatsächliche Eignung abheben, wäre rationales Handeln nahezu kaum möglich. Es ist deshalb zweckmäßiger, die Rationalität einer Maßnahme davon abhängig zu machen, ob beim derzeitigen Wissensstand **erwartet** werden kann, daß von dieser Maßnahme die gewünschten Wirkungen auf die Zielgröße ausgehen.

Hierbei kommt es weniger auf das tatsächliche, beim Handeln präsente Wissen des Handelnden an; würde man darauf abheben, wäre wiederum ex definitione nahezu jedes zielbewußte Handeln rational, da wohl niemand auf der einen Seite mit einer bestimmten Aktivität ein bestimmtes Ziel verbindet, aber im Augenblick der Handlung wider besseres Wissen Wege beschreitet, von denen er selbst annimmt, daß sie nicht zum Ziele führen. Es ist vielmehr zweckmäßiger, bei der Definition der Rationalität auf das Wissen abzuheben, über das der Handelnde im Zeitpunkt der Handlung verfügen kann. Das Ausmaß des **potentiellen Wissens** hängt hierbei vom jeweiligen Informationsstand ab, der selbst wiederum von verschiedenen

Umständen, wie Ort, Zeit, bestimmt wird. Bei einer solchen Definition kommt es also auch nicht auf das in einer Gesellschaft vorhandene maximale Wissen an, sondern es ist durchaus denkbar, daß ein bestimmtes Sachwissen in einer Gesellschaft bekannt ist, daß der Handelnde selbst jedoch über dieses Wissen nicht verfügt und auch aus verschiedenen Gründen im Zeitpunkt der Entscheidung nicht verfügen kann.

Nun müssen wir im allgemeinen damit rechnen, daß die Beschaffung von Wissen **Kosten** verursacht und daß diese möglicherweise so hoch sind, daß sie den erwarteten Ertragszuwachs aufgrund des vermehrten Wissens übersteigen. Da aber sowohl Kosten wie Erträge einer Informationsbeschaffung keinesfalls von vornherein bekannt sein dürften, da also auch diese Entscheidungen über eine Informationsbeschaffung selbst wiederum **unsicher** sein können, kann die Rationalität im Grenzfall u. U. schwer überprüfbar werden. Weder sind die zu erwartenden Informationskosten und -erträge im voraus exakt bekannt, noch sind sie vom subjektiven Beurteilungsstandpunkt des einzelnen Handelnden unabhängig. Entscheidend ist deshalb, daß die Rationalität einer Handlung eher von einer bestimmten **Einstellung und Vorgehensweise** des Handelnden als davon abhängt, wie hoch Kosten und Erträge einer Entscheidung de facto sind.

Schließlich muß bei der Definition der Rationalität bedacht werden, daß es in der Realität kaum Maßnahmen gibt, die sich lediglich auf die Zielgrößen auswirken, um derentwillen sie eingeleitet wurden. Vielmehr muß damit gerechnet werden, daß gleichzeitig eine Reihe weiterer Zielgrößen positiv wie negativ berührt werden. Insofern ist es zweckmäßig, die Rationalität einer Aktivität nicht nur daran zu messen, ob die Maßnahme im Hinblick auf die eigens angestrebte Zielgröße geeignet erscheint, sondern auch daran, inwieweit die übrigen relevanten Zielgrößen positiv oder negativ hiervon **tangiert** werden.

1.6 Wirtschaftspolitiklehre als Analyse der politischen Prozesse (Ökonomik der Politik)

In der Zeit nach dem zweiten Weltkrieg trat neben die traditionelle Sicht der Wirtschaftspolitiklehre eine neue Betrachtungsweise: die der ökonomischen Theorie der Politik. *J. A. Schumpeter* hatte in seinem Buch „Kapitalismus, Sozialismus und Demokratie" den Versuch unternommen, wirtschaftswissenschaftliche Methoden auch auf das Verhalten der Politiker in Demokratien anzuwenden. Genauso wie sich die Unternehmer bei ihren wirtschaftlichen Entscheidungen von Rentabilitätsüberlegungen leiten ließen, werde auch das Verhalten der Politiker von einem **Stimmenkalkül** bestimmt. Das Streben nach Wählerstimmen werde nur durch einen Schwall von Worten verdeckt. Diese Fragestellung wurde später von *A. Downs, J. M. Buchanan, G. Tullock* in den USA und von *Ph. Herder-Dorneich, P. Bernholz* und *B. Frey* u. a. im deutschsprachigen Bereich aufgenommen.

Hierbei ist zwischen den eigentlichen **Motiven,** von denen sich Politiker oder Unternehmer leiten lassen und den **Wirkungen** dieser Handlungen für das Gemeinwohl zu trennen. Für die Beurteilung, ob bestimmte Handlungen und Einrichtungen erwünscht sind, ist allein die tatsächliche Wirkung von Bedeutung, die von diesen Handlungen oder Einrichtungen ausgehen. Es ist auch falsch zu unterstellen, daß Handlungen, die aus Eigennutz ergriffen wurden, immer oder vorwiegend oder auch nur in stärkerem Maße als anders motivierte Handlungen für das Gemeinwohl abträglich seien. Ebenso wenig ist es richtig zu meinen, daß Handlungen, die aus Gemeinwohlüberlegungen oder altruistischen Motiven heraus begangen werden, schon eine Gewähr dafür geben, daß sie tatsächlich dem Gemeinwohl mehr nutzen als egoistische Handlungen.

Zunächst gilt es zu berücksichtigen, daß die Gemeinwohlmotive vorgeschoben sein können. Gerade weil in der Öffentlichkeit das Gemeinwohl ein höheres Ansehen als der Eigennutz genießt, findet ein Politiker größeren Anklang, wenn er seine Handlungen mit Gemeinwohlinteressen und nicht mit Einzelinteressen begründet.

Noch wichtiger ist die Erkenntnis des Liberalismus, daß in der Realität keinesfalls stets oder auch nur in der Mehrheit der Fälle mit Konfliktbeziehungen zu rechnen ist. Der Vorteil des einen ist nicht immer mit einem Nachteil des anderen verbunden. Die Theorie der komparativen Kosten ist ein gutes Beispiel dafür, daß der Vorteil des einen Landes auch einem anderen Lande zugute kommen kann.

Natürlich wäre es falsch, zu unterstellen, daß der Eigennutz des einen in jedem Falle auch dem anderen zugute kommen müsse. Es muß stets mit der Möglichkeit gerechnet werden, daß unter gegebenen Umständen des einen Nutzen durchaus des anderen Schaden bedeuten kann.

Es kommt bei der Beurteilung einer Handlung nicht primär auf das Motiv an, von dem sich der einzelne bei seinen Handlungen leiten läßt. Das Eigennutzstreben ist nämlich nicht per se für den anderen schädlich. Es hängt vielmehr stets von den näheren Umständen ab, wie sich ein Verhalten auf die Gemeinschaft auswirkt. Die näheren Umstände lassen sich aber beeinflussen. Es war das Hauptanliegen des Liberalismus aufzuzeigen, von welchen Faktoren es abhängt, ob Eigennutz zu Gemeinnutz oder Gemeinschaden führt. Der Liberalismus hat beispielsweise gezeigt, daß ein Wettbewerb unter den Handelnden die wichtigste Voraussetzung dafür darstellt, daß die einzelnen Handlungen auf das Gemeinwohl hin kanalisiert werden.

Man kann sogar in der Einschätzung des Eigeninteresses und seiner Bedeutung für das Gemeinwohl noch einen Schritt weiter gehen. Die Motivation für ein Handeln dürfte insgesamt größer sein, wenn der einzelne sich vom Eigeninteresse leiten läßt als wenn er stets das Gemeinwohl im Auge hat. Insofern sind die Leistungsanreize in einem marktwirtschaftlichen System, in dem sich die einzelnen vorwiegend vom Einzelinteresse leiten lassen, sehr viel größer als in einem bürokratischen System, in dem von den Bürokraten und Bürgern verlangt wird, daß sie sich stets vom Gemeinwohl leiten lassen.

Es kommt hinzu, daß gerade im Hinblick auf die Lösung wirtschaftlicher Probleme das Gemeinwohl nur sehr vage festlegt, welche Lösungen als richtig angesehen werden können. Es gibt nicht die optimale Allokation der knappen Kräfte schlechthin. In diesem Falle ist aber die Entscheidung des Politikers oder Unternehmers gar nicht so sehr die allein richtige Gemeinwohlentscheidung, sondern zunächst nur die persönliche Vorstellung des Politikers oder Unternehmers vom Gemeinwohl, die sehr wohl von den Vorstellungen der Mehrheit der Bürger abweichen kann.

Auch im Hinblick auf die Moral ist das bürokratische System keinesfalls einem marktwirtschaftlichen System überlegen. Natürlich kann das marktwirtschaftliche System im Einzelfall auch Anreize enthalten, etwas zu tun, das dem Gesamtwohl schadet. Insofern scheint in diesem Fall dieses System der bürokratischen Lösung unterlegen. Es gilt aber zu bedenken, daß auch das bürokratische System zunächst nur sicherstellt, daß der Bürokrat seine Handlungen mit Gemeinwohlzielen begründet; es ist weder sicher, daß diese die eigentliche Motivation des einzelnen darstellen, noch, daß bereits die Motivation ausreicht, um die erwünschte Wirkung zu erzielen.

Gegen das bürokratische System spricht auch die Verlogenheit, zu der sich der einzelne in diesem System oftmals gezwungen sieht. De facto wird der einzelne Mensch überfordert, wenn von ihm verlangt wird, daß er sich bei jeder Handlung allein vom Gemeinwohl leiten läßt. Hier ist ein System, das das Eigeninteresse in den Mittelpunkt stellt und nicht von vornherein verpönt, sehr viel wahrhaftiger.

Unabhängig davon, wie Systeme, die primär auf den Eigennutz setzen, moralisch eingeschätzt werden, ist im Rahmen einer wissenschaftlichen Analyse von Bedeutung, welchen **Erklärungswert** bestimmte Verhaltensmodelle besitzen.

Es ist das Verdienst von *J. A. Schumpeter,* darauf hingewiesen zu haben, daß die Wirtschaftswissenschaft erst von dem Augenblick an in der Lage war, Voraussagen zu treffen, in dem realistischerweise davon ausgegangen wurde, daß sich Unternehmungen nicht von Gemeinwohl-, sondern von Eigeninteressen leiten lassen. Genauso müße man – folgt man Schumpeter – im Bereich der politischen Analyse davon ausgehen, daß auch bei den politischen Entscheidungsträgern de facto das Eigennutzstreben im Vordergrund stehe. Es verwundert deshalb nicht, daß Voraussagen, die dieses Verhalten unterstellen, empirisch besser bestätigt werden als Voraussagen, die auf Hypothesen beruhen, die Politiker ließen sich vorwiegend von Gemeinwohlinteressen leiten.

Wichtig hierbei ist die Erkenntnis, daß der Wettbewerb sowohl auf dem Markt die Unternehmer als auch in einem demokratischen Abstimmungsprozeß die Politiker zu einem solchen Verhalten zwingt. Ein demokratischer Politiker kann seine Vorstellungen vom Gemeinwohl nur dann realisieren, wenn er zuvor in demokratischen Wahlen die Stimmenmehrheit errungen hat. Ein Politiker, der nicht bereit ist, seine Politik darauf abzustimmen, inwieweit diese beim Wähler auch Anklang findet, wird keine Wahl gewinnen und damit politisch ausscheiden. Der demokratische Prozeß führt automatisch dazu, daß sich nur diejenigen Politiker auf der politischen Bühne halten werden, die ihre Entscheidungen einem Stimmenkalkül unterwerfen.

Auch wenn diese Feststellungen richtig sind, bleibt aber die Frage, inwieweit die Wirtschaftspolitiklehre solche Überlegungen in den Mittelpunkt ihrer Analysen stellen soll. Bestand nicht bisher zu Recht eine wissenschaftliche Arbeitsteilung in dem Sinne, daß sich die Wirtschaftspolitiklehre auf die Frage beschränkte, auf welchem wirtschaftlichen Wege bestimmte Veränderungen des wirtschaftlichen Prozesses erreicht werden könnten, während die Politikwissenschaft die Frage zu klären versucht hat, auf welchem Wege solche Zielsetzungen politisch realisiert werden könnten.

Gegen eine solche Arbeitsteilung läßt sich nun aber einwenden, daß die traditionelle Wirtschaftstheorie als Spezialfall einer allgemeineren Gesellschaftstheorie verstanden werden kann, die ganz generell zu klären versucht, auf welchem Wege Einzelinteressen zu Gemeininteressen koordiniert werden können. Der große Erfolg der Wirtschaftstheorie auf dem Gebiete der Marktwirtschaft kann dazu ermutigen, diese Betrachtungsweise auch auf weitere gesellschaftliche Bereiche anzuwenden. Schließlich ist dies auch die Vorgehensweise der Naturwissenschaften, die von Spezialfällen zu immer allgemeineren Fällen vorstößt.

Es entspricht auch der Vorstellung des kritischen Rationalismus, daß sich Wissen insbesondere dadurch ausbreitet, daß verschiedene Betrachtungsweisen zueinander in Konkurrenz treten. Insofern ist es sehr wohl erwünscht, der traditionellen Sicht der Politikwissenschaft die der ökonomischen Theorie der Demokratie gegenüberzustellen.

Schließlich legt ein weiterer Tatbestand aus dem engeren Bereich der Wirtschaftspolitiklehre nahe, die traditionelle Sicht der Wirtschaftspolitiklehre durch die ökonomische Theorie der Politik zu ergänzen: Die traditionelle Lehre der Wirtschaftspolitik stößt sehr schnell an Grenzen, wenn sie achselzuckend feststellt, daß sich die politischen Entscheidungsträger nicht an die Empfehlungen der Wirtschaftswissenschaftler halten. Es ist aber oft weder Dummheit noch Dreistigkeit der politischen Entscheidungsträger, wenn sie nicht den Empfehlungen der Ökonomen folgen.

Die ökonomische Theorie der Demokratie kann hier weiter helfen, wenn sie darauf hinweist, daß auch die politischen Entscheidungsträger in ihrem Handeln gewissen Begrenzungen unterliegen, die sie nicht überschreiten können. Wenn aber jede Ordnung die Möglichkeiten des Handelns begrenzt, engen auch die Spielregeln der Demokratie den Handlungsspielraum der Politiker ein. Hier liegt die Bedeutung einer ökonomischen Theorie der Demokratie. Sie kann aufzeigen, welche Zielsetzungen als utopisch verworfen werden müssen und auf welchem Wege bestimmte Zielsetzungen realisiert werden können.

Eine befriedigende Lehre von der Wirtschaftspolitik hat sich nicht nur mit der Frage zu befassen, welche Änderungen die Wirtschaftsordnung oder der Wirtschaftsprozeß erfahren muß, damit bestimmte wirtschaftspolitische Grundziele realisiert werden können. Sie muß darüber hinaus aufzeigen, auf welchem Wege solche erwünschten Ziele in einer Demokratie politisch realisiert werden können.

1.7 Die Beziehungen zwischen Wirtschaftspolitiklehre und anderen Wissenschaftszweigen

Wir hatten bereits oben darauf hingewiesen, daß sich mit dem Gegenstand der Wirtschaftspolitik mehrere Wissensdisziplinen befassen. Neben der wirtschaftswissenschaftlichen Wirtschaftspolitiklehre befassen sich u. a. auch das Wirtschaftsrecht, die Politikwissenschaft, die Wirtschaftsgeschichte und die Wirtschaftsethik mit wirtschaftspolitischen Fragestellungen und Problemen. Hierbei kommen jeweils andere Betrachtungsweisen und Aspekte zum Tragen.

Aus der Sicht der Wirtschaftspolitiklehre haben diese anderen Disziplinen teilweise den Charakter einer **Hilfswissenschaft,** genauso wie natürlich die Wirtschaftswissenschaft ebenfalls für diese Wissensgebiete einen Hilfscharakter aufweist. Teilweise handelt es sich aber auch einfach um **konkurrierende** Methoden zur Analyse der Wirtschaftspolitik. Dies gilt insbesondere für das Verhältnis der Politikwissenschaft und der ökonomischen Theorie der Demokratie zueinander. Schließlich **ergänzen** sich die einzelnen Disziplinen und bilden erst zusammen ein vollständiges Bild der Wirtschaftspolitik.

Beginnen wir mit der Feststellung, daß die einzelnen Wissensdisziplinen wechselseitig für einander propädeutischen Charakter aufweisen. Dies gilt insbesondere für das Verhältnis von Wirtschaftsgeschichte und Wirtschaftspolitiklehre. Die Geschichte beschreibt zunächst einmal, wie die einzelnen wirtschaftspolitischen Gesetze und Verfassungen entstanden sind. Diese Beschreibung ist insbesondere Voraussetzung dafür, die Ziele der einzelnen Maßnahmen festzustellen. Gleichzeitig kann jedoch die Geschichtswissenschaft die Daten vermitteln, die zur Überprüfung wirtschaftswissenschaftlicher Hypothesen notwendig sind. Wir werden im nächsten Kapitel ausführlich sehen, daß die Wirtschaftswissenschaft im Gegensatz zu den Naturwissenschaften kaum in der Lage ist, den Wahrheitsgehalt ihrer Hypothesen anhand von Experimenten zu überprüfen. Deshalb kommt der Beschreibung und dem Vergleich der historischen Zusammenhänge bei der empirischen Überprüfung einzelner Aussagen entscheidende Bedeutung zu. Auf der anderen Seite setzt der Wirtschaftshistoriker das in der Wirtschaftswissenschaft gefundene Wissen ein, um die historischen Wirkungszusammenhänge aufzudecken.

Eine etwas andere Bedeutung gewinnt das Wirtschaftsrecht für die Wirtschaftspolitiklehre. Hier gilt es zunächst festzuhalten, daß sich wirtschaftspolitische Maßnahmen stets in Gesetzen, Verfassungen und rechtlich relevanten Verordnungen niederschlagen. Jede wirtschaftspolitische Handlung bedarf der gesetzlichen Präzisierung der Ziele, aber auch der einzelnen Methoden.

Hierbei ist der Zusammenhang beider Disziplinen bei den ordnungspolitischen Maßnahmen besonders groß. So beschreibt der Verfassungsrechtler die Grenzen, die die jeweilige Verfassung dem politischen Handeln setzt und gibt darüber hinaus auch Auskunft, welche Prinzipien politische Lösungen vorschreiben. Das Wirtschaftsrecht zeigt weiter, auf welchem Weg bestimmte wirtschaftspolitische Maßnahmen rechtliche Bedeutung erlangen.

Auf der anderen Seite kann nur der Wirtschaftswissenschaftler Auskunft darüber geben, wie bestimmte in den Verfassungen und Gesetzen niedergelegte Prinzipien realisiert werden können und wie sich Gesetze auswirken können. Diese Kenntnisse benötigt der Jurist selbst wiederum, um eine Abwägung der konkurrierenden Rechtsgüter vornehmen zu können.

In Abschnitt 1.6 hatten wir das Vordringen der ökonomischen Theorie der Demokratie in der Zeit nach dem 2. Weltkrieg besprochen. Diese neue Disziplin schuf ein weiteres Gebiet der Zusammenarbeit zwischen Rechts- und Wirtschaftswissenschaft. Legislative und Jurisdiktion werden nun selbst als gesellschaftliche Institutionen verstanden, die das Gut „Recht" erzeugen und seine Durchsetzung garantieren. Hierbei wird der Versuch unternommen, auch das Recht als ein Gut zu verstehen, für deren Herstellung knappe Ressourcen eingesetzt werden müssen und Kosten anfallen, die es zu minimieren gilt.

Wiederum anderer Art sind die Beziehungen zwischen Wirtschaftspolitiklehre und Politischer Wissenschaft. Vor der Entwicklung der ökonomischen Theorie der Demokratie konnte man davon sprechen, daß sich beide Wissensdisziplinen im Sinne einer Arbeitsteilung gegenseitig ergänzt haben. Die traditionelle Wirtschaftspolitiklehre befaßte sich mit der Frage, welche Maßnahmen notwendig werden, um ganz bestimmte – politisch gewollte – Veränderungen des Wirtschaftsprozesses zu erreichen und zu welchen unerwünschten Nebenwirkungen konkrete Maßnahmen der Wirtschaftspolitik führen können. Der Politikwissenschaftler hingegen hatte u. a. die Frage zu klären, wie politisches Handeln zustandekommt, wie also bestimmte Zielsetzungen der Wirtschaftspolitik in die Realität umzusetzen sind und wo die politischen Grenzen einer Reformpolitik liegen.

Nun hatten wir bereits im vorhergehenden Abschnitt darauf hingewiesen, daß diese Aufgaben auch von der ökonomischen Theorie der Demokratie erfüllt werden. Der Umstand, daß sich beide Disziplinen mit der gleichen Aufgabenstellung befassen, kann einmal so gedeutet werden, daß hier zwei Disziplinen um eine gleiche Aufgabenstellung miteinander konkurrrieren. Sie unterscheiden sich also nicht mehr in erster Linie in der Aufgabenstellung, sondern in der wissenschaftlichen Betrachtungsweise. Wenn man will, kann man natürlich die ökonomische Theorie der Demokratie als eine spezielle, sich auf ganz bestimmte Betrachtungsweisen beschränkende Politikwissenschaft verstehen.

Aus der Sicht der Wirtschaftswissenschaftler kann das Aufkommen der ökonomischen Theorie der Demokratie teilweise damit erklärt werden, daß man sich um gleichartige Betrachtungsweisen bemüht. Der Politiker benötigt sowohl das Wissen, wie bestimmte politisch angestrebte Änderungen im Wirtschaftsprozess erreicht werden können, als auch das weitere Wissen, wie sich solche Änderungen politisch durchsetzen lassen. Es dürfte leichter sein, den Zusammenhang dieser beiden Fragestellungen dem Politiker zu vermitteln, wenn sie aus einer **einheitlichen** Sichtweise vorgetragen werden.

Allerdings dürfte der weitere Umstand, daß sich die Politikwissenschaft lange Zeit weder mit den technologischen Problemen der Effizienz und Durchsetzbarkeit politischer Ziele noch mit dem Versuch einer generalisierenden Theorie befaßt hat, das Bedürfnis nach einer eigenständigen ökonomischen Theorie der Politik unterstützt haben. Gerade weil die Politikwissenschaft in der Zeit nach dem 2. Weltkrieg teils aus der Geschichtswissenschaft, der generalisierende Fragestellungen fremd sind, teils aus der Soziologie entstanden ist, die ihrerseits technologischen Gedankengängen kritisch gegenübersteht, mag das Entstehen der ökonomischen Theorie der Demokratie erklären.

Schließlich sind einige Worte zum Verhältnis Wirtschaftsethik und Wirtschaftspolitiklehre angebracht. Auch hier ist das Verhältnis zwischen Wirtschaftspolitiklehre und Ethik zuerst das der Spezialisierung und Arbeitsteilung. Traditionell versteht sich die Wirtschaftswissenschaft als eine **positive** Wissenschaft, die sich von ihrem methodischen Ansatz auf die Erklärung von Faktenzusammenhängen zu beschränken hat. Die Ethik ist demgegenüber von ihrem Anspruch eine Wissenschaft, die die Verbindlichkeit von **Normen** untersucht aber auch dazu Stellung beziehen will, wie politisches Handeln zu beurteilen sei.

Diese Arbeitsteilung wird – wie das nächste Kapitel noch ausführlich zu zeigen hat – durch die traditionelle Wohlfahrtstheorie durchbrochen, die bewußt Wohlfahrtsbewertungen und normative Aussagen als Ergebnis ihrer Analyse anstrebt. Auch hier dürfte für das Entstehen der Wohlfahrtstheorie maßgeblich gewesen sein, daß die Ethik einen Teil der den Wohlfahrtstheoretiker interessierenden Fragen ausgeklammert hat, teilweise sicherlich auch deshalb, weil die Beantwortung der wohlfahrtstheoretischen Fragen ein hohes Maß an Kenntnissen der Wirtschaftstheorie voraussetzt. Gleichzeitig dürfte die Entwicklung der Wohlfahrtstheorie aber auch teilweise damit zusammenhängen, daß die traditionelle Ethik weitgehend den Wertprämissen des Liberalismus ablehnend gegenüberstand.

Kapitel 2:
Zur Methode in den Wirtschaftswissenschaften

2.1 Der Methodenstreit in der Geschichte der Wirtschaftswissenschaft

In der Geschichte der volkswirtschaftlichen Lehrmeinungen wurde die Frage nach der richtigen wissenschaftlichen Methode **kontrovers** diskutiert. Zwar ist der Wirtschaftspolitiker in erster Linie an den Ergebnissen der Wirtschaftswissenschaften interessiert und weniger am wissenschaftlichen Streit um die richtige Methode. Allerdings können über die Wahl der Methode auf indirekte Weise auch die Ergebnisse einer Wissenschaft beeinflußt werden, so daß es zweckmäßig sein kann, sich auch über methodische Probleme zu orientieren.

Um welche Probleme ging es im Methodenstreit der Wirtschaftswissenschaftler? Im wesentlichen lassen sich drei Fragen unterscheiden:
– Frage Nr. 1: Welche Bedeutung kommt der historischen Entwicklung für die Erklärung der heutigen wirtschaftlichen Vorgänge zu? Gibt es im Bereich der Wirtschaftswissenschaften überhaupt zeitlos gültige Gesetze wie etwa in den Naturwissenschaften?
– Frage Nr. 2: Befaßt sich die Wirtschaftswissenschaft allein mit dem systematischen Durchleuchten und Ordnen vorgegebener Fakten oder bemüht sie sich darüber hinaus, neue Faktenzusammenhänge aufzufinden, mit anderen Worten: Will die Wirtschaftswissenschaft mehr sein als bloße Denktechnik?
– Frage Nr. 3: Beschränkt sich der Wirtschaftswissenschaftler darauf, Sachzusammenhänge aufzudecken oder kann er auch – ohne seine eigenen Grenzen zu überschreiten – wirtschaftspolitische Forderungen abschließend bewerten?

2.11 Theorie versus historische Schule

Unsere erste Frage stand Mitte letzten Jahrhunderts im Mittelpunkt einer Diskussion zwischen den Anhängern der reinen Theorie und der historischen Methode. Die reine Theorie wurde vor allem von *C. Menger*, die historische Methode insbesondere von *G. von Schmoller* verteidigt. Die Anhänger der historischen Schule kritisierten die **naturwissenschaftliche** Verfahrensweise der älteren klassischen Theorie, so wie sie u.a. von *D. Ricardo, J. St. Mill* entwickelt worden war.

Man warf den Klassikern vor, sie hätten bestimmte soziale Gesetze voreilig verallgemeinert. Gesetze, die für eine hochentwickelte Industrie- und Handelsnation wie das damalige England gelten würden, dürften keinesfalls auf Länder übertragen werden, die – wie die damaligen übrigen europäischen Staaten, vor allem die deutschen Länder – erst in der Anfangsphase ihrer industriellen Entwicklung stünden. Diese Verallgemeinerungen seien unzulässig, da die wirtschaftlichen Gesetze im Gegensatz zu den Naturgesetzen einem **historischen Wandel** unterworfen seien. Man könne den Wirtschaftsablauf einer Nation nur dann voll verstehen, wenn man zuvor überprüft habe, auf welcher Entwicklungsstufe sich eine Nation befinde und wie sich der Wirtschaftsprozeß historisch entwickelt habe.

2.12 Die Forderung nach Werturteilsfreiheit

Die Anhänger der historischen Schule unterschieden sich nicht nur in ihrer analytischen Methode von den Neoklassikern. Man machte ihnen zum Vorwurf, daß sie **Werturteile** wissenschaftlich zu begründen versuchten. Gegen diesen Versuch wandte sich vor allem *M. Weber*, einer der Hauptvertreter einer wertfreien Wissenschaft. Eine empirische Wirtschaftswissenschaft könne nur darüber Auskunft geben, wie bestimmte wirtschaftliche Probleme **tatsächlich** gelöst würden, nicht aber wie sie am besten gelöst werden sollten. Ein Werturteil könne nur aufgrund einer bestimmten weltanschaulichen Haltung gefällt werden, die niemals wissenschaftlich bewiesen werden könne.

Allerdings wollte *M. Weber* den Wissenschaftler keinesfalls von der politischen Diskussion ausschließen. *M. Weber* hat selbst wiederholt in die politische Diskussion eingegriffen und damit kund getan, daß das politische Engagement eines Wissenschaftlers nicht unbedingt dem Ideal einer wertfreien Wissenschaft widerspricht. Wohl hat *M. Weber* die Forderung erhoben, der Wissenschaftler solle seinen Leser oder Zuhörer niemals im Unklaren darüber lassen, wann er sich wissenschaftlich äußert und sich auf die Analyse von Sachzusammenhängen beschränkt und wann er sich wie jeder andere Bürger zu politischen Fragen bewertend äußert. *M. Weber* wollte mit dieser Forderung nach **Wertfreiheit** der Wissenschaft verhindern, daß persönliche Werturteile des einzelnen Wissenschaftlers im wissenschaftlichen Gewande vorgetragen würden und daß auf diese versteckte und erschlichene Weise einen höheren Wahrheitsgehalt beanspruchen könnten, als ihnen de facto zukommen könne.

2.13 Die neoklassische Theorie

Der Methodenstreit innerhalb der Wirtschaftswissenschaften erwuchs drittens aus dem recht unterschiedlichen Gebrauch des Wortes „Theorie". Einige Wissenschaftler – vor allem die Neoklassiker – verstehen Theorie im Sinne eines **Denkwerkzeuges**. Ein Denkwerkzeug ermöglicht es zwar, die soziale und wirtschaftliche Wirklichkeit zu erfassen, sie dürfen aber keinesfalls mit der eigentlichen Kenntnis der Fakten verwechselt werden.

Die neoklassische Theorie im Sinne eines Denkwerkzeuges ist danach eine Methode, unser Wissen zu erweitern, sie ist aber nicht dieses Wissen selbst. Die neoklassische Theorie beschränkt sich darauf, bereits bekannte Fakten zu ordnen und aus vorgegebenen Annahmen weitere Schlußfolgerungen zu ziehen. Das Auffinden neuer Faktenzusammenhänge sei danach Sache der Historiker, Soziologen oder Statistiker, nicht der Wirtschaftstheoretiker. Die Wirtschaftstheorie könne die Gültigkeit ihrer Annahmen nicht selbst überprüfen. Wenn man von logischen Denkfehlern absehe, könne eine Theorie überhaupt nicht falsch oder richtig, sondern allenfalls aktuell oder unaktuell sein.

Diese weitverbreiteten Thesen über die Aufgaben einer wirtschaftswissenschaftlichen Theorie wurden in der Zeit nach dem zweiten Weltkrieg von den **Neopositivisten** angegriffen. Die Wirtschaftstheorie sei – so vor allem der Vorwurf von *H. Albert* – zu einem Modellplatonismus entartet. Von einer echten Theorie könne man nur dann sprechen, wenn sich ihre Aussagen auf Tatsachenzusammenhänge bezögen, die so formuliert seien, daß sie sich erstens überprüfen ließen und die darüber hinaus zweitens bereits an der Wirklichkeit überprüft wären.

Die neoklassische Theorie gebe hingegen Lehrsätze, die lediglich aus hypothetisch unterstellten Annahmen abgeleitet seien, bereits als erwiesene Wahrheiten aus, bevor sie einer empirischen Überprüfung unterzogen worden seien. Weiterhin arbeite die Neoklassik mit Annahmen, die durch vergangene empirische Untersuchungen bereits widerlegt seien. Schließlich habe die neoklassische Theorie in dem Versuch, klassische Positionen zu verteidigen, mehr und mehr zu **Tautologien** Zuflucht genommen, die zwar immer logisch zwingend richtig seien, aber gerade deshalb eine empirisch gehaltlose Leerformel ohne jeden Informationsgehalt darstellen würden.

Der Methodenstreit in den Wirtschaftswissenschaften ist auch heute noch nicht überwunden. In allen drei zur Diskussion stehenden Streitpunkten stehen sich die Fronten immer noch unversöhnlich gegenüber. Trotzdem dürften für diese methodischen Meinungsverschiedenheiten zu einem nicht geringen Teil definitorische Mißverständnisse verantwortlich sein. Eine Einigung wird vor allem deshalb erschwert, weil unter der gleichen Fragestellung recht unterschiedliche Probleme angesprochen werden. Über die Zweckmäßigkeit der diesen Begriffen zugrundeliegenden Unterscheidungen und Probleme besteht in Wirklichkeit größere Übereinkunft als man auf den ersten Blick vermuten könnte.

So dürfte man sich darüber einig sein, daß man bei der Diskussion wirtschaftlicher Probleme drei verschiedene **Denkebenen** unterscheiden kann. Die Wirtschaftswissenschaft hat erstens eine ganze Fülle von Denkwerkzeugen entwickelt, die zwar noch kein eigentliches Wissen um die faktischen Gegebenheiten innerhalb der Wirtschaft zum Inhalt haben, die aber dennoch von großem Wert sein können, da sie helfen, dieses Wissen zu verbreiten und zu fördern.

Die **Begriffe** und die **Denkmodelle** sind die bekanntesten unter den wirtschaftswissenschaftlichen Denkinstrumenten. Gleichgültig mit welchen Namen wir auch die einzelnen Denkwerkzeuge bezeichnen und ob wir bereits hier von einer Theorie sprechen, niemand bezweifelt Wert und Notwendigkeit solcher Denkinstrumente. Gerade die Linguistik, die Wissenschaft von der Sprache, hat in jüngster Zeit nachgewiesen, daß die Art der Begriffswahl den menschlichen Erkenntnisprozeß entscheidend mitformt.

Eine ganz andere Denkebene ist angesprochen, wenn wir uns mit Faktenzusammenhängen befassen. Man wird ohne weiteres zugeben müssen, daß sich eine empirische Wissenschaft ohne diese Faktenkenntnisse nicht entwickeln kann. Die Frage, ob sich allein der Soziologe, Statistiker oder Wirtschaftshistoriker um das Auffinden dieser Faktenkenntnisse bemühen sollte oder ob auch der Wirtschaftstheoretiker diese Probleme in seine Analyse miteinbeziehen soll, ist demgegenüber zweitrangiger Natur.

Neben Denkwerkzeugen und Faktenzusammenhängen werden im Bereich der Wirtschaftswissenschaft drittens Bewertungen vorgenommen. Jede Anwendung einer Theorie auf die Praxis setzt bewußt oder unbewußt Bewertungen voraus. Wie wir der Denkwerkzeuge bedürfen, um zu Faktenwissen zu gelangen, so ist die Kenntnis von Faktenzusammenhängen Voraussetzung, um rational begründete Entscheidungen zu fällen. Gerade in dieser Hilfestellung liegt eine der wichtigsten Aufgaben der Wirtschaftswissenschaft gegenüber der Gesellschaft.

Mit dieser Unterscheidung dreier Denkebenen lassen sich manche Mißverständnisse und Meinungsverschiedenheiten von vornherein ausräumen. Die Frage, ob wir einer bestimmten Aussage über wirtschaftliche Zusammenhänge zustimmen, muß nach anderen Kriterien beantwortet werden, je nachdem, ob wir es mit einem Denkinstrument, einer Aussage über Fakten oder einer Bewertung zu tun haben.

Ein **Denkwerkzeug** beurteilen wir nach seiner **Zweckmäßigkeit.** Wir entscheiden uns für die Anwendung eines bestimmten Denkwerkzeuges, wenn wir uns mit seiner Hilfe eine Vertiefung oder Erweiterung unseres Wissens erhoffen. Wir sprechen uns gegen ein Denkwerkzeug aus, wenn es uns zu Scheinproblemen verleitet oder wenn bei seiner Anwendung die eigentlichen Probleme geradezu verbaut werden. Es ist aber nicht möglich, von falschen oder richtigen Denkwerkzeugen zu sprechen. Denkwerkzeuge werden nicht danach beurteilt, ob sie richtig oder falsch, sondern ob sie zweckmäßig oder unzweckmäßig sind.

Ein ganz anderes Kriterium legen wir unserem Urteil über Faktenzusammenhänge zugrunde. Die Aussagen über Fakten sind stets an der Wirklichkeit zu überprüfen. Sie können niemals aus logischen Ableitungen oder aus Definitionen allein erschlossen werden. Ihr Wahrheitsgehalt gilt unabhängig davon, ob die These dem Wissenschaftler oder Praktiker zweckmäßig erscheint oder nicht.

Wiederum anders verhalten wir uns den Werturteilen gegenüber. Es bestehen zwar die verschiedensten Wechselbeziehungen zwischen wissenschaftlicher Analyse und Werten. Mit den Mitteln einer empirischen Wirtschaftswissenschaft allein lassen sich aber Werturteile niemals endgültig beweisen. Wir bedürfen stets einer persönlichen Willensentscheidung, um von einer Aussage über einen Sachzusammenhang zu einer Bewertung zu gelangen. Es ist sicherlich richtig, daß diese Wertprämissen den Diskussionsteilnehmern bisweilen so selbstverständlich erscheinen, daß es geradezu pedantisch wäre, wollte man darauf bestehen, diese Prämissen eigens zu erwähnen.

2.2 Die Denkinstrumente

Die empirisch ausgerichtete Wirtschaftswissenschaft verwendet ihre Begriffe im Sinne von **Nominaldefinitionen.** Es geht ihr bei der Begriffsbestimmung nicht darum, das **Wesen** einer bestimmten Sache zu erfassen. Dies ist Aufgabe einer Sozialphilosophie. Mit einer Nominaldefinition verfolgen wir allein den Zweck, mehrere Objekte der Wirklichkeit unter einem Symbol zusammenzufassen und diese anderen Objekten gegenüber abzugrenzen. Diese Aufgabe erfüllen wir dadurch, daß wir die Merkmale festlegen, die für ein Objekt als wesentlich gelten. Da in der Regel erst mehrere Merkmale ein Objekt ausmachen, können wir den Begriff auch als Kurzformel bezeichnen. Wir führen einen neuen Begriff ein und definieren diesen mit Hilfe einiger uns schon bekannter anderer Begriffe.

In Wirklichkeit gibt es allerdings recht unterschiedliche Arten der Klassifikation. Es gibt keine in der Natur der Sache liegenden Nominaldefinitionen. Diese beruhen vielmehr auf einer **Konvention**, sie werden nach Zweckmäßigkeitsgesichtspunkten ausgewählt und dienen vor allem der gegenseitigen Verständigung. Unterschiedliche Forschungszwecke machen danach auch möglicherweise unterschiedliche Definitionen notwendig.

Wenn wir von Begriffen sprechen, müssen wir zwischen dem äußeren Namen oder **Symbol** und den **Merkmalen** unterscheiden, die dieser Definition zugrundeliegen. Welches Symbol wir für eine bestimmte Klasse von Objekten wählen, ist im Grunde gleichgültig. Der Zweck der wissenschaftlichen Forschung, die Erweiterung und Vertiefung unseres Wissens, wird von dieser äußeren Namenswahl nicht berührt.

Allerdings eine Forderung muß in diesem Zusammenhang erfüllt werden: Die gleichen Objekte sollten stets mit dem gleichen Namen benannt werden, da nur auf diese Weise Mißverständnisse vermieden werden können. So einleuchtend diese Forderung ist, so groß sind die Schwierigkeiten, sie in die Tat umzusetzen. Wir sind nur ungern bereit, einen in der Vergangenheit erlernten Namen aufzugeben. Manche Meinungsverschiedenheiten bei der Diskussion wirtschaftlicher Probleme können in der Tat auf definitorische Mißverständnisse zurückgeführt werden. Der Kampf um Definitionen wird bisweilen genauso erbittert geführt wie der Kampf um Weltanschauungen. Demgegenüber haben wir bereits viel gewonnen, wenn wir erkennen, welch geringe Bedeutung dieser rein äußeren Namensgebung für wissenschaftliche Zwecke zukommt.

Eine weitaus größere Funktion erfüllt die Auswahl der einzelnen **Begriffsmerkmale.** Auch hier können wir nicht von falsch oder richtig sprechen. Wie wir bereits erwähnt haben, lassen sich die Objekte der Wirklichkeit nach recht unterschiedlichen Kriterien zusammenfassen. Wir können allerdings die ausgewählten Begriffsmerkmale danach beurteilen, wieweit sie für die in Aussicht genommenen wissenschaftlichen Aufgaben brauchbar sind.

Begriffe können u. U. Probleme verbauen oder aber auch erst richtig sichtbar werden lassen. Es liegt oft an der Begriffswahl, ob wir ein Problem richtig in den Griff bekommen. Begriffe können zu einer rosaroten Brille werden, mit der wir zwar vielleicht die Form und Gestalt, keinesfalls aber die Farbtönung der Wirklichkeit erkennen können. Wir können diese Überlegungen in der Forderung zusammenfassen: Begriffe sollten **problemadäquat** definiert werden. Wir können Begriffe nicht schlechthin als zweckmäßig oder unzweckmäßig bezeichnen. Ob ein Begriff als zweckmäßig eingestuft werden kann, hängt von der Art des Problems ab, das wir gerade zu lösen haben.

Auf eine weitere Forderung muß geachtet werden. Die Begriffe sollen uns zu Aussagen über die Wirklichkeit führen. Wir können aber Aussagen über die Wirklichkeit erst dann als gültig anerkennen, nachdem wir sie empirisch getestet haben. Hier stehen wir vor folgender Gefahr: Begriffe können so unpräzise und vage formuliert sein, daß sich die einzelnen Thesen kaum und nur mit größten Schwierigkeiten überprüfen lassen. Begriffe sollten stets so klar und eindeutig definiert sein, daß wir für jedes Objekt der Wirklichkeit entscheiden können, ob es unter diesen Begriff fällt oder nicht.

Es ist weder notwendig noch erwünscht, bei Beginn einer Analyse jeden Begriff neu zu definieren. Wir können fast immer von einem vorgegebenen System von Begriffen ausgehen. Nur dann, wenn sich die bisherigen Begriffe für die weitere wissenschaftliche Forschung als unfruchtbar oder sogar hemmend erweisen, sollten die übernommenen Begriffe bereinigt oder präzisiert, bzw. neue Begriffe geprägt werden.

Bei Anwendung eines Denkmodells versuchen wir, einen Komplex von Aussagen über einen klar abgegrenzten Sachbereich systematisch zu ordnen. Worin liegt aber das Ordnungsprinzip? Wir untersuchen die einzelnen Aussagen daraufhin, inwieweit sie von den übrigen Aussagen abhängen. Aussagen, die sich nicht mehr auf andere Aussagen des Systems zurückführen lassen, also als gegeben vorausgesetzt werden müssen, bezeichnen wir als **Prämissen** oder Daten des Modells. Bei den von diesen Prämissen abgeleiteten Aussagen handelt es sich hingegen um die Abhängigen oder **Problemgrößen**.

Eine erste Aufgabe eines Denkmodells liegt darin, zu klären, welche **Konsequenzen** bestimmte Annahmen implizit enthalten. Die Annahmen als solche gelten als gegeben. Das Denkmodell kann keinen Beitrag dazu leisten, die Gültigkeit oder Wirklichkeitsnähe dieser Prämissen zu überprüfen. Wir erfahren durch das Denkmodell nicht mehr, als wir bereits in den Annahmen unterstellt haben. Wohl können wir mit Hilfe eines Denkmodells unser tatsächliches Wissen klären, da wir uns im allgemeinen nicht aller Konsequenzen bestimmter Annahmen ohne weiteres bewußt sind.

Wir können Denkmodelle zweitens dazu benutzen, die **Voraussetzungen** gewisser Aussagen herauszuarbeiten. Es geht hierbei um die gleichen logischen Beziehungen wie bei der ersten Aufgabe eines Denkmodells. Während wir aber bei der ersten Aufgabe die Annahmen als bekannt vorausgesetzt haben und uns nach den Konsequenzen dieser Annahmen gefragt haben, gehen wir hier von einer konkreten, in der Öffentlichkeit geäußerten Behauptung aus und überprüfen, unter welchen Voraussetzungen überhaupt diese Aussage Gültigkeit beanspruchen kann.

Denkmodelle dienen drittens dazu, die **Problematik** einer Situation herauszuarbeiten. Das Denkmodell gestattet uns, die logischen Beziehungen zwischen den bisher als gültig angesehenen Annahmen über die Wirklichkeit aufzudecken. Wir legen uns Rechenschaft darüber ab, was wir bereits wissen und was wir noch nicht wissen. Wir können auf diese Weise u. U. gewisse logische Widersprüche zwischen verschiedenen Aussagen aufdecken, die bisher gleichzeitig behauptet wurden, ohne daß klar wurde, daß sich beide Aussagen – und zwar aus logischen Gründen – widersprechen. Wir können weiterhin mit Hilfe eines Denkmodells überprüfen, ob wir bereits alle bekannten Fakten mit Hilfe unserer bisherigen Erkenntnisse erklären können. Das Denkmodell hilft uns, die noch nicht befriedigend beantworteten Fragen klarer zu formulieren.

Denkmodelle können uns viertens dazu verhelfen, neue **Hypothesen zu bilden.** Unter Hypothesen i.e. Sinne verstehen wir Aussagen über die Wirklichkeit, die noch nicht empirisch überprüft sind. A priori sind die unterschiedlichsten Zusammenhänge denkbar. Wir würden ausgesprochen irrational vorgehen, wollten wir in mühseliger Kleinarbeit alle denkbaren Zusammenhänge auf ihre Gültigkeit hin überprüfen. In praxi wendet man ein ganz anderes Verfahren an:

Aufgrund unserer bisherigen Erfahrungen greifen wir unter den Millionen denkbarer Zusammenhänge einige wenige heraus, die uns als realistisch erscheinen und überprüfen lediglich diese an der Wirklichkeit. Auch hier leistet uns das Denkmodell gute Dienste. Es gibt uns an, welche Hypothesen unseren bisherigen Erkenntnissen am besten entsprechen. Hierbei gelangen wir zumeist dadurch zu neuen Hypothesen, daß wir Aussagen, die bereits für einen Spezialbereich bestätigt sind, verallgemeinern.

Ein Denkmodell kann fünftens auch eine **pädagogische** Aufgabe erfüllen. Wir haben nicht nur neue Faktenzusammenhänge aufzudecken, sondern auch die bereits bekannten Tatsachen dem Studierenden verständlich zu machen, da diese Theorien oft sehr schwierig zu verstehen sind. Hier kann es aus pädagogischen Gründen zweckmäßig sein, zunächst bewußt von wirklichkeitsfremden Annahmen auszugehen, um auf diese Weise bestimmte Beziehungen um so deutlicher hervortreten zu lassen. Sind die einfachsten Zusammenhänge dem Studierenden einmal klargeworden, so ist es bedeutend leichter, das Denkmodell an die Wirklichkeit anzupassen und nun auch kompliziertere Zusammenhänge zu verstehen, da nun das Augenmerk nur noch auf die neu eingeführten Zusammenhänge gerichtet zu sein braucht.

2.3 Aussagen über Faktenzusammenhänge

2.31 Die Forderung nach Allgemeingültigkeit

Jede Wissenschaft ist bestrebt, möglichst allgemeingültige Aussagen zu formulieren. Je allgemeingültiger eine Aussage ist, um so größer ist ihr Anwendungsbereich.

Wann aber entspricht eine wissenschaftliche Aussage dieser Forderung? Wir sprechen einer These Allgemeingültigkeit zu, wenn die zur Diskussion stehende Aussage für alle Objekte einer wohl abgegrenzten Klasse gilt. So würde z. B. der Satz:

> Alle Unternehmer streben nach Gewinn

unserem Kriterium genügen, wenn tatsächlich alle Unternehmer ihre wirtschaftlichen Entscheidungen an der Rentabilität ausrichten würden.

Wir können allerdings nicht erwarten, daß wir jemals zu allgemeingültigen Aussagen in dem Sinne gelangen können, daß diese Aussagen für alle Objekte einer Klasse empirisch nachgewiesen werden können. Aber auch hier gilt es zu berücksichtigen, daß es verschiedene Grade der Annäherung an dieses Postulat gibt. Wenn wir auch nicht immer zu allgemein gültigen Aussagen gelangen können, so haben wir uns doch darum zu bemühen, diesem Ideal möglichst nahe zukommen. Die Aussage, daß die Mehrheit der Unternehmer nach Gewinn strebt, entspricht unseren wissenschaftlichen Ansprüchen besser, als wenn wir diese Aussage nur von einigen wenigen Unternehmern behaupten könnten.

Bisweilen geht die Forderung nach Allgemeingültigkeit sehr viel weiter. Während wir bisher allein verlangt haben, daß alle oder nahezu alle Objekte einer wohlabgegrenzten Klasse bestimmte Eigenschaften aufweisen, können wir darüber hinaus das Ziel verfolgen, unsere Aussagen auf immer größere Klassen (auf Klassen mit einem größeren Umfang) auszudehnen. Der Satz:

> Alle Unternehmer streben nach Gewinn

wäre in diesem Sinne weniger allgemeingültig als die Aussage:

> Alle wirtschaftenden Menschen versuchen, ihren Nutzen zu maximieren.

Die Unternehmer bilden lediglich einen Ausschnitt aus der größeren Klasse der wirtschaftenden Menschen; Das Gewinnstreben der Unternehmer wird hier als Unterfall des Strebens nach größtmöglichen Nutzens verstanden.

Diese zweite Forderung nach Allgemeingültigkeit wird allerdings mit einem hohen Preis erkauft. Je größer die Allgemeingültigkeit ist, um so stärker ist in der Regel der Abstraktionsgrad der Aussage. Wenn wir uns auf eine relativ kleine Klasse von Objekten beschränken, so werden wir im allgemeinen recht viele gemeinsame Merkmale vorfinden. Betrachten wir eine immer größer werdende Klasse von Objekten, so dürften immer weniger Eigenschaften auf alle Objekte dieser Klasse zutreffen. So läßt sich über das Verhalten der Unternehmer eine Vielzahl von Hypothesen formulieren. Wenn wir jedoch nach dem wirtschaftlichen Verhalten aller Menschen fragen, so werden wir in der Regel weit weniger gemeinsame Verhaltensformen erkennen können.

In diesem Zusammenhang steht die Wissenschaft vor einem Konflikt. Wir fordern von einer Theorie, daß sie nicht nur allgemeingültig ist, sondern gleichzeitig einen möglichst geringen Abstraktionsgrad aufweist. Beide Forderungen widersprechen oftmals einander. In dem Maße, wie wir der einen Forderung entgegenkommen, vernachlässigen wir die andere. Dieser Konflikt läßt sich nur dadurch lösen, daß wir sowohl nach den generell gültigen Eigenschaften als auch nach den spezifischen Unterschieden von Klasse zu Klasse fragen.

Bisher wurde bewußt eine Frage ausgeklammert: Steht die Forderung nach Allgemeingültigkeit nicht mit der menschlichen Freiheit in Widerspruch? Gibt es überhaupt im wirtschaftlichen Bereich allgemeingültige Gesetze? Setzen wir mit der Forderung nach allgemeingültigen Gesetzen nicht ein **deterministisches Menschenbild** voraus?

Als erstes können wir festhalten: Im Bereich der Wirtschaft gibt es eine ganze Reihe naturwissenschaftlicher, aber sozial relevanter Gesetzmäßigkeiten. Die Wirtschaftstheorie befasst sich mit diesen technischen Zusammenhängen, weil diese die Lösung der wirtschaftlichen Probleme beeinflussen. So gibt z. B. das sogenannte Ertragsgesetz darüber Auskunft, wieviel Produktionsfaktoren notwendig sind, um eine bestimmte Gütermenge zu produzieren. Diese Zusammenhänge sind zumindest auf einzelwirtschaftlicher Ebene zum Teil technischer Natur. Trotzdem fällt das Ertragsgesetz in das Forschungsgebiet der Wirtschaftswissenschaft, weil die unternehmerischen Entscheidungen u.a. auch vom Verlauf dieser technischen Daten bestimmt werden.

Die Forderung nach Allgemeingültigkeit widerspricht zweitens nur dann der menschlichen Freiheit, wenn wir unsere wirtschaftswissenschaftlichen Theorien auf **Einzelpersonen** beziehen würden. Es wäre in der Tat problematisch, wollten wir für jede einzelne Person ein ganz bestimmtes wirtschaftliches Verhalten unterstellen. Die näheren Umstände mögen noch so sehr ein ganz bestimmtes Verhalten nahelegen, wir haben keine absolute Sicherheit, daß sich eine bestimmte Person nicht doch anders entscheidet.

Das Hauptinteresse der Wirtschaftstheorie gilt indessen nicht dem Individual-, sondern dem Gruppenverhalten. Wie Herr Müller oder Herr Maier auf eine Preissteigerung reagiert, ist für die Wirtschaftstheorie und Wirtschaftspolitik von geringem Interesse. Wichtiger ist die Frage, wie sich die gesamte Nachfrage nach oder das gesamte Angebot an einem bestimmten Gut verändern, wenn der Preis dieses Gutes sinkt. Theorien dieser Art gelten mit viel größerer Sicherheit. Sofern nämlich die Zahl der betrachteten Einzelpersonen groß genug ist, können wir damit rechnen, daß sich zufällige Abweichungen von einer allgemeinen Tendenz gegenseitig ausgleichen.

Die empirischen Wirtschaftswissenschaften befassen sich drittens auch nicht in erster Linie mit dem menschlichen **Verhalten** selbst, sondern mit der **gesellschaftlichen Struktur**, die ein bestimmtes Verhalten auslöst. Die Wirtschaftswissenschaften suchen Aufschluß darüber, inwieweit die jeweilige Wirtschaftsstruktur den Handlungsspielraum der Individuen einengt. In der Regel verbleibt dem einzelnen Haushalt eine mehr oder weniger große Entscheidungsfreiheit. Es gibt aber auch Situationen, in denen die gesellschaftlichen Zwänge so stark werden, daß mit einem ganz bestimmten Verhalten gerechnet werden muß. Hier sind wir berechtigt, von **wirtschaftlichen Gesetzen** zu sprechen.

So kann der Wettbewerb der Unternehmer untereinander so stark werden, daß keine Unternehmung auf Dauer überleben kann, wenn sie nicht bereit ist, jede Möglichkeit zur Kostenreduzierung auszunutzen und jede Gewinnmöglichkeit mitzunehmen. Zumindest langfristig wird in einer solchen (durch Wettbewerb charakterisierten Umgebung) die Aussage richtig, daß alle Unternehmungen ihre Entscheidungen an der **Rentabilität** ausrichten. Unternehmungen, die sich nämlich nicht nach dieser Regel verhalten würden, müßten über kurz oder lang durch Konkurs aus dem Markt ausscheiden, sodaß längerfristig nur solche Unternehmungen überleben, die sich entsprechend dieser Rentabilitäts-Maxime verhalten.

2.32 Verifizierung versus Falsifizierung

Empirische Aussagen sind stets an der Wirklichkeit zu überprüfen. Hierbei ergeben sich einige Probleme. Es ist bedeutend einfacher, eine allgemeine Aussage zu widerlegen als zu bestätigen. Unser Satz:

> Alle Unternehmer maximieren den Gewinn

kann bereits als widerlegt gelten, wenn wir nur einen Unternehmer finden, der nicht nach diesem Grundsatz handelt. Eine generelle Aussage läßt sich somit leicht **falsifizieren**. Es ist aber nicht möglich, diese Aussage voll zu **beweisen**. Wir können nicht alle Objekte einer Klasse auf ihr Verhalten hin überprüfen. Und selbst wenn dies für die Gegenwart und Vergangenheit möglich wäre, wären wir nicht sicher, ob nicht in Zukunft einige Unternehmer gefunden werden, die von diesem wirtschaftlichen Gesetz abweichen. Wir können aber nur dann von einer generell gültigen These sprechen, wenn dieses Gesetz unabhängig von Zeit und Raum gilt.

Welche Folgerungen lassen sich aus diesen Überlegungen ziehen? Der wissenschaftliche Fortschritt äußert sich nicht so sehr darin, daß immer wieder neue Thesen aufgestellt, sondern daß alte, bisher als gültig angesehene Thesen widerlegt werden. Fast über jede wirtschaftliche Frage werden in der Öffentlichkeit die unterschiedlichsten Thesen vertreten. Aufgabe der Wissenschaft ist es in diesem Zusammenhang, die falschen Aussagen zu widerlegen und damit zugleich den Wahrscheinlichkeitsgrad der noch verbleibenden Antworten zu vergrößern.

Ein zweites gilt es zu bedenken: Oft wird die Meinung geäußert, über Sachfragen könne und dürfe es keine Meinungsverschiedenheiten geben. Eine Aussage über einen empirischen Sachverhalt sei entweder richtig oder falsch. Diese Meinung ist falsch. Ein wirtschaftliches Gesetz läßt sich niemals voll bestätigen. Es hängt von der optimistischen oder pessimistischen Grundhaltung und damit von einer bewertenden Position des einzelnen Forschers ab, ab wann er das vorliegende Material für ausreichend hält, um eine bestimmte Hypothese als bereits (vorläufig) bestätigt anzusehen.

Wir dürfen allerdings nicht erwarten, daß man eine Theorie, die bisher mit großem Erfolg angewandt wurde, schon allein deshalb aufgibt, weil ein einziger Fall gefunden wurde, der mit dieser Theorie nicht in Einklang zu bringen ist. Eine widerlegte Theorie ist zwar im formalen Sinne falsch, sie kann dennoch einen hohen Wahrheitsgehalt besitzen. Auch sie wurde aus der Beobachtung der Wirklichkeit gewonnen. Der Fehler lag dann darin, gewisse beobachtete Regelmäßigkeiten zu früh verallgemeinert zu haben. Man übersah dabei, daß diese Zusammenhänge nur unter ganz bestimmten, bisher noch nicht erkannten Voraussetzungen eintreten. Der wissenschaftliche Fortschritt äußert sich aber darin, daß man die bisherigen Theorien als Spezialfälle eines umfassenderen Gesetzes erkennt.

2.33 Das Problem der Kausalität

Aussagen über die Wirklichkeit können unterschiedlich tief in die Sachzusammenhänge hineinleuchten. Das gilt sowohl für das Problem der Kausalität, der Quantifizierung wie auch der Dynamik. Wenden wir uns zunächst der Frage nach der Kausalität zu.

Den geringsten Aussagegehalt finden wir bei **statistischen Korrelationen.** Wir behaupten hier lediglich, daß mehrere Größen in irgendeiner Weise zusammenhängen, wir sagen nichts darüber aus, welches die verursachende und welches die verursachte Größe ist. So läßt sich z.B. feststellen, daß die übertariflichen Lohnzuschläge um so größer sind, je zentraler die Tarifverhandlungen geführt werden. Diese Feststellung allein sagt nichts darüber aus, ob der Zentralisierungsgrad der Tarifverhandlungen die Ursache dafür ist, daß die übertariflichen Lohnzuschläge variieren.

Wir sind bereits tiefer in die Analyse eingedrungen, wenn wir die **Richtung dieses Wirkungszusammenhanges** kennen, wenn wir also zwischen Ursachen (bestimmenden Faktoren) und Wirkungen unterscheiden können. Allerdings können wir die Bestimmungsgründe eines Ereignisses weiterhin in notwendige und ausreichende Faktoren unterteilen. Von einer **notwendigen Voraussetzung** sprechen wir immer dann, wenn das besagte Ereignis nicht ohne die genannte Voraussetzung eingetreten wäre. Von einer **ausreichenden Voraussetzung** wird immer dann gesprochen, wenn diese allein ausreicht, das betreffende Ereignis auszulösen. Wir können auf diese Weise zwischen vier verschiedenen, unterschiedlich starken Wirkungszusammenhängen unterscheiden:

Am stärksten sind erstens Voraussetzungen, die sowohl notwendig als auch ausreichend sind. So ist beispielsweise ein Anstieg der effektiven Nachfrage im Rahmen der keynesianischen Theorie eine notwendige und ausreichende Voraussetzung für die Zunahme des nominellen Volkseinkommens. Die effektive Nachfragesteigerung ist im Rahmen dieser Theorie eine Voraussetzung für die Zunahme des Einkommens, da das nominelle Volkseinkommen (Y) unmittelbar von der Höhe der Gesamtnachfrage (C: Konsumgüternachfrage; I: Investitionsgüternachfrage; A: staatliche Nachfrage; T: Steuereinnahmen; X: Export; M: Import) abhängt:

$$Y = C + I + (A - T) + (X - M)$$

Diese Theorie kennt keine anderen Größen als die Nachfragefaktoren, von denen das nominelle Volkseinkommen unmittelbar abhängt. Die effektive Gesamtnachfrage ist im Rahmen dieser Theorie aber auch ausreichend, da entsprechend der obigen Gleichung das Sozialprodukt immer dann zunimmt, wenn die gesamte Nachfrage ansteigt.

Einen etwas geringeren Zusammenhang weisen zweitens Voraussetzungen auf, die notwendig, aber nicht ausreichend sind. Wenn wir weiterhin die keynesianische Einkommensgleichung zugrundelegen, so ist notwendige Voraussetzung für einen nominellen Einkommensanstieg, daß zumindest einer der aufgezählten Nachfragefaktoren ansteigt. Ein Anstieg etwa in der staatlichen Nachfrage reicht jedoch für einen Einkommensanstieg nicht aus, da dieser Anstieg möglicherweise gekoppelt ist mit einem Rückgang in der privaten Konsumnachfrage. Dies würde z. B. dann der Fall sein, wenn der staatliche Nachfragezuwachs mit zusätzlichen Steuereinnahmen finanziert würde.

Noch geringer ist drittens der Zusammenhang bei Voraussetzungen, die ausreichend und nicht notwendig sind. So wäre im obigen Beispiel eine Zunahme der Investitionsnachfrage, die nicht durch eine gleichgroße Abnahme anderer Nachfrageströme kompensiert würde, zur Einkommenssteigerung ausreichend. Notwendig wäre sie nicht, da es im Rahmen der keynesianischen Theorie für die Einkommenssteigerung gleichgültig ist, welcher Nachfragefaktor ansteigt. Es kommt allein darauf an, daß die Gesamtnachfrage zunimmt.

Den geringsten Aussagegehalt haben viertens Voraussetzungen, die weder notwendig noch ausreichend sind. Wissen wir nur, daß die Investitionsnachfrage angestiegen ist, ohne daß bekannt ist, ob aus den gleichen Gründen ein anderer Nachfragefaktor reduziert wurde, dann liegt in der Tat eine nicht notwendige, aber auch nicht ausreichende Voraussetzung für einen Einkommensanstieg vor. **Notwendig** ist der Investitionsanstieg in diesem Falle nicht, da auch eine Zunahme des Exportüberschusses oder des Defizites im Staatsbudget eine gleichgerichtete Wirkung herbeigeführt hätte, **ausreichend** ist diese Investitionszunahme auch nicht, da sie möglicherweise lediglich eine Verlagerung der Nachfrage vom Konsumbereich in den Investitionsbereich zum Ausdruck bringt. Dieser Zusammenhang zwischen Investition und Einkommen gilt nämlich nur **ceteris paribus,** d.h. bei sonst gleichbleibenden Bedingungen.

Auch die **Wirkungen** einer Maßnahme lassen sich weiter untergliedern. Die wichtigste Unterscheidung ist die zwischen **positiven** und **negativen** Wirkungen. Von einer positiven Wirkung eines Zuwachses in der Konsumnachfrage würden wir beispielsweise sprechen, wenn das reale Einkommen auf diesem Wege ansteigen und damit das Wachstumsziel gefördert würde. Eine negative Wirkung würde aber eintreten, wenn die steigende Nachfrage allein in Preissteigerungen verpuffen würde und damit das Ziel der Geldwertstabilität verletzt würde.

Dieser Unterscheidung liegt nur scheinbar eine Bewertung zugrunde. Mit dem Hinweis, daß ein Zuwachs im Konsum eine positive Wirkung zeigt, soll nicht zum Ausdruck gebracht werden, daß dieses Verhalten erwünscht ist, also positiv beurteilt wird, sondern lediglich, daß ein bestimmtes vorgegebenes Ziel auf diesem Wege erreicht werden kann. Diese Feststellung ist unabhängig davon, ob dieses Wachstumsziel vom Betrachter geteilt wird, aber auch unabhängig davon, ob von diesem expansiven Verhalten unerwünschte Wirkungen auf andere Zielgrößen ausgingen. Aber erst die Bewertung dieses gesamten Komplexes könnte eine normative Feststellung begründen.

Wirkungen lassen sich weiterhin in **latente** und **manifeste** Effekte unterteilen. Manifeste Wirkungen sind erwünschte und bewußt herbeigeführte Effekte, latent nennen wir hingegen Wirkungen, die ungewollt und vielleicht sogar unbewußt aufgrund bestimmter Maßnahmen eintreten. Wir werden uns im Kapitel über die Mittelanalyse ausführlicher mit dieser Unterscheidung befassen.

2.34 Quantitative versus qualitative Analyse

Die Wirtschaftswissenschaft hat zur Quantifizierung der zu beobachtenden Zusammenhänge verschiedene Begriffe entwickelt. So werden **Funktionsgleichungen** formuliert, die die quantitative Abhängigkeit verschiedener Größen zum Ausdruck bringen. Die Funktionsgleichung der keynesianischen Konsumnachfrage gibt z.B. an, welche quantitativen Beziehungen zwischen Einkommenshöhe und Konsumnachfrage bestehen:

$$C = a + c \times Y$$

Zur exakten Messung dieser quantitativen Beziehungen stellt die Wirtschaftstheorie zwei Maßstäbe zur Verfügung: den Begriff der **Grenzgröße** (beispielsweise die marginale Konsumneigung (c)) und den der **Elastizität** (beispielsweise die Einkommenselastizität der Konsumnachfrage). Die marginalen Größen messen hierbei die absolute, die Elastizitätsgrößen hingegen die relative Abhängigkeit von zwei Größen zueinander. Die marginale Konsumneigung (c) bringt dabei zum Ausdruck, um wieviel die Konsumnachfrage, in monetären Einheiten gemessen, ansteigt, wenn das Einkommen um eine Einheit zunimmt. Die Einkommenselastizität des Konsums unterrichtet hingegen darüber, um wieviel Prozent die Konsumnachfrage ansteigt, wenn sich das Einkommen um einen Prozent erhöht.

Man muß nun allerdings einschränkend hinzufügen, daß diese Begriffe oft einen mehr pädagogischen als praktischen Wert besitzen. Unsere empirischen Kenntnisse reichen nämlich nicht immer aus, die tatsächlichen Strukturparameter exakt anzugeben und marginale Neigungen und Elastizitäten zu bestimmen. Vor allem sind wir im allgemeinen allenfalls in der Lage im nachhinein diese Werte zu bestimmen, während eine Anwendung in der Politik eigentlich voraussetzen würde, daß diese Maßstäbe permanent und auch für die gegenwärtigen und zukünftigen Perioden berechnet werden müßten.

Die Meinungen über die Bedeutung der Quantifizierung innerhalb der Wirtschaftswissenschaften sind nun aber geteilt. Die liberalen Wirtschaftswissenschaftler weisen darauf hin, daß sich wirtschaftliche Vorgänge kaum und nur unbefriedigend quantifizieren lassen. Eine quantitative Betrachtung bringe die Gefahr mit sich, daß die wichtigeren qualitativen Aspekte in den Hintergrund treten. Andere Wirtschaftswissenschaftler wenden ein, eine qualitative Betrachtung komme über eine Schwarz-Weiß- Malerei nicht hinaus. Die Wissenschaften allgemein hätten in dem Maße Fortschritte gezeigt, als sie zu quantifizieren gelernt hätten.

Tatsächlich bedürfen wir sowohl der qualitativen wie auch der quantitativen Betrachtung. Erst beide zusammen zeichnen ein befriedigendes Bild der Wirklichkeit. Bestimmte Bereiche wie etwa die Ordnungsanalyse heben hierbei in stärkerem Maße auf die qualitative Betrachtung ab, während andere Bereiche wie beispielsweise die Konjunkturpolitik stärker auf die quantitative Betrachtung setzen. Die Bedeutung der quantitativen Analyse sollte hierbei aber nicht unterschätzt werden, da alle wirtschaftlichen Vorgänge auf Bewertungen beruhen. Bei nahezu jeder Bewertung schätzt man aber die unterschiedlichsten Wirkungszusammenhänge ab. Dies setzt aber letztlich immer voraus, daß man die einzelnen erwarteten Wirkungen zumindest subjektiv zu quantifizieren sucht.

Die Quantifizierung beginnt allerdings nicht erst dort, wo wir mit Zahlen rechnen. Vor allem im Rahmen der Wohlfahrtstheorie wurde auf die Unterscheidung zwischen **ordinalen** und **kardinalen** Maßstäben hingewiesen, wonach Bewertungen nicht erst dann möglich werden, wenn man über kardinale Maßstäbe verfügt. Ein kardinaler Maßstab liegt bekanntlich vor, wenn man die einzelnen zu bewertenden Größen untereinander als Vielfache angeben kann, während man sich bei der ordinalen Messung darauf beschränkt, anzugeben, ob eine Wirkung im Vergleich zu einer anderen als größer, kleiner oder gleich einzustufen ist.

2.35 Statische versus dynamische Analyse

Neben dem Problem der Kausalität und der Quantität steht drittens auch die Dynamik der Wirkungen im Rahmen einer Theorie über Faktenzusammenhänge zur Diskussion. Wir wollen nicht nur wissen, welche Ursachen-Wirkungs-Richtung zwischen zwei Größen besteht, wie stark diese Zusammenhänge sind, sondern auch welcher Zeitraum vergeht, bis sich eine Ursache in den Wirkungsgrößen niederschlägt. Wir sprechen immer dann von einer **statischen** Betrachtungsweise, wenn wir diesen Zeitaspekt außer Acht lassen; berücksichtigen wir ihn hingegen expressis verbis in unserer Analyse, stellen wir also auch Hypothesen über den Zeitzusammenhang auf, sprechen wir von **dynamischer** Analyse.

Erst beide Betrachtungsweisen zusammen ergeben ein befriedigendes Bild der Realität. Die statische Betrachtungsweise belehrt uns darüber, ob und unter welchen Voraussetzungen wir mit der Existenz eines Gleichgewichtes rechnen können, bei welchen Preisen z. B. ein Gleichgewicht erwartet werden kann. Wollen wir aber auch Aufschluß darüber, ob auch eine **Tendenz** zum Gleichgewicht besteht, der Markt also von sich aus Kräfte entfaltet, ein Ungleichgewicht von selbst abzubauen oder ob es zusätzlich politischer Anstrengungen bedarf, einen Zusammenbruch eines Marktes zu verhindern, kann diese Frage nur durch eine dynamische Analyse geklärt werden.

Wichtig ist hierbei, daß es nicht darauf ankommt, ob jemals der Zustand eines totalen Gleichgewichts erreicht wird. Die Gleichgewichtstheorie behauptet weder, daß ein gleichgewichtiger Zustand in der Regel erreicht wird oder erreicht werden könnte, noch daß es für eine befriedigende Regelung der wirtschaftlichen Probleme notwendig oder erwünscht wäre, daß es zu einem Gleichgewicht kommt. Man muß vielmehr davon ausgehen, daß in der realen Welt permanent Datenänderungen eintreten und deshalb auch permanent Ungleichgewichte auf den einzelnen Märkten bestehen. Sie sind nicht die Ausnahme, sondern die Regel.

Die traditionelle Gleichgewichtstheorie enthält sowohl eine **normative** wie auch eine **positive** Aussage. Im Hinblick auf die wohlfahrtspolitischen, also normativen Aspekte kommt es allein darauf an, daß keine wirtschaftliche Institution – weder eine Unternehmung noch ein Haushalt oder ein Markt – langfristig überleben könnte, wenn sich die durch Datenänderungen ausgelösten Ungleichgewichte kumulieren würden. Die Fähigkeit einer Unternehmung, einen Ausgabenüberhang zu überleben, ist stets beschränkt und hängt im konkreten Einzelfall von der Höhe des Eigenkapitals und von der Kreditwürdigkeit dieser einzelnen Unternehmung ab.

Im Hinblick auf die positiven Aussagen der Gleichgewichtstheorie wird von der Hypothese ausgegangen, daß freie Märkte in der Regel tatsächlich Kräfte entfalten, längerfristig Ungleichgewichte abzubauen. In der Regel kommt es deshalb auch nicht zu einer permanenten Kumulierung von Ungleichgewichten und damit einer Selbstzerstörung der Märkte.

2.4 Zur Werturteilsproblematik

Wir hatten im vorhergehenden Kapitel festgestellt, daß es die Wirtschaftspolitik mit Entscheidungen zu tun hat. Der Beitrag der Wirtschaftspolitiklehre besteht aber lediglich in einer Entscheidungs**hilfe**, die sich im wesentlichen auf die Vermittlung von Sachinformationen beschränkt. Nun war aber in der Tat die Frage, ob die Wissenschaft nicht auch noch einen Schritt weitergehen und zu wissenschaftlich begründbaren Bewertungen des wirtschaftspolitischen Geschehens vorstoßen kann, lange Zeit recht kontrovers. Dieser Streit, welche Bedeutung wissenschaftlich fundierte Werturteile haben und ob sie überhaupt berechtigt sind, wurde im Rahmen der Wirtschaftswissenschaft vor allem zwischen den **Kathedersozialisten** auf der einen und *M. Weber* und seinen Anhängern auf der anderen Seite in der zweiten Hälfte des vergangenen Jahrhunderts geführt.

Die Kathedersozialisten, zu denen vor allem *G. Schmoller, K. Knies, A. Wagner* gehörten, bemühten sich um eine soziale Reform des kapitalistischen Systems und waren der Auffassung, daß diese Reformgedanken wissenschaftlich begründbar seien. Demgegenüber vertrat *M. Weber* das sogenannte Prinzip der **Werturteilsfreiheit,** wonach Werturteile nicht wissenschaftlich begründbar seien und demzufolge auch nicht die Forderung nach einer Reform des kapitalistischen Systems.

Dieser Methodenstreit wurde in der Nachkriegszeit wieder aufgenommen und weitergeführt, wobei insbesondere *H. Albert* die Positionen *Webers* weiterführte und dabei u. a. auch auf die methodischen Mängel einer versteckten **kryptonormativen** neoklassischen Theorie hinwies. Die Gegenposition gegen die Forderung nach Werturteilsfreiheit wird heute vor allem von Vertretern der „Neuen Linken" bezogen.

Wir wollen uns im folgenden mit der Grundproblematik des Werturteilsstreites auseinandersetzen und darlegen, was unter Werturteilsfreiheit zu verstehen ist und welche Mißverständnisse in diesem Zusammenhang wiederholt aufgetreten sind. Wir werden allerdings auch sehen, daß das Wort Werturteilsfreiheit die eigentlich angesprochenen Probleme nicht richtig trifft und zu Mißverständnissen Anlaß gibt. Wie wir noch zeigen werden, besagt dieses Prinzip keinesfalls, daß Wissenschaft nichts mit Bewertung zu tun habe oder daß sich der Wissenschaftler jeglicher Bewertung enthalten sollte. Es ist zweckmäßig, diese Werturteilsproblematik in drei Schritten zu untersuchen:

Zunächst ist zu klären, inwieweit Werte und Entscheidungen, denen stets eine Bewertung zugrunde liegt, überhaupt **Erkenntnisobjekte** der Wissenschaft sein können (vgl. Abschnitt 2.41). Zweitens stellt sich die Frage, inwieweit die wissenschaftliche Tätigkeit der einzelnen Wissenschaftler bestimmte Bewertungen **voraussetzt.** Da – wie wir im folgenden noch genauer darlegen werden – der wissenschaftliche Erkenntnisprozeß notwendigerweise bestimmte Bewertungen des Wissenschaftlers bedarf, wird hier von **Basisbewertungen** oder auch von Wertungen im Subjektbereich gesprochen. Mit dieser Art von Wertungen wollen wir uns im Abschnitt 2.42 befassen. Davon zu trennen sind die sogenannten Werturteile im engeren Sinne, auch **„Wertungen im Objektbereich"** genannt, die im Abschnitt 2.43 untersucht werden sollen. Die dort interessierende Frage ist, inwieweit Aussagen, die einen bestimmten Sachverhalt in positiver oder negativer Hinsicht bewerten, Ergebnis wissenschaftlicher Analyse sein können. Wie wir darlegen werden, bezieht sich die Forderung nach Werturteilsfreiheit allein auf diese Wertaussagen.

2.41 Bewertungen als Erkenntnisobjekt der Wissenschaft

Als erstes gilt es festzustellen, daß das Prinzip der Werturteilsfreiheit keineswegs bedeutet, die Wissenschaft könne sich nicht mit Werten und Bewertungen als Studiengegenstand befassen. Ganz im Gegenteil ist es heute unter Anhängern und Gegnern dieses Prinzips unbestritten, daß Werte und Bewertungen sehr wohl ein Erkenntnisobjekt der Wissenschaft darstellen können und daß insbesondere in den Sozialwissenschaften im weiteren Sinne ein Großteil der wissenschaftlichen Arbeit in einer Analyse von Bewertungsprozessen besteht. Dies gilt für die Wirtschaftswissenschaft insgesamt und für die Wirtschaftspolitiklehre im besonderen. So steht z.B. im Mittelpunkt der traditionellen Wirtschaftstheorie die Analyse des Preisbildungsprozesses, der im Grunde nichts anderes darstellt als einen Prozeß der Bewertung von Gütern durch den Markt. Hauptgegenstand der Wirtschaftspolitiklehre sind weiterhin – wie gezeigt – die wirtschaftspolitischen Entscheidungen; jede Entscheidung setzt jedoch eine echte Bewertung der möglichen Alternativen voraus.

Es sind insbesondere folgende drei Fragestellungen, die in diesem Zusammenhang von der Wirtschaftswissenschaft und der Wirtschaftspolitiklehre untersucht werden: Als erstes wird innerhalb der Wirtschaftspolitiklehre auf **logische Zusammenhänge** zwischen den einzelnen Bewertungen und Entscheidungen aufmerksam gemacht. So steht im Rahmen der **Zielanalyse** die Frage nach möglichen Konflikten zwischen den einzelnen angestrebten Zielen der Wirtschaftspolitik im Mittelpunkt der Untersuchung. Die Verfolgung von Zielen und insbesondere die Gewichtung der Ziele innerhalb eines Zielsystems ist jedoch das Ergebnis von Bewertungen.

Zweitens fragt der Wirtschaftswissenschaftler nach den **Bestimmungsgründen** von Bewertungen. So wird z.B. innerhalb der Wirtschaftstheorie nach den Bestimmungsgründen von Preisvariationen gefragt. Auch diese Fragestellung begegnet uns im Bereich der Wirtschaftspolitiklehre, so etwa dann, wenn im Rahmen der ökonomischen Theorie der Politik die Bestimmungsgründe wirtschaftspolitischer Entscheidungen untersucht werden. Es ist dies ein Problem der **Trägeranalyse.**

Schließlich untersucht die Wirtschaftswissenschaft auch die möglichen **Auswirkungen** von Änderungen in den Bewertungen. So wird z.B. im Rahmen der Beschäftigungstheorie der Frage nachgegangen, wie sich Lohnerhöhungen (Veränderungen in der Bewertung der Arbeit) auf den Beschäftigungsgrad auswirken. Im Hinblick auf die Wirtschaftspolitiklehre handelt es sich hierbei um einen Problemkreis, der im Mittelpunkt der **Mittelanalyse** steht, geht es hier doch u.a. darum, die Eignung wirtschaftspolitischer Instrumente für die Realisierung bestimmter Ziele zu untersuchen. Diese Frage ist jedoch gleichbedeutend mit der Frage nach den Auswirkungen wirtschaftpolitischer Instrumente, die selbst wiederum das Ergebnis bestimmter Bewertungen darstellen.

Allen drei angesprochenen Fragestellungen ist gemeinsam, daß die zur Diskussion stehenden Bewertungen von den Politikern und nicht von den Wissenschaftlern getroffen werden. Diese Bewertungen haben deshalb auch nichts mit dem Streit um das Prinzip der Werturteilsfreiheit zu tun, da es hierbei allein um die Frage geht, inwieweit der Wissenschaftler auch Bewertungen vornehmen kann.

2.42 Bewertungen als Voraussetzung der Wissenschaft: Das Wertbasisproblem

Unter den Anhängern des Prinzips der Werturteilsfreiheit ist weiterhin unbestritten, daß im Rahmen der Wissenschaft eine Vielzahl von Bewertungen vorgenommen wird und daß wissenschaftliche Arbeit ohne Bewertungen gar nicht denkbar ist. Das Prinzip der Werturteilsfreiheit ist also keineswegs so zu verstehen, daß sich der Wissenschaftler während seiner wissenschaftlichen Arbeit jeglicher Bewertung zu enthalten habe. Es ist zu trennen zwischen Bewertungen, die im Rahmen der Lösung politischer Probleme anstehen, und anderen Bewertungen, die im Zuge wissenschaftlicher Arbeiten notwendig werden. Das Prinzip der Werturteilsfreiheit bezieht sich nicht auf Bewertungen, die bei der Lösung wissenschaftlicher Probleme anstehen.

Zunächst muß mit der Möglichkeit gerechnet werden, daß die Wertpositionen der Wissenschaftler de facto auf die Ergebnisse des wissenschaftlichen Arbeitens möglicherweise Einfluß nehmen und diese auch verfälschen können. An drei Zusammenhänge ist hierbei zu denken: Erstens hat auch der Wissenschaftler bestimmte Interessen. Diese **Interessengebundenheit** verleitet leicht zu Wunschdenken, bei dem die Dinge so gesehen werden, wie man sie sehen will, und nicht so, wie sie tatsächlich sind.

Zweitens sind hier Ergebnisse der Wahrnehmungspsychologie von Bedeutung, wonach die sinnliche Wahrnehmung stets einen gewissen Selektionsprozeß darstellt und es von der Sozialisation des einzelnen abhängt, nach welchen Kriterien diese **Wahrnehmungsselektion** stattfindet. Auf die menschlichen Sinnesorgane strömt in jedem Augenblick eine solche Fülle von Einzelreizen ein. Der einzelne wäre wegen seiner nur begrenzten Wahrnehmungskapazität aber überfordert, alle diese Reize aufzunehmen. Er muß deshalb selektieren. Auf welche Daten sich seine Aufmerksamkeit richtet, hängt nun ganz entscheidend davon ab, welche Kriterien der Selektion der einzelne innerhalb seiner Sozialisation internalisiert hat.

Schließlich haben drittens psychologische Experimentaluntersuchungen gezeigt, daß der einzelne nicht nur in der Frage, welche Normen er beachtet, sondern auch darin, was er wahrzunehmen glaubt, von der Auffasung der übrigen Mitglieder der **Gruppe**, der er angehört, abhängt. Auf ähnliche Zusammenhänge weisen vor allem Vertreter der „**Wissenssoziologie**" (z. B. *K. Mannheim*), aber auch Anhänger der marxistischen Gesellschaftslehre bei ihrer Kritik am Prinzip der Werturteilsfreiheit hin. Danach kann wissenschaftliche Arbeit deshalb nicht objektiv (wissenschaftlich) sein, weil in die wissenschaftliche Analyse notwendigerweise die soziale Herkunft („Wissenssoziologie") bzw. die Klassenzugehörigkeit („marxistische Theorie") der Wissenschaftler mit ihren jeweiligen Wertungen einfließt, woraus dann gefolgert wird, daß die Ergebnisse wissenschaftlicher Analysen lediglich die Auffassung einer bestimmten sozialen Gruppe („Wissenssoziologie") bzw. Klasse („marxistische Theorie") widerspiegeln.

Welche Schlußfolgerungen sind aus diesen Untersuchungen und Thesen zu ziehen? Die Tatsache allein, daß die Interessenlage und der soziale Bezugspunkt des einzelnen dessen Wahrnehmungsfeld beeinflussen, stellt noch kein Argument gegen das

Prinzip der Werturteilsfreiheit dar. Gerade weil ein solcher Einfluß befürchtet werden muß, werden im Rahmen einer wissenschaftlichen Analyse besondere Vorkehrungen notwendig, um diesen Einfluß zu neutralisieren oder zu reduzieren. Insgesamt sollte man jedoch diese Art von Einfluß auf die Ergebnisse der wissenschaftlichen Arbeiten auch nicht überschätzen. Welche Motive und welche Entscheidungen einen Wissenschaftler dazu bewegen, eine Hypothese zu formulieren, ist für die Frage der Richtigkeit wissenschaftlicher Aussagen und den Inhalt der Theorien nicht relevant. Die Richtigkeit empirisch gehaltvoller Aussagen kann lediglich in einem empirischen Test festgestellt werden. Welche Motive und persönlichen Ziele beispielsweise *J.M. Keynes* oder *K. Marx* bewogen haben, die klassische Theorie durch die nach ihnen benannten Theorien zu ersetzen, ist für den Wahrheitsgehalt ihrer Theorien nicht von Bedeutung.

Weiterhin gilt es zu bedenken, daß die angesprochenen Untersuchungen über den Einfluß der Interessenlage sich zunächst auf die Wahrnehmungen von **Einzelpersonen** beziehen. Gesicherte wissenschaftliche Erkenntnis ist das Ergebnis eines Prozesses, an dem normalerweise eine Vielzahl von Wissenschaftlern beteiligt ist. Auch die Aufgabe der Wissenschaft wird nämlich in einem arbeitsteiligen **evolutorischen Prozeß** gelöst. Die Institution der Wissenschaft sieht die kritische Diskussion und Überprüfung der von einzelnen Wissenschaftlern formulierten Hypothesen vor. Eine allgemeine Anerkennung findet eine Hypothese erst dann, wenn sie von mehreren Wissenschaftlern, die unabhängig voneinander zu ihren Ergebnissen kamen, bestätigt werden kann. Gerade die Tatsache, daß das Interesse zu Wunschdenken verleitet, kann dem Wissenschaftler als Ansatzpunkt zur Kritik an den Thesen seines Kollegen dienen. Die Wirkungsweise des wissenschaftlichen Erkenntnisprozesses ist im übrigen ein Beispiel dafür, daß interessengeleitetes Wahrnehmen nicht in jedem Falle der Auffindung der Wahrheit hinderlich ist. Gerade der Nachweis, daß bestimmte in der Öffentlichkeit zunächst akzeptierte Theorien falsch sind, kann für den Wissenschaftler, der diesen Nachweis führt, mit Ansehen in der Gemeinschaft der Wissenschaftler verbunden sein. Hier trägt das Eigeninteresse des kritisierenden Wissenschaftlers geradezu zur Weiterentwicklung des wissenschaftlichen Erkenntnisprozesses bei. Schließlich ist an dieser Stelle nochmals daran zu erinnern, daß diese Art von Wertzusammenhängen – wie man sie auch im einzelnen beurteilen mag – im Rahmen der Werturteilsfreiheit nicht ausgesprochen ist.

Wenn wir einmal den letztgenannten Hinweis, daß interessengeleitetes Wissen bisweilen auch dem Erkenntnisprozeß förderlich sein kann, außer acht lassen, haben wir uns bisher in diesem Abschnitt mit den Einflüssen von Bewertungen befaßt, die für das wissenschaftliche Arbeiten nicht konstitutiv sind, vielmehr den Wissenschaftsprozeß eher stören als fördern. Man muß sich jedoch im klaren sein, daß es auch eine Vielzahl von Bewertungen gibt, ohne die wissenschaftliches Arbeiten gar nicht möglich wäre. Wie jede zielbewußte Aktivität erfordert auch die wissenschaftliche Arbeit Entscheidungen vielfältiger Art; Entscheidungen kommen jedoch immer erst aufgrund einer Bewertung zustande. Diese Art von Bewertungen ist im allgemeinen auch angesprochen, wenn man in der Literatur vom **Wertbasisproblem** im engeren Sinne spricht.

Wir haben davon auszugehen, daß der Wissenschaft bestimmte Aufgaben gestellt sind. Die Gesamtheit der Ziele und Grundwerte, die wissenschaftlichem Arbeiten zugrunde liegen sollen, wollen wir hierbei als **Wissenschaftsbild** bezeichnen. Dieses soll auf der einen Seite darüber informieren, worin der letzte Sinn wissenschaftlichen Arbeitens liegt, welche Grundaufgaben also der Wissenschaft im arbeitsteiligen Gesellschaftsprozeß zugewiesen werden. Es soll aber auch Aussagen darüber gestatten, welche Rahmenbedingungen bei der wissenschaftlichen Arbeit einzuhalten sind. Wie jegliche gesellschaftliche Aktivität bringt es auch das Handeln im Rahmen der Wissenschaft mit sich, daß Werte aus anderen Gesellschaftsbereichen beeinträchtigt werden können. Innerhalb des Wissenschaftsbildes ist somit auch abzuklären, welche Beeinträchtigungen anderer, nicht wissenschaftlicher Grundwerte vermieden werden sollten.

Worin besteht nun – nach weitgehender Übereinstimmung – die Grundaufgabe wissenschaftlichen Arbeitens? Die eigentliche Aufgabe der Wissenschaft wird zumeist auf den **kognitiven** Bereich beschränkt, negativ formuliert: Es wird nicht als Aufgabe der Wissenschaft betrachtet, Normen menschlichen Handelns zu prägen oder Emotionen zu wecken. Weder sind die Instrumente der Wissenschaft in besonderem Maße geeignet, Emotionen zu wecken und Normen zu prägen, noch wäre eine solche Auseinandersetzung für die Lösung kognitiver Aufgaben zweckdienlich, da zwischen diesen Bereichen oftmals Zielkonflikte bestehen. Im allgemeinen ist für die Erkenntnis bestimmter Sachzusammenhänge eine von Emotionen freie Einstellung des Wissenschaftlers notwendig. Emotionen trüben zumeist die Erkenntnisfähigkeit.

Größere Meinungsverschiedenheiten bestehen allerdings in der Frage, ob sich Wissenschaft innerhalb des kognitiven Bereichs auf Aussagen über **Fakten und Faktenzusammenhänge** beschränken sollte, oder ob auch **Werte Erkenntnisgegenstand** der Wissenschaft sein können, und zwar in dem Sinne, daß Werte aus wissenschaftlichen Erkenntnissen letztendlich abgeleitet werden können. Wir werden auf diese letztgenannte Frage noch ausführlich zu sprechen kommen. Aus der Bestimmung der Grundaufgaben wissenschaftlichen Arbeitens lassen sich dann in einem zweiten Schritt Spielregeln für das wissenschaftliche Handeln als abgeleitete Normen aufstellen, wobei die einzelnen Spielregeln daraufhin überprüft werden können, inwieweit sie im Hinblick auf die Grundaufgaben der Wissenschaft als effizient angesehen werden können.

Auch das Prinzip der **Werturteilsfreiheit**, das im Mittelpunkt der Analyse dieses Kapitels steht, stellt eine solche abgeleitete Norm und damit ein Werturteil dar. Jedoch kann dieser Umstand nicht, wie bisweilen versucht wurde, bereits als Widerlegung dieses Prinzips angesehen werden. Wie bereits mehrfach betont, bezieht sich die Forderung nach Werturteilsfreiheit gerade nicht auf die im Rahmen der wissenschaftlichen Arbeit notwendigen und im Rahmen des Wertbasisproblems angesprochenen Bewertungen. Da die Forderung nach Werturteilsfreiheit selbst wiederum ein Werturteil darstellt, läßt sich auch diese Forderung wissenschaftlich weder nachweisen noch widerlegen. Jedoch ist eine wissenschaftliche Diskussion über das Werturteilsprinzip durchaus möglich, insbesondere im Hinblick auf folgende drei Fragen:
1. Stellt dieses Prinzip eine notwendige oder ausreichende Bedingung zur Realisierung der obengenannten Grundaufgabe wissenschaftlichen Arbeitens dar?
2. Ist eine wertfreie wissenschaftliche Arbeit überhaupt möglich, oder stellt diese Forderung ein utopisches Ziel dar?

3. Steht diese Forderung nach Werturteilsfreiheit u. U. in einem Konflikt zu anderen gesellschaftlichen Grundwerten?

Ein Teil der **Basisbewertungen** ergibt sich aus dem Umstand, daß die wissenschaftlichen Entscheidungen in ähnlicher Weise, wie dies für einen Großteil der wirtschaftlichen Entscheidungen gilt, Entscheidungen unter Unsicherheit darstellen. Für diesen Zusammenhang ist von Bedeutung, daß Theorien nicht **verifiziert,** sondern allenfalls **falsifiziert** werden können. So läßt sich etwa die These, daß alle Unternehmer ihren Gewinn zu maximieren versuchen, möglicherweise falsifizieren, und zwar dann, wenn man Unternehmer benennen kann, die nicht nach dieser Maxime handeln; sie läßt sich jedoch niemals vollständig verifizieren, da es nicht möglich ist, alle Unternehmungen daraufhin zu überprüfen, ob sie sich von dieser Maxime leiten lassen. Eine Theorie erhebt nämlich den Anspruch generell und nicht nur für eine bestimmte Zeitperiode und für eine bestimmte Region zu gelten. Die besagte Hypothese wäre also nur dann vollständig verifiziert, wenn dieses Unternehmerverhalten nicht nur für alle Unternehmer der Gegenwart und Vergangenheit, sondern auch für alle zukünftig lebenden Unternehmer nachgewiesen werden könnte. Aber gerade dieser Nachweis ist nicht möglich.

Trotz dieser prinzipiellen Unmöglichkeit, Theorien vollständig zu verifizieren, verlangt die Anwendung einer Theorie eine Entscheidung darüber, ob man sie als **bewährt** und damit gültig ansehen kann. Der Wirtschaftspolitik ist nämlich nicht damit gedient, daß bestimmte Theorien als falsifiziert aus der Betrachtung ausgeschaltet werden können. Sie braucht auch Informationen darüber, welche der verbleibenden Theorien, die trotz vieler Versuche nicht falsifiziert werden konnten, als richtig bezeichnet werden können. Der Wissenschaftler löst dieses Dilemma dadurch, daß er eine Theorie als bewährt bezeichnet, wenn sie wiederholt dem empirischen Test ausgesetzt wurde und nicht falsifiziert werden konnte. Man kann in diesem Sinne durchaus davon sprechen. daß eine bestimmte Theorie einen höheren Bewährungsgrad aufweist als eine konkurrierende Theorie, sofern sie häufigeren oder schärferen empirischen Tests ausgesetzt wurde und nicht falsifiziert werden konnte.

Es handelt sich hierbei aber stets nur um eine vorläufige Bewährung, da niemals ausgeschlossen werden kann, daß bei einer nochmaligen Wiederholung der Tests in Zukunft eine Falsifikation gelingt. Diese Entscheidung, ab wann man eine Theorie als vorläufig bewährt bezeichnen soll, stellt somit ebenso wie die Entwicklung von Kriterien über die in empirischen Tests zulässigen Fehler eine echte Basisbewertung der wissenschaftlichen Arbeit dar.

Ein dritter Komplex von Basisbewertungen ergibt sich aufgrund des **Auswahlproblems.** Die Wirklichkeit ist viel zu komplex und das Aufnahmevermögen des Wissenschaftlers viel zu gering, als daß die einzelnen Probleme in ihrer Gesamtheit und zur gleichen Zeit untersucht werden könnten. Deshalb kann der Wissenschaftler immer nur einen gewissen Teilausschnitt der Wirklichkeit untersuchen. Er ist gezwungen auszuwählen. Jede Auswahl stellt aber eine Basisbewertung dar.

Diese kann selbst wieder nach wissenschaftlichen Kriterien, etwa im Hinblick darauf, welche Selektion am ehesten einen Erkenntnisfortschritt verspricht, beurteilt werden. Eine solche Verminderung der Komplexität – der Versuch, die Wirklichkeit in vereinfachten Modellen abzubilden – ist nicht nur aus den genannten Gründen notwendig, sondern im allgemeinen auch zweckmäßig. Ein Beispiel mag dies verdeutlichen: So wird bei der Gestaltung einer Landkarte das Abbild einer bestimmten Landschaft je nach dem Erkenntnisinteresse reduziert (Wanderkarte, Autokarte). Derartige Landkarten erfüllen ihre jeweiligen Aufgaben gerade deshalb, weil durch zweckorientierte, vom Erkenntnisinteresse geleitete Selektion die für die Erklärung bedeutsamen Einzelelemente der Gesamtlandschaft ausgewählt werden und der unbedeutende Rest der topographischen Elemente weggelassen wird.

Ferner zeigt die Erfahrung, daß die sozialen Phänomene zwar zumeist von einer nicht überschaubaren Vielzahl von Faktoren beeinflußt werden. Trotzdem beeinflussen aber in der Regel nur einige wenige Schlüsselfaktoren die zu untersuchenden Objekte in einem so starken Maße, daß die Fehlergrenzen bei einer Prognose auf der Grundlage einer solchen vereinfachenden Theorie vernachlässigbar gering werden.

Wir hatten davon gesprochen, daß das Wissenschaftsbild auch Aussagen darüber gestattet, welche nicht-wissenschaftlichen Grundwerte bei den wissenschaftlichen Aktivitäten beachtet werden müssen. Da die wissenschaftliche Aktivität in die Gesamtgesellschaft eingebettet ist, sind die allgemeinen Grundwerte, so wie sie sich insbesondere in der Verfassung niederschlagen, auch für das wissenschaftliche Handeln maßgebend. Ein Teil der für den Wissenschaftler geltenden Spielregeln ist Ausfluß dieser allgemeinen Normen. Deshalb findet auch jede wissenschaftliche Forscheraktivität dort ihre Grenze, wo man befürchten muß, daß menschliche Persönlichkeitswerte in größerem Ausmaß beeinträchtigt werden.

Der Einfluß einer Geldmengenvermehrung und einer hierdurch ausgelösten Inflation auf die Einkommensverteilung ließe sich beispielsweise in einem großangelegten Experiment, in dem idealtypische Bedingungen eingehalten werden, sicherlich sehr viel leichter erkennen, als dies mit den der Wirtschaftswissenschaft tatsächlich zur Verfügung stehenden Methoden möglich ist. Trotzdem verbietet sich ein solches Experiment, da die hierdurch ausgelösten negativen Einflüsse auf bestimmte Bevölkerungsgruppen nicht hingenommen werden können.

Bisweilen wird aber auch die Forderung erhoben, die Auswahl der wissenschaftlich zu behandelnden Probleme solle vorwiegend im Hinblick auf die gesellschaftspolitischen Auswirkungen erfolgen. Hierbei sollte man aber berücksichtigen, daß gerade auf diese Weise das für Politiker unbequeme Wissen unterdrückt werden könnte. Weiterhin gilt es zu bedenken, daß die gesellschaftspolitischen Auswirkungen bestimmter wissenschaftlicher Entdeckungen im Zeitpunkt der wissenschaftlichen Analyse weitgehend unbekannt sind. So zeigt beispielsweise die Erfahrung, daß oftmals die von konservativ eingestellten Wissenschaftlern gewonnenen Erkenntnisse im Zuge der politischen Anwendung dieses Wissens zum wissenschaftlichen Rüstzeug sozialistischer Gruppen wurden.

Schließlich muß bedacht werden, daß der Anwendungsbereich einer Theorie im allgemeinen recht groß ist, so daß auch nicht von vornherein bekannt sein kann, ob bestimmte Erkenntnisse zur Realisierung oder aber zur Verhinderung bestimmter Zielsetzungen eingesetzt werden. Eine Theorie, die z. B. die Bestimmungsgründe einer Revolution analysiert, kann sowohl dem Revolutionär dazu dienen, die Voraussetzungen für den Erfolg einer Revolution zu verbessern, als auch dem Gegner einer Revolution, die Erfolgsaussichten einer Revolution zu reduzieren.

2.43 Bewertungen als Ergebnis wissenschaftlichen Arbeitens

In den beiden vorhergehenden Abschnitten hatten wir uns mit Bewertungen befaßt, die innerhalb der wissenschaftlichen Arbeiten unbestritten eine Rolle spielen, die aber nicht mit dem Werturteilfreiheitsprinzip angesprochen sind. Wir wollen uns nun im folgenden den Werturteilen zuwenden, die im Mittelpunkt der Werturteilskontroverse stehen und die sich allein auf die politischen Bewertungen der Ergebnisse der wissenschaftlichen Analyse beziehen.

Zu dem wohl wichtigsten Postulat des Prinzips der Werturteilsfreiheit gehört die Forderung, stets zwischen **normativen** und **explikativen** Aussagen zu trennen. Explikative Aussagen beziehen sich hierbei auf Sachzusammenhänge. Sie informieren darüber, was ist bzw. was sein kann. Normative Aussagen beziehen sich hingegen auf Entscheidungen, sie nehmen Stellung, wie es sein sollte, oder sie bewerten.

In praxi werden im alltäglichen Sprachgebrauch, aber auch zum Teil in wissenschaftlichen Analysen normative und explikative Aussagen vermengt und nicht klar getrennt. Diese Vermengung beginnt bereits damit, daß normative Aussagen bisweilen sprachlich in die Ist-Form gekleidet werden; so wird davon gesprochen, daß bestimmte Handlungen unzulässig sind, daß bestimmte Maßnahmen die gesellschaftliche Wohlfahrt vergrößern oder daß eine bestimmte Einkommensverteilung ungerecht ist. In allen Fällen wird sprachlich eine Form gewählt, die die Feststellung einer Tatsache vermuten läßt, obwohl jede dieser Aussagen in Wirklichkeit normativer Art ist.

Eine tiefergehende und keinesfalls so leicht erkennbare Vermengung von explikativen und normativen Aussagen erfolgt bei einer **Wesensbetrachtung.** Eine Sache wird hierbei so definiert, daß ihr Zweck oder Sinn als Wesen der Sache in die Definition aufgenommen wird. So wird oftmals das Wesen des Geldes in seiner Aufgabe gesehen, Tauschvorgänge zu vermitteln und als Recheneinheit zu fungieren. Aus diesen Wesensmerkmalen werden dann Soll-Sätze abgeleitet, z.B., daß Geld knapp gehalten werden müsse, da nur bei Knappheit des Geldes die im Wesen des Geldes liegende Tauschmittelfunktion erfüllt werden könne. Es wird hier der Eindruck erweckt, als könne man aus einer Ist-Aussage (aus der Definition, was Geld wirklich ist) eine Soll-Aussage (Geld muß knapp gehalten werden) unmittelbar (d.h. ohne Hinzunahme einer Norm) ableiten. Dies ist jedoch nicht möglich; tatsächlich enthält die Wesensdefinition bereits einen normativen Aspekt (Geld hat die Aufgabe), und die Forderung nach Knapphaltung des Geldes wird de facto aus diesem normativen Teil der Wesensdefinition abgeleitet.

Bei einer kritischen Analyse der Forderung nach Trennung zwischen normativen und explikativen Aussagen sind zwei Fragen zu unterscheiden:
1. Ist eine solche Trennung grundsätzlich möglich?
2. Falls möglich, ist eine solche Trennung auch im Hinblick auf die Ziele wissenschaftlicher Arbeit zweckmäßig?

Wenden wir uns zunächst der Frage nach der Möglichkeit einer solchen Trennung zu. Hier beggnen uns in der Literatur insbesondere zwei Einwände. Ein erster Einwand besagt, daß jede wissenschaftliche Aussage die verschiedensten Basisbewertungen voraussetzt, z. B. in der Form einer Auswahl der zu behandelnden Probleme oder bei der Entscheidung, wann eine Hypothese als bewährt angesehen werden kann usw. Dieser Sachverhalt bringe es mit sich, daß zwischen explikativen und normativen Aussagen nicht unterschieden werden könne.

Dieser Einwand geht aber am eigentlichen Problem vorbei. Wie bereits im vorhergehenden Abschnitt gezeigt wurde, bezieht sich die Forderung auf Werturteilsfreiheit eben nicht auf Basisbewertungen. Es wird nicht gefordert, die Aussagen der Wissenschaften in solche einzuteilen, bei denen keine Bewertungen, also auch keine Basisbewertungen notwendig sind, und in solche, bei denen Bewertungen stattfinden. Diese Forderung wäre auch nicht zu erfüllen, da jede Aussage eine Reihe von Basisbewertungen voraussetzt.

Das Postulat der Werturteilsfreiheit verlangt vielmehr, daß nur bei jenen Aussagen, die das Ergebnis wissenschaftlicher Arbeit darstellen, eine Trennung zwischen explikativen und normativen Aussagen vorgenommen werden sollte. Es handelt sich hierbei stets um Bewertungen, die dann notwendig werden, wenn die Erkenntnisse der Wissenschaft auf die Praxis angewandt werden sollen, und nicht etwa um diejenigen Bewertungen, die für eine weitere wissenschaftliche Analyse unerläßlich sind.

Bezogen auf die Ergebnisse der wissenschaftlichen Analysen ist jedoch eine Trennung zwischen explikativen und normativen Aussagen stets möglich. So kann z. B. der Satz „Kartelle reduzieren die Wohlfahrt" zerlegt werden in die beiden Sätze: „Kartelle reduzieren das Sozialprodukt" (Sachaussage) und: „Reduzierungen des Sozialproduktes sollten vermieden werden, sie werden als Verminderung der Wohlfahrt bewertet" (normative Aussage).

Wenden wir uns dem zweiten Einwand gegen die Forderung nach einer strikten Trennung zwischen normativen und explikativen Aussagen zu. Bisweilen wird bestritten, daß eine solche Trennung zwischen normativen und explikativen Aussagen stets möglich ist, da Ziele zumeist nicht nur einen Eigenwert besitzen, sondern im Hinblick auf übergeordnete Ziele Mittelcharakter erlangen und daß darüber hinaus fast jedes Mittel auch einen – positiven oder negativen – Eigenwert besitzt.

Auch hier soll nicht bestritten werden, daß in der Realität in der Mehrzahl der Fälle eine solche Verflechtung von Zielen und Mitteln stattfindet. Trotzdem geht auch dieser Einwand am Problem vorbei. Die Forderung nach Trennung normativer und explikativer Aussagen verlangt nicht, daß die politischen Maßnahmen in zwei Klassen geteilt werden sollen, und zwar in die Klasse der Aktivitäten, die nur Zielcharakter, und in die weitere Klasse von Aktivitäten, die nur Mittelcharakter aufweisen. Wegen der genannten Verflechtungen wäre eine solche Trennung in der Tat nicht möglich.

Trotzdem ist es sehr wohl möglich, auch bei den wirtschaftspolitischen Aktivitäten, die sowohl Ziel- als auch Mittelcharakter besitzen, zwischen normativen und explikativen Aussagen zu unterscheiden. Nehmen wir als Beispiel eine Vollbeschäftigungspolitik, wobei unterstellt werden soll, daß die Politiker auf der einen Seite der Beschäftigungssteigerung einen Eigenwert zuerkennen, auf der anderen Seite jedoch auch deshalb Beschäftigungszuwächse anstreben, um auf diese Weise das wirtschaftliche Wachstum zu steigern. Die Aussage: „Eine Beschäftigungssteigerung führt zu einer Zunahme des Sozialproduktes" ist hierbei eine Sachaussage, sie enthält keine normativen Aspekte. Die Aussage:"Die Beschäftigungssteigerung hat auch einen positiven Eigenwert" ist jedoch normativer Art.

Nachdem wir gezeigt haben, daß die vorgebrachten Einwände gegen die **Möglichkeit** einer Trennung explikativer und normativer Aussagen nicht überzeugen, wollen wir uns der weiteren Frage zuwenden, ob eine solche Trennung auch **erwünscht** ist. Die Anhänger des Prinzips der Werturteilsfreiheit rechtfertigen ihre Forderung vor allem mit zwei Argumenten. Eine Trennung erscheint erstens deshalb wünschenswert und notwendig, weil Sachaussagen nach **anderen Kriterien** beurteilt werden als normative Aussagen. Eine Sachaussage wird als falsch abgelehnt, wenn der in der Sachaussage behauptete Zusammenhang mit der Wirklichkeit in Widerspruch gerät. Mit anderen Worten: Sachaussagen zeichnen sich dadurch aus, daß sie zumindest potentiell falsifiziert werden können. Normative Aussagen werden demgegenüber dann akzeptiert, wenn sie aus übergeordneten Grundnormen abgeleitet werden können, wenn sie zumindest nicht mit diesen übergeordneten Grundnormen in Widerspruch geraten.

Nun kann man in einer pluralistischen Gesellschaft nicht davon ausgehen, daß alle Personen die gleichen Grundnormen anerkennen. Allerdings wird wohl jeder vernünftige Mensch die Forderung nach Wahrheit in dem Sinne akzeptieren, daß nur wahre Sätze – bei denen der behauptete Zusammenhang auch mit der Wirklichkeit übereinstimmt – akzeptiert werden. Insofern besteht ein grundlegender Unterschied bei der Frage, ob explikative oder normative Aussagen akzeptiert werden sollen. Während im Hinblick auf das Beurteilungskriterium für Sachaussagen mit einem weitgehenden Konsens gerechnet werden kann, fehlt diese Übereinstimmung im Hinblick auf das Beurteilungskriterium für normative Aussagen.

Ein zweiter Rechtfertigungsgrund für eine Trennung zwischen explikativen und normativen Aussagen liegt darin, daß nur so **rationale Entscheidungen** der politisch Handelnden in einer arbeitsteiligen Gesellschaft möglich werden. Rationales Handeln setzt – wie wir gesehen haben – Kenntnisse über die Wirkungen der in Aussicht genommenen Handlungen beim Handelnden voraus. Diese Kenntnisse werden dem Politiker durch die Sachaussagen der Wissenschaft vermittelt. Würde der Wissenschaftler bei der Politikberatung nicht (deutlich) zwischen Sachaussagen und deren Bewertung trennen, so könnte der Politiker auch nicht mehr eine rationale Entscheidung fällen, er würde u. U. die Bewertungen des Wissenschaftlers übernehmen, obwohl diese keinesfalls allgemein bindend sind und deshalb von den Bewertungen des Politikers abweichen können. Dieser ungerechtfertigt hohe Einfluß des Wissenschaftlers ist vor allem auch deshalb kritisch zu beurteilen, weil der Wissenschaftler auch nicht die politische Verantwortung für seine politischen Urteile trägt.

Bei einer Vermengung von explikativen und normativen Aussagen werden die persönlichen Bewertungen des Wissenschaftlers im Gewand wissenschaftlicher Ergebnisse „verkauft", der Wissenschaftler erlangt einen nicht gerechtfertigten Einfluß auf die Politik, obwohl die Bewertungen des Wissenschaftlers nicht unbedingt aus Grundnormen abgeleitet sein müssen, die von der Mehrheit der Bürger und Politiker geteilt werden. Kurz gesagt, es werden die Bewertungen des Wissenschaftlers, über die keinesfalls Einigkeit zu bestehen braucht, als empirische Sachaussagen ausgegeben, denen jeder vernünftige Mensch zustimmen müsse.

Selbst dann, wenn man diese Frage nach der Trennung zwischen explikativen und normativen Aussagen als gelöst betrachtet, ist nach wie vor die weitere Frage ungeklärt, ob bzw. unter welchen Voraussetzungen Bewertungen als Ergebnis wissenschaftlicher Analysen möglich und ggf. erwünscht sind. Wir wollen uns nun dieser Frage zuwenden. Lange Zeit wurde von der Vorstellung ausgegangen, man könne Soll-Sätze aus Seins-Sätzen unmittelbar im Sinne eines logischen Schlußverfahrens ableiten. Dies ist jedoch nicht möglich; hierbei liegt der sogenannte **naturalistische Fehlschluß** vor. Logische Schlußverfahren bestehen aus bestimmten Prämissen (allgemeinen Gesetzen und Randbedingungen) und Schlußfolgerungen, die aus den Prämissen durch Deduktion gewonnen werden. Dabei gilt ganz generell, daß die Konklusionen niemals einen größeren Gehalt haben können als die Gesamtheit der Prämissen, aus denen diese abgeleitet werden. Wollte man aus einem Satz von Sachprämissen auch eine wertende Schlußfolgerung ziehen, so müßte man mindestens eine Schlußfolgerung mehr ableiten, als die Prämissen enthalten.

Folglich lassen sich aus Sachprämissen allein auch immer nur explikative Konklusionen ableiten; umgekehrt gilt, daß bewertende Konklusionen auch bewertete Prämissen (Wertprämissen) voraussetzen. Die Meinung, man könne auch aus Sachprämissen allein normative Schlußfolgerungen ableiten, konnte sich bilden, da bestimmte Wertprämissen oftmals als so selbstverständlich angesehen werden, daß sie nicht eigens erwähnt werden.

So wird z. B. aus der Tatsache, daß Kartelle zu einer Verknappung der Güterproduktion führen, oftmals der Schluß gezogen, Kartelle seien schädlich. Die Prämisse scheint nur explikative Aussagen zu enthalten, während die Schlußfolgerung eine Bewertung darstellt. In Wirklichkeit wurde jedoch stillschweigend unterstellt, daß eine Verknappung der Güterproduktion selbstverständlich als schädlich zu gelten hat. Somit enthielten die Prämissen auch eine Bewertung und die normative Schlußfolgerung konnte nur deshalb logisch einwandfrei gezogen werden, weil auch die Prämissen z. T. bewertender Natur waren.

Nun mag man es als pedantisch ansehen, wenn man stets auf der Nennung aller Wertprämissen beharren wollte, auch dann, wenn bestimmte Wertprämissen von allen Bürgern einer Gemeinschaft anerkannt werden. Auf jeden Fall wird man jedoch verlangen müssen, daß die Wertprämissen, in denen keine Einigkeit besteht, auch offen ausgewiesen werden.

Am Rande sei vermerkt, daß die Behauptung, man könne normative Schlußfolgerungen aus Seins-Aussagen ableiten, im Rahmen der **Naturrechtslehre** auch in einem anderen als dem hier gebrauchten Sinne verstanden wird; unbestritten ist auch dort, daß ein logisches Deduktionsverfahren stets bewertende Prämissen enthalten muß, wenn man zu bewertenden Schlußfolgerungen gelangen will. Die Meinung, daß Soll-Sätze aus Seins-Aussagen abgeleitet werden können, wird hier so verstanden, daß das Sein verpflichte, es wird also mit anderen Worten von der generellen Wertprämisse ausgegangen, daß bestimmte Seins-Tatbestände ganz bestimmte Verhaltensanweisungen nach sich ziehen. Hier werden dann logisch einwandfrei aus dieser generellen Wertprämisse zusammen mit weiteren Sachaussagen bestimmte Normen abgeleitet.

So wird beispielsweise im Rahmen theistischer Lehren davon ausgegangen, daß Gott die Welt erschaffen habe (metaphysische Sachaussage), weiterhin, daß die Gebote Gottes in seinen Werken (Naturgesetzen) erkennbar und für die Menschen verpflichtend seien (normative Prämisse). Hier können aus der Erfahrung der Wirklichkeit (aus dem Sein) zusammen mit der generellen Wertprämisse bewertende Konklusionen abgeleitet werden. Da diese Betrachtungsweise im Rahmen der Wirtschaftswissenschaften eine geringe Bedeutung hat, wollen wir im folgenden auf diese Lehren nicht weiter eingehen.

Mit dem Hinweis auf den naturalistischen Fehlschluß ist allerdings nur eine bestimmte Art normativer Aussagen als unwissenschaftlich nachgewiesen. Damit ist noch nicht geklärt, ob es nicht andere Möglichkeiten gibt, auf wissenschaftlich einwandfreie Weise zu normativen Erkenntnissen zu kommen. Im Rahmen der Wirtschaftswissenschaften wurden insbesondere zwei Wege beschritten, um normative Sätze der wissenschaftlichen Analyse abzuleiten. Ein erster Weg wurde im Rahmen der traditionellen Paretianischen **Wohlfahrtsökonomik** (*A. P. Lerner, V. Pareto, N. Kaldor, J. R. Hicks* u.a.) eingeschlagen. Dort wird nach allgemein anerkannten Wertprämissen gefragt, um aus diesen Wertprämissen in Zusammenhang mit weiteren Sachprämissen normative Sätze abzuleiten.

Ein zweiter Weg wurde vom **Normativismus,** so wie er z.B. von *G. Weisser* gelehrt wurde, beschritten. Dort werden zunächst bestimmte grundlegende Wertprämissen bekenntnishaft eingeführt, um dann in einem weiteren Schritt hieraus wiederum im Zusammenhang mit weiteren Sachprämissen normative Sätze abzuleiten.

Beide Verfahren sind logisch einwandfrei in dem Sinne, daß die normativen Aussagen hier in wissenschaftlich anerkannter Weise gewonnen werden können. Die Frage, die es zu klären gilt, ist jedoch, ob diese Wege auch für den wissenschaftlichen Fortschritt zweckdienlich sind. An der traditionellen Wohlfahrtsökonomik wird in diesem Zusammenhang kritisiert, daß in fast allen wirtschaftspolitisch relevanten Fragen Meinungsverschiedenheiten über die letzten Grundwerte bestehen, es also kaum allgemein anerkannte Wertprämissen gibt, so daß der für eine wohlfahrtstheoretische Analyse verbleibende Anwendungsbereich denkbar klein bleibt. Da wir in Kapitel 7 ausführlich auf die Grundlagen der traditionellen Wohlfahrtsökonomik eingehen, genügt an dieser Stelle dieser kurze Hinweis.

Der Normativismus wird zumeist damit gerechtfertigt, daß der Politiker vom Wissenschaftler eine Beratung erwarte, daß diese faktisch jedoch eine politische Bewertung voraussetze. Da die *Weber*sche Forderung nach Trennung von explikativen und normativen Aussagen aber bejaht werden müsse, könne dieses Dilemma nur dadurch gelöst werden, daß die Werte **bekenntnishaft** eingeführt und offen ausgewiesen werden. Wollte man auf jegliche Bewertung der wissenschaftlichen Ergebnisse verzichten, müßte der Wissenschaftler eine dem Politiker unüberschaubare Vielzahl von Voraussetzungen benennen, unter denen allein bestimmte Aussagen gültig seien.

Diese Begründung leuchtet aus verschiedenen Gründen nicht ein: Erstens stehen im konkreten Einzelfall immer nur einzelne Voraussetzungen zur Diskussion; Voraussetzungen, die bei der Beantwortung einer konkreten Frage nicht von Bedeutung sind, brauchen deshalb auch nicht immer wieder erwähnt zu werden. Prinzipiell ist es stets möglich, den wissenschaftlich relevanten Sachzusammenhang für einen Politiker so darzustellen, daß der Wissenschaftler die vom Politiker zu treffende Entscheidung nicht vorwegnimmt.

Die bekenntnishafte Einführung von Wertprämissen bringt zweitens die Gefahr mit sich, daß die Wissenschaftler Weltanschauungsgruppen bilden und daß sich die Politiker nur noch von den Wissenschaftlern beraten lassen, die die gleichen Wertüberzeugungen wie sie selbst teilen. Gerade wegen der im ersten Abschnitt dieses Kapitels angesprochenen Interessengebundenheit jeglicher Erkenntnis würde auf diese Weise ein wirksamer Mechanismus zur Überwindung interessengebundenen Wissens aufgehoben: Die Politiker würden auf diese Weise Wissen, das ihren Vorstellungen widerspricht, nicht zur Kenntnis nehmen. Die Wahrscheinlichkeit, daß interessengeleitetes Wunschdenken im Rahmen der Wissenschaft durch Diskussionen und Überprüfungen abgebaut wird, würde geringer, da Kritik an bestimmten Hypothesen eben gerade von den Wissenschaftlern zu erwarten sein wird, die von gegensätzlichen politischen Interessen und Grundüberzeugungen ausgehen.

Drittens spricht gegen den Weg des Normativismus, daß auch innerhalb der Parteien Kompromisse geschlossen werden müssen, die in dem einen Fall stärker zugunsten des einen, in einem anderen Falle stärker zugunsten eines anderen Grundwertes ausfallen. Hier besteht die Gefahr, daß selbst ein den Grundwerten einer bestimmten Partei verpflichteter Wissenschaftler diese im konkreten Einzelfall dann nicht mehr befriedigend beraten kann, wenn er einen anderen Kompromiß zwischen den einzelnen Grundwerten vertritt.

Bisweilen wird die Forderung, der Wissenschaftler habe die Ergebnisse seiner Analyse auch politisch zu bewerten, damit begründet, daß nur auf diese Weise verhindert werden könne, daß die Wissenschaft in den Dienst verwerflicher Ziele gestellt werde. Auch diese Begründung überzeugt nicht. Zum einen zeigt die Erfahrung mit der Wissenschaft in Diktaturen, daß die Vertreter einer **wertgebundenen** Wissenschaft keinesfalls in stärkerem Maße gegen eine Unterstützung von Diktatoren immun sind als die Vertreter einer wertfreien Wissenschaft. Zum anderen geht diese Begründung am eigentlichen Problem vorbei. Die Forderung nach Werturteilsfreiheit schließt keinesfalls die Forderung ein, der Wissenschaftler dürfe zu politischen Fragen keine Stellung beziehen. Sie besagt allein, daß zwischen Darstellung von Sachzusammenhängen und deren Bewertung klar getrennt werden solle und daß die persönlichen Bewertungen des Wissenschaftlers nicht als wissenschaftliche und damit für alle gültige Wahrheit ausgegeben werden sollen.

Eng damit zusammen hängt die Meinung, daß eine wertfreie Wissenschaft das jeweils bestehende politische System unterstütze und damit zur Erhaltung des status quo beitrage. Zunächst gilt es demgegenüber festzustellen, daß mit der Forderung nach Erhaltung des status quo noch nichts darüber ausgesagt ist, ob dieser erwünscht ist oder nicht, genausowenig, wie man behaupten könnte, daß jede Veränderung positiv zu bewerten sei. Ob eine wissenschaftliche Grundhaltung systemerhaltend oder -verändernd wirkt, ist darüber hinaus weniger eine Frage der **Motive**, von denen sich der Wissenschaftler bei seiner Analyse leiten läßt. Es kommt hierbei vielmehr auf die **Wirkungen** an, die eine Erkenntnis auslöst; aber gerade diese sind zumeist im Stadium der Entdeckung dem Wissenschaftler weitgehend unbekannt.

So haben z. B. auch konservativ eingestellte Wirtschaftswissenschaftler wie *J. M. Keynes* Theorien entwickelt, die in der Folgezeit zur Grundlage sozialdemokratischer und sozialistischer Parteiprogramme geworden sind.

Unsere bisherigen Überlegungen bezogen sich im wesentlichen auf die Frage, ob normative Aussagen einwandfrei aus der wissenschaftlichen Analyse abgeleitet werden können und ob ein solcher Weg zweckdienlich ist. Davon unberührt ist die Frage, ob sich ein Wissenschaftler politisch betätigen oder jeglicher politischen Äußerung enthalten sollte. Gerade *M. Weber,* der Hauptverfechter einer wertfreien Wissenschaft im Sinne einer Trennung explikativer und normativer Aussagen und Beschränkung der wissenschaftlichen Analyse auf die Darstellung explikativer Aussagen, hat wiederholt mit Leidenschaft in den politischen Kampf eingegriffen und damit zum Ausdruck gebracht, daß er selbst eine politische Aktivität des Wissenschaftlers sehr wohl bejaht. Auf jeden Fall gilt es festzuhalten, daß die Entscheidung zugunsten einer wertfreien wissenschaftlichen Analyse von der Entscheidung zugunsten oder zuungunsten einer politischen Betätigung eines Wissenschaftlers zu trennen ist und daß sich die eine Entscheidung nicht aus der anderen ableiten läßt.

Zugunsten einer politischen Betätigung der Wissenschaftler wurde vor allem von *R. Jochimsen* angeführt, daß der Wirtschaftswissenschaftler die wirtschaftlichen Sachzusammenhänge besser überblicke und deshalb auch eher als die Nichtwissenschaftler in der Lage sei, auf bestimmte Zusammenhänge hinzuweisen. Auch sei bei einer politischen Betätigung des Wissenschaftlers der time lag von der Wissensfindung bis zur Wissensverwertung in der praktischen Politik wesentlich geringer.

Diesen Pro-Argumenten wird entgegengehalten, daß der Wissenschaftler in der Regel kein politisches Gespür dafür aufbringe, was politisch durchsetzbar sei, daß weiterhin die staatlichen Bürokratien und Parteiorganisationen bereits über wirtschaftswissenschaftlich ausgebildetes Personal verfügen, daß schließlich bei einer politischen Betätigung der Wissenschaftler die Grundlagenforschung vernachlässigt werde. Außerdem ist die Gefahr besonders groß, daß die von Wissenschaftlern vorgetragenen Sachzusammenhänge und Bewertungen in der politischen Diskussion vermengt werden, auch dann, wenn der Wissenschaftler zwischen Sachzusammenhängen und Bewertungen trennt. Entscheidend sei, inwieweit die Bevölkerung in der Lage sei, diese unterschiedlichen Aktivitäten des Wissenschaftlers zu trennen; gerade hier ist zu befürchten, daß den politischen Bewertungen eines Wissenschaftlers größere Beachtung beigemessen wird als der persönlichen Meinung eines Nichtwissenschaftlers, eben weil man gemeinhin gewöhnt ist, Aussagen von Wissenschaftlern als allgemeingültige Sachaussagen anzuerkennen.

Nun muß man sich darüber im klaren sein, daß das Gewicht dieser Argumente entscheidend davon abhängt, wie hoch der Anteil der politisch tätigen Wissenschaftler ist; die Gefahr einer Vernachlässigung der Grundlagenforschung wäre z. B. nur gegeben, wenn die Mehrzahl der Wissenschaftler politische Funktionen wahrnehmen würde. Außerdem verlangt die wissenschaftliche Analyse im allgemeinen andere Fähigkeiten als die politische Betätigung, so daß ein Wissenschaftler nicht schon als solcher in stärkerem Maße für politische Aktivitäten geeignet ist als sonstige Bürger.

Auch sollte man sich darüber klar sein, daß es unterschiedliche Arten der politischen Betätigung eines Wissenschaftlers gibt. Der Wissenschaftler kann sich z. B.

politisch betätigen, indem er sich weigert, für ein Regime zu arbeiten, das seiner Überzeugung entsprechend verwerfliche Ziele verfolgt; die politische Betätigung eines Wissenschaftlers kann weiterhin darin bestehen, daß er den Politiker mit Sachinformationen berät; schließlich kann der Wissenschaftler politische Ämter anstreben. Je nach Art der politischen Betätigung erhalten die einzelnen aufgezählten Argumente ein unterschiedliches Gewicht. Sie gelten insbesondere für die Übernahme politischer Ämter durch den Wissenschaftler.

Zum Abschluß dieses Abschnittes soll nochmals darauf hingewiesen werden, daß die Entscheidung zugunsten einer wertfreien Wissenschaft im Sinne *M. Webers* nicht bedeutet, daß die Wissenschaft keinen Beitrag zur Lösung politischer Probleme leistet und ohne Einfluß auf die politischen Bewertungen bleibt. Auch dann, wenn sich die Wissenschaft allein auf die Analyse von Sachzusammenhängen beschränkt und wenn sich kein Wissenschaftler politisch betätigt, hat die wissenschaftliche Analyse Einfluß auf das politische Geschehen, vorausgesetzt, daß sich die Politiker um **rationale** Entscheidungen bemühen. Rationales Handeln setzt – wie gezeigt – Sachkenntnisse voraus. Ändern sich diese Sachkenntnisse aufgrund der wissenschaftlichen Aktivitäten, so kann daraus eine Änderung in der politischen Entscheidung resultieren.

So ist denkbar, daß sich Politiker, die sich bisher für ein staatliches Haushaltsdefizit ausgesprochen haben, sich gegen eine defizitäre Politik entscheiden, wenn sie durch wissenschaftliche Argumente davon überzeugt werden, daß über ein staatliches Haushaltsdefizit die Arbeitslosigkeit nicht reduziert werden kann. Je mehr sich wissenschaftliche Erkenntnis durchsetzt, um so schwerer können sich darüber hinaus interessengebundene Ideologien durchsetzen und um so stärker stehen die Politiker unter dem Druck, eine rationale Politik zugunsten der Gesamtbevölkerung zu betreiben.

Wir haben in diesem Kapitel im Zusammenhang mit der Diskussion um den naturalistischen Fehlschluß auf die Wege hingewiesen, die im Rahmen des Normativismus und der Wohlfahrtsökonomik beschritten werden und die geeignet erscheinen, das Dilemma des naturalistischen Fehlschlusses zu lösen. Wir wollen uns nun mit den folgenden drei Kapiteln ausführlich mit einem dritten Weg aus diesem Dilemma befassen, so wie er in der **Theorie der Wirtschaftspolitik** beschritten wird. Hier wird akzeptiert, daß wissenschaftliche Aussagen für oder gegen bestimmte politische Maßnahmen nicht möglich oder nicht zweckdienlich sind, daß es unabhängig davon aber auch im Objektbereich wissenschaftlicher Analysen eine Vielzahl von Fragen gibt, die einer **positiven Analyse** zugänglich sind, und daß eine solche, auf Faktenzusammenhänge beschränkte, wissenschaftliche Analyse die Rationalität politischer Entscheidungen sehr wohl steigern helfen kann.

Kapitel 3:
Zielanalyse

In den drei folgenden Kapiteln soll dargelegt werden, worin die Entscheidungshilfe des Wissenschaftlers für den Politiker besteht, wenn sich die Wissenschaft bewußt darauf beschränkt, dem Politiker **Sachinformationen** zu geben. Wie bereits dargelegt, lassen sich hierbei die wichtigsten politischen Fragen in drei große Bereiche gliedern, und zwar in die Frage, welche Ziele angestrebt, mit welchen Mitteln diese Ziele realisiert und welchen Trägern diese Aufgaben übertragen werden sollen. Zu jeder dieser drei Fragen – Ziel-, Mittel-, Trägerproblematik – kann der Wissenschaftler einen Beitrag leisten. In diesem Kapitel wenden wir uns der Zielanalyse, also dem Beitrag der Wissenschaft zur politischen Zielfindung zu.

Wir hatten bereits gesehen, daß das Problem der Zielfindung in erster Linie eine Frage der politischen Bewertung ist und insofern vom Wissenschaftler nicht endgültig und allein gelöst werden kann. Wir hatten ebenfalls festgestellt, daß der Wissenschaftler dennoch im Zusammenhang mit der Zielfindung einen Beitrag leisten kann. Insbesondere sind es folgende vier Fragen, die der Wirtschaftswissenschaftler mit seinen Methoden klären kann und deren Lösung es dem Politiker erleichtert, Ziele in rationeller Weise zu formulieren.

1. Was sind die konkreten Inhalte der von den Politikern formulierten Ziele? Aus Gründen, die wir noch näher analysieren werden, neigen die Politiker dazu, Ziele sehr verschwommen und inhaltsleer zu formulieren. Die Wissenschaft spricht davon, daß diese Ziele einen geringen normativen (informativen) Gehalt haben. Nun läßt sich die Wirksamkeit politischer Handlungen nur feststellen, wenn die Ziele hinreichend genau definiert sind, wenn die Ziele also einen hinreichend hohen normativen Gehalt aufweisen. Die Aufgabe der Wissenschaft besteht in diesem Zusammenhang also darin, den normativen Gehalt der politischen Ziele zu überprüfen und ggf. darauf hinzuweisen, daß bestimmte Ziele Leerformeln darstellen (Frage nach dem **normativen** Gehalt von Zielen).
2. Wieweit sind die Ziele bereits realisiert, inwieweit bedarf es noch politischer Maßnahmen, um bestimmte Zielvorstellungen zu verwirklichen? Das von den Politikern angestrebte Leitbild ist Ergebnis einer politischen Entscheidung und kann deshalb wissenschaftlich weder bewiesen noch widerlegt werden. Welche Maßnahmen jedoch notwendig sind, um diese angestrebten Zustände zu realisieren, hängt entscheidend davon ab, wieweit die Ziele bereits realisiert sind. Die tatsächliche Situation muß also bekannt sein; die Aufgabe der Wissenschaft besteht deshalb in einer Diagnose der tatsächlichen Situation.

Man kann zwischen Zielen im Sinne von angestrebten Zuständen und Zielen im Sinne von angestrebten Zustandsänderungen unterscheiden. Die Formulierung des Zieles im Sinne eines angestrebten Zustandes ist Sache des Politikers. Von diesem Zielzustand gelangt man dann zur angestrebten Zustandsänderung, wenn man das Idealbild mit der Wirklichkeit vergleicht; die Abweichung der Wirklichkeit vom Idealbild ist hierbei ein Maßstab für das Ausmaß der angestrebten Zustandsänderung. Nehmen wir an, daß die Politiker das Ziel verfolgten, der Anteil der Löhne am Sozialprodukt solle dem Anteil der Arbeitnehmer an der gesamten Erwerbspersonenzahl entsprechen. Um zu entscheiden, welche Lohnquotensteigerung notwendig ist, um dieses Ziel zu realisieren, bedarf es der Klärung, wie hoch die tatsächliche Lohnquote sowie der tatsächliche Anteil der Arbeitnehmer an der Erwerbspersonenzahl ist. Dies festzustellen ist der Beitrag der Wissenschaft im Rahmen der Zielformulierung. Unterstellen wir, daß die tatsächliche Lohnquote 60 Prozent, der Anteil der Arbeitnehmer an der Erwerbspersonenzahl hingegen 70 Prozent betrage. Dies würde bedeuten, daß bei einer Verpflichtung zu rationaler Politik eine Steigerung der Lohnquote um 10 Prozentpunkte notwendig und damit aktuell ist (Frage nach der **Aktualität** der Ziele).

3. Wie werden die politischen Ziele begründet? Zumeist stehen die Politiker unter Begründungszwang, sehen sich also veranlaßt, ihre Zielsetzungen zu rechtfertigen. Im Zuge dieser Begründungen werden bestimmte Sachhypothesen unterstellt, die vom Wissenschaftler auf ihre Gültigkeit hin überprüft werden können. So wird z. B. die Preisniveaustabilität als Zielsetzung damit begründet, daß nur bei Preisniveaustabilität ein stetiges Wachstum des Sozialproduktes realisiert werden könne. Dieser Begründung liegt die Sachhypothese zugrunde, daß wirtschaftliches Wachstum Preisniveaustabilität voraussetzt (Frage nach der **Zielbegründung**).

4. Mit welchen anderen Zielen gerät das zur Diskussion stehende Ziel in Konflikt? Fast alle Aktivitäten der Politik wirken sich mehr oder weniger negativ auf andere Ziele aus, da es kaum politische Maßnahmen gibt, die sich nur positiv auswirken. Aufgabe des Wissenschaftlers ist es, auf die möglichen Konflikte aufmerksam zu machen. Dieser Hinweis besagt aber nicht, daß die zur Diskussion stehenden Ziele unerwünscht sind. Für die Frage, ob ein Ziel erwünscht ist, kommt es weniger auf die Höhe der hiermit verbundenen absoluten Nutzenzuwächse sowie Nutzeneinbußen an. Entscheidend ist vielmehr allein die Frage, ob die zu erwartenden Nutzensteigerungen größer oder kleiner sind als die erwarteten Nutzeneinbußen (Frage nach den **Zielkonflikten**).

3.1 Die Frage nach dem normativen Gehalt wirtschaftspolitischer Ziele

Wir haben davon auszugehen, daß für die in der Politik diskutierten Probleme eine Vielzahl von **denkmöglichen** Handlungsalternativen besteht. Nun hat die neopositivistische Methodenlehre darauf hingewiesen, daß es gerade die Aufgabe erfahrungswissenschaftlicher Theorien ist, die logisch möglichen, aber faktisch unmöglichen Alternativen aus dem Kranz der denkmöglichen Alternativen auszuschließen. Es wird davon gesprochen, daß der informative Gehalt einer Theorie davon abhängt, ob und inwieweit denkmögliche Alternativen als faktisch unmöglich ausgeschlossen werden. Eine **Leerformel** liegt also dann vor, wenn die Theorie nicht in der Lage war,

3.1 Der normative Gehalt wirtschaftspolitischer Ziele

irgendeinen der denkmöglichen Fälle als faktisch unmöglich auszuschließen. Diese Betrachtungsweise läßt sich nun auch auf die hier zur Diskussion stehende Zielformulierungsproblematik übertragen. Die Politiker können im allgemeinen unter mehreren faktisch möglichen Alternativen wählen.

Man kann nun die Aufgabe der Normen darin sehen, unter den faktisch möglichen Alternativen eine Rangordnung aufzustellen und festzulegen, ob bestimmte Alternativen als unerwünscht bzw. als weniger erwünscht betrachtet werden müssen. Von einer **normativen Leerformel** spricht man immer dann, wenn alle faktisch möglichen Alternativen als gleicherwünscht angesehen werden und somit keine der Alternativen als unerwünscht ausgeschlossen wird; hier wäre der normative Gehalt der Zielsetzung gleich Null. Der höchstmögliche normative Gehalt wäre andererseits dann erreicht, wenn mit der Zielsetzung eine eindeutige Rangfolge aller Alternativen erfolgen würde, so daß nur eine der möglichen Alternativen als die bestmögliche ausgezeichnet wäre.

Der normative Gehalt einer Zielformulierung steigt somit in dem Maße, in dem faktisch mögliche Alternativen als unerwünscht bzw. als weniger erwünscht als andere bezeichnet werden. Bisweilen wird allerdings der Begriff der Normen und Zielformulierung weiter gefaßt und bereits dann von normativen Festlegungen gesprochen, wenn sich die Rangordnung auf faktisch nicht realisierbare Alternativen bezieht. Es handelt sich hierbei um die Problematik **utopischer** Ziele, die bei der Erörterung der Zielkonflikte noch näher angesprochen werden soll.

Wie läßt sich nun die Forderung nach einem hohen normativen Gehalt begründen? Die Rechtfertigung dieser Forderung liegt darin, daß eine **demokratische Kontrolle** des Politikers nur bei normativem Gehalt der Zielsetzungen möglich ist. Der Handlungsspielraum des Politikers ist umso größer, je geringer der normative Gehalt der Ziele ist, die er verfolgt; umso weniger kann jedoch kontrolliert werden, ob sich der Politiker auch für die Ziele eingesetzt hat, die er zu erfüllen versprochen hat.

Ob stets ein hoher normativer Gehalt erwünscht ist, stellt selbst eine Wertfrage dar; keinesfalls gilt, daß in jedem Falle der höchstmögliche normative Gehalt angestrebt werden soll. Die Forderung nach einem hohen normativen Gehalt kann nämlich in Konflikt mit der Forderung nach Entscheidungsfreiheit der Politiker stehen und dieser Konflikt dürfte nicht immer zugunsten der Forderung nach höchstmöglichem normativem Gehalt gelöst werden. Weitgehende Übereinstimmung dürfte allerdings darüber bestehen, daß eine Leerformel unerwünscht ist. Sie täuscht einen normativen Gehalt vor, ohne diesen zu besitzen; wenn kein Ausschluß oder keine Rangordnung der Alternativen erwünscht ist, sollte dies offen ausgesprochen werden.

Aber gerade deshalb, weil mit steigendem normativem Gehalt der Handlungsspielraum der Politiker eingeengt wird, neigen diese dazu, ihre Ziele möglichst vage und vieldeutig zu formulieren. So sprechen sie z. B. davon, daß sie eine gerechte Verteilung, ein optimales oder angemessenes Wachstum anstreben. In diesen Bereich gehört auch die Forderung nach dem Subsidiaritätsprinzip, die wie folgt umschrieben wird: „Soviel Freiheit wie möglich und soviel Zwang wie notwendig".

Bei all diesen Formulierungen handelt es sich um Forderungen mit einem äußerst geringen normativen Gehalt; sie sind in der politischen Diskussion zwischen den

Beteiligten unbestritten, der eigentliche Streit beginnt bei der Frage, welche Verteilungskriterien als gerecht, welches Wachstum als optimal oder angemessen zu gelten hat, wieviel Freiheit möglich und wieviel Zwang erforderlich sei. Erst dann, wenn die Politiker in diesen Fragen einige der für möglich und von anderen als erwünscht betrachteten Alternativen als nicht erwünscht ausschlössen, erhielten ihre Forderungen einen normativen Gehalt.

Aber gerade wegen der Neigung der Politiker zu Leerformeln besteht eine entscheidende Aufgabe der Wissenschaft im Rahmen der Politik darin, auf den geringen normativen Gehalt der politischen Zielvorstellungen hinzuweisen und auf eine Präzisierung im Sinne einer Erhöhung des normativen Gehaltes hinzuwirken.

Nun gilt diese Tendenz zur leerformelhaften Zielbestimmung für Politiker ganz allgemein; darüber hinaus tragen bestimmte Faktoren unseres bestehenden Gesellschaftssystems dazu bei, dieses Verhalten zu verstärken. Eine Ursache dafür liegt in dem **dynamischen** Charakter der heutigen Gesellschaft. Je häufiger mit unvorhersehbaren Datenänderungen gerechnet werden muß, desto mehr benötigt der Politiker einen Handlungsspielraum, um sich Änderungen zielgerecht anpassen zu können. Die Forderung nach hohem normativen Gehalt tritt hier in Konflikt mit der Handlungsfähigkeit der Politiker. Die legislativen Organe formulieren deshalb Gesetze oftmals betont inhaltsleer, um den exekutiven Organen den notwendigen Handlungsspielraum zu belassen. Dies gilt vor allem dann, wenn Gesetzesveränderungen nur relativ selten und nur nach längeren Zeitabständen möglich sind. Die Gefahr, daß wegen unvorhersehbaren Datenänderungen Anpassungen erfolgen müssen, wächst mit der Dauer dieses Zeitraumes. Gerade in diesem Tatbestand liegt es u.a. begründet, daß Verfassungen, die für einen besonders langen Zeitraum gelten, auch nur einen geringen normativen Gehalt aufweisen.

Nun wird man gegen diese Überlegungen einwenden könne, daß ein in dieser Weise begründeter politischer Handlungsspielraum und der hieraus bedingte geringe normative Gehalt erwünscht ist. Man muß jedoch berücksichtigen, daß sich die Politiker diesen Zusammenhang zunutze machen und mit diesem Argument ihren Handlungsspielraum auch dort verteidigen, wo in Wirklichkeit keine Notwendigkeit zu inhaltsleerer Zielformulierung besteht.

Nicht nur der dynamische Charakter unserer Gesellschaft macht für die Politiker Entscheidungsspielräume notwendig. Auch die zu beobachtende **Zentralisierungstendenz** fast aller politischen Institutionen wirkt in die gleiche Richtung. Je zentraler eine Entscheidung gefällt wird, umso mehr Handlungsspielraum dürften für die ausführenden Behörden erforderlich werden, um auf diese Weise den unterschiedlichen konkreten Bedingungen in den Teilbereichen der Gesellschaft gerecht zu werden. Gerade in diesem Umstand liegt es begründet, daß z.B. eine zentrale Lohnpolitik zumeist eine Ergänzung in dezentral vereinbarten Lohnaufschlägen findet.

Auch der **Konkurrenzkampf**, der in parlamentarischen Demokratien zwischen den Politikern ausgetragen wird, fördert inhaltsleere Zielformulierungen der Politiker. Diese haben ein Interesse daran, vor den Wahlen ihre Ziele möglichst gehaltlos zu formulieren, um auf diese Weise möglichst wenige Bevölkerungsgruppen zu verärgern und möglichst viele Wähler zu gewinnen. So mögen z.B. die Politiker vor der Wahl der Bevölkerung versprechen, das Subventionsunwesen abzuschaffen. Jeder stimmt zu, da er die Unterstützung, die er selbst vom Staat erhält, als berechtigt ansieht. Das Versprechen der Politiker ist jedoch weitgehend inhaltsleer, da nicht angegeben wird, welche Subventionen als ungerechtfertigt angesehen werden und welche Bevölkerungsgruppen von diesen Maßnahmen benachteiligt werden. Hätten die Politiker konkrete Angaben darüber gemacht, welche Subventionen abgebaut werden sollen, hätten sie u. U. die negativ betroffenen Bevölkerungsgruppen als Wähler verloren.

Weiterhin zwingt der Konkurrenzkampf die Politiker, sich gegenüber den konkurrierenden Parteien **abzugrenzen.** Die Oppositionspartei kann nur auf einen Wahlsieg hoffen, wenn sie ein deutlich anderes Programm als die Regierungspartei verspricht. Auch hier eignen sich aus folgenden Gründen inhaltsarme Formulierungen. Bei einer konkreten Angabe der in Aussicht genommenen Programme wären nämlich die Kompromisse sichtbar geworden, und in den tatsächlich zu realisierenden Kompromissen unterscheiden sich die einzelnen Parteien zumeist nur sehr geringfügig. In einer solchen Situation ist es für eine Partei im allgemeinen zweckmäßiger, primär auf die Unterschiede in den Leitbildern abzuheben (z. B. „Freiheit versus Sozialismus"), da die Unterschiede in den tatsächlich in Aussicht genommenen Maßnahmen bisweilen so geringfügig sind, daß sie vom Wähler gar nicht als entscheidende Unterschiede erkannt werden.

Schließlich gilt es zu berücksichtigen, daß politische Entscheidungen immer wieder Kompromisse von den verschiedensten Gruppen verlangen, daß Kompromisse aber unbeliebt sind, da sie Abstriche von den individuellen Zielsetzungen der Teilgruppen verlangen. Als Ausweg bietet sich hier an, alle ernsthaften Konfliktbereiche zwischen den streitenden Parteien auszuklammern und zu inhaltsleeren Formulierungen Zuflucht zu nehmen, die einen echten Kompromiß nur **vortäuschen.**

Unsere bisherigen Überlegungen beschränkten sich auf die Frage nach dem normativen Gehalt eines Einzelzieles. In der praktischen Politik werden zumeist mehrere Ziele (Zielsysteme) verfolgt. Auch für diese Systeme als Ganzes muß die Frage nach dem normativen Gehalt gestellt werden. Diese Frage ist identisch mit der Frage nach der **Geschlossenheit** von Zielsystemen. Ein System gilt als geschlossen, wenn es in allen Fragen eine eindeutige Antwort gestattet. Der Geschlossenheitsgrad ist folglich gering, wenn entweder die Einzelziele inhaltsleer formuliert werden, oder wenn nicht für alle Fragenbereiche Ziele formuliert sind. Es ist möglich, daß die in ein Zielsystem aufgenommenen Ziele einen hohen normativen Gehalt aufweisen, das System aber trotzdem offen ist, da ein Großteil der anstehenden Fragen gar nicht behandelt wird. Schließlich kann sich ein geringer Geschlossenheitsgrad eines Zielsystems auch daraus ergeben, daß zur Gewichtung der einzelnen Ziele keine Angaben gemacht werden.

3.11 Beispiel: Forderung nach „gerechter" Verteilung

Die meisten Parteiprogramme enthalten unter anderem auch die Forderung, Maßnahmen zu ergreifen, um eine „gerechte Einkommensverteilung" herbeizuführen. Diese Forderung ist ein Paradebeispiel für eine fast inhaltsleere Forderung ohne normativen Gehalt. Nach unseren Ausführungen liegt eine tautologische Zielformulierung immer dann vor, wenn durch die politische Forderung keine der faktischen Möglichkeiten ausgeschlossen wird. Die Forderung nach gerechter Verteilung enthält – ohne eine weitere Präzisierung – allenfalls die Absichtserklärung, die Einkommensverteilung nach eigenen Gerechtigkeitsvorstellungen politisch zu beeinflussen.

Gegenüber einer anderen Position, die keine politischen Aktivitäten ergreifen will, um die bestehende Einkommensverteilung zu verändern, scheint das Bekenntnis für eine aktive Verteilungspolitik immerhin eine Festlegung. Es scheint also zunächst, als liege hier ein – zugegebenermaßen äußerst geringer – Informationsgehalt vor.

Aber selbst in dieser Frage sind Zweifel angebracht, da Politiker in ihren Programmen eine Vielzahl von Zielsetzungen verfolgen wollen. Der größte Teil dieser Zielsetzungen steht in Konkurrenz zueinander. So kann etwa das Verfolgen des Zieles der Vollbeschäftigung die Einkommensverteilung „ungerechter" werden lassen, wenn man das Ziel der Vollbeschäftigung durch Investitionsanreize zu realisieren sucht, die einseitig nur den Unternehmern zugute kommen. Es bedarf hier deshalb auch einer Angabe, welchen Stellenwert das verteilungspolitische Ziel gegenüber dem beschäftigungspolitischen Ziel einnimmt.

Es kommt noch hinzu, daß zwischen den einzelnen politischen Zielen auch eine Art Zeit- und Kostenkonkurrenz besteht und zwar in dem Sinne, daß aus Zeit- und Kostengründen nicht alle Ziele gleichzeitig realisiert werden können. Es ist somit durchaus denkbar, daß eine Regierung auch dann, wenn das Parteiprogramm der regierenden Parteien verteilungspolitische Ziele enthält, keine aktive Verteilungspolitik betreibt, da die anderen Zielsetzungen Vorrang besitzen.

Wenden wir uns nach diesen Vorbemerkungen der eigentlichen Frage nach dem Informationsgehalt der Forderung nach „gerechter" Verteilung zu. Hier gilt es als erstes festzuhalten, daß jede Partei immer eine gerechte Verteilung anstrebt, da sie ja wohl kaum „ungerechte" Lösungen verfolgen wird. Bleibt eine Regierung im Hinblick auf Einkommensverteilung inaktiv, so gibt sie damit kund, daß sie die bestehende Verteilung entweder als gerecht ansieht oder zumindest keine Möglichkeit sieht, eine als ungerechte empfundene Verteilung zu verbessern. Umgekehrt muß jedes Bemühen, die Verteilung zu ändern, so interpretiert werden, daß die tatsächliche Einkommensverteilung als nicht gerecht angesehen wird. Es ist also klar, daß jede Partei, die verteilungspolitisch tätig wird, das Ziel verfolgt, die Verteilung „gerechter" zu gestalten.

Nun wird bisweilen angeführt, um zu rechtfertigen, weshalb man sich auf die Forderung nach einer „gerechten" Verteilung beschränkt, daß nicht nur die näheren Umstände erkennen lassen, was als gerecht anzusehen sei, sondern die Politiker in diesem Falle auch einen gewissen Handlungsspielraum benötigen. Sie könnten nämlich erst bei Kenntnis der näheren Umstände festlegen, was im konkreten Einzelfall als eine gerechte Einzellösung anzusehen sei.

Man könnte sich nun in der Tat eine Gesellschaft vorstellen, in der über die anzustrebenden Ziele keine Meinungsverschiedenheiten bestehen. Damit bedürfte es aber auch keiner Präzisierung dessen, was als „gerechte Verteilung" anzusehen sei. Nun wird aber ein solcher Zustand eher zu den Ausnahmen zählen. Wir leben in einer **pluralistischen** Gesellschaft, in der die politischen Zielvorstellungen nicht von vornherein feststehen und auch nicht für alle Bürger identisch sind. Die Notwendigkeit einer demokratischen Zielfindung ergibt sich gerade aus der Pluralität der politischen Leitbilder.

Diese Pluralität gilt zwar allgemein für alle politischen Zielsetzungen, sie ist aber bei Verteilungszielen besonders ausgeprägt. Während die Verfolgung allgemeiner Wohlfahrtsziele – wie etwa des Wachstumszieles – der Tendenz nach alle Bürger begünstigt, geht es im Rahmen der Verteilungspolitik ex definitione immer darum, bestimmte Gruppen auf Kosten anderer zu begünstigen. Es leuchtet ohne weiteres ein, daß die Bereitschaft, kollektiv zur Diskussion gestellte Zielvorstellungen zu akzeptieren, in den Fragen sehr viel geringer sein dürfte, in denen sich die Zielverfolgung in den einzelnen Bevölkerungsgruppen unterschiedlich auswirken.

Auch im Hinblick auf die These, daß bestimmte Maßnahmen erst für den Einzelfall konkretisiert werden können, mag eingeräumt werden, daß die politischen Entscheidungsträger einen solchen Handlungsspielraum tatsächlich anstreben und ein solcher diskretionärer Handlungsspielraum in der Tat die Effizenz der Politik vergrößern könnte. Dies gilt vor allem dann, wenn wir berücksichtigen, daß auch nach Abschluß des Willensbildungsprozesses – etwa in demokratischen Wahlen – unerwartete Datenänderungen eintreten, die eine Korrektur der angestrebten Ziele und Maßnahmen notwendig erscheinen lassen.

Es muß aber trotzdem – wie im vorhergehenden Abschnitt gezeigt – noch einmal betont werden, daß der Präzisierung der Ziele der einzelnen Parteien vor der Wahl in einer Demokratie eine entscheidende Funktion der Kontrolle zukommt. Die repräsentative Demokratie baut auf dem Machtstreben der einzelnen Politiker auf. Man kann das Gemeinwohl hier nur auf dem Umwege verwirklichen, indem die Wähler die Möglichkeit erhalten, die Versprechungen der Politiker vor der Wahl mit ihren konkreten Maßnahmen nach der Wahl zu vergleichen. Der einzelne Wähler kann aber diesen Vergleich nur dann durchführen, wenn zumindest die Ziele der einzelnen Parteien vor der Wahl festliegen.

Mit dem Hinweis des Politikers, eine gerechte Lösung anzustreben, fehlt dem einzelnen Wähler jegliche Handhabe dafür, die einzelnen Parteien daraufhin zu vergleichen, inwieweit sie sich verteilungspolitisch unterscheiden. Eine Zunahme von mehr Gerechtigkeit kann für einen einzelnen Wähler einen materiellen Gewinn oder auch Verlust bedeuten. Was der einzelne Politiker als gerecht empfindet, kann vom einzelnen Wähler aufgrund anderer Wertvorstellungen als höchst ungerecht empfunden werden. Aus ordnungspolitischen Gründen bedarf es also einer Präzisierung der Ziele vor der Wahl.

Fragen wir uns nun, worin eine solche notwendige Präzisierung der verteilungspolitischen Zielsetzungen bestehen könnte. Wir hatten im vorhergehenden Abschnitt bereits darauf hingewiesen, daß es pedantisch wäre, dort eine Präzisierung zu erwarten, wo jedem Betroffenen klar ist, welche Zielsetzung gemeint ist und alle rivalisierenden Parteien und Wählergruppen von identischen Zielvorstellungen ausgehen. Es kommt also vor allem darauf an, in den Fragen konkrete Antworten zu geben, in denen unterschiedliche Vorstellungen über eine gerechte Lösung herrschen.

Im Hinblick auf die Einkommensverteilung besteht nun in fast allen relevanten Weltanschauungsgruppen eine weitgehende Übereinstimmung, daß bei der Verteilung materieller Güter auf der einen Seite die **Leistung** des einzelnen berücksichtigt werden sollte, aber auf der anderen Seite die Verteilung auch nicht nur nach der Leistung erfolgen solle, sondern vielmehr auch **Bedarfselemente** berücksichtigt werden sollten. Unterschiede ergeben sich zwischen den einzelnen Parteien und Gruppen in der Frage, was als Leistung zu verstehen ist, welches Gewicht der Leistungskomponente zukommt und wieweit man bereit ist, zugunsten von mehr Gerechtigkeit auch eine Einschränkung in anderen Zielen, insbesondere im Freiheitsziel hinzunehmen.

Ein **liberaler Politiker** etwa versteht Leistung stets als eine Marktleistung. Er mißt die Leistung am Beitrag, den der einzelne zum Sozialprodukt leistet. Der sich auf einem freien Markt einstellende Preis bestimmt die Höhe dieses Beitrags. Da das Freiheitsziel von liberaler Seite höher eingeschätzt wird als das Ziel der Gerechtigkeit, werden Markteingriffe zugunsten verteilungspolitischer Zielsetzungen oft abgelehnt. Eine liberale Verteilungspolitik will deshalb vor allem die ordnungspolitischen Voraussetzungen für eine gerechte Verteilung schaffen, indem sie etwa einen freien Zugang zu den Märkten garantiert und damit versucht, **Startchancenungleichheiten** abzubauen.

Demgegenüber verstehen **sozialistische** Politiker unter Leistung eher eine am „Arbeitsleid" des einzelnen gemessene Größe. Sie betonen nicht nur in viel stärkerem Maße als Liberale, daß die Verteilungsergebnisse des Marktes durch Bedarfselemente korrigiert werden müssten, sondern halten es auch für berechtigt, wenn man zugunsten von mehr Gerechtigkeit auch die Marktfreiheit einschränkt.

Der Unterschied zwischen liberalen und sozialistischen Verteilungspositionen kann man ganz gut an dem von *J. Rawls* formulierten **Maximin-Prinzip** erkennen: Dem Liberalen geht es in der Verteilungspolitik in erster Linie darum, das Einkommen der einkommensschwächsten Gruppe absolut zu steigern. Dieses Ziel gilt auch dann als erreicht, wenn auf diesem Wege das Einkommen der Reicheren ebenfalls – möglicherweise sogar stärker als das der Ärmeren – ansteigt. Demgegenüber neigen sozialistische Politiker dazu, die Gerechtigkeit stärker am Nivellierungsgrad der Einkommen zu messen. In diesem Sinne würde eine Wachstumspolitik, die zwar die Einkommen der Ärmeren absolut vergrößern hilft, bei der aber die Einkommensquote der Ärmern zurückgeht, da das Einkommen der Reicheren stärker steigt, als verteilungspolitisch ungerecht eingestuft.

Diese Präzisierungen erscheinen sicherlich dem einen oder anderen immer noch als viel zu vage. Es fehlt beispielsweise nicht nur jede Angabe, welches Gewicht dem Bedarfselement gegenüber dem Leistungselement zukommt, sondern auch wieviel mehr an Gerechtigkeit zugunsten einer Freiheitseinschränkung hingenommen werden kann. In der Tat würden sich die einzelnen Parteien auch überfordert fühlen, eine solche Präzisierung vorzunehmen. Wir sprachen oben davon, daß auch zwischen der Forderung nach einer demokratischen Kontrolle und der hiermit verbundenen Forderung nach Zielpräzisierung und der Effizienz politischer Maßnahmen, die einen gewissen Handlungsspielraum notwendig werden läßt, ein Zielkonflikt besteht. Damit kann es aber durchaus auch ein Zuviel an Präzisierung geben. In diesem Sinne mag ein gewisser Mangel an Präzision in den verteilungspolitischen Zielsetzungen durchaus tolerabel erscheinen.

3.2 Die Frage nach der Aktualität wirtschaftspolitischer Ziele

Wie bereits erwähnt, betrifft eine zweite Frage, die der Wirtschaftswissenschaftler in bezug auf die wirtschaftspolitischen Ziele zu stellen hat, die Aktualität der Ziele: Wieweit sind die von den Politikern verfolgten Leitbilder bereits realisiert, in welchem Ausmaß sind politische Aktivitäten notwendig, um die erwünschten Zielzustände zu erreichen? Die Frage nach der Zielaktualität bezieht sich stets auf Ziele im Sinne von gewünschten Zustandsänderungen. Der Beitrag der Wissenschaft zu dieser Frage besteht darin, in einer **Situationsanalyse** die tatsächlichen Zustände aufzuklären.

Im Rahmen einer Situationsanalyse entsteht eine Reihe von Problemen, von denen die wichtigsten hier kurz beschrieben werden sollen. Ein erstes Problem erwächst daraus, daß in der öffentlichen Diskussion oftmals bestimmte Tatbestände als offensichtlich angesehen werden, obwohl die empirischen Untersuchungen das Gegenteil beweisen (**Problematik von Vorurteilen**). So entspricht es z. B. weitverbreiteter Meinung, daß das Einkommen nahezu aller Bürger in der Bundesrepublik Deutschland weit über dem Existenzminimum liege. Nach dieser Vorstellung ist die Bundesrepublik eine Überflußgesellschaft, in der nur eine sehr kleine Gruppe von Bürgern als bedürftig bezeichnet werden kann.

In Wirklichkeit sind jedoch weit mehr als eine Million Bürger Sozialhilfeberechtigt. Wenn man einmal den Sozialhilferichtsatz als einen gesellschaftlichen Ausdruck dafür ansieht, welches Einkommen jeder Bürger mindestens haben sollte, so heißt dies, daß eben auch mehr als eine Million Bürger über private Einkünfte verfügen, die unter dem von der Gesellschaft anerkannten Existenzminimum liegen. Da empirische Untersuchungen die Vermutung nahelegen, daß außerdem ein nicht zu vernachlässigender Teil der Bevölkerung sozialhilfeberechtigt ist, ohne von ihr Gebrauch zu machen, gibt es auch heute noch größere Gesellschaftsgruppen, deren Gesamteinkünfte unterhalb des gesetzlich fixierten Existenzminimums (Sozialhilferichtsatz) liegen. Aufgabe der Wissenschaft ist es in diesem Zusammenhang, durch empirische Untersuchungen derartige Fehleinschätzungen abzubauen.

Ein zweites Problem ergibt sich daraus, daß eine **mangelhafte Datenbasis** einschließlich unzureichender Statistiken ein falsches Bild von der Wirklichkeit zeichnen können. So weisen z. B. die offiziellen Statistiken eine größere Kluft zwischen den Tariflöhnen und den Effektivverdiensten aus, als in der Realität tatsächlich besteht. Der Grund hierfür liegt in systematischen Mängeln der amtlichen Statistik. Aus praktischen Gründen ist es nämlich nicht möglich, die Vielzahl der tariflich vereinbarten Sonderleistungen, die immer nur einem Teil der Arbeitnehmer zugute kommen, zu erfassen; sie werden also in der Tariflohnstatistik außer acht gelassen. Die Statistik der Effektivverdienste umfaßt jedoch nahezu alle Leistungen mit dem Ergebnis, daß die amtlich ausgewiesene Differenz zwischen Effektivverdiensten und Tariflöhnen zu hoch erscheint, da ein Teil dieser Differenz aus tariflich vereinbarten, aber statistisch dort nicht erfaßten Leistungen besteht. Die Aufgabe der Wissenschaft besteht hier darin, auf diese Mängel aufmerksam zu machen und auf eine Verbesserung des Datenmaterials hinzuwirken.

In einer **falschen Interpretation** an sich ausreichender Statistiken liegt ein drittes Problem im Zusammenhang mit der Situationsanalyse. So würden z. B. die Vermögensstatistiken falsch interpretiert, wenn man die Aufteilung der Sparbücher auf die einzelnen Bevölkerungsgruppen als Indiz dafür nehmen würde, welchen Anteil die einzelnen Bevölkerungsgruppen am Gesamtvermögen einer Volkswirtschaft besitzen. So wählen die Arbeitnehmer und hier insbesondere die Arbeiter die Anlageform des Sparbuches, während die Selbständigen das Kontensparen lediglich als vorübergehende Sparanlage ansehen und ihre Ersparnisse langfristig vorwiegend in Wertpapieren anlegen. Der Sparanteil der Arbeiter an der in Sparbüchern festgelegten Sparsumme dürfte somit wesentlich höher sein als der Sparanteil der Arbeiter an der Gesamtersparnis der Volkswirtschaft. Folglich wäre es deshalb falsch, wenn man aus Ergebnissen eines Teilbereiches der Vermögensstatistik unmittelbar auf den Gesamtbereich schließen wollte.

Ein viertes Problem im Zusammenhang mit der Situationsanalyse besteht darin, daß sie allein über Fakten informieren kann, daß aber bisweilen **in versteckter Form Bewertungen** von Fakten als Situationsanalyse ausgegeben werden. So wird z. B. von marxistischer Seite behauptet, daß der Arbeiter in der kapitalistischen Gesellschaft ausgebeutet werde, und diese These wird wie eine Tatsachenbehauptung vorgetragen. In Wirklichkeit handelt es sich hierbei um eine Bewertung eines nicht näher definierten Tatbestandes, der gerade deshalb auch nicht empirisch überprüft werden kann.

Gerade die Diskussion um die marxistische Ausbeutungsthese zeigt die Schwäche dieser Art von Argumentation auf. Zunächst wurde die These von der Ausbeutung der Arbeiter in dem Sinne verstanden, daß das Einkommen des Arbeitnehmers absolut sinke und langfristig beim Existenzminimum liege. In diesem Sinne interpretiert, handelt es sich um eine empirisch überprüfbare Behauptung. Der Nachweis, daß das absolute Durchschnittseinkommen der Arbeiter langfristig ganz erheblich angestiegen ist, veranlaßte jedoch die Marxisten, keineswegs die These von der Ausbeutung der Arbeiter aufzugeben, vielmehr wurde daraufhin die Ausbeutungsthese uminterpretiert, indem von relativer Ausbeutung und schließlich von potentieller Ausbeutung gesprochen wurde. Die Ausbeutungsthese wurde so zu einer Leerformel, die lediglich in einer negativen Bewertung eines nicht näher definierten und deshalb nicht überprüfbaren Tatbestandes besteht.

Bei unseren bisherigen Überlegungen gingen wir stillschweigend davon aus, daß sich die Erfassung der Wirklichkeit stets auf die Gegenwart oder auf die jüngste Vergangenheit bezieht. Ein Großteil der Probleme, die im Zusammenhang mit der Frage nach der Aktualität wirtschaftspolitischer Ziele entstehen, bezieht sich jedoch auf zukünftige gesellschaftliche Zustände, so daß eine befriedigende Situationsanalyse oftmals auch eine **Prognose** mit einschließt. Die wirtschaftspolitischen Maßnahmen wirken sich fast immer erst nach Ablauf einer bestimmten Zeit aus. Wenn die Bundesregierung im heutigen Zeitpunkt Maßnahmen beschließt und durchführt, die eine Konjunkturbelebung auslösen sollen, so müssen wir damit rechnen, daß bei Erfolg dieser Politik die Konjunkturbelebung erst sehr viel später, etwa nach 1 1/2 Jahren oder auch später, eintreten wird.

Dieser Umstand bringt es jedoch mit sich, daß das notwendige Ausmaß der heute notwendigen konjunkturpolitischen Maßnahmen keinesfalls von der heutigen Konjunkturlage abhängt, sondern von der Lage in dem Zeitpunkt, in dem sich die konjunkturpolitischen Maßnahmen auswirken. Würde sich die Konjunkturpolitik an der heutigen Situation ausrichten, so bestünde die Gefahr, daß sich die Maßnahmen erst in einem Zeitpunkt auswirken, in dem die Konjunkturlage bereits umgeschlagen ist; die Konjunkturpolitik würde in diesem Falle sogar noch eine Verschärfung der Konjunkturschwankungen und nicht, wie beabsichtigt, eine Reduzierung auslösen.

Die Gründe, weshalb sich wirtschaftspolitische Maßnahmen erst mit einer gewissen zeitlichen Verzögerung (time lags) auf ihre Zielgrößen auswirkt, sind vielfältig. Zunächst vergeht eine gewisse Zeit, bis erstens die Aktualität von Zielen aufgrund von Datenänderungen erkannt wird (**recognition lag**), weiterhin bis zweitens die anstehenden Probleme erörtert und die Entscheidungen gefallen sind (**decision lag**). Schließlich benötigt drittens auch die Ausführung der Entscheidungen Zeit (**realization lag**). Hierbei spielen nicht nur Verhaltensverzögerungen, sondern auch technisch bedingte Verzögerungen eine Rolle. Weiterhin können auch institutionelle Vorkehrungen Verzögerungen veranlassen. Schließlich gilt es zu bedenken, daß die hier erwähnten Verzögerungen sowohl bei den Entscheidungen der Politiker (**inside lag**) als auch der betroffenen Wirtschaftssubjekte (**outside lag**) entstehen können Es ist deshalb nicht verwunderlich, daß aus der Kumulierung dieser Verzögerungen ein Zeitraum erwachsen kann, der oftmals ein Jahr überschreitet.

	recognition lag	decision lag	realization lag
inside lag			
outside lag			

Abb. 3: Unterscheidung verschiedener time lags

Worin bestehen nun die besonderen Probleme einer Prognose? Eine erste Schwierigkeit ergibt sich daraus, daß bisweilen überhaupt bezweifelt wird, ob Prognosen **wissenschaftlich einwandfrei** erstellt werden können. Die logische Struktur einer Prognose besteht aus einem Schlußverfahren: Aus einer Gesetzesaussage wird in Verbindung mit Randbedingungen eine Schlußfolgerung gezogen, die üblicherweise als Prognose bezeichnet wird. Die Gesetzesaussage hat hierbei stets die Form einer Wenn-dann-Aussage. In den Randbedingungen wird festgestellt, daß die in dem Wenn-Satz aufgeführten Bedingungen de facto erfüllt sind. Zum besseren Verständnis sei folgendes Beispiel gewählt. Es werde von folgender Gesetzesaussage ausgegangen: Wenn im Zeitpunkt t_1 die Nettoinvestitionen einen Wert von x erreichen, dann werden im Zeitpunkt t_2 (yx) Arbeitsplätze neu geschaffen werden. Die Randbedingung laute, daß in der Bundesrepublik im Jahre 1974 Nettoinvestitionen im Werte von x erstellt worden seien. Die Prognose besteht dann darin, daß für das Jahr 1975 die Errichtung von (yx) neuen Arbeitsplätzen prognostiziert wird.

Nun liegt die Schwierigkeit einer Prognose darin, daß unsere Kenntnisse über die Gesetzmäßigkeit erstens recht unvollkommen sind und daß wir zweitens immer damit rechnen müssen, daß bestimmte Zufallsfaktoren auf den wirtschaftlichen Prozeß Einfluß nehmen. Eine Prognose kann also deshalb falsch sein, weil bestimmte

Faktoren wirksam sind, die zwar prinzipiell erkennbar, aber noch nicht erkannt sind oder aber Faktoren Einfluß ausüben, die stochastischen Gesetzen unterliegen und trotz vollständigem Wissen bei Einzelprozessen nicht erkannt werden können. Da die Gefahr von Fehlerquellen in jeder Periode von neuem gegeben ist, wird die Wahrscheinlichkeit einer fehlerhaften Prognose bzw. die Streuung um den Prognosemittelwert mit der Länge des Zeitraumes, für den eine Prognose aufgestellt wird, zunehmen.

Aufgrund einer Kritik an allgemeinen Gesetzesaussagen, die ceteris paribus Klauseln enthalten, bei denen die cetera aber nicht ausformuliert und operational bestimmt werden, wird bisweilen, u. a. von *F. A. von Hayek*, die Schlußfolgerung gezogen, daß in der Wirtschaftswissenschaft nur Prognosen über die Entwicklung allgemeiner Strukturen, sog. **Musterprognosen** (pattern predictions), nicht aber Prognosen von Einzelereignissen möglich sind. Begründet wird dies mit der Auffassung, daß die sozialen und wirtschaftlichen Beziehungen **komplexer** Natur sind und daß es in diesem Fall bereits aus praktischen Gründen nicht möglich ist, die komplexen Phänomene in Einzelprognosen einzufangen; daß dies unabhängig davon aber auch aus logischen Gründen nicht möglich ist, weil die zu prognostizierenden Ergebnisse erst im Wettbewerbsprozeß festgelegt werden und daher immer erst im nachhinein ermittelt werden können.

Im Rahmen einer weitergehenden Kritik wird sogar bisweilen bezweifelt, ob im wirtschaftlichen (gesellschaftlichen) Bereich überhaupt Prognosen möglich sind. So wird in Frage gestellt, daß in den Sozialwissenschaften **dynamische** Gesetzmäßigkeiten gelten, bei denen die im Dann-Satzteil aufgeführten Faktoren erst in einem späteren Zeitpunkt wirksam werden als die Faktoren im Wenn- Satzteil der Gesetzesaussage. Ist dies nicht der Fall, ist eine Prognose nicht möglich, da die zu erklärenden Faktoren immer nur auf Faktoren zurückgeführt werden, die im gleichen Zeitpunkt auftreten wie die zu erklärenden Größen. Der Beschäftigungsgrad der zukünftigen Periode z. B. wird auf die Nachfragesituation der zukünftigen Periode zurückgeführt; eine solche statische Theorie erlaubt jedoch keine Prognose, da ja lediglich die Nachfragesituation der heutigen Periode bekannt ist.

Die Berechtigung dieser Kritik muß bezweifelt werden: Zwar mag es richtig sein, daß die Wirtschaftswissenschaft im heutigen Zeitpunkt noch nicht über befriedigende dynamische Theorien verfügt, die exakte Aussagen über die Länge der time lags zulassen. Das bedeutet jedoch nicht, daß die Gesetzmäßigkeiten, mit denen sich die Wirtschaftstheorie befaßt, tatsächlich statischen Charakter haben; man wird vielmehr mit Sicherheit sagen können, daß nahezu alle wirtschaftlichen Reaktionen Zeit benötigen, so daß auch die wirtschaftlichen Gesetzmäßigkeiten stets dynamischer Natur sind. Es ist folglich nicht die Natur der Gesetzmäßigkeiten, sondern unser unvollkommenes Wissen, das u. U. Prognosen erschwert oder unmöglich macht.

Prognosen bringen eine weitere Schwierigkeit mit sich; sie tragen oftmals dazu bei, sich **selbst zu widerlegen** oder aber auch **selbst zu bestätigen**. Mit dieser These ist gemeint, daß sich die betroffenen Wirtschaftssubjekte von den Prognosen in ihrem Verhalten derart beeinflussen lassen, daß im Endergebnis ein Zustand erreicht wird, der entweder der Prognose widerspricht oder aber das prognostizierte Ergebnis bestätigt. Bringen wir zunächst ein Beispiel für eine sich widerlegende Prognose: Die Bundesregierung prognostiziert, daß in einer bestimmten Branche Überkapazitäten zu erwarten seien. Aufgrund dieser Prognose gingen die Unternehmer von der Annahme aus, die Durchschnittsrendite der Investitionen in dieser Branche würde demgemäß sinken. Aufgrund dieser Erwartungen ginge die Investitionsbereitschaft in dieser Branche zurück. Aber gerade aufgrund dieses Verhaltens trete die prognostizierte Überkapazität nicht ein.

Als Beispiel einer sich selbst bestätigenden Prognose sei der Fall unterstellt, daß eine starke Steigerung der Weinpreise prognostiziert werde; aufgrund dieser Prognose seien die Konsumenten bemüht, noch zum verbilligten Preis möglichst viel Wein einzukaufen, also ihre zukünftigen Kaufentscheidungen vorzuverlegen mit dem Ergebnis, daß die Gesamtnachfrage bei gleichbleibendem Angebot stark ansteigt und mit ihr der Preis. Die Preissteigerung ist in diesem Fall gerade deshalb eingetreten, weil sie prognostiziert wurde. Die hier erwähnten Ursachen sind zwar nur vorübergehender Natur, und in einer funktionierenden Wirtschaft müßte schließlich der Weinpreis wieder sinken, da die Nachfrage nur vorübergehend erhöht, und zwar zeitlich vorverlegt wurde. Da jedoch Preissteigerungen sehr viel häufiger eintreten als Preissenkungen, ist damit zu rechnen, daß die Weinpreise nicht mehr auf das alte Niveau absinken.

Dieser Einfluß der Prognose auf die zu prognostizierenden Größen wirft nun zwei Probleme auf: Ein erstes Problem besteht in der Frage, ob realistische Prognosen in diesem Fall überhaupt noch **möglich** sind. Ein zweites Problem ergibt sich, weil man sich fragen muß, ob diese Einflüsse **erwünscht** sind und wie sie sich gegebenenfalls vermeiden lassen.

Ob eine Prognose aufgrund der aufgezeigten Zusammenhänge überhaupt noch möglich ist, hängt entscheidend vom Reaktionsausmaß der Wirtschaftssubjekte auf die Prognose ab. Prinzipiell ist es durchaus möglich, daß die Prognosewirkungen in der Prognose mitberücksichtigt werden. Bei dem Versuch, in einzelnen Gedankenschritten die durch die Prognose induzierte Wirkung selbst wieder in der Prognose zu berücksichtigen, gelangt man zu einer **unendlichen Reihe** von Teilwirkungen. Eine Prognose ist nur dann möglich, wenn deren Summe einen **endlichen Grenzwert** ergibt.

Nehmen wir den Fall, daß aus welchen Gründen auch immer eine autonome Preissteigerung von 1% erwartet werde, daß aber davon ausgegangen werde, daß die Erwartung einer Preissteigerung eine Nachfragesteigerung auslöst, die stets zu einer induzierten Preissteigerung führt, die genau der jeweils prognostizierten Preisvariation entspricht, unabhängig davon, wie hoch der absolute Wert der prognostizierten Preisänderung ist. Hier ist eine Prognose nicht möglich; unter Berücksichtigung der prognosebedingten Reaktionen müßte ja in einem ersten Gedankenschritt eine 2%ige Preissteigerung prognostiziert werden, diese jedoch würde im Endergebnis zu einer weiteren zusätzlichen Preissteigerung von 2%, also zusammen 4% führen, die Prognose müßte also auf 4% korrigiert werden usw., der Endwert der Prognose tendiert hier gegen unendlich.

Diese Überlegungen gelten a fortiori für die Fälle, in denen die ausgelösten Preissteigerungen größer sind als die Primärwirkung. Würde hingegen die prognosebedingte Preissteigerung nur einen Bruchteil der autonom bedingten Preissteigerung, also in unserem Beispiel bei einer autonomen Preissteigerung von 1% 0,5 betragen, so würde der gedankliche Prozeß der sukzessiven Anpassung der Prognose an die prognosebedingten Auswirkungen zu einem endlichen Wert von 2% führen, entsprechend der Summenformel einer geometrischen unendlichen Reihe.

Auch im Hinblick auf die Frage nach der Erwünschtheit prognosebedingter Wirkungen dürfte keine allgemeine, von den näheren Bedingungen unabhängige Antwort möglich sein. Im allgemeinen dürfte es erwünscht sein, daß Prognosen, die auf ein positiv bewertetes Ereignis hinweisen, tendentiell bestätigt, Prognosen jedoch, die sich auf ein negativ bewertetes Ereignis beziehen, tendentiell widerlegt werden. Im Hinblick auf Konjunkturschwankungen ist es zwar in Einzelfällen denkbar, daß die Konjunkturschwankungen geglättet werden, sofern die Prognosen einen selbstwiderlegenden Charakter aufweisen, wie das angeführte Beispiel über die Entwicklung von Branchenkapazitäten gezeigt hat. Im Hinblick auf konjunkturelle Schwankungen dürften jedoch im allgemeinen selbstbestätigende Prognosen überwiegen. Diese hingegen verschärfen die Konjunkturschwankungen. So dürfte die Ankündigung, daß ein Konjunkturaufschwung erwartet wird, in der Regel nachfragebelebend und damit konjunkturverschärfend (prozyklisch) wirken; nur einzelne mögen gerade deshalb, weil sie davon ausgehen, daß eine solche prognosebedingte Nachfragesteigerung über ihr Ziel hinausschießt, bereits auf eine konjunkturelle Konjunkturberuhigung spekulieren und damit konjunkturglättende (antizyklische) Gegenkräfte auslösen.

Bei unseren bisherigen Überlegungen behandelten wir Prognosen, denen eine Theorie zugrundeliegt. Nun müssen wir aber davon ausgehen, daß in der Realität ein großer Teil der Prognosen ohne theoretische Grundlagen aufgestellt wird. Hierbei wird eine mathematische Zeitfunktion den Vergangenheitswerten angenähert und die Zukunftswerte mittels **Extrapolation** auf der Grundlage dieser Funktion bestimmt.

3.21 Beispiel: Beschäftigungspolitischer Handlungsbedarf

Die Frage nach der Aktualität wirtschaftspolitischer Ziele stellt sich vor allem im Zusammenhang mit konjunkturpolitischen Zielen. Der Umstand, daß die wirtschaftlichen Aktivitäten nicht nur in marktwirtschaftlich ausgerichteten Volkswirtschaften periodischen Schwankungen unterliegt, bringt es mit sich, daß zu unterschiedlichen Zeiten auch ganz andere Ziele der Konjunkturpolitik aktuell werden. In Zeiten der Depression herrscht hohe Arbeitslosigkeit. Das Ziel der Vollbeschäftigung wird immer weniger von selbst erreicht. Es besteht deshalb möglicherweise beschäftigungspolitischer Handlungsbedarf, um die unfreiwillige Arbeitslosigkeit abzubauen. Das Ziel der Vollbeschäftigung wird aktuell. Gleichzeitig gehen aber in der Regel die Güterpreissteigerungen zurück. Damit wird aber das Ziel der Geldwertstabilität weitgehend von selbst realisiert. Es besteht in dieser Hinsicht in diesen Zeiten kein echter politischer Handlungsbedarf, dieses Ziel wird weniger aktuell.

In Zeiten der Hochkonjunktur hingegen kehrt sich die wirtschaftliche Lage um: Der Beschäftigungsgrad steigt an, die unfreiwillige Arbeitslosigkeit geht zurück.

3.2 Die Frage nach der Aktualität wirtschaftspolitischer Ziele

Auf immer mehr Arbeitsmärkten – insbesondere bei Facharbeitskräften – tritt Knappheit auf. Dies ist identisch damit, daß das Ziel der Vollbeschäftigung nun weitgehend von selbst realisiert wird. In dieser Hinsicht gibt es also keinen politischen Handlungsbedarf mehr. Das Ziel der Vollbeschäftigung ist in diesen Zeiten nicht mehr aktuell. Gleichzeitig nehmen aber in dieser Konjunkturphase die Preissteigerungen auf den Gütermärkten wiederum zu. Dies bedeutet, daß nun im Hinblick auf das Ziel der Geldwertstabilität ein politischer Handlungsbedarf entsteht. Damit wird nun aber das Ziel der Inflationsbekämpfung aktuell.

Nun wird aber im Rahmen der Konjunkturtheorie bisweilen – so etwa innerhalb der von *J. A. Schumpeter* entwickelten Konjunkturtheorie – die Vorstellung vertreten, daß ein bestimmtes Ausmaß an Entlassungen in Zeiten der Rezession genauso erforderlich sei, wie es in Zeiten des Aufschwunges notwendigerweise zu gewissen Preissteigerungen komme. Die Preissteigerungen in der Aufschwungsphase hätten hierbei die Funktion, die knappen Produktivkräfte aus den Konsumgüterbereichen abzuziehen und in die innovativen Investitionsgüterbereiche umzulenken. In einer Marktwirtschaft vollziehe sich dieser Umlenkungsprozeß auf dem Wege, daß die Banken über **Giralgeldschöpfung** innovationsfreudigen Unternehmern zinsgünstige Kredite einräumen, aufgrund derer sich diese Unternehmer in der Lage sehen, Innovationen und Investitionen zu tätigen. Die Kehrseite dieses Prozesses bestehe darin, daß die Güterpreise ansteigen, da auf der einen Seite aufgrund der Geldschöpfung die Nachfrage ansteige, auf der anderen Seite aber gleichzeitig das Konsumgüterangebot zurückgehe.

Die Entlassungen in Zeiten der Rezession werden in dieser Theorie notwendig, weil sich im Zuge des Aufschwungs, der sich in Preissteigerungen und Nachfrageüberhängen zeigt, auch solche Unternehmungen im Markt halten können, die unter Gleichgewichtsbedingungen nicht mehr rentabel produzieren könnten. Diese nicht produktiven Unternehmungen scheiden in rezessiven Perioden aus, weil auf der einen Seite nun die Investitionen ausgereift sind und deshalb das Konsumgüterangebot wieder steigt auf der anderen Seite aber die Nachfrage wiederum zurückgeht, da die Investoren nun ihre Kredite zurückzahlen.

Wir stellen somit fest, daß ein Teil der inflationären und rezessiven Entwicklungen volkswirtschaftlich durchaus notwendig sein kann und somit auch nicht politisch bekämpft werden sollte. Es bleibt nun allerdings im Verlauf des Konjunkturzyklusses nicht bei diesen volkswirtschaftlich notwendigen Erscheinungen. Während der erste Aufschwung noch dadurch ausgezeichnet ist, daß Produktivkräfte brachliegen und damit in dieser Phase eine Zunahme der Nachfrage noch erwünscht ist, bleibt die Nachfragesteigerung auch dann noch bestehen, wenn schon alle Produktivkräfte beschäftigt sind, ein volkswirtschaftliches Gleichgewicht also bereits überschritten wird. Hier entstehen mit den Nachfrageüberhängen neue Ungleichgewichte, die volkswirtschaftlich nicht mehr erwünscht sind. Damit besteht in der Tat ein politischer Handlungsbedarf, da das Ausmaß notwendiger Konkurse in der nachfolgenden Rezession um so größer ist, je größer der Nachfrageüberhang in der Hochkonjunkturphase wird. Umgekehrt gilt, daß der konjunkturelle Abschwung oft auch dann noch anhält, wenn der Nachfrageüberhang abgebaut ist und die unproduktiven Unternehmungen ausgeschieden sind. Im Zuge des weiteren Abschwunges werden also Arbeitskräfte entlassen, obwohl hierzu wirklich keine volkswirtschaftliche Notwendigkeit besteht.

Diese konjunkturellen Gesetzmäßigkeiten des periodischen Auf- und Abschwunges hatten sich nun in den 70er Jahren verändert und zwar im Sinne **stagflationärer** Entwicklungen. Es herrschten also zur gleichen Zeit rezessive wie inflationäre Tendenzen vor. Hier schien es zumindest auf den ersten Blick so, als ob die konjunkturpolitischen Ziele der Vollbeschäftigung und der Geldwertstabilität in jeder Phase aktuell blieben.

Man sollte allerdings bedenken, daß sich stagflationäre Entwicklungen nur unter bestimmten Bedingungen einstellen. Damit bleibt aber das Problem der Aktualität der konjunkturpolitischen Ziele bestehen. Aber selbst dann, wenn wir langfristig mit stagflationären Tendenzen rechnen müßten, bliebe es richtig, daß nach wie vor periodische Schwankungen auftreten und deshalb in unterschiedlichen Zeiten auch unterschiedliche Ziele politische Aktualität erlangen.

In den Phasen des konjunkturellen Abschwunges verwirklicht sich zwar das Ziel der Geldwertstabilität nicht mehr von selbst, dennoch erlangt das Vollbeschäftigungsziel hier höhere Aktualität. In Zeiten des Aufschwunges bleibt es zwar bei relativ hohen Arbeitslosenziffern, trotzdem hat hier das Ziel der Geldwertstabilität eindeutig Vorrang. Diese Priorität eines Zieles ergibt sich hier vor allem daraus, daß nach wie vor zwischen beiden Zielen ein Konflikt besteht, die Bekämpfung des einen Zieles also vom anderen Ziel wegführt.

Wir hatten im vorhergehenden Abschnitt davon gesprochen, daß zwischen Zielerkennung und -realisierung ein mehr oder weniger großer time lag besteht. Dieser Umstand hat zur Folge, daß es im Rahmen einer Aktualitätsanalyse nicht ausreicht, die augenblickliche Konjunkturlage zu diagnostizieren. Da die heute eingeleiteten konjunkturpolitischen Maßnahmen erst nach Ablauf von etwa 1 1/2 Jahren greifen und damit die Zielgrößen beeinflussen, bedarf es zur Abschätzung des politischen Handlungsbedarfes nicht nur der Kenntnis des heutigen Umfanges der Zielverfehlung, sondern auch der nach 1 1/2 Jahren auftretenden Defizite in der Zielrealisierung. Damit ist aber eine Prognose erforderlich, die weitere Probleme aufwirft. Auf der einen Seite sind unsere Fähigkeiten, die konjunkturellen Ereignisse vorauszusagen, sehr begrenzt, da die konjunkturellen Schwankungen zu einem großen Teil stochastischen Gesetzmäßigkeiten folgen. Auf der anderen Seite wird das Problem noch dadurch erschwert, weil Prognosen das Verhalten der Wirtschaftssubjekte und damit auch die konjunkturelle Lage beeinflussen. Damit können sich aber Prognosen selbst bestätigen. Werden beispielsweise steigende Güterpreise prognostiziert, können die Erwartungen zu einer zunehmenden Nachfrage führen, weil die Wirtschaftssubjekte versuchen, den steigenden Preisen zuvorzukommen. Damit werden aber Preissteigerungen erst ausgelöst.

3.3 Die Frage nach der Begründung wirtschaftspolitischer Ziele

Ein dritter Beitrag der Wissenschaft zur wirtschaftspolitischen Zielfindung bezieht sich auf die Frage nach der Begründung wirtschaftspolitischer Ziele. Politiker sind insbesondere in Demokratien gehalten, ihre Ziele zu verteidigen. Hierbei lassen sich zwei grundverschiedene Arten der Begründung unterscheiden: Man strebt Ziele um ihrer selbst willen an, sieht also ihre Rechtfertigung in der Zielsetzung selbst; man erkennt hier dem Ziel einen **Eigenwert** zu. Oder aber man rechtfertigt bestimmte Aktivitäten damit, daß von der Zielrealisierung positive Wirkungen auf andere übergeordnete Ziele ausgehen. Wir wollen hier von einer **instrumentalen** Zielbegründung sprechen und diese zweite Begründungsart lediglich auf diejenigen Zielzusammenhänge anwenden, die in **faktisch** und nicht allein in **logisch** bedingten Zusammenhängen bestehen.

Zu der erstgenannten Begründungsart (Eigenwertbegründung) gehören verschiedene Rechtfertigungsarten. Hierunter fallen erstens alle Rechtfertigungsversuche, die sich auf eine Autorität beziehen. Eine solche Rechtfertigung liegt z.B. vor, wenn man darauf hinweist, daß führende Regierungen des Auslandes das betreffende Ziel ebenfalls anstreben. Zu dieser Eigenwertbegründungsart zählt auch das Bemühen, ein Ziel damit zu rechtfertigen, daß es von der Mehrheit der Bürger angestrebt wird oder daß es sich aus der Verfassung eines Landes ergibt. Hier wird der Mehrheitsmeinung bzw. der Verfassung eine Autorität zugewiesen, die selbst nicht mehr hinterfragt wird.

Eine zweite Art der Eigenwertbegründung liegt vor, wenn Ziele damit verteidigt werden, daß sie schon immer angestrebt wurden. Hierbei gilt es allerdings zu bedenken, daß der Hinweis auf die **Tradition** durchaus einer rationalen Begründung entspringen kann, dann nämlich, wenn wir in einer **stationären** Gesellschaft leben würden. Unter diesen Bedingungen kann der bloße Umstand, daß sich eine Zielsetzung über lange Zeit hinweg halten konnte, im evolutorischen Sinne als eine Bewährung angesehen werden, so daß aufgrund dieser erfolgreich bestandenen Bewährung an diesem Ziel weiterhin festgehalten wird. In dynamischen Gesellschaften ist jedoch der Hinweis auf die Tradition allein irrational, da eine Bewährung unter den früher herrschenden Bedingungen keinen Schluß auf die Bewährung unter den gültigen, veränderten Bedingungen zuläßt.

Bisweilen findet man in der politischen Diskussion auch Rechtfertigungsversuche, die lediglich in einer Umschreibung des Zieles, also in der Nennung **synonymer Begriffe,** bestehen. Eine solche Scheinbegründung läge z.B. in der Forderung, man müsse einer Preisniveausteigerung endlich Einhalt gebieten, weil diese zu Inflation und Geldentwertung führe. Diese Art von Rechtfertigung kann allerdings u.U. dann wirkungsvoll sein, wenn die synonymen Begriffe beim angesprochenen Zuhörer bereits eine positivere Assoziation besitzen als die Ziele, die verteidigt werden sollen bzw. wenn durch diese Art von Rechtfertigung beim Zuhörer der Eindruck entsteht, mit dieser Umschreibung würde eine echte Begründung der Ziele gegeben.

Schließlich kann auch der Versuch, ein Unterziel logisch aus übergeordneten Zielen abzuleiten (also z.B. aus dem allgemein anerkannten Ziel „individuelle Freiheit" das Ziel „Freihandel" abzuleiten), dieser Begründungsart zugeordnet werden; hier werden allein **tautologische Zielbeziehungen** offengelegt, das Unterziel ist bereits voll im Oberziel enthalten. Die Darlegung der Zielzusammenhänge ist nur notwendig, um diesen Zusammenhang dem Zuhörer kenntlich zu machen.

Der Beitrag der Wissenschaft zur Zielfindung ist bei dieser erstgenannten Begründungsart gering. Ob und in welchem Maße einem Ziel ein positiver oder negativer

Eigenwert zuerkannt werden soll, ist allein eine politische Entscheidungsfrage und kann vom Wissenschaftler weder bewiesen noch widerlegt werden.

Gerade weil jedoch diese Art der Begründung wissenschaftlicher Kritik nicht zugänglich ist, entstehen schwerwiegende Probleme. Da es prinzipiell möglich ist, jede politische Aktivität und jede Zielsetzung damit zu begründen, daß man in diesem Ziel einen Eigenwert sieht, ist jeder in der Lage, die Zieldiskussion jederzeit abzubrechen und sich auf die Position, das Ziel habe für ihn Eigenwert, zurückzuziehen. Es findet hier eine **Zielimmunisierung** statt, die keine sachbezogene Kritik mehr zuläßt und die den für ein friedliches Zusammenleben notwendigen politischen Kompromiß äußerst erschwert.

Dieser Umstand wird noch unbefriedigender, wenn Ziele möglicherweise allein aus dem Grunde Eigenwert erlangen können, weil sie auch schon in der Vergangenheit verfolgt wurden. Dann kann sich folgende Situation ergeben: In der Vergangenheit wird ein Ziel verfolgt, dem zunächst kein Eigenwert zuerkannt wurde. Es wurde allein damit gerechtfertigt, weil man von der Überzeugung ausging, bei Realisierung dieses Zieles würde ein anderes, übergeordnetes Ziel begünstigt (instrumentale Begründung). Weil man lange Zeit dieses Ziel verfolgt hat, erhielt dieses Ziel mit der Zeit einen Eigenwert. In der Zwischenzeit stellt sich aber heraus, daß der ursprünglich unterstellte Faktenzusammenhang zum übergeordneten Ziel gar nicht (oder nicht mehr) besteht, das Ziel aber weiter verfolgt wird, weil man ihm nun einen Eigenwert zuerkennt.

Hier ist es die Aufgabe der Wissenschaft darauf aufmerksam zu machen, daß dieses Ziel in der Vergangenheit nur deshalb angestrebt wurde, weil man unberechtigterweise positive Wirkungszusammenhänge zu übergeordneten Zielen unterstellt hatte. Nehmen wir z. B. an, in der Vergangenheit habe man einem Leistungsbilanzüberschuß allein deshalb einen positiven Wert beigemessen, weil hierdurch die Währungsreserven erhöht werden und damit die Kaufkraft der eigenen Währung gestärkt werde. Wie wir wissen, wirken aber Leistungsbilanzüberschüsse ganz im Gegensatz zu dieser Auffassung zumindest in Zeiten der Hochkonjunktur preisniveausteigernd und damit kaufkraftschwächend, da Überschüsse in der Leistungsbilanz eine Geldmengenvermehrung und Nachfragesteigerung auslösen. Trotzdem behielt das Ziel, die Währungsreserven über Leistungsbilanzüberschüsse zu vergrößern, in weiten Kreisen einen positiven Eigenwert.

Eine andere Situation ergibt sich bei der **instrumentalen** Begründung. Dieser zweitgenannten Begründungsart liegt eine Hypothese über einen Sachzusammenhang zugrunde, die wissenschaftlich auf ihre empirische Gültigkeit hin vom Wissenschaftler untersucht werden kann. Wenn etwa die Politiker das Ziel der Preisniveaustabilität damit verteidigen, daß nur auf diese Weise ein hohes wirtschaftliches Wachstum möglich ist, so liegt dieser Begründung die Sachhypothese zugrunde, wirtschaftliches Wachstum setze Preisniveaustabilität voraus. Es ist Aufgabe des Wissenschaftlers zu überprüfen, ob und unter welchen Voraussetzungen diese Hypothese empirisch bestätigt werden kann.

Hierbei sind folgende Fälle denkbar:
1) Die zur Diskussion stehende Hypothese ist in mehrmaligen Untersuchungen falsifiziert worden, die Zielbegründung ist deshalb nicht mehr stichhaltig.

2) Es fand eine einmalige Untersuchung statt, die zu einer Falsifikation geführt hat. Hier wird man darauf hinweisen müssen, daß bis zu einer wiederholten Falsifikation u. U. damit zu rechnen ist, daß bei dieser Untersuchung Fehler unterlaufen sind, oder daß eine Falsifikation nur deshalb erfolgte, weil einmalige Sonderbedingungen vorlagen; auf jeden Fall wird man eine bisher erfolgreiche Politik nicht allein deshalb aufgeben, weil bei einer einzigen Untersuchung keine Bestätigung erfolgen konnte.

3) Es wurden mehrere empirische Untersuchungen unabhängig voneinander durchgeführt, in keiner Untersuchung konnte die Hypothese falsifiziert werden; hier wird man von einer bewährten Hypothese sprechen müssen.

4) Sehr oft wird der Fall eintreten, daß sich mehrere empirische Untersuchungen widersprechen. Falls bei den Untersuchungen keine Erhebungsfehler unterlaufen sind, müssen diese widersprüchlichen Ergebnisse damit erklärt werden, daß weitere, bisher unbekannte Faktoren das Zustandekommen des behaupteten Zusammenhanges herbeigeführt haben. Hier bedarf es also weiterer theoretischer Analysen.

5) In gewissen Fällen liegt nicht nur noch keine empirische Untersuchung vor, sie ist auch technisch nur schwer durchzuführen. Hier läßt sich u. U. ein **Plausibilitätsbeweis** führen, in dem man untersucht, ob die Aussagen der Hypothese zu anderen, besser geprüften Aussagen in verwandten Bereichen in Widerspruch geraten. So könnte man z. B. eine Hypothese über das Nachfrageverhalten auf Arbeitsmärkten auch dadurch überprüfen, daß man Vergleiche zum Nachfrageverhalten auf Gütermärkten zieht, sofern nicht plausible Gründe vermuten ließen, daß auf Arbeits- und Gütermärkten unterschiedliche Verhaltensweisen zu erwarten sind.

In dem durchaus üblichen Fall, daß mehrere empirische Untersuchungen vorliegen, die jedoch zu sich widersprechenden Ergebnissen gelangen, sind – wie gezeigt – weitere theoretische Analysen erforderlich. Man wird hier auch nach der Art der Bedingungen fragen müssen, unter denen bestimmte Wirkungszusammenhänge zu erwarten sind. Hierbei gilt es, zwischen **notwendigen** und **ausreichenden** Bedingungen zu unterscheiden. Der strengste Zusammenhang zwischen zwei Variablen besteht dann, wenn eine bestimmte Bedingung für das Zustandekommen der Wirkung sowohl notwendig als auch ausreichend ist (Fall 1).

So wurde in der Wirtschaftstheorie lange Zeit die Meinung vertreten, daß Nachfrageüberhänge in einer Marktwirtschaft stets Preissteigerungen auslösen (daß also Nachfrageüberhänge eine **ausreichende** Bedingung für Preissteigerungen darstellen) und daß darüber hinaus Nachfrageüberhänge der einzige Bestimmungsgrund, also auch eine notwendige Bedingung für Preissteigerungen sind. In der Zwischenzeit ist man in der Beurteilung dieser Frage sehr viel skeptischer und unterstellt, daß auch bei Angebotsüberhängen oder ausgeglichenen Märkten Preissteigerungen möglich sind. Ein so strenger Zusammenhang zwischen zwei Variablen, wie er oben genannt wurde, dürfte nur in den seltensten Fällen anzutreffen sein.

Ein nach wie vor enger Zusammenhang besteht dann, wenn die Voraussetzungen **ausreichend, aber nicht notwendig** sind (Fall 2). In dem obengenannten Beispiel, wonach Inflationen nicht nur bei Nachfrageüberhängen, sondern auch bei ausgeglichenen Märkten (sogar bei Angebotsüberhängen) möglich sind, wäre der Nachfrageüberhang zwar eine ausreichende, nicht aber notwendige Bedingung für Preisniveauausteigerungen.

Ein ähnlich enger Zusammenhang besteht, wenn eine Voraussetzung zwar **notwendig, aber nicht ausreichend** für das Eintreten einer bestimmten Wirkung ist (Fall 3). Wenn man einmal von der Möglichkeit einer Sparquotenänderung absieht, setzt eine Konsumausgabenerhöhung entsprechend der Permanent-income-Hypothese notwendigerweise eine Zunahme des Einkommens voraus, ohne daß diese bereits eine ausreichende Bedingung darstellt. Sie ist deshalb nicht ausreichend, weil die Einkommenserhöhung kurzfristiger Natur sein kann und weil dieser Theorie zufolge Änderungen der Konsumausgaben nur dann eintreten, wenn dauerhafte Einkommenssteigerungen erwartet werden.

Der Hinweis, daß bestimmte Voraussetzungen notwendig, aber nicht ausreichend sind, ist vor allem deshalb von Bedeutung, da hier **flankierende Maßnahmen** notwendig werden. Wenn eine Geldmengenvermehrung nicht ausreicht, um eine Nachfragesteigerung auszulösen, wird man sich nicht auf eine Ausweitung der Geldmenge bschränken dürfen, sondern man wird weitere, nachfragebelebende Maßnahmen flankierend zur Geldmengenvermehrung anstreben müssen. Der Hinweis darauf, daß bestimmte Voraussetzungen ausreichend, aber nicht notwendig sind, ist andererseits dann von Bedeutung, wenn mehrere Unterziele zur Diskussion stehen, einige jedoch wegen eines negativen Eigenwertes oder wegen unerwünschter Nebenwirkungen abgelehnt werden; die Möglichkeit, bestimmte Unterziele abzulehnen, ist nämlich größer, wenn man zu alternativen Unterzielen übergehen kann.

In der Mehrzahl der Fälle dürften allerdings die zur Diskussion stehenden Voraussetzungen **weder ausreichend noch notwendig** sein (Fall 4). Es wird im allgemeinen stets notwendig sein, mehrere Bedingungen zur gleichen Zeit zu schaffen, um übergeordnete Ziele zu garantieren, gleichzeitig besteht aber auch eine Konkurrenz der Unterziele untereinander. Da diese Fragestellungen im Zusammenhang mit der Mittelanalyse behandelt werden, genügt an dieser Stelle dieser kurze Hinweis.

Nun muß man sich darüber klar sein, daß auch bei einer instrumentalen Begründung immer auch die Bejahung eines Eigenwertes notwendig ist, da die instrumentale Begründung ein nicht eigenständig akzeptiertes Unterziel auf ein bereits akzeptiertes, übergeordnetes Ziel mit Eigenwert zurückführt. Wer auch dieses übergeordnete Ziel nicht anerkennen will, wird auch eine Begründung für dieses Ziel verlangen. Dieser Prozeß ist jedoch unbefriedigend, weil er unendlich fortgeführt werden kann, auf der anderen Seite politische Entscheidungen nur möglich werden, wenn dieser Prozeß relativ frühzeitig abgebrochen wird. Das bedeutet, daß auch die instrumentale Begründung irgendwann einmal in eine Eigenwertbegründung einmündet (Problematik des **unendlichen Regresses**).

Da also im Grunde genommen für jede Art von Begründung die oben aufgeführten Mängel bestehen, hat *H. Albert* den Vorschlag gemacht, auf den **Begründungszwang** für politische Ziele ganz zu verzichten und statt dessen jederzeit eine Kritik an den Zielen zuzulassen. Man solle jemanden, der für ein Ziel eintrete, nicht zwingen, dieses Ziel zu begründen, man solle aber gleichzeitig jederzeit eine Kritik an Zielen zulassen und Ziele so formulieren, daß sie der Kritik auch ausgesetzt werden können. Könnten bestimmte Werte, obwohl sie der permanenten Kritik ausgesetzt sind, überzeugend verteidigt werden, führe also die vorgebrachte Kritik nicht zum Erfolg, so könne man davon sprechen, daß sich diese Ziele in einem kritischen Prozeß bewährt hätten.

Die Parallelen zur wissenschaftlichen Vorgehensweise bei der Auffindung von Sachwissen sind beabsichtigt. In ähnlicher Weise gingen die älteren Positivisten zunächst von der Forderung aus, Theorien müßten verifiziert werden. Die Neopositivisten wiesen hingegen nach, daß eine vollständige Verifizierung von Theorien gar nicht möglich sei und daß es vielmehr darauf ankomme, Theorien zu falsifizieren. Eine bewährte Theorie zeichne sich dadurch aus, daß sie trotz wiederholter Falsifikationsversuche nicht widerlegt werden konnte. Hierzu sei es allerdings notwendig, daß Theorien nicht tautologisch formuliert werden, sondern stets einen empirischen Gehalt aufweisen. Dem Verifikationsverlangen bei den Altpositivisten entspricht der Begründungszwang im traditionellen Denken, der Forderung nach empirischem Gehalt von Hypothesen die Forderung nach normativem Gehalt der Ziele, dem Falsifikationstest schließlich die Forderung nach permanenter Kritik an den Zielen.

3.31 Beispiel: Gründe für Inflationsbekämpfung

Zu den wirtschaftspolitischen Zielen mit einem relativ geringen Eigenwert, die deshalb einer instrumentalen Begründung bedürfen, zählt sicherlich das Ziel der Geldwertstabilität. Zwar mag der Laie zunächst in dem Ziel, die Kaufkraft seiner Einkommen zu erhalten, einen sehr hohen Eigenwert sehen. Dies wird verständlich, wenn man von der Annahme ausgeht, daß die Güterpreise bei konstantem Einkommen ansteigen. In diesem Falle geht mit der Güterpreissteigerung das Realeinkommen zurück. In der Erhaltung des Realeinkommens wird man in der Tat einen hohen Eigenwert sehen können.

Damit ist aber nicht das hier zur Diskussion stehende Problem angesprochen. Bei dem Ziel der Geldwertstabilität geht es nicht um die Erhaltung bestimmter realer Werte, sondern allein um das monetäre Problem der Ausstattung einer Volkswirtschaft mit Geld und des hiervon abhängigen Niveaus der gesamten Preise. Zu diesen zählen auch die Faktorpreise. In der Tat wird man auch im allgemeinen davon ausgehen können, daß Geldmengensteigerungen, die nicht durch eine Zunahme des realen Sozialproduktes begleitet werden, nicht nur die Güter-, sondern auch die Faktorpreise ansteigen lassen.

Im Zusammenhang mit dem Problem der Geldwertstabilität steht also nicht die Höhe der Realeinkommen zur Diskussion. Wenn wir in einem ersten Schritt davon absehen, daß ein Anheben aller Preise – der Faktorpreise genauso wie der Güterpreise – einen Einfluß auf die Preisstruktur haben könnte, dann gibt es eigentlich keinen Grund, weshalb ein Anstieg sämtlicher Preise im gleichen Ausmaß in irgendeiner Weise aus sich heraus bekämpft werden sollte, weshalb also eine Inflation per se etwas negatives bedeuten sollte. Wenn nicht nur sämtliche Güterpreise, sondern auch das Nominaleinkommen der Haushalte verdoppelt würde, wäre es nicht verständlich, weshalb diese Änderung zumindest längerfristig als per se unerwünscht angesehen werden sollte.

In Wirklichkeit werden aber allgemeine Güterpreissteigerungen vorwiegend deshalb bekämpft, weil von einer Inflation negative Auswirkungen auf andere wirtschaftspolitische Ziele, vor allem auf das wirtschaftliche Wachstum, die Einkommens- und Vermögensverteilung und die Allokation der Ressourcen ausgehen.

1) Wenden wir uns zunächst den Auswirkungen eines Anstiegs des allgemeinen Preisniveaus auf das wirtschaftliche Wachstum zu. Diese Frage wird im Rahmen der Wirtschaftswissenschaft recht kontrovers diskutiert. Die Liberalen gehen davon aus, daß bei einer inflationären Entwicklung auf allen Gütermärkten der Wettbewerb der Unternehmungen zurückgeht. Steigende Güterpreise sind nämlich vorwiegend die Folgen eines Nachfrageüberhanges. Bei einem solchen Marktungleichgewicht können die Unternehmer ihre Produkte auch dann noch absetzen, wenn die Preise über denen der konkurrierenden Unternehmungen liegen. Der Wettbewerb ist schwächer, die Unternehmungen stehen nicht mehr unter dem permanenten Druck zur Rationalisierung. Damit wird aber auch der wichtigste Grund für eine Produktivitätssteigerung und damit für einen Anstieg im Pro-Kopf-Einkommen hinfällig: Die Wachstumsrate des realen Sozialproduktes geht zurück.

Diese Überlegungen sind nun aber nicht unwidersprochen geblieben: So waren die Keynesianer lange Zeit davon überzeugt, daß es einer leichten Inflation bedürfe, um den Unternehmungen genügend Anreize zu geben zu investieren. Das wirtschaftliche Wachstum hänge jedoch vor allem vom Investitionsvolumen ab. Gleichzeitig wurde von *J. A. Schumpeter* die These vertreten, daß Wettbewerb zu einer Erosion der Gewinne führe und damit den Unternehmungen die Voraussetzungen nehme, überhaupt Forschung und Entwicklung zu betreiben und damit zu rationalisieren.

Kritisch muß gegen diese Argumente eingewandt werden, daß das Investitionsvolumen allein nichts darüber aussagen kann, um wieviel das reale Sozialprodukt pro Kopf ansteigt. Nur wenn es zu **Rationalisierungsinvestitionen** käme, wären die Voraussetzungen für einen Produktivitätsanstieg gegeben. Auch gilt es daran zu erinnern, daß die Schumpetersche These, Forschung und Entwicklung würde vor allem von Monopol- und Großunternehmungen betrieben, empirisch nicht bestätigt werden konnte.

2) Ein Anstieg des allgemeinen Preisniveaus wird aber auch aus verteilungspolitischen Gründen bekämpft. Eine Inflation verschlechtere das Einkommen der Arbeitnehmer, da die Löhne erst verzögert an Güterpreissteigerungen angepasst werden. Gleichzeitig belasten inflationäre Entwicklungen die Gläubiger zugunsten der Schuldner, da Schulden in nominalen Werten vereinbart werden, bei einer generellen Preissteigerung somit die reale Kaufkraft der geschuldeten Summe immer mehr zurückgehe. Schließlich gebe es Empfänger von Fixeinkommen, deren nominelle Einkommen nicht mit der allgemeinen Preisentwicklung Schritt halten und die deshalb bei einer Inflation eine Verringerung ihres Realeinkommens erleiden.

Diese negativen Auswirkungen inflationärer Entwicklungen sind allerdings nur unter ganz bestimmten Bedingungen zu erwarten. Nur dann, wenn die Gewerkschaften ihre Lohnforderungen vorwiegend an den bereits eingetretenen Preissteigerungen der Vergangenheit ausrichten, sind die Arbeitnehmer die Leidtragenden der Inflation. Die Arbeitnehmer werden hingegen voll für die Inflation kompensiert, wenn sie in den Tarifverhandlungen eine Lohnanpassung an die für die nahe Zukunft erwarteten Preissteigerungen durchsetzen.

Generelle Preissteigerungen belasten weiterhin nur dann den Sparer, wenn es diesem nicht gelingt, für die erwarteten Preissteigerungen eine Kompensation in Form höherer Nominalzinsen zu erhalten. Auf einem funktionierenden Kapitalmarkt bestimmen Angebot und Nachfrage jedoch in erster Linie den Realzins, in den die Güterpreissteigerungen voll eingehen.

Schließlich ist die Benachteiligung von Fixeinkommen in der Vergangenheit immer mehr zurückgegangen, da sowohl die Renten als auch Beamteneinkommen immer stärker an die allgemeine Entwicklung des Nominaleinkommens angepaßt werden und in diesem Sinne keine Fixeinkommen mehr darstellen.

3) Eine Inflationsbekämpfung wird oftmals auch aus allokativen Gründen für notwendig erachtet. Man geht von der These aus, daß eine Inflation zu einer Verzerrung der Preisverhältnisse führe. Auf der einen Seite passten sich die Preise unterschiedlich schnell an die Geldvermehrung an, so daß zumindest vorübergehend Preisverzerrungen eintreten. Auf der anderen Seite könnten Preissteigerungen – aufgrund unterschiedlicher Marktmacht – in unterschiedlichem Maße auf die jeweilige Marktgegenseite abgewälzt werden.

Gegen diese Betrachtung wird nun aber eingewandt, daß inflationäre Entwicklungen in einer vermachteten Gesellschaft überhaupt erst die Möglichkeit schaffen, daß machtmäßig erkämpfte Preissteigerungen wiederum wettgemacht werden könnten. Setzen beispielsweise die Gewerkschaften eine volkswirtschaftlich nicht gerechtfertigte Lohnsteigerung durch, so könne über eine Überwälzung auf die Güterpreise ein Anstieg der Reallöhne und damit eine drohende Arbeitslosigkeit vermieden werden. Gerade wegen der Möglichkeit der Anpassung über die Inflation könnten allokative Fehlentwicklungen vermieden werden.

Die Kontroverse darüber, wie erwünscht eine Bekämpfung von Inflation ist, bezieht sich allerdings allein auf die sogenannte **schleichende** Inflation, bei der sich die jährlichen Preissteigerungsraten auf einige wenige Prozent beziehen. Es besteht demgegenüber weitgehend Einigkeit darüber, daß eine **galoppierende** Inflation schädlich ist, da sie die Funktionen des Geldes als Tauschmittel, Recheneinheit und Wertaufbewahrungsmittel unterminieren und damit den gesamten Lenkungsmechanismus der Marktwirtschaft außer Kraft setzt.

3.4 Die Frage nach den Zielkonflikten

Ein vierter Beitrag des Wissenschaftlers zur politischen Zielfindung liegt darin, daß der Wissenschaftler auf mögliche Zielkonflikte hinweist. Im allgemeinen muß damit gerechnet werden, daß sich die politischen Aktivitäten nicht allein auf das angestrebte Ziel auswirken. Vielmehr muß davon ausgegangen werden, daß Nebenwirkungen auf andere wirtschafts- wie gesellschaftspolitische Zielvariablen ausgehen, wobei diese Nebenwirkungen die Erreichung anderer Ziele begünstigen, aber auch erschweren können. Im ersten Fall spricht man von **Zielharmonien,** in zweiten Fall von **Zielkonflikten.** So kann z. B. die Politik einer Reduzierung der Arbeitslosigkeit

u. U. das Ziel der Preisniveaustabilität gefährden; beide Ziele stehen also in einem Konfliktverhältnis zueinander. Wiederum handelt es sich hierbei um Sachzusammenhänge zwischen den einzelnen Zielen, die somit prinzipiell von seiten der Wissenschaft geklärt werden können.

1) Die Konfliktbeziehungen zwischen zwei oder mehreren Zielen können hierbei **logischer** oder **faktischer** Art sein. Bei logisch bedingten Zielkonflikten sind die Ziele so formuliert, daß sie sich aus logischen Gründen gegenseitig ausschließen. Wenn man z. B. das Gesamteinkommen in die zwei Einkommensklassen Lohn und Gewinn einteilt, kann man nicht zur gleichen Zeit eine Steigerung der Lohnquote und der Gewinnquote anstreben. Beide Ziele widersprechen einander, da beide so definiert sind, daß der eine Einkommensanteil in gleichem Maße zurückgeht wie der andere ansteigt.

Dieser Zusammenhang erscheint trivial. Stehen jedoch mehrere Begriffe und Ziele zur Diskussion, so ist der logische Widerspruch nicht immer sofort sichtbar. Legt man z. B. die Verteilungstheorie *M. Kaleckis* zugrunde, so besteht ein logischer Zusammenhang zwischen dem Monopolisierungsgrad der Unternehmungen und dem Anteil der Arbeiter am Sozialprodukt. Soll aus produktionstechnischen Gründen eine Zunahme des Monopolisierungsgrades zugelassen werden, so ist hiermit notwendigerweise eine Verminderung der Lohnquote verbunden. In diesem Sinne können nicht beide Ziele zur gleichen Zeit realisiert werden, sie stehen in einem logisch bedingten Konflikt zueinander. Dieser Konflikt ist allerdings nur bei Kenntnis der Theorie von *M. Kalecki* erkennbar.

Bei faktisch bedingten Zielkonflikten hingegen sind die einzelnen Ziele von ihrer logischen Struktur her durchaus kompatibel. Der Konflikt ergibt sich hierbei daraus, daß bei Realisierung des einen Zieles ein anderes Ziel gleichzeitig benachteiligt wird. So wird z. B. im Rahmen des von *R. G. Lipsey* formulierten **Phillipskurventheorems** die These aufgestellt, daß eine Annäherung an das Ziel der Vollbeschäftigung mit einer Erhöhung der Preisniveausteigerungsrate erkauft wird.

Das Ziel der Vollbeschäftigung stünde somit – könnte man die Gültigkeit des Phillipskurventheorems unterstellen – in einem faktisch bedingten Konflikt zum Ziel der Preisniveaustabilität. Logisch gesehen handelt es sich hierbei durchaus um kompatible Ziele. Konjunkturelle – keynesianische – Arbeitslosigkeit ist gleichbedeutend mit einem gesamtwirtschaftlichen Angebotsüberhang auf dem Gütermarkt, den es durch eine Vollbeschäftigungspolitik abzubauen gilt. Ein Anstieg des allgemeinen Preisniveaus wird in der Regel durch gesamtwirtschaftliche Nachfrageüberhänge ausgelöst, so daß eine Stabilisierungspolitik einen Abbau des Nachfrageüberhangs erfordert. Beide Ziele haben also gemeinsam, daß gesamtwirtschaftliche Ungleichgewichte vermindert werden sollen, in beiden Fällen soll eine Tendenz zum Gleichgewicht ausgelöst werden. Beide Ziele ergänzen sich also, sie stehen insofern in keinem logischen Widerspruch. Es sind also faktische Wirkungszusammenhänge, die u. U. einen Konflikt herbeiführen. Ein faktisch bedingter Zielkonflikt hat somit auch eine ganz andere Qualität als ein logisch bedingter.

Der Hinweis, bestimmte Ziele eines Zielsystems stünden in einem logischen Widerspruch zueinander, ist gleichbedeutend mit einer Ablehnung dieses Zielsystems. Der Hinweis auf faktisch bedingte Zielkonflikte hingegen braucht den Politiker nicht zu einem Aufgeben seiner Ziele zu veranlassen. Dieser besagt lediglich, daß nicht alle Ziele zur gleichen Zeit vollständig realisiert werden können oder daß für die Realisierung des in Frage stehenden Zieles ein Preis im Sinne eines teilweisen Verzichtes auf ein anderes Ziel gezahlt werden muß, es sei denn, es gelänge durch geeignete Mittelstrategien, den faktisch bedingten Zielkonflikt aufzulösen. Logische Zielkonflikte sind hingegen prinzipiell nicht auflösbar.

2) Zielkonflikte werden zweitens danach untergliedert, ob sie **quantitativer** oder **qualitativer** Natur sind. Bei qualitativ bedingten Konflikten schließen sich die Ziele gegenseitig aus, es kann immer nur eines der Ziele realisiert werden. Ob Ziele und damit auch Zielkonflikte qualitativer oder quantitativer Art sind, liegt weniger in der Natur der Ziele als in einer politischen Entscheidung begründet. Mit wenigen Ausnahmen kann man bei fast allen Zielen unterschiedliche Zielrealisierungsgrade unterscheiden. Üblich ist es allerdings, Ziele der Ordnungspolitik qualitativ, die der Prozeßpolitik vorwiegend quantitativ zu definieren. So spricht man z. B. im Rahmen der Ordnungstheorie davon, daß sich die beiden Steuerungsprinzipien Markt und Zentralplan gegenseitig ausschließen.

In der Mehrzahl der Fälle lassen sich Ziele allerdings – wie bereits erwähnt – quantitativ formulieren, so daß dann auch die Zielkonflikte quantitativer Art sind. Hier können die in Frage kommenden Ziele mehr oder weniger zur gleichen Zeit realisiert werden; die Konfliktbeziehung besteht hier lediglich darin, daß eine höhere Zielrealisierung bei einem Ziel gleichzeitig eine geringere Zielrealisierung beim anderen Ziel nach sich zieht. So wird z. B. im Rahmen der Wachstumstheorie von der Hypothese ausgegangen, daß eine Nivellierung der Einkommen (Verteilungsziel) zu einer Verminderung der gesamtwirtschaftlichen Sparquote führt und daß auf diese Weise das wirtschaftliche Wachstum beeinträchtigt wird. Nähert man sich also dem Ziel der Nivellierung durch Reduzierung des Differenzierungsgrades der Einkommen, so wird hierdurch gleichzeitig die gesamtwirtschaftliche Wachstumsrate verringert.

Während davon auszugehen ist, daß sich qualitative Zielkonflikte ausschließlich aus einer bestimmten Zieldefinition ergeben und deshalb stets logischer Art sind, können quantitative Zielkonflikte sowohl logisch (eine steigende Lohnquote bedingt eine sinkende Gewinnquote) als auch faktisch bedingt sein (Konflikt zwischen Preisniveaustabilität und Vollbeschäftigung).

3) Im Rahmen einer dritten Untergliederung wird zwischen **permanenten** und **situationsbedingten** Zielkonflikten unterschieden. Bei den situationsbedingten Zielkonflikten ist der prognostizierte Konflikt nur unter ganz bestimmten Bedingungen, also in einer ganz bestimmten Situation, zu erwarten. Als Beispiel sei auf den Konflikt zwischen außenwirtschaftlichen und konjunkturpolitischen Zielen hingewiesen. Nur dann, wenn eine Volkswirtschaft binnenwirtschaftlich einen Konjunkturboom und außenwirtschaftlich Zahlungsbilanzüberschüsse bzw. im Innern eine Rezession, nach außen hin ein Defizit der Zahlungsbilanz aufweist, steht das Ziel des Zahlungsbilanzausgleiches mit dem Ziel der Konjunkturstabilisierung in einem Zielkonflikt.

Ein permanenter Zielkonflikt, der also von der jeweiligen Situation unabhängig ist, besteht z. B. zwischen dem Ziel einer Ausweitung der Freizeit und der Vergrößerung des materiellen Lebensstandards. Eine Ausweitung der Freizeit bedeutet nämlich immer, daß weniger Produktivkräfte für die Produktion materieller Güter eingesetzt werden als technisch möglich, sie geht also immer auf Kosten der Vergrößerung des materiellen Lebensstandards. Bei dieser Unterscheidung ist zu berücksichtigen, daß situationsbedingte Zielkonflikte immer auch faktisch bedingte Zielkonflikte sein müssen, während permanente Zielkonflikte sowohl logisch als auch faktisch bedingt sein können.

4) Eine besondere Bedeutung kommt einer vierten Untergliederung der einzelnen Zielkonflikte zu: der Einteilung in **mittel-** und **zielbedingte** Konflikte. Der Konflikt zwischen zwei oder mehreren Zielen kann nämlich in den unmittelbaren Beziehungen zweier Ziele zueinander begründet sein oder aber in der Wahl der eingesetzten Mittel. Zielbedingt wäre ein Konflikt zwischen dem Ziel einer Zunahme der individuellen Freiheit und dem Bedürfnis nach steigender Sicherheit. Je mehr Entscheidungsfreiheit dem einzelnen belassen wird, um so größer dürfte im allgemeinen die Unsicherheit der anderen werden. In diesem Sinne ist dieser Zielkonflikt in den unmittelbaren Beziehungen der Ziele zueinander begründet. Vom Ziel Z_1 gehen unmittelbar negative Wirkungen auf das Ziel Z_2 aus.

Bei **mittelbedingten Zielkonflikten** liegt es hingegen in der Wahl der Mittel, ob bzw. inwiefern ein Zielkonflikt ausgelöst wird. Der Zielkonflikt hätte bei einer anderen Mittelwahl u. U. vermieden werden können. Der Mitteleinsatz M_1 zur Realisierung des Zieles Z_1 hat nicht nur positive Effekte auf das Ziel Z_1, sondern gleichzeitig auch negative Effekte auf ein weiteres Ziel Z_2.

Mittelbedingte Zielkonflikte können sich entweder aus der Art des eingesetzten Mittels oder aber aus der mangelnden Zahl der gewählten Mittelvariablen ergeben. Ein mittel**art**bedingter Konflikt läge z. B. vor, wenn der Staat über einen Investivlohn eine Beteiligung der Arbeitnehmer am Erwerbsvermögen ansteuerte und wenn hierdurch aufgrund der starken Belastung des Grenzbetriebes Arbeitnehmer entlassen werden müßten. Wäre das Ziel der Vermögensbeteiligung der Arbeitnehmer nicht über einen Investivlohn, sondern über das Mittel einer investiven Gewinnbeteiligung angegangen worden, so hätten die negativen Auswirkungen auf den Beschäftigungsgrad vermieden werden können, da die investive Gewinnbeteiligung im Gegensatz zum Investivlohn die einzelnen Unternehmungen nicht gleichmäßig, sondern entsprechend ihrer Gewinnhöhe belastet, den Grenzbetrieb, der ex definitione keinen Gewinn erwirtschaftet, also gar nicht tangiert.

Eine besondere Bedeutung kommt den Zielkonflikten zu, die entsprechend einem Theorem von *J. Tinbergen* damit erklärt werden können, daß die **Anzahl** der eingesetzten unabhängigen Mittelvariablen geringer ist als die Anzahl der angestrebten Zielvariablen. Nach diesem Theorem ist eine volle Realisierung aller Ziele nur dann möglich, wenn genausoviel unabhängige Mittel eingesetzt werden, wie selbständige Ziele verfolgt werden. Dies wird unmittelbar einleuchtend, wenn wir bedenken, daß ein simultanes Gleichungssystem nur dann für alle Problemgrößen eine eindeutige Lösung ermöglicht, wenn die Zahl der Gleichungen der Zahl der Problemgrößen entspricht. Die Ziele der Wirtschaftspolitik ergeben sich hierbei aus den Problemgrößen der Wirtschaftstheorie (so ist z. B. das Preisniveau der Güter eine Problemgröße der Wirtschaftstheorie und gleichzeitig eine Zielgröße der Wirtschaftspolitik); die Mittel bestehen darin, daß die Beziehungsgleichungen auf politischem Wege modifiziert werden.

Machen wir uns das Theorem von *Tinbergen* an einem einfachen Beispiel klar. Das Ziel der Wirtschaftspolitik bestünde in der Beeinflussung des Güterpreises p' und der abgesetzten Gütermenge x'. Als Mittel der Politik stünde eine Beeinflussung des Güterangebots und/oder der Güternachfrage zur Diskussion. Der Staat verfügt hier zur Realisierung von zwei Zielen auch über zwei Mittel. Durch Verschiebung sowohl der Nachfrage- als auch der Angebotskurve läßt sich jegliche beliebige Kombination zwischen p und x als Gleichgewichtspunkt beider Kurven herbeiführen.

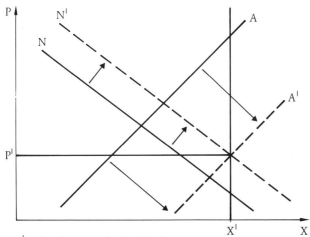

P^I politisch erwünschte Preishöhe
X^I politisch erwünschte Angebotsmenge

Abb. 4: Tinbergen-Theorem

Unterstellen wir nun, der Staat hätte nur die Möglichkeit, das Angebot zu beeinflussen. Bei gegebener Lage der Nachfragekurve können mit diesem einen Instrument nun nicht mehr beide Ziele voll realisiert werden. Die Angebotskurve kann mit den Mitteln des Staates nur so verschoben werden, daß entweder das Preisziel oder das Mengenziel voll realisiert bzw. ein Kompromiß zwischen den beiden Zielen angesteuert wird.

Für die Gültigkeit des von *Tinbergen* entwickelten Theorems müssen eine Reihe von Nebenbedingungen erfüllt sein. Die wichtigste Nebenbedingung verlangt, daß die einzelnen Instrumente der Wirtschaftspolitik voneinander unabhängig sind. Diese Forderung gilt einmal in der Hinsicht, daß die Entscheidungsträger die einzelnen Mittel autonom und nicht in Abhängigkeit voneinander einsetzen. Wenn z. B. Staat und Notenbank Zinssatz und Defizit des Staatshaushaltes aufeinander abstimmen, so daß also beide Mittel stets in der gleichen Richtung eingesetzt werden, so handelt es sich hierbei im Sinne dieses Theorems nicht um unabhängige Mittel, und zwar gleichgültig, ob im rechtlichen Sinne Notenbank und Staat voneinander unabhängig sind.

Die Forderung nach Unabhängigkeit der Mittel muß jedoch auch noch in einem weiteren Sinne erfüllt sein. Die einzelnen Mittel dürfen nicht über den gleichen Wirkungszusammenhang wirksam werden. Übertragen auf unser Beispiel könnte der Staat über zwei in einem gewissen Sinne unabhängige Instrumente zur Beeinflussung der Angebotskurve verfügen: Er könnte einmal über die Wahl des Steuersatzes das Angebotsverhalten der Unternehmer beeinflussen, er könnte zum anderen durch unmittelbare Intervention als Anbieter von Waren auftreten. Auch hier liegen im Sinne dieses Theorems keine unabhängigen Instrumente vor, da sie beide nur auf einen und denselben Wirkungszusammenhang über eine Verschiebung der Angebotskurve Einfluß nehmen. Nur dann, wenn es dem Staat gelingt, Angebots- und Nachfragekurve zu beeinflussen, können Preis- und Mengenziele unabhängig voneinander gesteuert werden.

Umgekehrt kann bisweilen im technischen Sinne ein einzelnes Instrument vorliegen, das dennoch im Sinne dieses Theorems wie zwei voneinander unabhängige Instrumente wirkt. Mit einem und demselben Steuertarif kann auf der einen Seite das Steuer**volumen** und damit z. B. ein Beschäftigungsziel als auch die **Verteilung** der Steuerlast und damit ein Verteilungsziel angegangen werden. Es handelt sich hierbei de facto um zwei unabhängige Instrumente: um die Beeinflussung des Niveaus des Steuervolumens und um die Beeinflussung der Verteilung der Steuersätze auf die einzelnen Bevölkerungsgruppen.

Eine zweite Nebenbedingung für die Gültigkeit des *Tinbergen*- Theorems besagt, daß die einzelnen Instrumente **wirkungsspezifisch** sein müssen. Es leuchtet ohne weiteres ein, daß nur diejenigen Instrumente von Bedeutung sind, die in mittelbarer oder unmittelbarer Weise auf die Bestimmungsgründe der Zielgrößen einwirken. Auf unser Beispiel angewandt heißt dies, daß nur solche Instrumente berücksichtigt werden, die sich entweder auf die Lage der Nachfrage- oder aber auf die der Angebotskurve auswirken können.

Abschließend sei darauf hingewiesen, daß – wie bereits zu Beginn des Kapitels 3 erwähnt – die Frage nach den Zielkonflikten eng verwandt ist mit der Frage nach der **Realisierbarkeit** politischer Ziele. In beiden Fällen handelt es sich um die gleiche zugrundeliegende Problematik. Machen wir uns diesen Zusammenhang an einem Beispiel aus der Wohlfahrtstheorie klar. Die Transformationskurve trennt bekanntlich die Vielzahl der logisch möglichen Kombinationen zweier Produkte bei vorgegebenem Faktoreinsatz in solche, die faktisch möglich und solche, die faktisch unmöglich sind (siehe Abb. 5). Alle Güterkombinationen, die auf oder unterhalb der Transformationskurve liegen, sind technisch möglich, alle Kombinationen oberhalb der Transformationskurve können nicht realisiert werden (**utopische Ziele**). Die Transformationskurve gibt also Auskunft darüber, ob bestimmte Zielkombinationen überhaupt realisierbar sind.

Beziehen wir jedoch diese Fragestellung nicht auf eine Zielkombination, sondern auf ein Einzelziel, in dem genannten Beispiel etwa auf die Realisierung einer möglichst hohen Produktion des Gutes A, dann zeigt uns die Transformationskurve, daß die Güterproduktion A mit der Güterproduktion B in Konflikt steht; in dem Maße, in dem die Produktion des Gutes A erhöht wird (Bewegung entlang der Transformationskurve), muß gleichzeitig die Produktion des Gutes B eingeschränkt werden. Solange allerdings noch unterhalb der Transformationskurve produziert wird, können durch eine Bewegung auf die Transformationskurve hin beide Güter vermehrt produziert werden. Hier besteht somit noch kein Zielkonflikt.

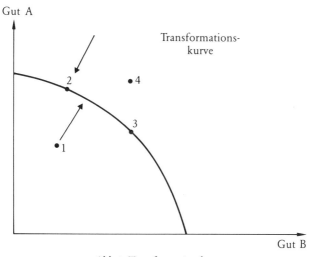

Abb. 5: Transformationskurve

3.41 Beispiel: Außenwirtschaftliches versus binnenwirtschaftliches Gleichgewicht

Im allgemeinen wird – wie bereits kurz erwähnt – davon ausgegangen, daß zwischen den außen- und konjunkturpolitischen Zielsetzungen Konflikte auftreten können. Die Deutsche Bundesbank hat im Rahmen ihrer auswärtigen Verpflichtungen auf der einen Seite die Aufgabe, für das Gleichgewicht der Zahlungsbilanz und die Stabilität der Währung zu sorgen. Kommt es zu einem Devisenbilanzüberschuß und droht damit der Devisenkurs unter die innerhalb des Europäischen Währungssystems festgelegte Bandbreite abzusinken, so ist die Bundesbank verpflichtet, auf dem Devisenmarkt zu intervenieren und durch Devisenkäufe ein weiteres Absinken des Devisenkurses zu verhindern. Da die Devisenkäufe mit einheimischer Währung bezahlt werden, bedeutet diese Devisenmarktintervention automatisch eine Vermehrung der umlaufenden inländischen Geldmenge.

Auf der anderen Seite ist die Bundesbank aber auch gesetzlich verpflichtet, die Konjunkturpolitik der Bundesregierung zu unterstützen und insbesondere Geldwertstabilität im Innern zu garantieren. Wenn nun in der Binnenwirtschaft ein gesamtwirtschaftlicher Nachfrageüberhang besteht, könnte die Notenbank ihrer binnenwirtschaftlichen Verpflichtung nur dadurch gerecht werden, daß sie kontraktiv tätig würde und bemüht wäre, die umlaufende Geldmenge zu reduzieren. Die durch die Devisenmarktintervention ausgelöste expansive Geldpolitik steht hier in Konflikt zu den konjunkturpolitischen Zielen.

Dieser oben beschriebene Zielkonflikt tritt allerdings nur unter ganz bestimmten Konstellationen auf. Es muß erstens ein System nominell fester Wechselkurse mit einer Devisenmarktinterventionspflicht der Notenbank vorliegen. In einem System flexibler Wechselkurse führt ein Devisenbilanzüberschuß automatisch zu einer Abwertung des Devisenkurses, ohne daß die Notenbank auf dem Devisenmarkt durch Vermehrung der umlaufenden Geldmenge intervenieren muß.

Allerdings verbietet das zur Zeit im Europäischen Währungssystem gegenüber Drittländern gültige Währungssystem keinesfalls jegliche Devisenmarktintervention der Notenbank. Es kann somit auch in einem System freier Wechselkurse bei einem Devisenbilanzüberschuß zu einer Devisenmarktintervention mit einer expansiven Geldpolitik kommen, sofern die Notenbank bemüht ist, die Stabilität der Wechselkurse zu verteidigen.

Der oben aufgezeigte Zielkonflikt tritt zweitens nur dann auf, wenn bei einem drohenden Devisenbilanzüberschuß in der Binnenwirtschaft ein Nachfrageüberhang besteht oder wenn bei einem Defizit in der Devisenbilanz intern ein Konjunkturabschwung befürchtet wird. Wird nämlich der Devisenbilanzüberschuß von einer rezessiven Konjunktur im Innern der Volkswirtschaft begleitet, ist die Geldmengenexpansion, die von einer Devisenmarktintervention ausgelöst wird, auch konjunkturpolitisch erwünscht. Die Geldmengenexpansion vergrößert die interne Nachfrage und belebt damit die rezessive Konjunktur.

Ähnliches würde mutatis mutandis gelten, wenn das Devisenbilanzdefizit von einer Hochkonjunktur begleitet wäre. In diesem Falle würde sowohl die Interventionspflicht der Notenbank auf den Devisenmärkten wie auch die konjunkturpolitische Aufgabe eine expansive Geldpolitik voraussetzen.

Vor allem von *H. G. Johnson, R. A. Mundell* u. a. wurde die These vertreten, daß dieser Zielkonflikt nur aufgrund eines ganz bestimmten Verhaltens der Notenbank zu erwarten sei und daß man somit von einem mittelbedingten Zielkonflikt sprechen müsse. Es sei durchaus möglich, daß sowohl die außenwirtschaftlichen Ziele eines Devisenbilanzausgleichs als auch die konjunkturpolitischen Ziele der Geldwertstabilität zur gleichen Zeit voll erreicht werden. Der oben beschriebene Zielkonflikt zwischen beiden Zielbereichen könne nämlich damit erklärt werden, daß zur Realisierung von zwei unabhängigen Zielen (Devisenbilanzausgleich und Geldwertstabilität) bei traditionellen konjunkturpolitischen Aktivitäten nur ein einziges Instrument – die **Globalsteuerung** der Nachfrage – zur Verfügung stehe. Dies führt aber nach einem Theorem von *J. Tinbergen* zu einem Zielkonflikt, da eine befriedigende Lösung der politischen Aufgaben nur ereicht werden könne, wenn genau soviele, voneinander unabhängige Instrumente eingesetzt würden wie Ziele angestrebt werden.

Zwar kommen – juristisch gesehen – zwei Instrumente zum Zuge: die Geldpolitik der Notenbank sowie die Fiskalpolitik der Regierung. Da aber traditionell die Notenbank die Fiskalpolitik des Staates unterstützt, also z. B. eine expansive Fiskalpolitik auch mit einer expansiven Geldpolitik alimentiert, könne man wirtschaftlich gesehen von nur einem einzigen unabhängigen Instrument zur Erreichung der konjunktur- und außenwirtschaftspolitischen Ziele sprechen.

Dieser Zielkonflikt löse sich allerdings wiederum auf, wenn im Sinne einer **policy-mix-Strategie** die Notenbank ihre geldpolitischen Maßnahmen lediglich an den außenwirtschaftlichen Notwendigkeiten ausrichte, während die Regierung im Rahmen ihrer fiskalpolitischen Aktivitäten lediglich konjunkturpolitische Ziele verfolge. Unter normalen Bedingungen gäbe es immer eine Konstellation von Zins und Budgetdefizit des Staates, die eine 100%ige Erfüllung beider Zielbereiche (Konjunktur und Außenwirtschaft) ermöglichte.

Im Rahmen der Kritik an diesem Theorem wurde allerdings hervorgehoben, daß eine stabile Lösung dieses Problems nur dann erwartet werden könne, wenn keynesianische Bedingungen vorliegen und die Mehrnachfrage des Staates nicht über Zinssteigerungen zu einer Verminderung des privaten Investitionsvolumens führe und wenn darüber hinaus der internationale Kapitaltransfer vorwiegend von Zinsdifferenzen und nicht von spekulativen Motiven geleitet werde.

Kapitel 4:
Mittelanalyse

In diesem Kapitel wollen wir der Frage nachgehen, welchen Beitrag die Wirtschaftspolitiklehre bei der Entscheidung über den Einsatz wirtschaftspolitischer Mittel leisten kann. Analog zur Zielanalyse wollen wir auch hier wiederum verschiedene Kriterien herausarbeiten mit denen der Einsatz wirtschaftspolitischer Instrumente wissenschaftlich beurteilt werden kann. Wir wollen hierbei vor allem zwischen den folgenden fünf Beurteilungskriterien unterscheiden:
1. Worin bestehen die wesentlichen Eigenschaften der zur Diskussion stehenden Mittel (Frage nach der **Konkretisierung**)?
2. Wird einem Mittel ähnlich wie einem Ziel, auch ein positiver oder negativer Eigenwert zuerkannt (Frage nach dem **Eigenwert**)?
3. Sind die Mittel im Hinblick auf die vorgegebenen Ziele effizient (Frage nach der **Effizienz**)?
4. Welche unbeabsichtigten Nebenwirkungen auf andere Zielgrößen treten ein, sei es in Form erwünschter oder unerwünschter Sekundärwirkungen (Frage nach den **Sekundärwirkungen**)?
5. Sind die einzelnen Mittel konform im Hinblick auf das jeweilige Wirtschaftssystem, in dem die Mittel eingesetzt werden, oder ist eine Beeinträchtigung des bestehenden Systems zu erwarten (Frage nach der **Systemkonformität**)?

4.1 Die Frage nach der Konkretisierung wirtschaftspolitischer Mittel

Ähnlich wie die Ziele müssen auch die zur Diskussion stehenden Mittel präzisiert und konkretisiert werden, obgleich man im allgemeinen davon ausgehen kann, daß bei der Mittelformulierung in geringerem Maße als bei der Zielformulierung Bestrebungen bestehen, den Inhalt der politischen Aktivitäten zu verschleiern.

Die Eignung eines Mittels zur Realisierung vorgegebener Ziele kann nur erkannt werden, wenn die wesentlichen Mitteleigenschaften bekannt sind. Welche Eigenschaften hierbei als wesentlich angesehen werden müssen, hängt von den zugrundeliegenden Wirkungszusammenhängen ab, in die mit den politischen Maßnahmen eingegriffen werden soll. Diese Frage kann nur bei Kenntnis der relevanten Theorien, die über die zugrundeliegenden Wirkungszusammenhänge informieren, befriedigend beantwortet werden. Mit der Theorie werden Ursache-Wirkungs-Zusammenhänge analysiert und mit den Zielen wird angegeben, welche Wirkungen angestrebt werden. Damit ist zugleich bekannt, welche Bestimmungsgründe geändert werden müssen, um die erwünschten Wirkungen zu erzielen. Es ist folglich zu klären, ob die zur Diskussion stehenden Mittel diese ursachenauslösenden Eigenschaften besitzen.

Machen wir uns die Zusammenhänge an einem Beispiel klar. Zur Diskussion stünde die Einführung einer Sparprämie (Mittel), um auf diese Weise die Arbeitnehmer am Erwerbsvermögen zu beteiligen (Ziel).

Die folgende Eigenschaften sind für dieses Ziel relevant: Sparprämien bedeuten in erster Linie, daß die **Bruttorendite** der Ersparnisse für die begünstigten Bevölkerungsgruppen ansteigt. Damit steigt der Anreiz mehr zu sparen, d.h. die erworbenen Einkommen und somit gegebene Konsummöglichkeiten intertemporal umzuschichten.

Allerdings muß mit der Möglichkeit gerechnet werden, daß aufgrund eines durch die Prämien ausgelösten erhöhten Sparangebotes der Zins sinkt und damit eine **Überwälzung** der Prämien stattfindet. Da die Mehrersparnis in erster Linie von der Nettorendite und nicht von der Bruttorendite abhängt, kommt es entscheidend darauf an, in welchem Maße mit einer Überwälzung gerechnet werden kann. Die Art der Sparprämie dürfte auch die Wahrscheinlichkeit der Überwälzung mitbestimmen.

Darüber hinaus gilt es zu bedenken, daß die Sparhöhe nicht nur von der Höhe der Nettorendite, sondern auch von der **Sparfähigkeit** abhängt. Da ein Teil der Arbeitnehmer in der Vergangenheit vor allem wegen eines zu geringen Einkommens gar nicht zur Ersparnis fähig war, dürfte für diese Gruppe von Arbeitnehmern ein erhöhter Sparanreiz auch nicht greifen, da Sparprämien im allgemeinen die Sparfähigkeit nicht beeinflussen. Ebenso entfällt in Gesellschaften mit staatlich organisierten umlagefinanzierten Systemen der sozialen Sicherung das Motiv wegen bestimmter Risikotatbestände, wie Alter, Krankheit oder Arbeitslosigkeit, zusätzliche Ersparnisse zu bilden.

4.11 Beispiel: Charakterisierung des Investivlohnes und der investiven Gewinnbeteiligung

Bei der Konkretisierung eines wirtschaftspolitischen Instrumentes geht es – wie im vorhergehenden Abschnitt gezeigt – vor allem darum, die besonderen Eigenschaften des in Frage stehenden Mittels herauszustellen. Dabei kommt es weniger auf die äußeren rechtlich-relevanten Merkmale an. Es geht vor allem darum, inwieweit sich gewisse Maßnahmen eignen, bestimmte wirtschaftspolitische Ziele zu realisieren und inwieweit sich die einzelnen Maßnahmen in dieser Hinsicht voneinander unterscheiden. In erster Linie soll also eine Wirkungsanalyse vorbereitet werden. Hierzu bedarf es aber der Kenntnis all der Merkmale eines Instrumentes, von denen die erhofften (oder bei den Sekundärwirkungen auch befürchteten) Wirkungen ausgehen.

Wir wollen diese Frage, wie man wirtschaftspolitische Mittel konkretisieren kann, an der oben schon aufgezeigten Kontroverse diskutieren, ob das Ziel, größere Bevölkerungsschichten am erwerbswirtschaftlichen Vermögen zu beteiligen, besser mithilfe des Investivlohnes oder der investiven Gewinnbeteiligung erreicht werden kann. Bei beiden Vorschlägen werden den Arbeitnehmern gewisse Einkommensteile zugewiesen, die ihnen nicht zur freien Verwendung ausgezahlt werden. Löhne zeichnen sich im allgemeinen dadurch aus, daß sie nicht nur für eine erwerbswirtschaftliche Leistung gewährt werden, sondern auch bar ausgezahlt werden. Der einzelne Lohnempfänger kann deshalb frei darüber entscheiden, wie er diese Einkommen verwendet, ob er also Konsumgüter kauft oder Einkommensteile zinsbringend anlegt.

Diese generelle Verwendungsfreiheit des Einkommensempfängers soll bei beiden Formen der Eigentumspolitik – beim Investivlohn wie bei der investiven Gewinnbeteiligung – eingeschränkt werden. Man spricht deshalb auch von einer Art **Zwangssparen**. Bei der Verwirklichung beider Pläne sollen die Einkommenszuwächse der begünstigten Arbeitnehmer den investiven Aktivitäten der Unternehmung zugeführt werden. Da aber eine investive Verwendung von Einkommen den betroffenen Arbeitnehmern zumindest nicht unmittelbar wohlfahrtssteigernd zugute kommt, setzen beide Pläne voraus, daß dieser Verwendungszwang stets nur **vorübergehend** besteht. Nach Ablauf einer bestimmten Frist müssen die begünstigten Arbeitnehmer frei darüber entscheiden können, ob sie diese Beträge weiterhin investiv anlegen oder ob sie diese Gelder nach Ablauf dieser Frist konsumtiv verwenden wollen.

Trotz dieser Gemeinsamkeiten beider Instrumente bestehen beachtliche Unterschiede in der konkreten Ausgestaltung. Der Investivlohn ist ein Lohnbestandteil, dessen absolute Höhe in einem Lohnvertrag fixiert wird. Die Unternehmungen sind unabhängig davon, wie sich nach Abschluß dieses Vertrages die allgemeine wirtschaftliche Lage entwickelt, verpflichtet, diese Einkommen zu gewähren. Der Investivlohn ist also ein **echter Kostenbestandteil** und belastet somit die Gewinnsumme und damit die Rentabilität der Unternehmungen.

In dieser Hinsicht unterscheidet sich der Investivlohn aber grundlegend von einer investiven Gewinnbeteiligung. Sie ist ein Gewinnbestandteil und damit ein **Residualeinkommen.** Die absolute Höhe hängt stets von der allgemeinen Ertragslage der einzelnen Unternehmung ab. Der entsprechende Vertrag legt nur den Prozentsatz fest, zu dem die einzelnen Arbeitnehmer am Gewinn der Unternehmungen beteiligt werden. Ist die Ertragslage günstiger als ursprünglich erwartet, erhalten die Arbeitnehmer auch höhere Gewinnbeteiligungsbeträge. Sie stellen sich also besser als beim Investivlohn. Fallen die Erträge allerdings ungünstiger als erwartet aus, schmälert sich automatisch auch die Gewinnbeteiligungssumme.

Dieser Unterschied der investiven Gewinnbeteiligung zum Investivlohn bedeutet aber auch, daß sich das unternehmerische Risiko verschiebt: Das Verlustrisiko der Unternehmung geht zurück, gleichzeitig vermindert sich aber auch die maximale Höhe der Gewinne, die den Unternehmungen nach Auszahlung der Gewinnbeteiligung verbleibt.

Analysieren wir die Unterschiede zwischen Investivlohn und investiver Gewinnbeteiligung branchen- oder sogar gesamtwirtschaftlich, ergeben sich in der Wirkungsanalyse beachtliche Unterschiede zwischen beiden Instrumenten. Wird für alle Unternehmungen gemeinsam, etwa im Rahmen eines Tarifvertrages, der Lohn erhöht, steigen die Grenz- und Durchschnittskosten gleichmäßig bei intramarginalen und marginalen Unternehmungen an. Die Folge wird sein, daß voraussichtlich auch das Preisniveau steigen wird, weil alle Unternehmungen vor der gleichen Situation steigender Kosten stehen und deshalb bestrebt sein werden, die steigenden Lohnkosten auf die Güterpreise abzuwälzen. Da mit den Löhnen auch die Nominaleinkommen steigen, kann davon ausgegangen werden, daß die Haushalte auch bereit sein werden, die steigenden Güterpreise zu akzeptieren, ohne die mengenmäßige Güternachfrage einzuschränken. Ein für alle Unternehmungen gemeinsam eingeführter Investivlohn wirkt sich also möglicherweise inflationär aus.

Wenn nun aber die Unternehmungen wegen eines starken – vor allem internationalen – Wettbewerbs nicht die Möglichkeit haben, die steigenden Lohnkosten auf die Güterpreise zu überwälzen, entlassen die Grenzbetriebe als erste Arbeitskräfte. Der Investivlohn unterscheidet sich somit nicht grundsätzlich von steigenden Löhnen im Rahmen einer Barlohnpolitik. Er wirkt sich ebenso wie diese negativ auf die Beschäftigung aus.

Ganz anders sieht die Lage aus, wenn die Unternehmungen eine investive Gewinnbeteiligung einführen. Die Belastung der einzelnen Unternehmung ist von der Ertragslage abhängig: Nur die intramarginalen Betriebe zahlen eine Gewinnbeteiligungssumme, nicht aber die Grenzbetriebe. Die für den Investivlohn geschilderten negativen Auswirkungen auf Inflation und Arbeitslosigkeit bleiben hier weitgehend aus.

Allerdings können sich bei einer Beteiligung der Arbeitnehmer am Gewinn die Wachstumschancen einer Volkswirtschaft verändern. Wenn man davon ausgeht, daß die langfristige Investitions- und Sparbereitschaft der Arbeitnehmer geringer sein dürfte als die der Selbständigen, führt die investive Gewinnbeteiligung zu einer Abnahme der Investitionen und damit des wirtschaftlichen Wachstums. Diese negativen Effekte können allerdings zum Teil wieder kompensiert werden, weil bei einem solchen System gleichzeitig die Anreize der Arbeitnehmer, vorwiegend in ertragsreichen Unternehmungen eine Beschäftigung zu suchen, wegen der größeren Gewinnbeteiligungssumme größer sind. Wir haben hier allerdings stillschweigend unterstellt, daß die Gewinnbeteiligung am Gewinn der **einzelnen** Unternehmung ausgerichtet ist.

Damit kommen wir zu einer Reihe von Merkmalen, die für den Erfolg von entscheidender Bedeutung sind aber nicht eindeutig einem der beiden Pläne zugeordnet werden können. So läßt sich beispielsweise eine Gewinnbeteiligung grundsätzlich sowohl auf **betrieblicher** als auch **gesamtwirtschaftlicher** Ebene organisieren. Die Arbeitnehmer können sowohl am Ertrag der Unternehmung beteiligt werden, in der sie beschäftigt sind als auch am Gesamtertrag aller Unternehmungen. In der Regel werden aber vor allem betriebliche Gewinnbeteiligungspläne diskutiert. Es existiert allerdings auch die Forderung, die Arbeitnehmer am gesamtwirtschaftlichen Gewinn zu beteiligen. In ähnlicher Weise sollen Investivlöhne im Rahmen eines Tarifvertrages und damit auf überbetrieblicher Ebene realisiert werden. Denkbar wäre aber auch eine von Unternehmung zu Unternehmung verschiedene Praxis.

Ob die Vermögensbildungspläne auf betrieblicher oder überbetrieblicher Ebene realisiert werden, wirkt sich einerseits – wie gezeigt – auf das wirtschaftliche Wachstum und auf die Konjunkturlage aus. Eine Beschränkung auf wachstumsträchtige Unternehmungen und Branchen würde sicherlich den negativen konjunkturellen Effekt dämpfen. Andererseits entscheidet aber die Ebene, auf der diese Pläne realisiert werden, auch über die verteilungspolitische Effizienz. Eine betriebliche Lösung der investiven Beteiligung schließt beispielsweise von vornherein alle Arbeitnehmer aus, die in nicht-erwerbswirtschaftlichen Organisationen beschäftigt sind.

Ein weiteres für die Wirkungsanalyse entscheidendes Merkmal bei der Ausgestaltung dieser Pläne ist die Frage, in welcher Form die aufgebrachten Spargelder investiv verwendet werden. Sie können prinzipiell in den Unternehmungen angelegt werden, in denen sie aufgebracht wurden. Denkbar ist aber auch eine Lösung, bei der die Gelder dem Bankenapparat oder einer öffentlich-rechtlichen Fondsstelle einzuzahlen sind und dann den investitionswilligen Unternehmungen in Form von Krediten zur Verfügung gestellt werden.

Beide Formen werden sowohl unter dem Stichwort „Investivlohn" wie auch „investiver Gewinnbeteiligung" diskutiert. *E. Häußler* hatte in den 60er Jahren die Einführung eines Investivlohns vorgeschlagen, der von den einzelnen Unternehmungen an Geldinstitute auszuzahlen ist, während *G. Leber* als Gewerkschaftsvorsitzender der IG Bau einen Tarifvertrag mit den Arbeitgebern ausgehandelt hatte, bei dem es den Unternehmungen freigestellt war, die Investivlohnsumme an ein Geldinstitut auszuzahlen oder im eigenen Betrieb investiv anzulegen.

Eine investive Gewinnbeteiligung erfolgt in der Regel auf betrieblicher Ebene, wobei die gewährten Gewinnbeteiligungen wieder im eigenen Unternehmen angelegt werden. Die Arbeitnehmer erhalten somit Anteile am unternehmerischen Vermögen. Die mehr gesamtwirtschaftlich ausgerichteten Pläne einer investiven Gewinnbeteiligung hingegen sehen vor, daß die Beteiligungssummen von den Unternehmungen in Form einer Abgabe an einen **zentralen Fonds** auszuzahlen sind.

Diese Art der Ausgestaltung der Gewinnbeteiligung hat vor allem Einfluß auf die Allokation der Ressourcen. Sind die investiven Beträge abzuführen, erleiden die einzelnen, vor allem kleineren Unternehmungen nicht nur zunächst Liquiditätsverluste, sie sind auch gegenüber großen Unternehmungen bei der Verteilung dieser Summen benachteiligt. Auf der anderen Seite führen aber auch gerade die Pläne, die vorsehen, daß die Gelder im eigenen Betrieb angelegt werden, zu Schwierigkeiten, wenn etwa eine Unternehmung gezwungen ist, sich in einem strukturellen Wandel anzupassen und Arbeitskräfte entlassen werden müssen. Hier besteht die Gefahr, daß mit den Arbeitnehmern auch Kapital aus der Unternehmung abfließt, obwohl die Unternehmung diese Kapital im strukturellen Wandel dringend benötigt.

4.2 Die Frage nach dem Eigenwert wirtschaftspolitischer Mittel

In Kapitel 1 hatten wir bereits darauf hingewiesen, daß wirtschaftspolitische Mittel oft nicht nur in ihrer Eigenschaft als Instrument beurteilt werden. Vielmehr wird ihnen auch ein positiver oder negativer Eigenwert zuerkannt. So werden beispielsweise Zölle nicht nur danach beurteilt, inwieweit sie geeignete Instrumente darstellen, um etwa die „terms of trade" zugunsten des zollerhebenden Landes zu beeinflussen. Zölle stellen darüber hinaus auch für den Staat oft willkommene Einnahmen dar. Weiterhin hatten wir bereits an anderer Stelle gesehen, daß eine defizitäre Haushaltspolitik des Staates bisweilen nicht etwa primär deshalb abgelehnt wird, weil die Effizienz dieses Instruments im Hinblick auf das Vollbeschäftigungsziel bezweifelt wird, sondern einfach deshalb, weil ein Defizit als solches – Schulden machen – negativ bewertet wird.

Ob ein Mittel einen Eigenwert haben sollte, darüber kann die Wissenschaft nicht entscheiden. Dies ist allein Sache einer politischen Entscheidung. Wohl aber ist es Aufgabe der Wissenschaft, darauf aufmerksam zu machen, daß Mittel auch einen Eigenwert haben können.

4.21 Beispiel: Staatsverschuldung

Die staatliche Verschuldung ist ein typisches Beispiel dafür, daß eine Maßnahme, die eingesetzt wird, um bestimmte wirtschaftspolitische Ziele zu erreichen, nicht nur wegen der Wirkungen abgelehnt wird, die von einem Budgetdefizit des Staates ausgehen, sondern auch um seiner selbst willen. Bekanntlich wird im Rahmen der keynesianischen Theorie davon ausgegangen, daß ein Defizit im Staatshaushalt ein geeignetes Mittel sei, um konjunkturelle – gesamtwirtschaftliche – Arbeitslosigkeit abzubauen. Da die Ursache gesamtwirtschaftlicher Arbeitslosigkeit in einer solchen Welt auf eine nur unzureichende gesamtwirtschaftliche Nachfrage der privaten Wirtschaftssubjekte zurückzuführen ist, kann es sinnvoll sein, diese Nachfragelücke durch expansive staatliche Aktivitäten zu schließen.

Diese Politik einer kreditfinanzierten expansiven Fiskalpolitik des Staates wird nun aber von den Anhängern der klassischen und liberalen Theorie aus ganz unterschiedlichen Gründen abgelehnt. Es wird grundsätzlich bezweifelt, ob man tatsächlich über ein Defizit im staatlichen Haushalt die Arbeitslosigkeit vermindern kann. Dies gelte selbst dann, wenn man davon ausgehe, daß die gesamte Nachfrage des Staates steige, wenn die staatlichen Ausgaben zunehmen. Da der Staat die dadurch entstehenden Defizite kreditär auf dem Kapitalmarkt finanzieren müsse, steige – zumindest in einer geschlossenen Volkswirtschaft – der Zinssatz. Damit steht aber zu befürchten, daß die private Nachfrage nach Investitionsgütern zurückgeht.

Man spricht deshalb in diesem Zusammenhang oft von einem „crowding out". Eine defizitäre Politik sei im ungünstigsten Falle als Beschäftigungspolitik unwirksam, da lediglich Nachfrage vom privaten Sektor in den öffentlichen Sektor verschoben werde. Die allein relevante gesamtwirtschaftliche Nachfrage steige aber gar nicht an, obwohl dies – im Rahmen der keynesianischen Theorie – die wichtigste Voraussetzung sei, um die Beschäftigung in der Volkswirtschaft zu erhöhen.

Eine solche defizitäre Budgetpolitik wird aber auch deshalb abgelehnt, weil die staatliche Verschuldung, wenn sie eine gewisse Höhe erreicht hat, letztlich oft über die Notenpresse finanziert werde. Damit gerate aber auch das Ziel der Preisniveaustabilität in Gefahr. Eine defizitäre Fiskalpolitik sei somit nicht nur ein ungeeignetes Mittel, um Vollbeschäftigung zu erreichen. Dieses Mittel hat möglicherweise auch negative Sekundärwirkungen auf das Ziel der Preisniveaustabilität.

Die bisherige Kritik bezog sich auf befürchtete negative Wirkungen, die von einer staatlichen Verschuldung ausgehen. Wie bereits angedeutet, sind diese Wirkungen aber nicht die einzigen Gründe, weshalb man in der Öffentlichkeit einer Staatsverschuldung eher skeptisch gegenübersteht. Man lehnt die staatliche Kreditnahme vielmehr oft als solche ab, gibt damit also diesem beschäftigungspolitischen Mittel einen gewissen negativen Eigenwert.

Es sind vor allem zwei Zusammenhänge, die hier angesprochen werden. Vor allem bei wirtschaftswissenschaftlichen Laien wird eine Verschuldung des Staates oft bereits deshalb negativ beurteilt, weil man auch für **private Haushalte** eine andauernde Verschuldung ablehnen müsse. Man überträgt somit eine Verhaltensregel, die für private Haushalte gilt, auf die öffentlichen Haushalte. Nun mag die Verhaltensregel, ein Haushalt habe nach Möglichkeit eine Verschuldung zu vermeiden, durchaus begründet sein. Die wichtigste wirtschaftliche Aktivität des privaten Haushaltes ist der Konsum von Gütern. Ein kreditär finanzierter Konsum belastet aber den Haushalt in der Zukunft, ohne daß – wie dies bei einer Verschuldung einer Unternehmung im allgemeinen der Fall ist – diese defizitäre Aktivität für die Zukunft eine Produktivitätssteigerung verspricht. Natürlich kann auch der private Haushalt investiv tätig werden. Dennoch dürfte die konsumtive Tätigkeit hier überwiegen.

Es ist nun aber im allgemeinen nicht sinnvoll, diese Überlegungen auf den öffentlichen Haushalt zu übertragen. Wenn der demokratische Staat im Auftrag und auf Rechnung seiner Bürger aktiv wird, verschuldet er sich – bei einer Kreditnahme auf den heimischen Kapitalmärkten – bei den eigenen Bürgern. Damit befinden sich aber die Schuldner und Gläubiger in ein und derselben Volkswirtschaft. Die heimischen Wirtschaftssubjekte werden somit durch eine Kreditnahme des Staates nicht unmittelbar belastet. Es ist zwar richtig, daß man auch in diesem Falle nicht darum herumkommt, in Zukunft auch Zinsen zu zahlen, die letztlich aus Steuern zu finanzieren sind. Allerdings kommen die Zinszahlungen wieder in voller Höhe den eigenen Bürgern insgesamt zugute. Es findet in diesem Sinne lediglich eine interpersonelle Umverteilung statt.

Man muß nun allerdings kritisch hinzufügen, daß die steigende zukünftige Besteuerung die private Investitionstätigkeit möglicherweise negativ tangiert, da andere Wirtschaftssubjekte als die potentiellen Investoren die Zinserträge einstreichen. Damit ist aber über diesen Umweg von der staatlichen Verschuldung letztlich doch eine Belastung in der Zukunft zu erwarten. Diese zeigt sich möglicherweise darin, daß Produktivitätssteigerungen ausbleiben und damit Wachstumsverluste eintreten.

Es gibt aber noch einen weiteren Grund, weshalb eine defizitäre Fiskalpolitik des Staates nicht mit einer Verschuldung privater Haushalte gleichgesetzt werden kann. Setzen wir einmal voraus, daß die staatliche Verschuldungspolitik erfolgreich wäre, also tatsächlich zu einem Abbau von Arbeitslosigkeit führte, dann würde auf diesem Wege die zukünftige Produktivität der Volkswirtschaft steigen, da nun weniger knappe Produktionsfaktoren brachliegen würden.

Die Kritik an einer staatlichen Verschuldungspolitik kann schließlich auch an einem weiteren Zusammenhang ansetzen. In einer repräsentativen Demokratie erfolgt die Kontrolle der politischen Entscheidungsträger unter anderem auch über den staatlichen Haushalt. Die Politiker kommen in demokratischen Wahlen vor allem deshalb an die Schalthebel der Macht, weil sie den Wählern gewisse Versprechungen machen. Diese Versprechungen der Politiker äußern sich aber in der Regel zunächst in steigenden staatlichen Ausgaben, die gerade deshalb dem Politiker einen Gewinn an Wählerstimmen einbringen.

Die Finanzierung dieser staatlichen Ausgaben über Steuern dürfte im allgemeinen aber Wählerstimmen kosten. Man kann nun davon ausgehen, daß eine bestimmte Politik nur dann im Sinne der Wähler ist, wenn der Nutzen, den die Politiker durch staatliche Ausgaben herbeiführen, zumindest nicht kleiner ist, als die materiellen Verluste, die durch die Besteuerung beim einzelnen Bürger entstehen. Eine Garantie, daß sich im demokratischen Prozeß nur solche staatlichen Aktivitäten durchsetzen, bei denen der Nutzen den Schaden überwiegt, ist aber nur dann gegeben, wenn die Politiker gezwungen werden, ihre gesamten Ausgaben über reguläre Steuern zu finanzieren.

Werden die staatlichen Aktivitäten über Kredite finanziert, dann besteht immer die Gefahr, daß auch solche Staatsausgaben getätigt werden, bei denen der materielle Schaden überwiegt. Natürlich ist es richtig, daß auch bei kreditär finanzierten staatlichen Ausgaben letztlich die Bevölkerung insgesamt die Kosten der Staatsausgaben zu tragen hat, sofern die Staatsverschuldung zu einem Anstieg des allgemeinen Preisniveaus führt. Entscheidend ist aber, daß die Zurechnung dieser inflationären Belastungen diffus wird und diese Belastungen für den einzelnen Wähler nicht mehr eindeutig gewissen Aktivitäten des Staates zugerechnet werden können.

Bei dieser Kritik ist die unmittelbare Wirkung der defizitären Politik gar nicht so sehr von Bedeutung, da bei einem Erfolg der Beschäftigungspolitik die inflationären Wirkungen ausbleiben. Ein steigendes Preisniveau ist ja nur in dem Maße zu erwarten, in dem die steigende gesamtwirtschaftliche Nachfrage nicht zu einer Mehrproduktion und damit zu einer Zunahme der Beschäftigung führt. Diese befürchteten Wirkungen treten nur in dem Maße auf, in dem die defizitäre Fiskalpolitik ineffizient ist.

Wichtiger ist der Hinweis, daß es auf diesem Wege zu einer Aufweichung einer Verhaltensregel – der Forderung nach Budgetausgleich – kommt. Damit steht aber zu befürchten, daß sich die politischen Entscheidungsträger in der Folge einer solchen keynesianischen Politik auch dann nicht mehr strikt an diese Verhaltensregel halten, wenn die kreditär finanzierten Mittel nicht für produktive Aktivitäten eingesetzt werden.

Der Zwang, alle laufenden Ausgaben mit regulären Steuereinnahmen zu finanzieren, ist für Politiker lästig, da jede Erhöhung von Steuern im allgemeinen Wählerstimmen kostet. Die Politiker werden somit stets nach Möglichkeiten Ausschau halten, diese Regel zu umgehen. Es ist deshalb gerade für eine demokratische Verfassung konstitutiv, daß der Einhaltung dieser Regel ein hoher Eigenwert beigemessen wird, um zu verhindern, daß es zu einem „Dammbruch" kommt.

4.3 Die Frage nach der Effizienz wirtschaftspolitischer Mittel

Der Hauptgegenstand der Mittelanalyse besteht in der Frage, inwieweit sich bestimmte Mittel zur Realisierung vorgegebener Ziele eignen. Wir wollen hierbei von der Frage nach der Effizienz sprechen, unabhängig davon, ob quantitativ bestimmbare, in Geldgrößen ausdrückbare Mittel-Zielbeziehungen bestehen oder nicht. Von

4.3 Effizienz wirtschaftspolitischer Mittel

einem effizienten Mittel wird hier somit nicht nur dann gesprochen, wenn der in Geldgrößen gefaßte Ertrag einer Maßnahme die Kosten übersteigt.

Wir haben davon auszugehen, daß im Rahmen der Politik Kosten und Erträge oftmals in immateriellen und nicht in Geld meßbaren Größen bestehen. Nebenbei sei bemerkt, daß manche Wissenschaftler auch die Konzeption der Wirtschaftspolitiklehre als eine die Grenzen wissenschaftlicher Analyse überschreitende Konzeption ansehen und sich lediglich bei der Beratung politischer Entscheidungen auf eine **„Möglichkeitsanalyse"** beschränken: hierbei werden allein die möglichen Wege aufgezeigt, die der Politiker zur Realisierung seiner politischen Ziele beschreiten kann. Dabei deckt sich der Inhalt der **„Möglichkeitsanalyse"** weitgehend mit demjenigen der hier erörterten Effizienzanalyse wirtschaftspolitischer Mittel.

Der Ausgangspunkt der wissenschaftlichen Effizienzanalyse besteht darin, daß der in der Mittel-Ziel-Relation beschriebene Zusammenhang sozio-technisch in einen Ursache-Wirkungszusammenhang umformuliert wird. Dies ist stets möglich, da das Ziel die angestrebte Wirkung und das Mittel die bewußt gesetzte Ursache darstellt. So ist die Aussage: „Das Defizit des Staatshaushaltes ist ein geeignetes Mittel für das Ziel einer Beschäftigungssteigerung" sozio-technisch gleichbedeutend mit der Aussage: „Von einem Defizit des Staatshaushaltes (Ursache) gehen beschäftigungssteigernde Wirkungen aus".

Die Effizienzanalyse läßt sich hierbei von drei Seiten angehen:
a) Man kann sich erstens die Frage stellen, ob ein vorgegebenes Mittel geeignet ist, ein bestimmtes Ziel zu realisieren. Hier sind Ziel und Mittel vorgegeben, gefragt wird nach dem theoretischen Zusammenhang zwischen Zielen und Mitteln. Als Beispiel sei die Frage genannt, ob über eine investive Gewinnbeteiligung (Mittel) die Lohnquote erhöht werden kann (Ziel). Problem ist hier, ob dieses Instrument tatsächlich lohnquotensteigernd wirkt (theoretischer Zusammenhang).
b) Das Effizienzproblem kann sich zweitens auch in der Form stellen, daß nach den Eigenschaften gefragt wird, die ein Mittel aufweisen muß, damit die gewünschten Wirkungen erzielt werden. Vorgegeben sind hier Ziel sowie theoretischer Zusammenhang. Problemgröße ist jedoch die Art des Mittels. Nehmen wir als Beispiel das Ziel einer Beschäftigungssteigerung; gefragt werde nach einem geeigneten Mittel zur Realisierung dieses Zieles, vorausgesetzt werde z. B. die Gültigkeit der keynesianischen Beschäftigungstheorie. Geeignete Mittel müßten daher die gesamtwirtschaftlichen Nachfragegrößen beeinflussen.
c) Drittens schließlich kann sich das Effizienzproblem auch in der Weise stellen, daß nach den Zielen vorgegebener Instrumente gefragt wird, wobei ein ganz bestimmter theoretischer Zusammenhang als bekannt vorausgesetzt wird. Problemgröße ist hier die Zielsetzung, Mitteleinsatz und theoretischer Zusammenhang sind hier Datum. So könnte man z. B. auf der Grundlage der neoklassischen Geldtheorie die Frage erörtern, für welche Ziele eine Diskontsatzsenkung als geeignetes Instrument eingesetzt werden kann.

1) Im Rahmen der Effizienzanalyse gilt es zunächst zwischen einer **absoluten** und **komparativen** Analyse zu unterscheiden. Bei der **absoluten** Analyse wird allein nach der Effizienz eines vorgegebenen Instrumentes gefragt, unabhängig von der Eignung anderer Instrumente. Man beschränkt sich hier auf die Frage, ob von diesem

Mittel Wirkungen ausgehen, die eine Zielrealisierung herbeiführen. Die **komparative** Analyse geht insofern weiter, als sie das Vorhandensein mehrerer konkurrierender Mittel voraussetzt und bewußt die Frage stellt, welches der zur Diskussion stehenden Mittel die beste Eignung aufweist.

So könnte man beispielsweise die Frage erörtern, ob das Ziel der Preisniveaustabilisierung wirkungsvoller über geld-, finanz- oder einkommenspolitische Maßnahmen realisiert werden kann. Die komparative Analyse setzt allerdings voraus, daß die von den Maßnahmen ausgehenden Wirkungen kardinal oder zumindest ordinal gemessen werden können. Eine komparative Effizienzanalyse ist also nur möglich, wenn die in Frage kommenden Variablen quantifizierbar sind.

2) Damit ist zugleich ein zweiter Unterschied innerhalb der Effizienzanalyse angesprochen. Man kann nämlich auch zwischen einer **qualitativen** und einer **quantitativen** Analyse unterscheiden. Bei der **qualitativen** Effizienzanalyse beschränkt man sich auf die Frage, ob die Mittelart geeignet ist oder nicht, ob also z.B. von einer Diskontsatzvariation überhaupt die gewünschte Wirkung auf die unternehmerische Investitionstätigkeit ausgeht; bei der **quantitativen** Analyse hingegen wird darüber hinaus auch die Frage geklärt, welches Ausmaß an Mitteleinsatz benötigt wird, um ein bestimmtes Ausmaß an Zielrealisation zu erreichen. Man beschränkt sich also z.B. im Rahmen der quantitativen Analyse nicht auf die Frage, ob Diskontsatzsenkungen prinzipiell eine Beschäftigungssteigerung auslösen, sondern untersucht auch das für eine gewünschte Steigerung des Beschäftigungsgrades erforderliche Ausmaß an Diskontsatzsenkung. Eine solche Analyse setzt voraus, daß

a) das Ziel quantifiziert werden kann (z.B. Steigerung der Beschäftigung gemessen an der Anzahl der neu eingestellten Arbeitskräfte),

b) der Mitteleinsatz ebenfalls quantifizierbar ist (z.B. Staatsausgabensteigerungen, gemessen in DM),

c) daß ein quantifizierbarer Zusammenhang zwischen Ziel- und Mittelvariablen bekannt ist (z.B. eine Ausweitung der Staatsausgaben um 1 Million DM führe über die Multiplikatorwirkung zu einer Nachfragesteigerung von 5 Millionen DM, diese jedoch mache die Neueinstellung von 10 000 Arbeitskräften notwendig, bisherige Vollauslastung der Kapazitäten vorausgesetzt).

Im Rahmen der quantitativen Analyse ist auch das Problem der **kritischen Schwellen** des Einsatzes wirtschaftspolitischer Mittel angesprochen. Wir können nicht davon ausgehen, daß der Zusammenhang zwischen Ziel- und Mittelvariablen stets kontinuierlich verläuft, wir haben vielmehr damit zu rechnen, daß der Mitteleinsatz bisweilen erst ab einem bestimmten kritischen Niveau Wirkungen erzielt und daß es auf der anderen Seite oftmals auch Obergrenzen für den Mitteleinsatz gibt, bei deren Überschreiten die Effizienz wieder zurückgeht. Eine Mindestschwelle für die Wirksamkeit von Mitteln ist z.B. dadurch gegeben, daß politische Maßnahmen erst von einer bestimmten Einsatzstärke an überhaupt bemerkt werden und deshalb erst von diesem Ausmaß an die gewünschten Verhaltensänderungen auslösen können. Eine Höchstschwelle für Zollsatzsteigerungen liegt z.B. bei der Zollsatzhöhe, von der ab aufgrund der induzierten Preissteigerungen die Nachfrage soweit zurückgeht, daß die Zolleinnahmen trotz Zollsatzsteigerung absinken.

3) Ferner ist im Rahmen der Effizienzanalyse eine dritte Unterscheidung von Bedeutung: Man kann zwischen **statischer** und **dynamischer** Analyse unterscheiden. In der **statischen** Analyse beschränkt man sich auf die Frage, ob ein Mittel effizient ist, unabhängig von der weiteren Frage, in welchem Zeitpunkt der Mitteleinsatz notwendig wird; im Rahmen der **dynamischen** Analyse wird auch die Zeitfrage mituntersucht. Diese dynamische Analyse setzt voraus, daß

a) eine Prognose über den zukünftigen Verlauf der Zielgrößen möglich ist, wobei der Zeitraum, für den die Prognose notwendig wird, durch den time lag bestimmt wird zwischen Mitteleinsatz und Zielrealisierung. Weiterhin wird

b) vorausgesetzt, daß die Länge des Wirkungsprozesses zwischen Mitteleinsatz und Zielrealisierung bekannt ist. Nehmen wir beispielsweise an, daß finanzpolitische Maßnahmen der Konjunkturpolitik generell etwa ein Jahr erfordern, um sich in den Zielgrößen auszuwirken. In diesem Falle muß bekannt sein, welches Niveau die konjunkturpolitischen Zielgrößen, also z. B. der Beschäftigungsgrad und das Preisniveau, in etwa einem Jahr erreichen werden, damit im heutigen Zeitpunkt ein rationaler Mitteleinsatz gewählt werden kann. Wir hatten bereits im Rahmen der Zielaktualitätsanalyse gesehen, daß die Länge des time lags sowohl durch Verhaltensverzögerungen als auch durch technische und institutionelle Faktoren bei den politischen und wirtschaftlichen Entscheidungsträgern bestimmt wird.

Innerhalb der Effizienzanalyse ergibt sich eine erste Schwierigkeit vor allem aus dem Umstand, daß Maßnahmen oftmals erstmalig eingeführt werden und daß deshalb **keine Erfahrungen** über die Wirkungen dieser Maßnahmen vorliegen. So war z. B. bei der Einführung des Investivlohnes unbekannt, wie sich die Arbeitnehmer verhalten werden, wenn sie nach Ablauf der Sperrfrist von fünf Jahren über die Investivlohngelder frei verfügen können. Gerade weil keine Erfahrungen vorlagen und man deshalb über die möglichen Auswirkungen spekulieren mußte, wurden zur Zeit der Einführung dieser Maßnahmen recht unterschiedliche Auffassungen über das mögliche Verhalten der Arbeitnehmer vertreten.

Eine zweite Schwierigkeit bei der Beurteilung der Effizienz wirtschaftspolitischer Maßnahmen besteht darin, daß es bei dem größten Teil der zur Diskussion stehenden Mittel immer eine mehr oder weniger große Bevölkerungsgruppe geben wird, die von diesen Maßnahmen benachteiligt wird und die sich deshalb darum bemühen wird, diese negativen Auswirkungen zu umgehen. Eine rationale Politik wird diese **potentiellen Vermeidungsmechanismen** in ihr Kalkül einbeziehen müssen. Man sollte sich jedoch darüber im klaren sein, daß eine noch so weitsichtige Politik in dieser Frage stets hinter der Entwicklung herhinken wird, weil die von den politischen Maßnahmen negativ Betroffenen immer wieder neue Verhaltensweisen entwickeln werden, um die Lasten dieser Maßnahmen auf andere abzuwälzen.

So hat z. B. die Notenbank durch Einsatz der Mindestreservenpolitik die Liquiditätsreserven der Privatbanken reduziert und damit ein Instrument geschaffen, um die Unterlaufung ihrer Diskontsatzpolitik durch Privatbanken zu verhindern. Die Privatbanken haben jedoch in Reaktion auf diese Maßnahmen andere Wege entwickelt, um sich trotz Einschränkung ihrer Liquidität von seiten der Notenbank Finanzierungsmittel zu besorgen (z. B. über Kapitalimport aus dem Ausland). Hier bedarf es flankierender Maßnahmen, um diese Umgehungsversuche der von der Politik negativ Betroffenen zu vereiteln.

Flankierende Maßnahmen werden aber auch in einem anderen Zusammenhang notwendig, um die Effizienz bestimmter Maßnahmen zu gewährleisten. So können beispielsweise die finanzpolitischen Instrumente des Staates zur Sicherstellung der Vollbeschäftigung nur dann ihre Wirkung zeitigen, wenn sie nicht durch geldpolitische Maßnahmen der Notenbank durchkreuzt werden. Eine Nachfragesteigerung aufgrund einer Staatsausgabenerhöhung ist nämlich nur dann zu erwarten, wenn die Geldmenge – konstante Umlaufgeschwindigkeit vorausgesetzt – zunimmt. Bei Konstanz der Geldmenge ist nämlich zu befürchten, daß die Staatsausgabensteigerung zu einer Reduzierung der privaten Nachfrage führt, so daß also hier die gesamtwirtschaftliche Nachfrage gar nicht ansteigt. Die Finanzpolitik bedarf also flankierender Unterstützung von seiten der Geldpolitik.

Der Grund für die Notwendigkeit flankierender Maßnahmen liegt hierbei darin, daß die Zielgrößen, die es zu verwirklichen gilt, im allgemeinen nicht nur von **einem** Bestimmungsgrund, sondern von einer Vielzahl von Bestimmungsfaktoren abhängen. Zwei Fälle sind hierbei zu unterscheiden:

1. Die einzelnen Bestimmungsgründe sind zwar zur Erzielung der Wirkung nicht alle notwendig, aber ausreichend. Hier kommt es im Hinblick auf die flankierenden Maßnahmen allein darauf an, daß die Wirkung der einen Maßnahme nicht durch Wirkungen entgegengesetzt gerichteter anderer Maßnahmen kompensiert wird. Nehmen wir als Beispiel den Versuch der Regierung, die Mieten nicht über eine kritische Grenze ansteigen zu lassen. Unterstellt sei, daß der Staat dieses Ziel über eine Beeinflussung des Angebotes (z. B. Steuervergünstigungen im Rahmen des sozialen Wohnungsbaues) zu erreichen versuche. Diese Politik wird nur dann zum erwünschten Erfolg führen, wenn nicht gleichzeitig aufgrund anderer politischer Maßnahmen eine Nachfrageausweitung erfolgt, die den potentiellen Mietsenkungen entgegenwirkt. Der flankierende Schutz beschränkt sich hier darauf, sicherzustellen, daß die übrigen Bestimmungsgründe der Zielgröße nicht der politischen Absicht entgegenwirken.
2. Ein anderer Fall liegt vor, wenn die einzelnen Bestimmungsfaktoren der Zielgröße den Charakter von **notwendigen**, aber nicht **ausreichenden** Voraussetzungen haben. Hier muß die Politik dafür sorgen, daß alle notwendigen Voraussetzungen zur Realisierung der Zielgröße gleichzeitig erfüllt werden. In diesem Sinne könnte eine Geldmengenvermehrung eine notwendige Bedingung dafür sein, daß die finanzpolitischen Maßnahmen überhaupt erfolgreich sind.

4.31 Beispiel: Expansive Fiskalpolitik als Mittel der Beschäftigungspolitik?

Im vorhergehenden Beispiel über die Staatsverschuldung hatten wir bereits darauf hingewiesen, daß eine kreditär finanzierte expansive Fiskalpolitik u. a. deshalb abgelehnt wird, weil man bezweifelt, daß von einer staatlichen Verschuldung beschäftigungssteigernde Effekte ausgehen. Wir hatten hierbei die These erwähnt, daß eine staatliche Kreditaufnahme zu steigenden Zinsen und auf diesem Wege zu einem Rückgang in der privaten Investitionsnachfrage führen könne. Dies ist aber nicht der einzige Grund, weshalb expansive fiskalpolitische Aktivitäten als ineffizientes Mittel der Beschäftigungspolitik angesehen werden. Vor allem in jüngerer Zeit wird darauf aufmerksam gemacht, daß eine gesamtwirtschaftliche Arbeitslosigkeit nicht nur „**keynesianische**", sondern auch „**klassische**" Züge aufweisen kann und gerade in den 80er Jahren eher klassische Bedingungen der Arbeitslosigkeit vorgelegen hätten.

Hierbei spricht man im Anschluß an die neuere makroökonomische Ungleichgewichtstheorie von *E. Malinvaud* u. a. immer dann von „keynesianischer" Arbeitslosigkeit, wenn nicht nur auf den Arbeitsmärkten, sondern auch auf den Gütermärkten Angebotsüberhänge bestehen. Damit könne aber die Arbeitslosigkeit auf eine zu geringe gesamtwirtschaftliche Güternachfrage zurückgeführt werden. Die eigentlichen Ursachen dieser Art gesamtwirtschaftlicher Arbeitslosigkeit sind in nach unten inflexiblen realen Zinsen und/oder einer zinsunelastischen privaten Nachfrage nach Gütern zu sehen. Damit beruht aber „keynesianische" Arbeitslosigkeit ganz wesentlich auf unvollkommenen Finanzmärkten.

Von „klassischer" Arbeitslosigkeit wird hingegen immer dann gesprochen, wenn der Angebotsüberhang auf den Arbeitsmärkten von einem Nachfrageüberhang auf den Gütermärkten begleitet werde. In diesem Falle sind die Unternehmungen zu einer – beschäftigungssteigernden – Mehrproduktion nicht etwa deshalb nicht bereit, weil sie befürchten müssen, die produzierten Waren nicht absetzen zu können, sondern weil die erwartete Rendite so gering ist, daß die Unternehmungen nicht bereit sind, das allgemeine Produktions- und Investitionsrisiko auf sich zu nehmen. Die zu niedrige Rendite kann oft – muß aber nicht in jedem Falle – auf zu hohe Reallöhne zurückgeführt werden.

Eine expansive staatliche Fiskalpolitik scheint deshalb ein geeignetes Mittel um keynesianische Arbeitslosigkeit wirkungsvoll zu bekämpfen. Da die Ursache der Arbeitslosigkeit in einer zu geringen privaten Nachfrage besteht, spricht einiges dafür, daß expansive fiskalpolitische Aktivitäten ein probates Mittel darstellen, diese Art von Arbeitslosigkeit zu bekämpfen, wird doch auf diesem Weg die staatliche Nachfrage ausgeweitet, die gesamtwirtschaftliche Nachfrage erhöht und die Nachfragelücke möglicherweise geschlossen.

Wenn nun aber die Arbeitslosigkeit keine keynesianischen, sondern vielmehr klassische Ursachen hat, kann die traditionelle keynesianische Beschäftigungspolitik, die sich vor allem auf expansive fiskalpolitische Aktivitäten stützt, auch nicht mehr greifen. Sie wird ineffizient. Da diese Art gesamtwirtschaftlicher Arbeitslosigkeit eben nicht auf eine zu geringe gesamtwirtschaftliche Nachfrage zurückzuführen ist, kann auch eine staatlich initiierte Steigerung der Nachfrage – sofern sie aufgrund der Beschäftigungspolitik auch eintritt – den Arbeitsmarkt nicht wirklich entlasten.

Es wäre natürlich auch denkbar, daß eine expansive Geldpolitik auf Umwegen dennoch – auch bei Vorliegen klassischer Arbeitslosigkeit – gewisse beschäftigungssteigernde Effekte erzielen kann. Dies könnte grundsätzlich der Fall sein, wenn die steigende gesamtwirtschaftliche Nachfrage zu einem Anstieg des **allgemeinen Preisniveaus** führen, den Reallohn reduzieren und damit die Rendite steigern würde. Mit diesem Effekt ist aber nur dann zu rechnen, wenn die Gewerkschaften stillhalten und die steigenden Preise nicht zum Anlaß nehmen, einen Kaufkraftausgleich zu fordern und auch durchzusetzen.

Es muß an dieser Stelle auch kritisch angemerkt werden, daß eine vorschauende Lohnpolitik, die nicht-vollbeschäftigungskonforme Lohnsteigerungen verhindert, volkswirtschaftlich auf alle Fälle effizienter ist. Während eine expansive Nachfragepolitik bei klassischer Arbeitslosigkeit mit einem Anstieg des allgemeinen Preisniveaus verbunden ist, sind bei einer stabilitätsbewußten Lohnpolitik diese negativen Auswirkungen nicht zu befürchten.

Da bei einer expansiven Fiskalpolitik im Falle klassischer Arbeitslosigkeit die Reallöhne ohnehin sinken müssen, die Gewerkschaften somit langfristig das verteilungspolitische Ziel ihrer expansiven Lohnpolitik nicht erreichen können, kann man auch nicht davon sprechen, daß ein solches Opfer von seiten der Gewerkschaften unzumutbar sei. Es geht hier wohlbemerkt um die Beseitigung von Arbeitslosigkeit mit oder ohne inflationäre Tendenzen. Da beide Ziele – Vollbeschäftigung und Preisniveaustabilität – im Interesse der Arbeitnehmer liegen, verstößt eine lohnpolitische Zurückhaltung nicht gegen das Interesse der Arbeitnehmer.

4.4 Die Frage nach den Sekundärwirkungen wirtschaftspolitischer Mittel

Wir haben davon auszugehen, daß sich fast jedes Mittel der Wirtschaftspolitik nicht nur auf die Zielgröße auswirkt, um derentwillen diese Maßnahme ergriffen wird, sondern auch andere Ziele der Wirtschafts- oder Gesellschaftspolitik beeinflußt. Das heißt, von fast allen wirtschaftspolitischen Maßnahmen gehen Sekundärwirkungen aus, die nicht eigens angestrebt wurden. So ist beispielsweise eine aus konjunkturpolitischen Gründen durchgeführte Staatsausgabensteigerung nicht nur für die Konjunkturlage, sondern gleichzeitig auch für die Einkommensverteilung und für die Ausstattung einer Volkswirtschaft mit Kollektivgütern von Bedeutung. Diese Sekundärwirkungen können andere Ziele der Wirtschafts- und Gesellschaftspolitik positiv beeinflussen, wir sprechen dann von **willkommenen Nebenprodukten**. So führt eine Zollsteigerung, die zum Schutze der inländischen Industrie eingeführt wurde, gleichzeitig zu einer Zunahme der Staatseinnahmen, die zumeist als positiv beurteilt wird.

Negative Sekundärwirkungen liegen hingegen vor, wenn andere Zielgrößen beeinträchtigt werden. So wirkt beispielsweise eine Erhöhung der staatlichen Ausgaben, die helfen soll, die Arbeitslosigkeit zu verringern, möglicherweise inflationär. Obwohl die Einteilung in positive und negative Wirkungen eine Bewertung darstellt, ist die hier zugrundeliegende Frage, ob diese Wirkungen eintreten, **empirischer** Natur. Es ist daher Aufgabe der Wissenschaft zu überprüfen, ob die behaupteten Sekundärwirkungen eintreten. Es geht somit wohlbemerkt nicht um die Frage, ob die Zielgrößen, die über Sekundärwirkungen beeinträchtigt oder gefördert werden, erwünscht sind, sondern allein darum, ob diese Zielgrößen beeinflußt werden und gegebenenfalls in welcher Richtung.

Die Frage nach den Sekundärwirkungen hängt eng mit der Frage nach den Zielkonflikten zusammen, da ein und derselbe Wirkungszusammenhang entweder als Problem der mittelbedingten Zielkonflikte oder aber als Problem der negativen Sekundärwirkungen bestimmter Mittel angesehen werden kann. Da wir im Rahmen der Zielanalyse sehr ausführlich auf die Problematik der mittelbedingten Zielkonflikte eingegangen sind, können wir uns an dieser Stelle auf die Darstellung einiger zusätzlicher Probleme beschränken.

In viel stärkerem Maße, als wir dies bereits für die Effizienzanalyse festgestellt haben, gilt für die Beurteilung der Sekundärwirkungen, daß sie oft ohne ausreichende theoretische Kenntnisse und damit weitgehend **spekulativ** erfolgen muß. Dieser graduelle Unterschied zwischen der Effizienz- und Sekundärwirkungsanalyse hängt einmal damit zusammen, daß im Rahmen der Effizienzanalyse nach den Bestimmungsgründen der Zielgröße gefragt wird und es Anliegen einer Theorie ist, stets über die Gesamtheit der Bestimmungsgründe zu informieren. Über die Vielzahl der möglichen Sekundärwirkungen von Maßnahmen können immer nur mehrere Theorien zusammen informieren. Es gibt keine Theorie, die die Gesamtheit aller möglichen Auswirkungen einer Datenänderung zusammenfaßt. So benötigen wir für die Frage nach der Effizienz einer Stabilisierungspolitik eine Theorie, die uns über die Gesamtheit der Inflationsursachen unterrichtet. In der Tat ist es das Bestreben der Inflationstheorie, einen solchen Überblick über möglichst alle wichtigen Bestimmungsgründe zu geben.

Fragen wir hingegen nach den möglichen Sekundärwirkungen einer Stabilisierungspolitik, so sind verschiedene Theorien angesprochen: die Verteilungstheorie, soweit Auswirkungen einer Stabilisierungspolitik auf die Einkommensverteilung, die Wachstumstheorie, soweit Wachstumseffekte zur Diskussion stehen. Der Grund dafür, daß Theorien im allgemeinen nach Bestimmungsgründen und nicht nach Auswirkungen fragen, besteht darin, daß ein theoretischer Fortschritt systematisch nur bei der Frage nach Bestimmungsgründen möglich ist. Betrachten wir eine Hypothese, wonach Preisniveausteigerungen allein durch Nachfragesteigerungen ausgelöst würden. Sofern diese Behauptung nicht der Wirklichkeit entspricht, wird sie durch den offen zutage tretenden Widerspruch zwischen Theorie und Wirklichkeit falsifiziert.

Hier ergibt sich von selbst die Notwendigkeit, die Theorie so lange zu modifizieren, bis schließlich die wichtigsten Bestimmungsgründe der Problemgrößen in die Theorie aufgenommen worden sind. Ganz anders erfolgt der Prozeß der Wissensermittlung bei dem Bemühen, die möglichen Auswirkungen einer Datenänderung zu ermitteln. Es gibt kein Verfahren der Falsifikation, wenn wir die falsche Behauptung aufstellen, daß Stabilisierungsmaßnahmen ausschließlich negative Sekundärwirkungen auf die Einkommensverteilung und nicht auf andere Zielbereiche ausüben. Diese These kann nur zum Teil empirisch getestet werden, nämlich auf die Aussage hin, daß Stabilisierungsmaßnahmen die Einkommensverteilung beeinflussen.

Die empirische Bestätigung dieser Frage ist jedoch vollkommen unabhängig von der ganz anderen Frage, auf welche anderen Zielbereiche sich die Stabilitätspolitik zusätzlich negativ auswirkt. Vom empirischen Test der bisherigen Aussage geht also kein vergleichbarer Anreiz aus zu überprüfen, ob nicht auch andere Zielgrößen tangiert werden. Es ist mehr eine Frage des Zufalls, daß Zusammenhänge mit anderen Zielgrößen aufgedeckt werden, und die Wahrscheinlichkeit, daß solche Zusammenhänge gefunden werden, ist um so geringer, je geringer die Vermutungen hinsichtlich derartiger Zusammenhänge sind. Aus diesen Gründen dürfte eine Sekundärwirkungsanalyse in stärkerem Maße einen spekulativen und intuitiven Charakter als die Effizienzanalyse aufweisen.

Es kommt eine zweite Schwierigkeit hinzu. Während sich die Effizienzanalyse im allgemeinen auf Zusammenhänge konzentriert, die vorwiegend kurzfristiger Natur sind, hat es die Analyse der Sekundärwirkungen darüber hinaus auch in starkem Maße mit **langfristig** wirkenden Zusammenhängen zu tun. Es ist zu befürchten, daß die Langzeitwirkungen bestimmter Maßnahmen insgesamt sehr viel stärker ins Gewicht fallen und die Wohlfahrt einer Bevölkerung stärker negativ tangieren als die kurzfristig eintretenden Effekte. Kurzfristig wirkende Zusammenhänge werden aber schneller und genauer erkannt werden als langfristig wirkende: die kurzfristigen Zusammenhänge fallen stärker auf, auch sind bei ihnen experimentelle Erkundungsmethoden sehr viel einfacher durchzuführen.

Beide Tatbestände – die aufgezeigten Schwierigkeiten beim empirischen Test sowie der Langzeitcharakter von Nebenwirkungen – führen dazu, daß in der Frage der potentiellen Sekundärwirkungen neu einzuführender Maßnahmen die Prognosen sehr viel ungenauer sind. So wurden oft negative Auswirkungen prognostiziert, die dann de facto längst nicht in diesem Ausmaße eingetreten sind, während andererseits bisweilen auch beachtliche schwerwiegende Nebenwirkungen langfristiger Natur eintraten, die bei Einführung der Maßnahme übersehen wurden.

Bei der Diskussion der Rentenreform von 1957 in der Bundesrepublik wurde etwa von den Gegnern einer dynamischen Rente die These vertreten, der Sparwille der Arbeitnehmer werde auf diese Weise so stark beschränkt, daß ernsthafte Gefahren für das wirtschaftliche Wachstum befürchtet werden müßten. Tatsächlich stieg aber die Sparneigung der Arbeitnehmer und Rentner an. Auf der anderen Seite wurde im Jahre 1918, als die Zentralarbeitsgemeinschaft der Tarifpartner in Deutschland gebildet und damit der Auftakt für regelmäßige Tarifverhandlungen gegeben wurde, nicht vorausgesehen, daß die Lohnfestsetzung der Tarifpartner die gesamtwirtschaftlichen Ziele der Preisniveaustabilität ernsthaft gefährden kann.

Ein besonderes Problem von negativen Sekundärwirkungen liegt in den sogenannten **finanziellen Folgekosten** wirtschaftspolitischer Maßnahmen. Wirtschaftspolitische Beschlüsse ziehen oft weitere Maßnahmen in der Zukunft nach sich mit der Folge, daß die mit diesen Maßnahmen verbundenen Kosten bedeutend größer sind, als sie zunächst ausgewiesen werden. Drei Fälle können hierbei unterschieden werden:

1. Das Ausmaß der für eine Maßnahme notwendigen finanziellen Mittel hängt von Variablen ab, die im Zeitablauf ansteigen, und nimmt somit ohne Änderung der gesetzlichen Grundlage zu. Nehmen wir das Beispiel eines Sparprämiengesetzes, das jedem, der in einer bestimmten Form langfristig spart und der weitere soziale Kriterien erfüllt, bis zu einer bestimmten Obergrenze eine Prämie gewährt. Bei Einführung der Maßnahme könne nur ein kleiner Teil der Bevölkerung von diesen Möglichkeiten Gebrauch machen, deshalb sei auch die finanzielle Belastung des Staates zunächst relativ gering. In der Folgezeit aber erfüllten die Voraussetzungen dieses Gesetzes immer mehr Personen, so daß in der Folgezeit die staatlichen finanziellen Belastungen ohne Änderung des Gesetzes stark ansteigen. Dieser Zusammenhang kann dann zum Problem werden, wenn eine der Bedingungen für die Einführung dieses Gesetzes die relativ geringen finanziellen Belastungen des Staates waren und wenn einmal durchgeführte Maßnahmen politisch nur sehr schwer rückgängig gemacht werden können.

2. Eine andere Art von Folgekosten liegt vor, wenn die innere Logik einer Maßnahme weitere Maßnahmen ähnlicher Art notwendig macht. So wurde z. B. die 1957 realisierte Dynamisierung der Altersrenten damit begründet, daß auch die Transfereinkommensempfänger ein Recht besäßen, am wirtschaftlichen Wachstum beteiligt zu werden, daß sie aber im Gegensatz zu den Arbeitnehmergruppen nicht die Möglichkeit hätten, sich über Tarifverhandlungen eine Anpassung ihrer Einkommen an die wirtschaftliche Entwicklung zu erkämpfen. Diese Begründung gilt aber für alle Arten der Transferleistungen, die innere Logik der Rentenreform brachte es also in der Folgezeit mit sich, daß weitere Transferleistungen (vor allem die Unfallrenten) ebenfalls dynamisiert werden mußten. Insofern kann man davon sprechen, daß infolge der Dynamisierung – obwohl diese zunächst auf den Bereich der Altersversicherung beschränkt war – sehr viel höhere Kostenzuwächse entstanden, als aufgrund der Dynamisierung der Altersrenten allein zunächst angenommen wurden.

3. Weiterhin können Folgekosten einer Reformmaßnahme auch aufgrund gewisser politischer Gesetzmäßigkeiten entstehen. Die Tatsache, daß einer Bevölkerungsgruppe gewisse Subventionen gewährt werden, kann weitere Bevölkerungsgruppen veranlassen, ebenfalls Subventionen zu erkämpfen. Im Gegensatz zu den unter Fall 2 diskutierten Folgekosten gibt es hier keine Berechtigung dafür, daß eine Subvention an die eine Bevölkerungsgruppe eine weitere bei anderen Gruppen nach sich zieht. Ganz im Gegenteil kann man davon sprechen, daß die eingangs eingeleitete Begünstigung der einen Gruppe, relativ gesehen, wiederum ausgeglichen wird, wenn auch die übrigen Bevölkerungsgruppen begünstigt werden, da es für die Besserstellung einer Gruppe primär auf die Einkommensrelation und nicht auf das absolute Einkommensniveau ankommt.

4.41 Beispiel: Einfluß von Beschäftigungsprogrammen auf die Einkommensverteilung

Im vorhergehenden Beispiel gingen wir der Frage nach, inwieweit keynesianische Beschäftigungsprogramme tatsächlich effizient im Hinblick auf das Ziel sind, den Beschäftigungsgrad zu steigern. Wir hatten aber bereits darauf hingewiesen, daß solche Beschäftigungsprogramme teilweise nicht nur abgelehnt werden, weil man der Meinung ist, daß sie wenig effizient sind, sondern auch, weil man vermutet, daß von ihnen unerwünschte Sekundärwirkungen auf andere Ziele der Wirtschaftspolitik ausgehen. So steht zu befürchten, daß Beschäftigungsprogramme sowohl die Ziele der Verteilungspolitik, der Geldwertstabilität als auch einer optimalen Allokation der Ressourcen beeinträchtigen. Wir wollen uns hier auf eine Analyse der zu erwartenden Nebenwirkungen auf die Einkommensverteilung beschränken.

Mit verteilungspolitischen Aktivitäten wird oft das Ziel verfolgt, die Einkommen der Arbeitnehmer zu Lasten der Selbständigen zu erhöhen. Diese Zielsetzung kann beeinträchtigt werden, wenn man Beschäftigungsprogramme realisiert. Bei Beschäftigungsprogrammen wird oft versucht, die Unternehmer über Subventionen und Steuerermäßigungen zu verstärkten investiven Aktivitäten zu bewegen und damit den für Vollbeschäftigung notwendigen Anstieg der gesamtwirtschaftlichen Nachfrage zu bewirken.

Mit einer solchen Politik findet aber gleichzeitig auch eine Umverteilung der Einkommen zugunsten der Selbständigen und zuungunsten der unselbständig Beschäftigten statt. Dies widerspricht ganz eindeutig der allgemein akzeptierten verteilungspolitischen Zielsetzung, da die Einkommen in die falsche Richtung – von „unten" nach „oben" – umverteilt werden.

Hier zeigt sich auch ein Dilemma sozialdemokratischer und sozialistischer Wirtschaftspolitik der Vergangenheit. Diese Regierungen begannen ihre Wirtschaftspolitik im allgemeinen damit, daß sie in starkem Maße eine Umverteilung zugunsten der Arbeitnehmer und zuungunsten der Selbständigen betreiben. In der Folge wurde die Gefahr konjunktureller Rückschläge vergrößert, da die Unternehmungen nur noch geringe Anreize hatten zu investieren. Wegen der konjunkturellen Rückschläge sahen sich die Regierungen dann schließlich veranlaßt, Beschäftigungsprogramme aufzulegen, in dem sie den Unternehmungen Investitionsanreize gewährten. Diese finanziellen Anreize machten aber den anfänglichen Erfolg der Verteilungspolitik wieder zunichte.

Im theoretischen Teil der Mittelanalyse hatten wir darauf hingewiesen, daß ein enger Zusammenhang zwischen Zielkonflikten und Sekundärwirkungen besteht. Damit sind aber Sekundärwirkungen nichts anderes als eine andere Art der Betrachtung von Zielkonflikten. Damit existiert aber möglicherweise auch ein Zielkonflikt zwischen Beschäftigungs- und Verteilungspolitik, der sich unter anderem darin äußert, daß von den Beschäftigungsprogrammen unerwünschte Sekundärwirkungen auf die verteilungspolitischen Ziele ausgehen. Nun handelt es sich hierbei allerdings sicherlich vorwiegend um einen mittelbedingten Zielkonflikt. Die unerwünschten Verteilungseffekte treten nicht vorwiegend deshalb auf, weil der Beschäftigungsgrad steigt, sondern weil das Ziel der Vollbeschäftigung vorrangig über Investitionsanreize an die Unternehmungen angesteuert wird.

Wenn wir bedenken, daß keynesianische Arbeitslosigkeit entsteht, weil die private Nachfrage nicht ausreicht, Vollbeschäftigung zu garantieren, läßt sich ohne weiteres erkennen, daß ein Anstieg der Beschäftigung auch ohne die unerwünschten verteilungspolitischen Nebenwirkungen erreicht werden könnte. Werden beispielsweise die Transfereinkommen und mit ihnen die Konsumnachfrage erhöht, tritt ebenfalls die für eine Beschäftigungssteigerung notwendige Nachfragesteigerung ein, ohne daß eine Umverteilung in die falsche Richtung – wie bei den Investitionsanreizen – ausgelöst wird.

Allerdings dürfte hier eher ein Fall einer **Konfliktverlagerung** als einer wirklichen **Konfliktvermeidung** vorliegen. Zwar werden die unerwünschten Nebenwirkungen auf die Einkommensverteilung vermieden, gleichzeitig steht aber zu befürchten, daß eine solche konsumsteigernde Beschäftigungspolitik sowohl die wachstums- als auch stabilitätspolitischen Ziele verletzt. Wenn es nämlich richtig ist, daß die Arbeitnehmer und Unselbständigen eine geringere marginale Sparneigung als die Selbständigen haben, werden wegen der politisch herbeigeführten Umverteilung der Einkommen langfristig die Ersparnisse und damit auch die Investitionen zurückgehen. Da die Kapazitäten aber nur steigen, wenn investiert wird, führt eine einseitige Forcierung des privaten Konsums längerfristig wohl vor allem zu steigenden Güterpreisen. Der umverteilungsbedingten Zunahme der gesamtwirtschaftlichen Konsumnachfrage entspricht somit keine gleich große Zunahme im Konsumgüterangebot.

Man sollte allerdings auch bedenken, daß zwischen den Zielen der Vollbeschäftigung und der Verteilung auch ganz unabhängig von der Wahl der Mittel gewisse Zielkonflikte bestehen können. Eine Beschäftigungspolitik kann sich deshalb selbst dann unerwünscht auf die Einkommensverteilung auswirken, wenn sich die beschäftigungspolitischen Aktivitäten nicht darin erschöpfen, finanzielle Anreize für private Investitionen zu schaffen. Auf der einen Seite ist nämlich bei einer Cobb-Douglas-Produktionsfunktion davon auszugehen, daß mit wachsender Beschäftigung und Produktion die Gewinnsumme einfach deshalb überproportional ansteigt, weil bei rückläufigem Grenzertrag der Arbeit sogenannte Differentialgewinne bei den inter-marginalen Unternehmungen entstehen. Die Einkommensquote verändert sich zwar nur bei gleichbleibender Kapazität. Da man allerdings davon ausgehen muß, daß steigende Kapazitäten der größeren Nachfrage erst zeitlich folgen, sind zumindest vorübergehend unerwünschte Veränderungen in der Einkommensverteilung zu erwarten.

Es gilt aber auch noch ein zweites zu bedenken. Wir haben an früherer Stelle zwischen klassischer und keynesianischer Arbeitslosigkeit unterschieden. In diesem Abschnitt haben wir aber bisher stillschweigend unterstellt, es gehe bei der staatlichen Beschäftigungspolitik nur darum, mit dem Problem „keynesianischer" Arbeitslosigkeit fertig zu werden. Wenn nun aber „klassische" Arbeitslosigkeit vorliegt, müssen sich effiziente beschäftigungspolitische Maßnahmen – unabhängig von den eingesetzten Mitteln – negativ auf die Einkommensverteilung auswirken. Bei „klassischer" Arbeitslosigkeit ist die zu geringe Beschäftigung auf eine zu geringe Rendite bzw. auf einen zu hohen Reallohn zurückzuführen. Damit kann aber ein Abbau der Arbeitslosigkeit nur in dem Maße erwartet werden, wie sich das Verhältnis von Renditen zu Reallöhnen zugunsten der Renditen verändert.

Ein Abbau „klassischer" Arbeitslosigkeit wirkt sich somit immer negativ auf die Lohnquote aus. Diese für die Arbeitnehmer negativen Verteilungswirkungen könnten allenfalls dadurch vermieden werden, daß man die Arbeitnehmer beispielsweise in Form einer betrieblichen Gewinnbeteiligung an den Kapitalerträgen beteiligt. Auf diesem Wege könnte man mit dazu beitragen, die negativen distributiven Wirkungen auszugleichen, die sich einstellen, weil sich die Relation zwischen Renditen und Reallöhnen zu Lasten der Reallöhne verändert.

4.5 Die Frage nach der Systemkonformität wirtschaftspolitischer Mittel

Wirtschaftspolitische Mittel können weiterhin daraufhin überprüft werden, inwieweit sie mit dem jeweiligen Wirtschaftssystem konform sind, in welchem Umfang sie einerseits den Grundsätzen dieses Systems entsprechen und inwieweit sie andererseits die Funktionsfähigkeit des Systems nicht beeinträchtigen. Die Frage nach der Systemkonformität könnte – soweit sie den zweiten Teil dieses Kriteriums betrifft – als ein Unterfall der Frage nach den Sekundärwirkungen angesehen werden, da hier nach den Sekundärwirkungen einer Maßnahme gefragt wird, die sich auf die Funktionsfähigkeit des Wirtschaftssystems beziehen.

Für das marktwirtschaftliche System wurde die Forderung nach Systemkonformität – hier Marktkonformität – vor allem von *W. Röpke* und *W. Eucken* aufgestellt. Als marktinkonform wurden danach alle politischen Maßnahmen bezeichnet, die in einem direkten Eingriff der Politik in den Marktprozeß bestehen, während marktkonform nur diejenigen politischen Maßnahmen sind, die sich auf Festsetzung allgemeiner Regeln – **Rahmenordnung** – beschränken und daher lediglich die Daten des Wirtschaftsprozesses beeinflussen. Machen wir uns diese Unterscheidung am Beispiel des Wohnungsmarktes klar. Nehmen wir an, der Staat verfolge im Rahmen der Wohnungspolitik das Ziel, einen starken Anstieg der Mieten zu verhindern. Er kann dieses Ziel einmal dadurch zu erreichen versuchen, daß er einen Mietstop verhängt oder Höchstmieten vorschreibt. Hier handelt es sich um einen direkten Eingriff in den Marktprozeß, also um eine marktinkonforme Maßnahme, da sich der Preis in einer Marktwirtschaft als Resultante von Angebot und Nachfrage ergibt.

Würde der Staat jedoch sein Ziel dadurch zu erreichen versuchen, daß er durch finanzielle Förderung der Bautätigkeit eine Steigerung des Angebotes und dadurch indirekt einen Preisdruck bewirkt, müßte man von marktkonformen Maßnahmen sprechen, da hier nur die Daten des wirtschaftlichen Entscheidungsprozesses beeinflußt wurden, die Entscheidungen selbst jedoch den Marktteilnehmern überlassen bleiben. Die unerwünschte Mietssteigerung wird hier infolge einer Verringerung der Zinskosten vermieden.

Th. Pütz hat darauf aufmerksam gemacht, daß man dieses Kriterium auf alle Wirtschaftssysteme übertragen und in diesem Sinne von der Frage nach der **Systemkonformität** sprechen kann. So müßte man z. B. Privateigentum an Produktionsvermögen als system**in**konform mit dem System einer staatlichen Planwirtschaft bezeichnen, weil Privateigentum und die damit verbundenen Entscheidungsbefugnisse der Eigentümer die staatlichen Entscheidungen durchkreuzen und damit in Frage stellen könnten.

In diesem Beurteilungskriterium der Markt- bzw. Systemkonformität wirtschaftspolitischer Mittel wurde von verschiedener Seite Kritik geübt. So wurde von *K. C. Thalheim* darauf hingewiesen, daß dieses Kriterium zu sehr die qualitative Seite betont und die quantitativen Probleme vernachlässigt. Er schlug vor, auch nach der Intensität der Systemkonformität zu fragen und zwischen systemnotwendigen, -förderlichen, -neutralen, -schädigenden und -zerstörenden Maßnahmen zu unterscheiden. Nach allgemeiner Auffassung, die jedoch von *F. A. v. Hayek* bezweifelt wird, gilt eine Monopolisierung der Banknotenschöpfung für das Funktionieren der Marktwirtschaft als **notwendig**. Der Wettbewerb zwischen den Unternehmungen sei weiterhin zwar für das Funktionieren der Marktwirtschaft förderlich, ohne daß jedoch der Markt bei Vorliegen monopolistischer Marktformen zusammenbreche. Allgemeine Umsatzsteuern gelten weitgehend als **marktneutral** in dem Sinne, daß von ihnen weder fördernde noch stark störende Effekte auf das marktwirtschaftliche System ausgehen. Prohibitivzölle werden hingegen als **schädigend** angesehen, da sie den Wettbewerb mit dem Ausland unterbinden und damit u. U. produktivitätssteigernde Anreize verhindern. Eine galoppierende Inflation, ausgelöst durch eine expansive Geldpolitik, gilt schließlich auf das marktwirtschaftliche System **zerstörend**, da nur bei einer voraussehbaren Kaufkraftentwicklung das für Geldtauschvorgänge notwendige Vertrauen besteht.

In einer weiteren Kritik, die von B. *Steinmann* vorgetragen wurde, wird darauf hingewiesen, daß das Kriterium der Marktkonformität lediglich auf **eine** qualitative Voraussetzung für das Funktionieren der Marktwirtschaft abhebt, obwohl etwa *W. Eucken* mehrere **konstitutive** Bedingungen für das Funktionieren einer Marktwirtschaft herausgearbeitet habe. Die Forderung nach einem freien Marktprozeß sei nur **eine** Bedingung unter anderen. Die Marktkonformität einer Maßnahme müsse daran gemessen werden, ob auch die anderen von *Eucken* aufgestellten konstitutiven Bedingungen (Primat der Währungspolitik, offene Märkte, Vertragsfreiheit, volle Haftung des Privateigentums, Konstanz der Wirtschaftspolitik) erfüllt seien. Es ist nämlich davon auszugehen, daß bei Berücksichtigung all dieser konstitutiven Bedingungen auch Maßnahmen, die im Hinblick auf den funktionierenden Marktmechanismus als unbedenklich zu gelten haben, im Hinblick auf andere Merkmale als marktinkonform einzustufen sind. So greifen z. B. Schutzzölle nicht unmittelbar in den Marktprozeß ein, sie verletzen jedoch das Prinzip offener Märkte. Eine solche Ausweitung des Beurteilungskriteriums der Marktkonformität verringert zwar den Handlungsspielraum der Politiker, aber es geht gerade hierbei der beabsichtigte Vorteil dieses Kriteriums, nämlich seine Einfachheit in der Anwendung, verloren.

Pütz macht weiterhin darauf aufmerksam, daß die Frage, ob eine konkrete Maßnahme der Wirtschaftspolitik als marktkonform bezeichnet werden kann, oftmals von den **näheren Umständen** abhängt, so daß durchaus ein und dieselbe Maßnahme unter anderen Umständen auch unterschiedlich eingestuft werden muß. Der Konformitätscharakter einer Maßnahme hänge erstens bisweilen davon ab, in welcher Konjunkturphase eine Maßnahme eingesetzt werde. So könnten Eingriffe in den Preisprozeß in einer Depression möglicherweise marktstabilisierend wirken, da sie eine – die Marktordnung gefährdende – Deflationsspirale von Preis-Lohn-Preissenkungen unterbinden helfen. Obwohl also Eingriffe in den Preisprozeß im allgemeinen als marktinkonform bezeichnet werden müßten, könnten diese in einer Depressionsphase ausgesprochen marktförderlich sein.

Zweitens komme es zur Beurteilung der Marktkonformität einer Maßnahme auch darauf an, in welchem Bereich der Marktwirtschaft sie eingesetzt werde. Wir erwähnten bereits, daß eine Monopolisierung der Notenausgabe auch für marktwirtschaftliche Ordnungen lange Zeit als notwendig erachtet werden, obwohl Monopolisierungen auf Gütermärkten in der Regel als marktschädigend angesehen werden. Erst in jüngerer Zeit wurden auch in diesem Bereich vor allem von *F. A. v. Hayek* monopolistische Praktiken in Frage gestellt.

Schließlich weist *Pütz* drittens darauf hin, daß auch das **Ausmaß** des Mitteleinsatzes darüber entscheiden kann, ob die Maßnahme marktkonform oder marktinkonform ist. Eine geringfügige Vermehrung der Geldmenge kann stabilisierend wirken, sie wird auf jeden Fall das System nicht in starkem Maße beeinträchtigen. Es kann jedoch kein Zweifel darüber bestehen, daß eine Verdopplung der Geldmenge in einer sehr kurzen Periode (z. B. einem Monat) die Gefahr eines Zusammenbruches der Marktwirtschaft heraufbeschwören würde.

Wir erwähnten oben, daß die Frage nach der Systemkonformität als Unterfall der Frage nach den negativen Sekundärwirkungen angesehen werden kann. Trotzdem werden beide Kriterien zumeist so formuliert, daß ein wesentlicher Unterschied zwischen ihnen besteht. Das Kriterium der Sekundärwirkungen hebt auf **Wirkungen** ab, die bei Realisierung bestimmter Maßnahmen erwartet werden. Über diese Wirkungszusammenhänge bestehen im allgemeinen Theorien, die immer nur mehr oder weniger, niemals aber endgültig bestätigt sind.

Das Kriterium der Systemkonformität hebt jedoch auf bestimmte **Merkmale** einer Maßnahme ab. Sie können eindeutig festgestellt werden, ohne daß hierbei die Gültigkeit einer Theorie zur Diskussion steht. Ob beispielsweise nach dem von *Röpke* formulierten Marktkonformitätskriterium eine preispolitische Maßnahme als marktkonform eingestuft werden kann, ist relativ einfach und zumeist eindeutig zu entscheiden. Es muß nur geprüft werden, ob der Staat wirtschaftliche Entscheidungen selbst übernimmt oder ob er sich darauf beschränkt, diejenigen Daten zu ändern, die das Verhalten der Wirtschaftssubjekte beeinflussen. Die Frage nach der Marktkonformität wird hier zu einem Problem der **klassifikatorischen Zuordnung.** Sie ist im allgemeinen sehr viel einfacher zu beantworten als etwa die Frage nach den Sekundärwirkungen. Im Hinblick auf seine einfache Handhabung ist das Kriterium der Marktkonformität somit dem Kriterium der Sekundärwirkungen **überlegen.**

Nun muß man sich aber darüber klar werden, daß der Anwendung der Konformitätskriterien oftmals ebenfalls eine Theorie zugrunde liegt. Als markt**in**konform wird ein Eingriff in den Preisprozeß in der Regel nicht nur deshalb angesehen, weil Eingriffe in den Preisprozeß eine Einschränkung der individuellen Handlungsfreiheit darstellen und weil eine solche Einschränkung negativ beurteilt wird. Hier handelt es sich in der Tat um logische Beziehungen, die eindeutig entschieden werden können, wenn man eine bestimmte Wertposition (Erhaltung der individuellen Handlungsfreiheit) bezieht. Zumeist wird der Eingriff in den Preisprozeß aber auch deshalb als markt**in**konform bezeichnet, weil man unterstellt, daß sich diese Eingriffe nicht auf einen einzelnen beschränken lassen, sondern daß Eingriffe in einem Teilmarkt weitere Eingriffe in anderen Teilmärkten notwendig machen und daß dies schließlich zu einem totalen staatlich-planwirtschaftlichen System führe.

Bei dieser These von der **Instabilität von Mischsystemen** im Sinne einer Tendenz zum staatlichen Plansystem handelt es sich in der Tat ebenfalls um eine Theorie über einen Wirkungszusammenhang, der empirisch überprüft werden muß und der immer nur als vorläufig bestätigt angesehen werden kann. In der Tat erscheint es nicht nur plausibel, sondern entspricht auch der bisherigen Erfahrung, daß es zumeist nicht bei einem isolierten staatlichen Eingriff in einem Teilbereich bleibt, sondern daß ein Eingriff in einen Markt notwendigerweise Eingriffe in anderen Märkten nach sich zieht.

Dieser Wirkungszusammenhang ergibt sich aus den **Komplimentaritäts- und Substitutionsbeziehungen** der Märkte untereinander. So führt z. B. eine künstliche Verknappung auf dem einen Markt zu Verknappungserscheinungen auf allen nachgelagerten Märkten. Andererseits widerspricht es der Erfahrung, daß eine permanente Tendenz zur staatlichen Planwirtschaft besteht, und zwar in dem Sinne, daß Mischsysteme aufgrund einer Eigengesetzlichkeit in einer totalen staatlichen Planwirtschaft enden. Die Nachkriegsentwicklung in Deutschland ist ein Beispiel dafür, daß ein System, das in der unmittelbaren Nachkriegszeit mit einem überwiegend planwirtschaftlichen System begann, sich sehr wohl wieder in Richtung Marktwirtschaft entwickeln kann.

Alternativ zur Instabilitätsthese wird bisweilen auch eine **Konvergenzthese** vorgetragen, nach der die beiden konkurrierenden Systeme „Marktwirtschaft" und „staatliche Planwirtschaft" die Tendenz hätten, sich aufeinander zuzubewegen. Auch im Hinblick auf diese These wird man einräumen müssen, daß in den letzten Jahrzehnten die marktwirtschaftlichen Systeme planwirtschaftliche Elemente übernommen haben und daß auch die sozialistischen Planwirtschaften gewisse Dezentralisierungen zugelassen haben. Nichts deutet jedoch darauf hin, daß es sich hierbei um einen zwangsläufigen Prozeß handelt, der nicht zeitweise unterbrochen werden und sich in die Gegenrichtung bewegen kann.

Gleichgültig, wie man die empirische Relevanz dieser beiden Alternativhypothesen einschätzt, so ist doch ein entscheidender Unterschied zwischen den Theorien festzustellen, die dem Kriterium der Sekundärwirkungen und dem Konformitätskriterium zugrunde liegen: Die dem Konformitätskriterium zugrunde liegende Instabilitätsthese hat den Charakter einer **Musteraussage.** Sie wird nicht für jede Einzelmaßnahme behauptet, es wird nur davon gesprochen, daß inkonforme Maßnahmen im allgemeinen diese Tendenz aufweisen. Beim Kriterium der Sekundärwirkungen geht man jedoch im allgemeinen von der Vorstellung aus, daß eine konkrete zur Diskussion stehende Einzelmaßnahme die unterstellten Wirkungen nach sich zöge. Die Anhänger des Konformitätskriteriums hängen hingegen der Vorstellung nach, daß wegen der hohen Komplexität gesamtwirtschaftlicher Zusammenhänge keine Einzelwirkungsaussagen, sondern bestenfalls nur Musteraussagen möglich seien (**Theorie komplexer Phänomene**).

Schließlich gilt es festzustellen, daß dem Konformitätskriterium eine bestimmte **Zielgewichtung** zugrunde liegt. Wir hatten bereits darauf hingewiesen, daß die Anwendung des Inkonformitätskriteriums auch damit begründet wird, daß ein Eingriff in den Freiheitsspielraum des einzelnen als solcher negativ zu bewerten sei. Nun wird man im allgemeinen davon ausgehen müssen, daß sich die Mehrzahl der zur Diskussion stehenden Maßnahmen unterschiedlich auswirkt, daß bestimmte Ziele begünstigt, andere benachteiligt werden. Weiterhin wird man unterstellen müssen, daß je nach Weltanschauung die einzelnen berührten Ziele unterschiedlich gewichtet werden. Dies bedeutet, daß ein und dieselbe Maßnahme im Hinblick auf ein Zielsystem unterschiedlich beurteilt werden kann, je nachdem welche Gewichtung der Ziele als erwünscht angesehen wird.

In diesem erweiterten Sinne gibt es keine Zielkonformität schlechthin. Die Beantwortung dieser Frage fällt vielmehr je nach Wertposition ganz unterschiedlich aus. Nur bei ganz wenigen Maßnahmen dürften die Auswirkungen auf die unterschiedlichen Ziele – Freiheit, Sicherheit, materieller Wohlstand, Gleichheit etc. – in die gleiche Richtung weisen, also in dem Sinne konform sein, daß alle Ziele gefördert werden, oder aber inkonform, weil alle Ziele beeinträchtigt werden. Das von *Röpke* formulierte Marktkonformitätskriterium ist in diesem Sinne auf eine ganz bestimmte Gewichtung der Ziele ausgerichtet, bei der Freiheitsziele den Sicherheits- und Gleichheitszielen ganz eindeutig übergeordnet werden.

4.51 Beispiel: Zur Marktkonformität außenwirtschaftlicher Maßnahmen

Legen wir das von *W. Röpke* formulierte Kriterium der Marktkonformität zugrunde, dann müßten wir eigentlich Importzölle als marktkonform einstufen. Erhebt der Staat auf ein bestimmtes Gut bei dessen Import einen Zoll, werden durch diese politische Maßnahme weder die Preise noch die zu importierenden Mengen dieses Gutes vom Staat festgelegt. Nach wie vor bestimmt sich Preis und Menge dieses Gutes nach Marktgesetzen: Anbieter und Nachfrager können frei darüber entscheiden, welche Mengen dieses Gutes sie anbieten bzw. nachfragen wollen. Entstehen Marktungleichgewichte, wird sich der Preis aufgrund des Zusammenwirkens von Angebot und Nachfrage solange verändern, bis schließlich wieder ein Gleichgewicht erzielt ist.

Der Staat bestimmt somit bei der Erhebung eines Importzolles zwar die Daten des Marktes, die Preishöhe des importierten Gutes ändert sich aufgrund dieser Maßnahme. Trotzdem legt der Staat weder die Höhe des Preises – wie etwa bei einem Festpreis – noch die genaue Importmenge – wie etwa bei einem Importkontingent – eindeutig fest. Dennoch ergeben sich gewisse Zweifel, ob nicht bestimmte Importzölle – wie etwa Prohibitivzölle – nicht doch als marktinkonform eingestuft werden müssen. Von **Prohibitivzöllen** spricht man immer dann, wenn der Zollsatz so hoch angesetzt wird, daß der Import der betroffenen Waren total verhindert wird. Ein solcher Zoll hat nun keinesfalls nur zur Folge, daß die Daten des Marktes politisch verändert werden. Vielmehr kann sich aufgrund eines solchen Zolles das Marktgeschehen auch ganz entscheidend verändern.

Die Funktionsfähigkeit eines Marktes steht und fällt mit der Intensität des Wettbewerbs der Marktteilnehmer untereinander. Nur in dem Maße, in dem die Anbieter und Nachfrager heftig miteinander konkurrieren, kann damit gerechnet werden, daß die Güter angeboten werden, die auch von den Nachfragern benötigt werden. Nur ein intensiver Wettbewerb sorgt für eine Anpassung von Angebot und Nachfrage und minimiert den Machteinfluß einzelner Marktpartner; nur bei intensivem Wettbewerb ist eine Garantie dafür gegeben, daß das Einzelinteresse auf das Interesse der Gesamtheit koordiniert wird. In dieser Funktion liegt somit eine Rechtfertigung für einen freien Markt.

Erhebt nun aber der Staat einen prohibitiven Zoll auf bestimmte Güter, schaltet er damit potentielle Konkurrenz aus dem Ausland aus und ermöglicht gerade auf diesem Wege den Anbietern im Inland möglicherweise monopolistische Praktiken. Die inländischen Unternehmer können sich nun in einem Kartell zusammenschließen, die Gütermengen verknappen und die Güterpreise über den Wettbewerbspreis ansetzen, ohne befürchten zu müssen, daß diese monopolistischen Praktiken durch Konkurrenz aus dem Ausland konterkarriert werden.

Natürlich kann der Staat auch versuchen, durch interne Wettbewerbsgesetze solche monopolistischen Tendenzen im Inland zu unterbinden. Entscheidend ist aber, daß eine solche Gesetzgebung weder notwendig noch ausreichend ist, um einen funktionsfähigen Wettbewerb zu garantieren. Eine **Antimonopolgesetzgebung** ist nicht unbedingt notwendig, weil der Wettbewerb ohne gesetzlichen Eingriff im allgemeinen aufrechterhalten werden kann, wenn keinerlei Beschränkungen der Marktzugänge stattfinden. Die Importzölle stellen aber die wohl wichtigste Form von Marktzugangsbeschränkungen dar. Eine Antimonopolgesetzgebung ist oftmals aber auch nicht ausreichend, da der Staat keine Möglichkeit hat, kartellartige Zusammenschlüsse wirklich lückenlos zu kontrollieren und zu verbieten.

Aus dieser Sicht müssen zumindest Prohibitivzölle als marktinkonform eingestuft werden, da sie erst monopolistische Praktiken ermöglichen. Sie beschränken aber nicht nur das wirtschaftliche Aktionsfeld aller Marktpartner, sondern reduzieren auch den Wettbewerb auf den Märkten. Damit unterminieren sie aber den wichtigsten Rechtfertigungsgrund für eine liberale Wirtschaftsordnung.

Auf der anderen Seite gibt es im Bereich der Außenwirtschaftspolitik aber auch Maßnahmen, die zwar vordergründig dem von Röpke formulierten Prinzip der Marktkonformität widersprechen, aber dennoch auch von liberalen Wirtschaftswissenschaftlern mit dem Argument verteidigt werden, daß gerade sie eine freie Marktwirtschaft garantieren.

Dieses Argument wird oft vorgebracht, wenn es darum geht, staatlich **fixierte Wechselkurse** zu verteidigen. Formal gesehen handelt es sich hierbei eindeutig um eine Verletzung des Prinzips der Marktkonformität in der von *W. Röpke* formulierten Form. Der Preis der ausländischen Währungen wird hier von seiten des Staates oder einer Staatengemeinschaft festgelegt. Die Notenbanken haben sich verpflichtet, so auf den Devisenmärkten zu intervenieren, daß die Wechselkurse nicht über die festgelegten Bandbreiten hinaus schwanken können.

Die Anhänger eines Systems nominell fester Wechselkurse argumentieren nun aber, daß nur bei zeitlich weitgehend konstanten realen Wechselkursen ein freier Außenhandel garantiert werden könne. Garantierte man nominelle feste Kurse, wären auch die realen konstant. Das mit frei schwankenden nominellen Wechselkursen verbundene Risiko des außenwirtschaftlichen Verkehrs sei zu groß, um eine effiziente internationale Arbeitsteilung zu ermöglichen. Auf den einzelnen Binnenmärkten sei der Unternehmer zwar auch einem Marktrisiko ausgesetzt, dieses beziehe sich aber auf eng umgrenzte Bereiche. Es gehe um die Technologie eines bestimmten Gutes und um die Marktpartner eines eng umgrenzten Marktbereiches.

Beim Außenhandel spiegeln sich demgegenüber aber im freien nominellen Wechselkurs die Datenänderungen wider, die in allen Ländern auftreten, die am freien Außenhandel beteiligt sind und die sich darüber hinaus auf alle Güter beziehen, die in den Außenhandel eingehen. Die Unternehmungen seien eindeutig überfordert, alle diese Änderungen zu verfolgen und bei seinen Entscheidungen zu berücksichtigen. Es steige nicht nur der Umfang der Risiken um ein Vielfaches an, vielmehr ändere sich auch die Qualität des Risikos, da die Umweltbedingungen der unterschiedlichsten Länder erkannt werden müßten.

Damit stehe aber zu befürchten, daß bei völlig freien Wechselkursen die internationale Arbeitsteilung zusammenbreche. Dann würde man aber nicht nur auf die Produktivitätsgewinne der internationalen Arbeitsteilung verzichten, auch die potentielle Konkurrenz ausländischer Anbieter würde entfallen, die wiederum – wie wir oben gesehen haben – von konstitutioneller Bedeutung ist, wenn man eine marktwirtschaftliche Ordnung wirklich aufrechterhalten will.

Die Erfahrungen in den 70er und 80er Jahren konnten allerdings diese Befürchtungen nicht bestätigen. In dieser Zeit schwankten nicht nur die nominellen, sondern auch die realen Wechselkurse vor allem gegenüber dem Dollar ganz beträchtlich. Der internationale Handel mit Gütern und Diensten brach aber dennoch nicht zusammen. Die bisher vorliegenden empirischen Untersuchungen konnten dann auch die These nicht bestätigen, wonach stark schwankende Wechselkurse den internationalen Handel negativ tangieren. Selbst die starken Dollarkursschwankungen haben den Handel mit den Vereinigten Staaten oder mit Waren, die in Dollar fakturiert werden, wohl nicht eingeschränkt. Flexible Wechselkurse haben somit den Außenhandel nicht signifikant beeinträchtigt. Auch der internationale Kapitalverkehr ist durch das Wechselkursrisiko nachweislich nicht behindert worden. Der Grund ist möglicherweise darin zu sehen, daß sich bei flexiblen Wechselkursen viel eher „dikke" Devisenterminmärkte bilden, auf denen sich dann die Akteure im internationalen Handel – gegen ein Entgelt – vor möglichen Kursrisiken schützen können.

Kapitel 5:
Trägeranalyse

Im Rahmen der Trägeranalyse geht es um die Sachinformationen, die die Wirtschaftswissenschaft zu der Frage beisteuern kann, welchem Träger bestimmte wirtschaftspolitische Aufgaben übertragen werden sollen. In Kapitel 1 hatten wir bereits ausgeführt, daß es unzweckmäßig ist, die Definition der Politik so einzuengen, daß nur Aktivitäten des Staates der Politik zugerechnet werden. Entsprechend der hier gewählten Definition werden zum Teil auch private Organisationen – beispielsweise die Tarifpartner – zu den Trägern der Wirtschaftspolitik gerechnet. Weiterhin haben wir bei der Einteilung der Wirtschaftspolitik nach Trägern gesehen, daß auch innerhalb des Staates mehrere Organe zu unterscheiden sind. In der Trägeranalyse ist also nicht nur die Frage zu diskutieren, ob bestimmte Aufgaben dem Staat oder einer privatrechtlichen Organisation übertragen werden sollen, sondern auch die weitere Frage, welches staatliche Organ mit bestimmten Aufgaben betraut werden soll.

Im einzelnen wollen wir zwischen fünf verschiedenen Beurteilungskriterien unterscheiden:

1) Was sind die charakteristischen Merkmale der einzelnen Träger? Diese Frage ist deshalb von Bedeutung, weil nur bei Kenntnis dieser Merkmale die Überlegenheit eines Trägers beurteilt werden kann (Frage nach den **charakteristischen Merkmalen** eines Trägers).

2) Spielt bei der Lösung des Trägerproblems ein Eigenwert insofern eine Rolle, als in der Übertragung von gesellschaftlichen Aufgaben an dezentrale und private Organisationen ein Eigenwert gesehen wird? (Frage nach dem **Eigenwert von Trägern**: das Subsidiaritätsprinzip).

3) Eigenwertvorstellungen können bei der Lösung des Trägerproblems auch insofern von Bedeutung sein, als an den **Willensbildungsprozeß** des Trägers bestimmte Anforderungen gestellt werden, die unabhängig von seiner funktionellen Eignung erfüllt sein sollten (Frage nach dem Eigenwert von Trägern: der demokratische Aufbau).

4) Von zentraler Bedeutung im Rahmen des Trägerproblems ist allerdings die Frage nach der Eignung des Trägers zur Lösung wirtschaftspolitischer Probleme. Seine Eignung kann erstens in dem Maße in Frage gestellt werden, in dem das Eigeninteresse des Trägers mit den zur Lösung der übertragenen Aufgabe notwendigen Aktivitäten in Widerspruch gerät. Es ist also zu untersuchen, ob Kollisionen zwischen dem Eigeninteresse und der Aufgabenstellung bestehen (Frage nach Eignung des Trägers: **die Interessenkollision**).

5) Eine Nichteignung eines Trägers kann sich zweitens auch daraus ergeben, daß ein Träger gar nicht über die Mittel verfügt, die notwendig sind, um die ihm übertragenen Aufgaben befriedigend zu erfüllen. Es ist deshalb zu überprüfen, ob die Eignung eines Trägers an fehlenden Möglichkeiten scheitert (Frage nach der Eignung des Trägers: **mangelnde Möglichkeiten**).

5.1 Die Frage nach den charakteristischen Merkmalen wirtschaftspolitischer Träger

Wie erwähnt werden Träger nach ihrer funktionalen Eignung und nach ihrem Eigenwert beurteilt. Diese Frage kann aber nur dann geklärt werden, wenn die wichtigsten Eigenschaften dieses Trägers bekannt sind.

Wirtschaftspolitische Aufgaben können einer einzelnen Institution oder aber einer Gemeinschaft von Institutionen übertragen werden. Wenden wir uns zunächst den Problemen zu, die bei der Charakterisierung einzelner Institutionen entstehen. Nur in wenigen Fällen besteht ein wirtschaftspolitisches Organ aus einer Person allein, so daß aus trivialen Gründen keine Koordinations- und Willensbildungsprozesse notwendig sind. Besteht aber ein Einzelorgan aus einer Vielzahl von Personen, so ergeben sich im Zusammenhang mit dem **Willensbildungsprozeß** zwei Fragen:

1) Wie wird der Wille eines aus mehreren Personen bestehenden Organs festgestellt (Frage nach den **Abstimmungsregeln**)?

2) Welche Faktoren wirken auf einen Kompromiß, der die zunächst unterschiedlichen Meinungen der Mitglieder eines Organs zusammenführt (Frage nach den Mechanismen zur **Kompromißfindung**)?

Im Hinblick auf die **Abstimmungsregeln** können recht unterschiedliche Verfahren unterschieden werden. So kann die Entscheidung beim Vorsitzenden des Gremiums liegen, wobei den sonstigen Mitgliedern hier nur beratende Funktion zukommt. Im allgemeinen dürfte aber die Mehrheit der Stimmen für die Willensbildung maßgebend sein. Dabei ist zwischen Lösungen zu unterscheiden, bei denen alle Mitglieder nur über eine Stimme verfügen (z.B. im Bundestag der Bundesrepublik Deutschland) und Lösungen, bei denen die einzelnen Mitglieder über eine unterschiedliche Anzahl von Stimmen verfügen (z.B. die Länder im Bundesrat). Für das Zustandekommen eines Beschlusses kann eine einfache bzw. qualifizierte oder eine absolute Mehrheit vorgeschrieben sein. Bisweilen ist sogar – vor allem bei internationalen Gremien – Einstimmigkeit verlangt.

Kompliziertere Spielregeln liegen vor, wenn sich die Mitglieder eines Organes in Teilgruppen gliedern, wobei jede Teilgruppe nur einheitlich abstimmen kann. Ein wichtiges Problem bei der Ausgestaltung der Abstimmungsregeln stellt auch die Frage dar, wie Pattsituationen vermieden bzw. aufgelöst werden können. So sehen Satzungen bisweilen in diesem Falle einen Losentscheid vor oder geben der Stimme des Vorsitzenden den Ausschlag. Auch die Bestimmung, daß die Mitgliederanzahl ungerade sein muß, stellt einen Versuch dar, Pattsituationen zu vermeiden.

Bei den Fragen nach den **Einigungsmechanismen** kann im allgemeinen nicht damit gerechnet werden, daß die einzelnen Mitglieder eines politischen Organs von vornherein die gleichen Auffassungen über die Lösung bestimmter politischer Probleme mitbringen. Trotzdem kommen in der überwiegenden Zahl der Fälle Beschlüsse zustande, wobei Organe im allgemeinen nur dann als funktionsfähig angesehen werden, wenn die Beschlüsse nicht zu knappe Mehrheiten aufweisen und bestimmte Teilgruppen nicht permanent überstimmt werden können. Es bedarf also in der Regel des Kompromisses zwischen den unterschiedlichen Auffassungen zu Beginn der Diskussion. Daneben entsteht die Frage, welche Faktoren auf eine Einigung der einzelnen Mitglieder hinwirken.

Zunächst werden im allgemeinen **gemeinsame Kulturwerte** darauf hinwirken, daß die Meinungen nicht zu weit auseinander liegen. In ähnlicher Weise trägt die Zugehörigkeit zur gleichen politischen Partei oder Koalition sicherlich zu einheitlichen Grundauffassungen bei.

Der **Stimmenaustausch** – vote trading – stellt einen weiteren Einigungsmechanismus dar. Hier ist eine Gruppe bereit, in einer Teilfrage nachzugeben, wenn im Ausgleich dafür andere Gruppen in einer anderen Teilfrage ebenfalls bereit sind, ihr entgegenzukommen. Weiterhin kann zweitens die **Ungewißheit** über die Entscheidung des anderen den einzelnen veranlassen, weitgehende Kompromisse zu schließen, um sich auf diese Weise der Stimme des anderen zu versichern. So kann die Unsicherheit darüber, ob für die eigene Meinung mit einer ausreichenden Mehrheit zu rechnen ist, den einzelnen veranlassen, von seiner extremen Position abzurücken. Ferner steigt die Bereitschaft zum vote trading bei Unsicherheit auch deshalb an, weil man sich hier irrtümlicherweise die Zustimmung auch solcher Gruppen durch Kompromisse glaubt sichern zu müssen, die auch ohne Gegenleistung aus eigenem Antrieb hierfür gestimmt hätten.

Auch die **Diskussion** als solche kann unter gewissen Voraussetzungen einigend wirken, sofern sie dazu beiträgt, den Informationshorizont der einzelnen Mitglieder auszuweiten und so u. U. eine Änderung der Positionen der einzelnen auf rationale Weise ermöglicht. Aber nur bei gleicher Grundposition oder im Hinblick auf Sachprobleme kann die bessere Einsicht einen Kompromiß herbeiführen.

Weiterhin haben *J. Rawls* u. a. in anderem Zusammenhang darauf aufmerksam gemacht, daß auch die **Ungewißheit** darüber, wie sich bestimmte Beschlüsse auf die **eigene Position** auswirken werden, Kompromißbereitschaft erzeugen kann. Erkenne der einzelne genau, wie sich eine Maßnahme auf seine eigene Position auswirkt, so müsse damit gerechnet werden, daß das Eigeninteresse den Ausschlag gebe, wie sich der Betreffende entscheidet. Fehle jedoch dieses Wissen, so sei die Wahrscheinlichkeit groß, daß der einzelne die Frage mehr nach übergeordneten Gesichtspunkten – Gerechtigkeitsvorstellungen – entscheide und daß sich – gleiche Grundwerte vorausgesetzt – auf diese Weise die Meinungen einander annähern.

Nach *J. Harsanyi* und *D. C. Mueller* liegen hier aber nur **quasi**-altruistische Verhaltensweisen vor: Der einzelne komme nämlich bei Unsicherheit auch aus Eigeninteresse zu den gleichen Entscheidungen. Begründet wird dies damit, daß der einzelne nicht weiß, in welcher gesellschaftlichen Position (z. B. Empfänger hohen oder niedrigen Einkommens) er sich in Zukunft befinden wird und deshalb aus Eigeninteresse alle möglichen Positionen in sein Kalkül als gleichwahrscheinlich einbezieht. Schließlich kann auch die **Androhung** mit formellen oder informellen Strafen (z. B. Ausschluß aus der Partei) Kompromißbereitschaft fördern.

Welche Koordinationsprobleme entstehen nun, wenn eine bestimmte Aufgabe **mehreren Trägern** übertragen wird? Welche Arten einer solchen externen Koordination lassen sich hier unterscheiden? Eine erste Form der Koordination kann darin bestehen, daß von vornherein eine klare **Aufgabentrennung** festgelegt wird, die alle weiteren Koordinationsbemühungen überflüssig macht. So könnte beispielsweise bestimmt werden, daß sich die Notenbank allein um die äußere Geldwertstabilität zu bemühen habe, während die Sicherung der inneren Geldwertstabilität Sache der Regierung sei (so etwa der Vorschlag von *H. G. Johnson* und *R. A. Mundell* in ihrer **policy-mix**-Strategie).

Zumeist wird eine solche klare Aufgabentrennung aber nicht vorgenommen, da sie nur realisierbar ist, wenn die gesellschaftlichen Aufgaben exakt bekannt sind. In einer **dynamischen** Gesellschaft entstehen aber immer wieder neue Probleme, für die dann die Zuordnung der Kompetenz unklar ist. Darüber hinaus ist es fraglich, ob eine solche klare Aufgabentrennung – falls möglich – überhaupt erwünscht ist, da sie zugleich eine Monopolstellung für politische Entscheidungen schafft.

Eine zweite Möglichkeit der externen Koordination ergibt sich aus dem Prinzip der **konkurrierenden Kompetenzverteilung** so wie sie beispielsweise das Grundgesetz der Bundesrepublik Deutschland in der Frage der Aufgabenverteilung auf Bund und Länder vorsieht. Hier haben prinzipiell alle konkurrierenden Träger die Möglichkeit, eine Initiative für politische Reformmaßnahmen zu ergreifen. Werden aber Bund und Länder zugleich initiativ tätig, so liegt die Befugnis bei einem vorher bestimmten Träger. Bei einer solchen Regelung ist die Chance, daß bestimmte Probleme gelöst werden, größer als bei einer klaren Aufgabentrennung, da eine Aufgabe sowohl dann angegangen wird, wenn der Bund, aber auch wenn die Länder ein Interesse an der Realisierung dieser Maßnahme haben. Ferner kann auch der Wettbewerb um die Trägerschaft leistungssteigernd wirken.

Eine dritte Art der externen Koordination besteht darin, daß die einzelnen beteiligten Träger in gemeinsamen **Verhandlungen** einen Kompromiß herbeiführen. Diese Form wird vor allem bei gemeinsamen Lösungsversuchen auf internationaler Ebene gewählt. Erfolgreich sind Verhandlungen allerdings nur dann, wenn die einzelnen Partner auch über **Tauschmöglichkeiten** oder **Drohpotentiale** verfügen, mit deren Hilfe sie ein Entgegenkommen der anderen Träger veranlassen können.

Eng hiermit zusammen hängt der **Schlichtungsmechanismus,** bei dem einem unbeteiligten Dritten die Aufgabe zugewiesen wird, die Verhandlungsparteien, die allein zu keiner Einigung gelangt sind, doch noch zur Einigung zu führen. Falls diese Schlichtung auf freiwilliger Grundlage erfolgt, entsteht hier allerdings die Frage, wie es einem Dritten überhaupt gelingen kann, streitende Verhandlungspartner zu einer Einigung zu bewegen. Entweder gibt es eine Lösung, der beide Parteien zustimmen können, dann ist zwar eine Schlichtung denkbar, aber man muß sich fragen, warum die streitenden Parteien diese Lösung nicht auch ohne Hinzuziehung eines Schlichters erreichen konnten. Wenn aber eine solche Lösung nicht denkbar ist, dann wäre eine Schlichtung zwar notwendig, aber nicht möglich. Wie kann man nun dieses Schlichtungsdilemma auflösen?

Eine erste Möglichkeit für eine erfolgreiche Schlichtung besteht dann, wenn die Verhandlungspartner aufgrund von aufkommenden Emotionen auf **irrationalen** Positionen beharren, die ihrem eigenen Interesse widersprechen: Hier könnte der Schlichter möglicherweise eine Einigung herbeiführen, wenn es ihm gelingt, die streitenden Parteien zu rationalem Handeln anzuhalten. Die hierauf basierenden Schlichtungsversuche müssen wohl eher als gering eingeschätzt werden.

Eine zweite Möglichkeit zu einer erfolgreichen Schlichtung ist dann gegeben, wenn zwar eine Einigung zwischen den streitenden Parteien möglich wäre und solche Lösungen auch von der Gegenseite angeboten werden, aber das **Vertrauen** fehlt, daß die Gegenseite ihr Versprechen auch hält. Diese Gefahr ist vor allem deshalb gegeben, weil das **Bluffen** ein häufig angewandtes Instrument des Verhandlungskampfes ist. So trägt der Verhandlungskampf selbst dazu bei, daß im Verlaufe der Verhandlungen nicht mehr das für einen endgültigen Kompromiß notwendige gegenseitige Vertrauen vorhanden ist. Hier könnte ein Schlichter eine Einigung dadurch ermöglichen, daß er für die Vertrauenswürdigkeit der jeweiligen Gegenseite bürgt.

Eine dritte Möglichkeit der Einigung durch einen Schlichter besteht darin, daß erfahrungsgemäß ein Kompromiß vor den eigenen Mitgliedern und der Öffentlichkeit einen größeren **Prestigeverlust** herbeiführt, wenn der einzelne freiwillig dem Gegner nachgibt, als wenn ein unbeteiligter Dritter – der Schlichter – dieses Nachgeben empfiehlt.

Viertens könnte eine Schlichtung auch dann Erfolg haben, wenn der Schlichter demjenigen der zu einem Kompromiß bereit ist, gewisse **Vorteile** in Aussicht stellt. So hat etwa der Staat eine Einigung der Tarifpartner bisweilen dadurch herbeigeführt, daß er den Unternehmungen Subventionen anbot. Die Vorteile, die der Schlichter der nachgebenden Partei verschafft, müssen aber nicht unbedingt materieller Art sein. Der Schlichter könnte die Öffentlichkeit auch dahingehend beeinflussen, daß ein Nachgeben einen Prestigegewinn zur Folge hat. Schließlich kann ein Schlichter auch dann erfolgreich sein, wenn er **kreativ** tätig wird und eine bisher nicht bekannte Lösung vorschlägt, der dann beide Parteien zustimmen können.

Eine ganz andere Art von Koordination liegt bei der politischen **Führerschaft** vor, bei der ein einzelner Träger führt und die übrigen Träger bereit sind, sich dem Verhalten dieses politischen Trägers anzupassen. So hat sich beispielsweise bei den Tarifverhandlungen eine **Lohnführerschaft** bei bestimmten besonders starken Gewerkschaften herausgebildet.

Zu einer mehr **automatischen Anpassung** der einzelnen Träger untereinander kommt es, wenn das Eigeninteresse der einzelnen Träger zu einem stabilen Kompromiß führt. In diesem Sinne wirken auch im politischen Bereich oft Mechanismen, wie sie in der **Oligopoltheorie** für den Fall der beiderseitigen Anpassung beschrieben wurden. So kann etwa die Politik der Gemeinden bei der Festsetzung der Hebesätze für die Gemeindesteuern einen solchen automatischen Kompromiß herbeiführen. Die Hebesätze spielen hier die gleiche Rolle wie die Güterpreise der Oligopolisten.

In diesem Zusammenhang ist nochmals an die **Policy-mix-Strategie** zu erinnern, die von *H. G. Johnson* und *R. A. Mundell* entwickelt wurde, um den Zielkonflikt zwischen externem und internem Gleichgewicht zu lösen. Nach dieser Strategie können unter gewissen Voraussetzungen sowohl die internen als auch die externen Ziele voll realisiert werden, wenn die Notenbank – der eine Träger – die Diskontsatzpolitik allein am **währungs**politischen und der Staat – der zweite Träger – seinen Budgetüberschuß allein am **konjunktur**politischen Ziel ausrichtet. Es tritt hier ein Mechanismus in Kraft, der eine volle Realisierung der Ziele gerade dann möglich macht, wenn die beiden Träger keine direkte Koordination vornehmen. Man kann zeigen, daß solche

Mechanismen nicht nur für die Ziele eines externen und internen Gleichgewichts in Kraft sind, sondern unter gewissen Voraussetzungen ganz allgemein wirksam sind und somit eine automatische Koordination verschiedener Träger ermöglichen.

5.11 Beispiel: Die Entscheidungsstrukturen unterschiedlicher Notenbanken in der Bundesrepublik und Frankreich

Für die Frage, inwieweit bestimmte Entscheidungsträger geeignet sind, die ihnen übertragenen Aufgaben – sowohl im Hinblick auf die Realisierung der übertragenen Ziele als auch im Hinblick auf mögliche negative Sekundärwirkungen – befriedigend zu realisieren, ist in allererster Linie von entscheidender Bedeutung, welche Entscheidungsstrukturen diese Träger aufweisen. Wir wollen diese Frage anhand unterschiedlicher Notenbanken in Deutschland und in Frankreich erörtern.

Die Notenbank der Bundesrepublik Deutschland zeichnet sich vor allem durch drei Charakteristika aus:

a) sie setzt sich föderativ aus den Vertretern der Landeszentralbanken zusammen;
b) sie genießt eine weitgehende politische Unabhängigkeit gegenüber der Regierung;
c) schließlich ist ihr im Notenbank- und im Stabilitätsgesetz die klar umschriebene Aufgabe der Geldwertstabilität übertragen worden.

a) Der föderative Aufbau der Notenbank ergab sich in aller erster Linie historisch gesehen daraus, daß nach dem Zusammenbruch des Dritten Reiches zunächst einmal Landesregierungen und Landeszentralbanken geschaffen wurden. Damit waren aber auch die historischen Voraussetzungen für eine föderative Ordnung in der Bundesrepublik gegeben.

Wenn wir nun aber die Strukturen der deutschen Notenbank mit denen Frankreichs vergleichen, so liegt in Frankreich eine eindeutig zentrale Einrichtung vor. Diese zentralistische Struktur der Notenbank läßt sich wiederum vor allem historisch erklären, war doch auch der französische Staat seit jeher zentralistisch organisiert.

Im Hinblick auf die Effizienz zentraler und dezentraler Entscheidungsstrukturen könnte man zunächst einmal einer zentralen Struktur den Vorzug geben. Zumindest war es lange Zeit die Meinung gerade auch liberaler Wirtschaftstheoretiker, daß das Ziel der Stabilität nicht nur der Währung, sondern auch der gesamten marktwirtschaftlichen Wirtschaftsordnung nur dann gewährleistet werden könne, wenn die Notenbank über eine möglichst vollständige Kontrolle der umlaufenden Geldmenge verfüge. Eine solche Kontrolle ist sicherlich in einem zentralen System eher zu realisieren als in einem dezentralen. Bei dezentralen Entscheidungstrukturen muß immer damit gerechnet werden, daß sich die einzelnen föderativen Mitglieder unterschiedlich entscheiden und sich deshalb gegenseitig blockieren. Auf jeden Fall ist der Koordinierungsprozeß langwierig. Dies behindert die Effizienz, da der Erfolg geldpolitischer Entscheidungen oft davon abhängt, daß kurzfristig entschieden werden kann.

Allerdings sprechen auch einige Argumente zugunsten eines föderativen Aufbaus der Notenbank. Lange Zeit herrschte in der Geldtheorie die Vorstellung vor, das Geldangebot müsse staatlich und damit monopolistisch organisiert sein, da die Herstellungskosten der Geldschöpfung stets den Wert des Geldes um ein Vielfaches übersteigen. Bei einer marktwirtschaftlich privaten Steuerung der Geldschöpfung müßte deshalb mit einer inflationären Geldvermehrung gerechnet werden.

Demgegenüber hat *F. A. von Hayek* die Vorstellung entwickelt, daß ein System konkurrierender Geldschöpfungsinstitutionen das Ziel der Geldwertstabilität besser erfüllen könne, sofern nur sichergestellt sei, daß die Annahme von Geld nicht gesetzlich erzwungen werde. In diesem Falle hätten die einzelnen Notenbanken ein elementares Interesse, selbst dafür zu sorgen, daß das eigene Geld möglichst seinen Wert erhalte. Nur in diesem Falle werde dieses Geld auch von den Bürgern angenommen. Dieser Gedankengang spricht für eine föderative Regelung, die weit über die Struktur der deutschen Notenbank hinausgeht, bei der ja die Entscheidungen über die Geldschöpfung zentral im Direktorium der Deutschen Bundesbank gefällt werden.

Die Beantwortung der Frage nach dem Zentralisierungsgrad der Notenbank hängt zweitens natürlich auch davon ab, wie die beiden anderen oben angesprochenen Problemkreise – Gewicht des Zieles der Geldwertstabilität und Unabhängigkeit von der Regierung – gelöst werden sollen. Wenn man, wie dies in Frankreich der Fall ist, die zentrale Aufgabe der Notenbank darin sieht, die jeweilige Regierung zu unterstützen, wird man einer zentralen Einrichtung den Vorzug geben müssen. Andererseits wird man davon ausgehen müssen, daß das Ziel der Geldwertstabilität eher realisiert werden wird, wenn die Notenbank möglichst unabhängig von der Regierung ihre Entscheidungen treffen kann.

b) Damit sind wir aber schon bei der (zweiten) Fragestellung nach der Abhängigkeit der Notenbank von der jeweiligen Regierung. Wir erwähnten bereits, daß die deutsche Bundesbank eine relativ große Unabhängigkeit genießt, wie es sonst allenfalls noch in den Vereinigten Staaten der Fall ist.

Natürlich ist auch in der Bundesrepublik die Notenbank nicht vollständig autonom:
– Der Bundesbankpräsident wird auf Vorschlag des Bundeskanzlers vom Bundespräsidenten ernannnt;
– die Mitglieder der Bundesregierung haben das Recht, an den Sitzungen des Zentralbankrates teilzunehmen;
– schließlich verpflichtet das Notenbankgesetz die Bundesbank ex pressis verbis zur Unterstützung der Regierung.

Trotzdem zählt die deutsche Notenbank im internationalen Vergleich – zusammen mit dem Federal Reserve-System in den Vereinigten Staaten – zu den unabhängigsten geldpolitischen Institutionen:
– Die Notenbank ist nicht gegenüber der Regierung weisungsgebunden;
– der Bundesbankpräsident wird für eine recht lange Periode – unabhängig von den Wahlen – ernannt;
– auch die Mitglieder des Zentralbankrates haben das Recht, an den Sitzungen des Kabinettes teilzunehmen und können so ebenfalls Einfluß auf die Regierung nehmen;
– selbst wenn Regierungsmitglieder an den Zentralbankratssitzungen teilnehmen, sind sie doch nur mit beratender Stimme zugelassen;

- die Notenbank hat eigene – gesetzlich verankerte – Aufgaben im Bereich der Währungspolitik, die über die Unterstützung der Regierung weit hinausgehen.

Zieht man zum Vergleich die französische Notenbank heran, so erschöpft sich deren Aufgabe weitgehend in der Unterstützung der Regierung:
- sie hat keine eigenständigen geldpolitischen Funktionen;
- die Aufgabe der Notenbank erschöpft sich in der Funktion einer Hausbank der Regierung, die die wirtschafts- und finanzpolitischen Entscheidungen zu finanzieren hat.

c) Die Struktur einer Notenbank wird drittens von den Zielsetzungen bestimmt, die der Notenbank durch Gesetz vorgegeben werden. Hier überwiegen in der Bundesrepublik eindeutig die währungspolitischen Funktionen. Die Notenbank hat auf der einen Seite die Verpflichtung, die Kaufkraft der DM gegen inflationäre Tendenzen zu verteidigen. Auf der anderen Seite ergibt sich aus der Mitgliedschaft im EWS auch die Verpflichtung, die festgelegten Währungsrelationen nach außen zu verteidigen.

Da auch Frankreich Mitglied im EWS ist, besteht für die französische Notenbank ebenfalls die Verpflichtung, den französischen Francs zu verteidigen. Innenpolitisch spielte aber – zumindest über lange Jahre hinweg – das Ziel der Geldwertstabilität nur eine untergeordnete Rolle. In Frankreich waren die Regierungen stets bereit, das Ziel der Geldwertstabilität dem Ziel eines forcierten Wachstums zu opfern. Dies scheint sich erst in den letzten Jahren geändert zu haben.

5.2 Die Frage nach dem Eigenwert wirtschaftspolitischer Träger

In ähnlicher Weise, wie die Mittel unabhängig von ihrer Zieleignung auch um ihrer selbst willen angestrebt oder abgelehnt werden können, wird auch Trägern bisweilen in der öffentlichen Diskussion ein Eigenwert zuerkannt. Dies gilt vor allem im Zusammenhang mit dem **Subsidiaritätsprinzip,** so wie es insbesondere von Vertretern der christlichen Soziallehre formuliert wird. Danach wird der Übertragung gesellschaftlicher Aufgaben an untergeordnete Instanzen ein positiver Eigenwert zuerkannt und eine Zentralisierungstendenz bisweilen unabhängig von der Eignungsfrage negativ beurteilt.

Das Subsidiaritätsprinzip will auf zwei unterschiedliche Fragen eine Antwort geben,
a) auf die Frage, welchem Träger eine bestimmte Aufgabe übertragen werden soll, und
b) auf die Frage, welcher Art die staatliche Hilfe sein sollte.

In unserem Zusammenhange interessiert die Frage a), wenn auch Frage b) eng mit dieser Problematik zusammenhängt.

Das Subsidiaritätsprinzip betont den Vorrang des Individuums vor der Gemeinschaft und darüber hinaus den Vorrang der jeweils untergeordneten Instanz vor der übergeordneten. Beide Forderungen können in einer einzigen Forderung zusammengefaßt werden, wenn man auf einer Skala dem unteren Ende die Individuen und

Familien, dem oberen Ende die Länder, den Bund und den supra-nationalen Organisationen zuordnet, während die freiwilligen Verbände, die Gemeinden und Kreise zwischen diesen Extremen liegen.

Das Subsidiaritätsprinzip verlangt, die gesellschaftlichen Aufgaben jeweils auf die unterstmögliche Ebene, auf der noch eine befriedigende Lösung der Probleme erwartet werden kann, zu verlagern. Gesellschaftliche Aufgaben sollen also an gemeinschaftliche Organe erst dann übertragen werden, wenn der Nachweis erbracht wurde, daß sie von den Individuen und den Familien nicht gelöst werden können. Was die Gemeinden lösen können, soll somit nicht den Ländern und dem Bund übertragen werden.

Diese Forderung ist allerdings nicht gleichbedeutend mit dem Postulat, möglichst wenige Aufgaben den staatlichen Organen zu übertragen. Wieviel Aufgaben de facto dem Staat übertragen werden sollen, hängt diesem Prinzip zufolge entscheidend davon ab, wieviel Aufgaben ohne staatliche Hilfe nicht befriedigend gelöst werden können.

Wenn also auch eine korrekte Auslegung des Subsidiaritätsprinzips nicht für jeden Fall eine Übertragung politischer Aufgaben auf eine möglichst untergeordnete Instanz verlangt, kann eine solche einengende Auslegung in bestimmten historischen Zeiten durchaus berechtigt erscheinen. So wird oftmals davon ausgegangen, daß eine Reihe gesellschaftlicher Faktoren zu einer unerwünschten Zentralisierungstendenz geführt hat, gegen die durch Anwendung des Subsidiaritätsprinzips gewisse Gegengewichte geschaffen werden sollten. Wir werden uns im nächsten Abschnitt noch etwas ausführlicher mit der Problematik des Subsidiaritätsprinzips befassen.

Ein Eigenwert im Zusammenhang mit dem Trägerproblem ist nicht nur insofern angesprochen als entschieden werden muß, ob entsprechend dem Subsidiaritätsprinzip gewisse Aufgaben über- oder untergeordneten Instanzen übertragen werden sollen, sondern auch insofern, als gerade in unseren Gesellschaftssystemen die Forderung erhoben wird, den Willensbildungsprozeß demokratisch zu organisieren. Auch dieser Forderung wird im allgemeinen ein Eigenwert zugesprochen. Sie wird also bis zu einem bestimmten Grad auch dann erhoben, wenn dieses Postulat mit den eigentlichen politischen Zielen in Konflikt gerät.

Nehmen wir als Beispiel eine Gewerkschaftsorganisation, der die primäre Aufgabe gestellt sei, in Tarifverhandlungen möglichst hohe Lohnsteigerungen für ihre Mitglieder zu erkämpfen. Gleichzeitig versteht sich die Gewerkschaft aber als eine demokratische Organisation: Die Gewerkschaftsmitglieder sollen am gewerkschaftlichen Willensbildungsprozeß beteiligt werden. Beide Forderungen können aber in Einzelfällen durchaus in Konflikt zueinander geraten. So führt etwa eine demokratische Abstimmung, nicht nur zu einer gewissen Schwerfälligkeit, auch die angestrebten Ziele werden offen diskutiert. Ein Erfolg in den Tarifverhandlungen macht aber bisweilen schnelle Entscheidungen und die Geheimhaltung der tarifpolitischen Absicht notwendig.

Unabhängig von diesem Zielkonflikt weichen die Vorstellungen darüber, wann man einen Willensbildungsprozeß demokratisch bezeichnen kann, stark voneinander ab. Eine erste Interpretation besagt, daß die einzelnen Mitglieder einer Gruppe, z. B. die Bürger eines Staates, in möglichst starkem Maße an den Entscheidungen des Organs dieser Gruppe – Regierung, Parlament – **beteiligt** werden sollten. Die Forderung wird u. a. damit begründet, daß die Individuen über ihre Belange selbst bestimmen sollten. Dieser Forderung könne aber bei Kollektiventscheidungen nicht entsprochen werden, da diese für alle gleichermaßen bindend seien, obwohl die einzelnen Gruppenmitglieder durchaus unterschiedliche Vorstellungen über die erwünschten Entscheidungen haben können. Kollektive Entscheidungen haben mithin eine Art Kollektivgutcharakter. Da also die Selbstbestimmungsforderung in diesem Falle nicht realisiert werden könne, komme es im Sinne einer zweitbesten Lösung darauf an, die einzelnen am Entscheidungsprozeß zu beteiligen.

Wählt man diese erste Interpretation, so läßt sich der Grad der Demokratisierung einer Organisation nicht nur daran messen, wie viele Mitglieder einer Gruppe an den Kollektiventscheidungen beteiligt sind (**Beteiligungsgrad**), sondern auch daran ablesen, bei wievielen der anstehenden Kollektiventscheidungen eine solche Beteiligung der Mitglieder vorgesehen ist (**Beteiligungsintensität**).

Man sollte sich aber darüber im klaren sein, daß die Realisierung dieser Forderung auf um so größere Probleme stößt, je mehr Mitglieder eine Gruppe hat und je größer die Anzahl der notwendig gewordenen kollektiven Entscheidungen ist. Gerade aus diesen Gründen hat die Forderung nach einer stärkeren Demokratisierung einen stark utopischen Charakter, wenn sie nicht auf kleine überschaubare Gruppen beschränkt bleibt, sondern auch auf Massenorganisationen, wie etwa Betriebe, Gewerkschaften und den Staat, ausgeweitet wird.

Die Forderung nach einem demokratischen Willensbildungsprozeß wird zweitens oft im Sinne einer **repräsentativen Demokratie** interpretiert. Hier liegt die eigentliche Entscheidungsbefugnis bei Führungskräften. Die Mitwirkungsrechte der einzelnen Gruppenmitglieder sind darauf beschränkt, daß im Abstand mehrerer Jahre die Führungskräfte von den Gruppenmitgliedern gewählt werden müssen. Der demokratische Charakter ergibt sich hier aber nicht aus der Mitwirkung des einzelnen an den Kollektiventscheidungen, sondern daraus, daß über die Wahlen ein Wettbewerb zwischen den Politikern ausgelöst wird und dieser **Wettbewerb** schließlich darauf hinwirkt, daß die Politiker genau die Entscheidungen treffen, die von der Mehrheit der Wähler gewünscht werden. Der Grad der Funktionsfähigkeit einer Demokratie wird in diesem Falle allein daran gemessen, inwieweit die Wünsche der Wähler berücksichtigt werden, inwieweit also der Wettbewerb der Politiker funktioniert.

Bei einer solchen Interpretation des demokratischen Willensbildungsprozesses erwächst auch nicht wirklich ein Konflikt zwischen Zielrealisierung und Demokratieforderung. Die Aufgaben des Staates in einer Demokratie bestehen ja gerade darin, die Wünsche der gesamten Wählerschaft zu realisieren. Insofern liegt auch bei dieser zweiten Interpretation einer Demokratie keine Eigenwertforderung vor. Die Demokratisierung wird hier nur als ein Mittel gefordert, um Entscheidungen zugunsten der Gruppenmitglieder sicherzustellen.

Die Forderung nach einem demokratischen Aufbau einer Organisation wird schließlich drittens oftmals auch mit der Forderung identifiziert, den einzelnen Mitgliedern einer Gruppe im Sinne der **Gleichheitsforderung** gleiche Rechte und Pflichten zuzuerkennen. Diese Interpretation entspricht der Forderung, jedem Gruppenmitglied eine und nur eine Stimme zu geben. Kritisch muß aber darauf aufmerksam gemacht werden, daß auch dort, wo jeder nur über eine Stimme verfügt, der Einfluß auf die Politik trotzdem de facto recht unterschiedlich ist, da die Mitglieder einer Gruppe nicht nur über die Wahlen, sondern beispielsweise auch über die Verbände und Parteien auf die Kollektiventscheidungen einen gewissen Einfluß ausüben können. Man könnte allerdings die Forderung nach Stimmengleichheit auch als eine Forderung interpretieren, daß jeder einen gleichen **Mindest**einfluß auf die Politik haben sollte, es aber jedem unbenommen sei, durch eigene politische Aktivitäten in gewissen Grenzen zusätzlichen Einfluß auf die Politik auszuüben.

5.21 Beispiel: Subsidiarität als politischer Eigenwert

Das Subsidiaritätsprinzip postuliert im gesellschaftlichen und damit auch im politischen Bereich den Vorrang der jeweils untergeordneten, kleineren Einheit. Gesellschaftliche Aufgaben, die im Rahmen der Familie – der untersten Einheit – gelöst werden können, sollen ihr auch überlassen bleiben. Die anonymen gesellschaftlichen Institutionen sollen nur dann Aufgaben übernehmen, wenn diese von der jeweils untergeordneteren Institution nicht mehr sachgerecht gelöst werden können.

Auf die politische Ebene übertragen besagt dieses Prinzip, daß politische Aufgaben den Gemeinden und Kreisen übertragen werden sollten. Nur die Aufgaben, die von der Gemeinde und den Kreisen nicht mehr befriedigend gelöst werden könnten, sollten übergeordneten Staaten übertragen werden und zwar nach Möglichkeit innerhalb eines föderativen Aufbaus zunächst den Bundesländern, dann dem Bundesstaat und schließlich der supra-nationalen Staatengemeinschaft. Das Subsidiaritätsprinzip wurde vor allem von Vertretern der **christlichen Soziallehre** entwickelt und spielt auf politischer Ebene insbesondere in der **Föderalismus**bewegung eine entscheidende Rolle.

Das Subsidiaritätsprinzip darf nun aber nicht mit einer generellen Staatsfeindlichkeit gleichgesetzt werden. Es verlangt weder, daß die zentrale Staatsgewalt ausgehöhlt, noch die Aufgaben des Staates minimiert werden sollten. Es stellt vielmehr eine Art Regel dar, die Kriterien dafür aufstellt, unter welchen Bedingungen gesellschaftliche Aufgaben der Zentralgewalt oder untergeordneten Institutionen übertragen werden sollten.

Das Subsidiaritätsprinzip wird oft wie folgt formuliert: Soviel Freiheit für die jeweils untergeordneten Gruppierungen wie möglich und soviel Zwang wie notwendig. Man sollte sich allerdings im klaren sein, daß eine solche Formulierung hart an der Grenze der **Tautologie** steht. Anhänger des Zentralismus streben ja gerade deshalb nach einer umfassenden Macht für den Staat, weil sie überzeugt sind, daß gesellschaftliche und politische Aufgaben von der Zentralregierung und vom Zentralstaat sachgerechter gelöst werden können als bei föderativen Strukturen. Sie halten eben nur sehr wenig Freiheit des einzelnen für möglich und viel Zwang für notwendig.

Die inhaltliche Festlegung des Subsidiaritätsprinzips beginnt erst dort, wo bestimmt wird, wieviel Freiheit für möglich und wieviel Zwang für notwendig angesehen wird. Immerhin kann man in der Festlegung, daß sachliche Argumente für die

Übertragung gesellschaftlicher Aufgaben an die einzelnen gesellschaftlichen Institutionen den Ausschlag geben sollten, einen gewissen normativen Gehalt sehen.

Daneben wird das Subsidiaritätsprinzip aber manchmal auch in dem Sinne verstanden, daß der jeweils untergeordneten Einheit – der Familie, der Gemeinde, den Kreisen, dem einzelnen Bundesland – ein **Eigenwert** zuerkannt wird, so daß gewisse, sich in Grenzen haltende **Ineffizienzen** bei einer föderativen Lösung durchaus akzeptiert werden könnten.

Das Subsidiaritätsprinzip wird schließlich bisweilen auch in einer **dynamischen Version** vorgetragen. Die jeweils untergeordnete Einheit solle zunächst die Aufgaben übernehmen. Bei ihr liege der autonome Anspruch, alle gesellschaftlichen Aufgaben zu regeln. Erst wenn sich in praxi herausgestellt habe, daß die untergeordnete Einheit bei der Bewältigung einzelner Aufgaben gescheitert sei, sollten diese Aufgaben der nächsthöheren Einheit übertragen werden.

Gegen eine solche Interpretation spricht allerdings der Umstand, daß es nicht sehr zweckmäßig wäre, bei den Aufgaben, bei denen es von vornherein unstrittig ist, daß untergeordnete Institutionen für bestimmte Aufgabenlösungen ungeeignet seien, trotzdem zunächst den realen Beweis dieser Unfähigkeit zu erbringen. Es wäre sicherlich effizienter, bei einer solchen eindeutigen Sachlage gesellschaftliche Aufgaben unmittelbar der Zentralgewalt zu übertragen.

Historisch gesehen spricht dennoch einiges für eine solche dynamische Interpretation des Subsidiaritätsprinzips. De facto begünstigen mehrere Wirkungszusammenhänge die **Vormachtstellung der zentralen Institutionen.** Deshalb muß aber auch damit gerechnet werden, daß die zentralen Einheiten stärker als sachlich notwendig auf Kosten der unteren Einheiten an Macht gewinnen und damit immer mehr Aufgaben an sich ziehen.

Bei zentralen Lösungen entstehen zwar einerseits oft **Skaleneffekte,** andererseits bringt die größere Zusammenballung von Macht den zentralen Einheiten gewisse **Startvorsprünge** im Wettbewerb um die Übernahme gesellschaftlicher Aufgaben. Schließlich muß daran erinnert werden, daß bestimmte Besteuerungsarten – wie etwa die **progressiven Einkommensteuer** – bei wirtschaftlichem Wachstum den zentralen Instanzen automatisch nicht nur eine absolute, sondern auch eine relative Einnahmensteigerung bescheren, die sie in die Lage versetzen, ihren Machtvorsprung auszubauen.

Ferner kann auch der Wettbewerb der Politiker in Demokratien dazu beitragen, daß immer mehr Aufgaben vom zentralen Staate übernommen werden. Staatliche Leistungen bringen den Politikern, die diese Leistungen anbieten, Stimmengewinne. Die zusätzlichen Steuereinnahmen, die notwendig sind, um die Ausweitung der Leistungen zu finanzieren, führen zwar zu Stimmenverlusten und kompensieren grundsätzlich die Stimmengewinne. Da aber ein Teil der Leistungen kreditär und über automatisch steigende Steuereinnahmen finanziert werden kann und den Politikern weitere Möglichkeiten, wie etwa indirekte Steuern, offenstehen, die Stimmenverluste aufgrund der gestiegenen Steuereinnahmen klein zu halten, dürften per saldo die Stimmengewinne überwiegen. Eine Zentralisierungstendenz kann sich weiterhin auch daraus ergeben, daß dem Staat die Aufgabe zugesprochen wird, in die Konflikte der gesellschaftlichen Gruppen **schlichtend** einzugreifen. Steigt das

Konfliktpotential einer Gesellschaft, so bedeutet dies gleichzeitig, daß auch der Einfluß des Staates bei der Lösung gesellschaftlicher Probleme zunimmt.

Weiterhin kann eine Tendenz zur Zentralisierung auch eintreten, weil die **Anwendung neuer Techniken** immer größere Betriebseinheiten notwendig macht. Damit vergrößert sich aber auch die Macht des Staates. Zum einen nehmen die Organisationseinheiten der staatlichen Verwaltung, die für die Erstellung der Kollektivgüter notwendig sind, an Größe zu und **gewinnen damit an Macht**. Zum andern kann aber die Machtzunahme der privaten Organisationen aufgrund eines größeren Wachstums selbst wieder staatliche Eingriffe und Kontrollen notwendig machen. Schließlich können auch – wie beispielsweise G. *Tullock*, W. A. *Niskanen* u. a. nachgewiesen haben – **Fehlanreize** innerhalb der staatlichen Bürokratie sowohl zu einem Wachstum der staatlichen Bürokratie insgesamt als auch zu einer Zentralisierung innerhalb der staatlichen Bürokratie führen. In diesem Sinne muß das Subsidiaritätsprinzip primär als ein Versuch verstanden werden, einer sonst allgemein wirkenden **Kollektivierungstendenz** Einhalt zu gebieten.

5.3 Die Frage nach der Eignung wirtschaftspolitischer Träger: Die Interessenkollision

Wenn das Trägerproblem auch bisweilen dadurch entschieden wird, daß bestimmten Trägern bzw. Trägereigenschaften ein positiver oder negativer Eigenwert zuerkannt wird, so dürfte doch die Frage nach der Eignung eines Trägers in der Regel den Ausschlag dafür geben, welchem der zur Diskussion stehenden politischen Träger eine bestimmte Aufgabe übertragen wird. Die Frage nach der Eignung eines Trägers bezieht sich hierbei auf zwei Teilfragen: auf die Fähigkeit, die konkret angesprochenen Aufgaben zu realisieren, und auf die Probleme, die dadurch entstehen, daß andere Ziele der Wirtschafts- und Gesellschaftspolitik negativ berührt werden können. So muß beispielsweise die Frage, ob die Lohnpolitik dem Staat vorbehalten werden sollte oder ob man diese Aufgabe den Tarifparteien überlassen könne, nicht nur im Hinblick auf die Verteilungsproblematik, sondern auch im Hinblick möglicher **Sekundärwirkungen** auf die gesamtwirtschaftlichen Stabilitätsziele gesehen werden. Eine Einschränkung der Tarifautonomie wird oftmals weniger deshalb gefordert, weil man bezweifelt, daß den Tarifpartnern eine befriedigende Verteilung des Sozialproduktes gelingt, sondern vielmehr deshalb, weil man negative Auswirkungen einer Lohnpolitik der Tarifpartner auf die Ziele der Preisniveaustabilität befürchtet.

Eine Nichteignung eines Trägers kann im wesentlichen auf zwei Gründen beruhen: Entweder verfolgt der Träger eigene Ziele, die mit den hier zur Diskussion stehenden Aufgaben letztlich in Widerspruch stehen (**Interessenkollision**). Es wäre in diesem Falle unzweckmäßig, diese Aufgabe einer solchen Organisation zu übertragen, da nicht damit gerechnet werden könnte, daß sich der Träger für eine optimale Lösung dieses Problems einsetzt. Die Nichteignung eines Trägers kann zweitens auch darauf beruhen, daß die betreffende Organisation gar nicht über die **Mittel** verfügt, diese Aufgaben befriedigend zu erfüllen.

Bringen wir für beide Fälle ein Beispiel:

1) Nehmen wir an, es stünde zur Diskussion, ob die Aufgabe eines Familienlastenausgleichs den Unternehmungen überlassen werden könne oder ob der Staat diese Aufgabe sachgerechter erfülle. Wir haben davon auszugehen, daß die Unternehmungen ihre Entscheidungen an der Rentabilität ausrichten. Würden nun die Unternehmungen die Löhne entsprechend dem Familienstand der Arbeitnehmer staffeln, so erlitten sie Rentabilitätsverluste, wenn sie in stärkerem Maße als ihre Konkurrenten Familienzuschläge gewähren bzw. Arbeitnehmer mit zahlreichen Kindern beschäftigen. Da bei einer rein betrieblichen Lösung des Familienlastenausgleichs die Unternehmung nicht zu solchen Familienzuschlägen verpflichtet wäre und da Familienzuschläge kostensteigernd wirken, wäre damit zu rechnen, daß aufgrund des Wettbewerbs der Unternehmungen die Bereitschaft zu solchen Zuschlägen äußerst gering wäre. Der Versuch, den Familienlastenausgleich den Unternehmungen zu übertragen, müßte scheitern, da eine solche Politik den Interessen der Unternehmungen (dem Rentabilitätsstreben) zuwiderläuft.

2) Unterstellt sei, daß eine Vollbeschäftigungspolitik zur Diskussion stehe und daß die Frage erörtert werde, ob diese Aufgabe dem Staat – Regierungen oder Parlament – übertragen werden solle oder ob die Notenbank eine bessere Lösung dieses Problems garantiere. Dabei wollen wir von der Annahme ausgehen, daß Zinssenkungen allein nicht ausreichen, das Investitionsvolumen zu erhöhen und den Beschäftigungsgrad auszuweiten, auf der anderen Seite aber durch ein höheres Haushaltsdefizit des Staates ein Anstieg der Beschäftigung erwartet werden könne. Unter diesen Annahmen ist die Notenbank offensichtlich für die Beschäftigungspolitik nicht geeignet, da sie im Gegensatz zum Staat nicht das Recht hat, Steuern zu erheben und Staatsausgaben zu tätigen. Die Nichteignung der Notenbank für beschäftigungspolitische Aufgaben würde sich hier nicht primär daraus ergeben, daß eine solche Politik den Interessen der Notenbank zuwiderläuft, sondern daraus, daß die Notenbank nicht mit den geeigneten Instrumenten ausgestattet ist, um diese Aufgabe zu realisieren. In diesem Abschnitt wollen wir uns im weiteren Verlauf auf den erstgenannten Fall der **Interessenkollision** beschränken.

Nun wird häufig bereits aus der bloßen Tatsache, daß bestimmte Träger individuelle Ziele verfolgen, der Schluß gezogen, diese Träger seien wohl kaum geeignet, Gemeinwohlaufgaben zu realisieren. Andererseits wird bisweilen aus dem Umstand, daß ein bestimmter Träger satzungsgemäß zur Realisierung des Gemeinwohls verpflichtet ist, bereits die Eignung dieses Trägers gefolgert. Beide Auffassungen sind in dieser Form sicherlich nicht zutreffend. Auch bei Eigennutzstreben können im Endergebnis durchaus Gemeinwohlziele realisiert werden, ebenso wie Träger die öffentlich-rechtlichen Körperschaften trotz Gemeinwohlverpflichtung eigennützige Ziele verfolgen können. Entscheidend für die Eignung eines Trägers ist nicht das **Motiv**, von dem sich ein Träger leiten läßt, sondern allein die tatsächlichen **Auswirkungen** auf die relevanten Zielgrößen.

Der Liberalismus betont, daß auch Eigennutzstreben unter gewissen Bedingungen dem Gemeinwohl förderlich sein kann. So haben Vertreter dieser Denkrichtung nachgewiesen, daß unter gewissen Voraussetzungen – vor allem bei starkem Wettbewerb der Unternehmungen untereinander und bei Fehlen externer Effekte

– den Bedürfnissen der Konsumenten optimal entsprochen wird, wenn die Unternehmungen bei den Produktionsentscheidungen ihren Gewinn zu maximieren suchen. Wichtig ist in diesem Zusammenhang, daß die Kopplung von Eigen- und Gemeinnutz über den Markt-Preis-Mechanismus erreicht wird und daß es von der Funktionsfähigkeit dieses Mechanismus abhängt, inwieweit die Unternehmungen geeignet sind, bestimmte Gemeinwohlaufgaben (z.B. optimale Versorgung der Bevölkerung mit Gütern und Diensten) befriedigend zu erfüllen.

Es kommt also nicht darauf an, in welchem Maße sich die Unternehmungen von Eigennutz- oder Gemeinwohlzielen leiten lassen, sondern inwieweit die Voraussetzungen vorliegen, daß der Marktmechanismus reibungslos funktioniert. Ein starkes Gemeinwohlstreben könnte sogar u.U. zu einem weniger befriedigenden Ergebnis führen, da die Leistungsanreize bei einem Eigennutzstreben im allgemeinen größer sind als bei zu starker Betonung von Gemeinwohlpflichten.

Daneben hat vor allem *J.A. Schumpeter* darauf hingewiesen, daß auch politische Handlungen das Ergebnis eines eigennützigen Strebens der Politiker sind, die Regierungsmacht zu erlangen und ihre eigenen Zielvorstellungen zu realisieren. Ob es gelingt, die dem Staat übertragenen Gemeinwohlaufgaben zu realisieren, hängt weniger davon ab, wie stark das Eigennutzstreben und die Gemeinwohlverpflichtung der Politiker ist. Entscheidend ist vielmehr, inwieweit der demokratische Abstimmungsmechanismus funktioniert und somit die Interessen der Politiker an die Interessen der Gesamtheit bindet. Auch in diesem Fall kommt es ganz wesentlich darauf an, daß wettbewerbliche Verhältnisse zwischen den Politikern herrschen. Die Politiker können bei Wettbewerb nur dann die Stimmenmehrheit erringen, wenn sie bereit sind, die Interessen der Wähler zu erfüllen.

F.A. von Hayek vertritt die Auffassung, daß die gesellschaftlichen Probleme letztlich nur in geringem Maße davon abhängig seien, ob sich die Individuen von gemeinnützigen oder von eigennützigen Motiven leiten lassen. In beiden Fällen wird die Uneinigkeit zwischen den Gesellschaftsmitgliedern darüber, wie die Probleme konkret gelöst werden sollen, etwa gleich groß sein. Es sei vielmehr für die Frage, welche Problemlösungen und Entscheidungen sich in einer Gesellschaft letzten Endes durchsetzen, von größerer Bedeutung, wie die divergierenden (gemeinnützigen oder eigennützigen) Vorstellungen der Gesellschaftsmitglieder koordiniert werden. Durch den Koordinationsmechanismus wird nämlich festgelegt, welche der divergierenden Vorstellungen in den tatsächlichen Entscheidungen Berücksichtigung finden, und dabei ist es von untergeordneter Bedeutung, ob die Vorstellungen eigen- oder gemeinnützigen Motiven entspringen.

Nicht nur das marktwirtschaftliche System hat in praxi mit Marktmängeln (market failure) zu kämpfen, auch im politischen System existieren **Mängel**. Auch hier gilt, daß mangelnder Parteienwettbewerb und das Vorliegen externer Effekte (bestimmte Auswirkungen politischer Maßnahmen werden den Politikern, die diese Maßnahmen getroffen haben, nicht angelastet) die wichtigsten Gründe für ein politisches „Versagen" darstellen. Man wird also bei der Frage der Eignung der einzelnen politischen Träger zunächst überprüfen müssen, ob die speziellen Eigenschaften dieses Trägers in stärkerem Maße als die eines anderen konkurrierenden Trägers politische

Mängel auslösen und ob gerade deshalb der zur Diskussion stehende Träger für die Erfüllung bestimmter Aufgaben weniger geeignet ist.

5.31 Beispiel: Expansive Lohnpolitik der Gewerkschaften und ihre Eignung für Beschäftigungspolitik

Die Gefahr, daß die Interessenlage eines politischen Trägers mit den Aufgaben in Konflikt gerät, die diesem Träger übertragen werden, ist besonders deutlich bei den privaten Trägern der Politik. Diese Organisationen verfolgen nämlich primär das Ziel, ihre eigenen Interessen zu schützen. Wir wollen an dieser Stelle die Politik der Tarifpartner analysieren, denen zumindest in der Bundesrepublik Deutschland im Rahmen der Lohnpolitik eine Schlüsselrolle zukommt.

Die Tarifpartner haben zunächst lediglich verteilungspolitische Funktionen wahrzunehmen. Insoweit geht es in den Tarifverhandlungen primär um einen Ausgleich der Interessen der Arbeitnehmer und Arbeitgeber. Allerdings können auch hier bereits die Interessen dritter Gruppen – vor allem der Konsumenten – negativ berührt werden.

Bisweilen wurde aber – vor allem von Gewerkschaftsseite – die Vorstellung entwickelt, daß die Tarifpartner höhere Löhne auch deshalb durchsetzen sollten, um auf diesem Wege die Arbeitslosigkeit zu verringern. Man spricht in diesem Zusammenhang von einer **expansiven Lohnpolitik**. Hierbei handelt es sich um beschäftigungspolitische Aktivitäten, die eindeutig in den primären Verantwortungsbereich des Staates fallen.

Die Frage, ob man den Tarifpartnern eine solche politische Aufgabe übertragen sollte, läßt sich nur beantworten, wenn man weiß, daß die Interessen der Tarifpartner, insbesondere der Gewerkschaften und ihrer Mitglieder, nicht in einen Konflikt mit den beschäftigungspolitischen Zielen geraten. Nur dann ist nämlich sichergestellt, daß diese Aufgabe auch sachgerecht erfüllt werden wird. Auf den ersten Blick könnte man meinen, es liege im elementaren Interesse der Arbeitnehmer, daß Arbeitslosigkeit abgebaut werde. Man könnte sogar vermuten, daß die meisten Arbeitnehmer – wie empirische Meinungsbefragungen zeigen – das Ziel der Vollbeschäftigung eindeutig über das Ziel einer Einkommenssteigerung stellen. Damit würde aber die Interessenlage der Arbeitnehmer einer sachgerechten Erfüllung dieser Aufgabe nicht entgegenstehen.

Doch dieser erste Blick trügt. Wir müssen nämlich davon ausgehen, daß die Interessen der noch Beschäftigten – insider – von den Interessen der Arbeitslosen – outsider – abweichen können. Da die gewerkschaftliche Lohnpolitik primär von den beschäftigten gewerkschaftlich organisierten und nicht von den arbeitslosen Arbeitnehmern bestimmt wird, ist auch nicht sichergestellt, daß die Interessen der Arbeitslosen bei den Tarifauseinandersetzungen adäquat berücksichtigt werden. Selbst wenn arbeitslos gewordene Arbeitnehmer nach wie vor der Gewerkschaft angehörten und sich im internen Willensbildungsprozeß der gewerkschaftlichen Organisation zu Wort melden könnten, stellen die Arbeitslosen in normalen Zeiten nur eine kleine Minderheit von wenigen Prozenten dar. Damit steht aber zu befürchten, daß sie jederzeit von der weiter beschäftigten Mehrheit überstimmt werden wird.

Die Unterscheidung in Beschäftigte und Arbeitslose entspricht nun aber möglicherweise nicht ganz der Interessenlage der Arbeitnehmer. Man muß nämlich berücksichtigen, daß auch beschäftigte Arbeitnehmer nicht wirklich sicher sein können, ihren Arbeitsplatz zu behalten, wenn die Gewerkschaften eine expansive Lohnpolitik verfolgen. Dennoch wird man aber realistischerweise eher davon ausgehen müssen, daß die Gefahr, arbeitslos zu werden, von den „insider" aus mehreren Gründen nicht sehr hoch eingeschätzt wird.

Wenn wir die These von *E. v. Böhm-Bawerk* zugrunde legen, wonach die Individuen ihre **Zukunftsbedürfnisse** systematisch unterschätzen, ist zu erwarten, daß der einzelne Arbeitnehmer die Gefahr, arbeitslos zu werden, zu optimistisch sieht. Aber selbst wenn er das Risiko, arbeitslos zu werden, „richtig" einschätzt, ist die Wahrscheinlichkeit, entlassen zu werden für den einzelnen Arbeitnehmer niedrig, da der Prozentsatz der Arbeitnehmer, die arbeitslos werden, gering ist. Er wird deshalb auch eine expansive Lohnpolitik unterstützen, die gesamtwirtschaftlich zu einem Verlust von Arbeitsplätzen führt.

Daneben sollte man bedenken, daß der Zusammenhang zwischen der verfolgten Lohnpolitik und dem Umfang der Arbeitslosigkeit äußerst **komplex** und nur schwer zu durchschauen ist. Die Gewerkschaftsführung wird diese Komplexität nutzen, um den Zusammenhang zwischen Löhnen und Beschäftigung in ihrem Sinne darzustellen. Man muß deshalb auch erwarten, daß die Arbeitnehmer wegen informatorischer Defizite diesen Zusammenhang wenn nicht negieren, so doch zumindest unterbewerten.

Am stärksten dürfte aber wiegen, daß ein großer Teil der Beschäftigten wegen bestehender **Senioritätsregeln** gar nicht Gefahr läuft, entlassen zu werden. Damit ist es aber wieder nur eine Minderheit der Beschäftigten, die bei einer nicht-vollbeschäftigungskonformen Lohnpolitik tatsächlich Gefahr läuft, entlassen zu werden. Wenn man bedenkt, daß von solchen Senioritätsregeln – die in der Bundesrepublik vor allem in einem speziellen Kündigungsschutz bestehen – vor allem auch die gewerkschaftlich organisierten Arbeitnehmer profitieren, die in den Gewerkschaften das „Sagen" haben, kann man davon sprechen, daß ein massiver Konflikt zwischen dem Ziel der Vollbeschäftigung und den materiellen Interessen der Arbeitnehmer besteht.

Unabhängig von dieser Interessenlage muß man sich natürlich fragen, ob eine expansive Lohnpolitik überhaupt geeignet ist, die Beschäftigung zu erhöhen. Muß nicht viel eher damit gerechnet werden, daß steigende reale Löhne, die über dem Anstieg der Produktivität liegen, die Arbeitslosigkeit erhöhen? Diese Frage soll hier bewußt ausgeklammert werden. Es wird stillschweigend unterstellt (eine Annahme, die keinesfalls allgemein akzeptiert wird!), daß die Höhe des Lohnes den Beschäftigungsgrad – positiv oder negativ – beeinflußt und die Tarifpartner bei ihren Verhandlungen auch gesamtwirtschaftliche Verantwortung im Hinblick auf das Ziel der Vollbeschäftigung tragen.

Wenn wir aber zu dem Ergebnis kommen, daß die Tarifpartner – vor allem die Arbeitnehmer – wegen eines Interessenkonfliktes überfordert sind, diese politische Aufgabe wahrzunehmen, wäre es sicherlich zweckmäßiger, einen anderen ordnungspolitischen Rahmen auf den Arbeitsmärkten anzustreben. Dabei sollten die

Anreize so gesetzt werden, daß es gar nicht auf das Verantwortungsbewußtsein der Tarifpartner ankommt, sondern die Tarifpartner vielmehr im eigenen Interesse eine vollbeschäftigungskonforme Lohnpolitik verfolgen.

5.4 Die Frage nach der Eignung wirtschaftspolitischer Träger: Mangelnde Möglichkeiten

Wie wir bereits angedeutet haben, kann die Eignung eines Trägers zur Erfüllung einer bestimmten wirtschaftspolitischen Aufgabe auch dann fehlen, wenn dieser Träger zwar durchaus ein Interesse an der Erfüllung dieser Aufgabe hat, mangels ausreichender Mittel aber gar nicht oder in geringerem Maße als ein konkurrierender Träger in der Lage ist, diese Aufgabe wirklich befriedigend zu erfüllen.

Die einzelnen politischen Träger unterscheiden sich nicht nur in der Art des Willensbildungsprozesses sondern auch darin, wie sie die Ziele realisieren. Im allgemeinen setzt der Erfolg einer wirtschaftspolitischen Maßnahme voraus, daß die Wirtschaftssubjekte in ganz bestimmter Weise ihr Verhalten ändern. Im Zusammenhang mit dieser zweiten Frage gilt es deshalb zu überprüfen, ob bestimmte Träger aufgrund ihrer charakteristischen Merkmale geeignet erscheinen, das Verhalten der Wirtschaftssubjekte im gewünschten Sinne zu beeinflussen.

Wir hatten in Kapitel 1 davon gesprochen, daß das politische Subsystem den Output aller drei Subsysteme – des wirtschaftlichen, des kulturellen und auch des politischen – einsetzen muß, um selbst einen befriedigenden Output zu erzeugen. In diesem Sinne kann der Output eines politischen Trägers unbefriedigend ausfallen, weil es am Output aus dem wirtschaftlichen, kulturellen oder politischen System mangelt.

Der Einfluß auf die Wirtschaftssubjekte, der notwendig ist, um eine politische Aufgabe zu verwirklichen, kann erstens am fehlenden Output aus dem **wirtschaftlichen** Subsystem scheitern. Es mangelt in diesem Falle einem Träger an den finanziellen Mitteln, die notwendig sind, um über finanzielle Anreize politischen Einfluß auszuüben. So geht man etwa in der Frage, welchem Träger konjunkturpolitische Aufgaben übertragen werden sollen, im allgemeinen davon aus, daß eine wirksame Ankurbelung der Volkswirtschaft ein solches Ausmaß an zusätzlicher Nachfrage von seiten der Politik voraussetzt, daß vom finanziell aufzubringenden Volumen her die Gemeinden und zumeist auch die Länder überfordert wären, wollte man ihnen diese konjunkturpolitischen Aufgaben alleine übertragen.

Am notwendigen Output aus dem **kulturellen** Subsystem mangelt es beispielsweise, wenn bestimmte Staaten nicht über einen ausreichend ausgebildeten Beamtenstab verfügen und deshalb politische Aufgaben nicht zu verwirklichen sind. So könnte etwa die Durchführung der Steuergesetze – insbesondere die Eindämmung der sogenannten Wirtschaftskriminalität – daran scheitern, daß die Finanzverwaltung nicht über ausreichend Wirtschafts- und Finanzexperten verfügt.

Drittens schließlich kann es einem Träger an politischer Macht – dem Output des politischen Systems selbst – fehlen, über Gebote und Verbote ein bestimmtes Handeln zu erzwingen. So setzen manche Ziele – wie etwa Umverteilungsziele – Zwang voraus. Eine Umverteilung wird deshalb nur von solchen Trägern der Wirtschaftspolitik erfolgreich betrieben werden können, die über Zwangsmittel verfügen. Eine Umverteilung im Rahmen einer Privatversicherung ist z.B. im allgemeinen nicht möglich, da die von der Umverteilung negativ Betroffenen die Möglichkeit haben, sich durch Austritt aus der Versicherung der Belastung zu entziehen. Die Sozialversicherung ist aber hierzu prinzipiell in der Lage, weil sie auf einer Zwangsmitgliedschaft beruht.

Wie wir in Kapitel 8 noch ausführlicher sehen werden, zeichnen sich politische Institutionen dadurch aus, daß ihr Output sowohl in zeitlicher, personeller wie funktioneller Hinsicht geringer differenziert ist als der entsprechende Output des wirtschaftlichen Subsystems. Aber auch die einzelnen politischen Träger unterscheiden sich nach ihrer Möglichkeit, den Output zu differenzieren. So ist das System der Gemeinden eher in der Lage, auf differenzierte Wünsche der Konsumenten zu reagieren und diese zu befriedigen als der übergeordnete Bundesstaat. Nun wird in der Theorie des Föderalismus unterstellt, daß die Mobilität der Individuen zwischen den einzelnen Gemeinden größer ist als zwischen den Staaten. Diese Mobilität der Wirtschaftssubjekte zwischen den Gemeinden tendiert aber auf lange Sicht dahin, daß der Differenzierungsgrad der Bedürfnisse in Gemeinden sehr viel geringer ist (man wandert in die Gemeinde, die den eigenen Vorstellungen besser entspricht), mit der Folge, daß die politischen Entscheidungen auch sehr viel besser den Konsumentenwünschen angepaßt werden können.

5.41 Beispiel: Mangelnde Möglichkeiten einer Gemeinde zur Konjunkturpolitik

Das Grundgesetz der Bundesrepublik Deutschland weist die Aufgabe der Konjunkturpolitik vor allem der Bundesregierung und dem Bundestag, damit aber der obersten Ebene im föderativen System, zu. Demgegenüber erfüllen die Gemeinden, Gemeindeverbände und Kreise nur in einem sehr geringen Umfang auch konjunkturpolitische Aufgaben.

Der Grund für diese konjunkturpolitische Rollenzuweisung liegt sicher nicht primär darin, daß man – wie etwa bei den Tarifpartnern – befürchten müßte, die Gemeinden kämen bei dem Versuch, Konjunkturpolitik zu betreiben, in einen Interessenkonflikt mit ihren eigentlichen Aufgaben, den Angelegenheiten der örtlichen Gemeinschaft. Gerade die Gemeinden sind sehr wohl an einer stabilen Beschäftigungslage interessiert, da sich auf der einen Seite die Arbeitslosigkeit vordergründig in den Gemeinden niederschlägt und die Finanzen der Gemeinden spätestens dann belastet werden, wenn der einzelne Arbeitnehmer seine Berechtigung zum Bezug von Arbeitslosengeld verliert. Auf der anderen Seite hängen auch die gemeindlichen Ertragssteuern – Gemeinschaftssteuern und Gewerbekapital und -ertragssteuern – in starkem Maße vom Umfang der Beschäftigung ab.

Wenn man aber trotzdem im allgemeinen von der Vorstellung ausgeht, daß Gemeinden überfordert seien, eine eigenständige Konjunkturpolitik zu betreiben, so liegt dies in stärkerem Maße in dem Umstand begründet, daß Gemeinden von ihrer Struktur und Verfassung her gar nicht über die Möglichkeiten verfügen, in größerem Maße Konjunkturpolitik zu betreiben. Diese geringere „Effizienz" kann einmal mit der Finanzverfassung der Gemeinde erklärt werden. Noch stärker als die Länder sehen sich die Gemeinden wegen ihrer primären Aufgaben gezwungen, eine weitgehend **prozyklische Ausgabenpolitik** zu betreiben, während Beschäftigungspolitik eine antizyklische oder zumindest neutrale Ausgabenpolitik verlangt.

Es ist sicher richtig, daß das Konzept der antizyklischen Konjunkturpolitik ein keynesianisches Programm darstellt und nur dann wirklich erfolgreich ist, wenn auch die Bedingungen für eine keynesianische Arbeitslosigkeit vorliegen. Nun ist aber bekanntlich die keynesianische Strategie der Steuerung der gesamtwirtschaftlichen Nachfrage wenig erfolgreich oder sogar zum Scheitern verurteilt, wenn die Arbeitslosigkeit klassische, angebotsseitige Ursachen aufweist. In diesem Sinne gilt die These, wonach die Gemeinden für eine aktive Konjunkturpolitik nicht geeignet sind, zunächst nur für eine keynesianische Politik.

Aber auch wenn man der Meinung ist, daß eine keynesianische Beschäftigungspolitik wenig effizient ist und es eines angebotstheoretischen Rüstzeugs bedarf, um gesamtwirtschaftliche Arbeitslosigkeit zu bekämpfen, kommt man zu dem Ergebnis, daß auch im Rahmen dieses Beschäftigungskonzeptes die Gemeinden schnell an die Grenzen ihrer Möglichkeiten geraten. Eine angebotsorientierte Beschäftigungspolitik lehnt zwar das **„stop and go"** der keynesianischen Politik ab, erschöpft sich aber nicht in einer prozyklischen Finanzpolitik. Geht man etwa, wie *H. Besters*, von der Forderung nach einer **regelgebundenen Fiskalpolitik** der öffentlichen Hand aus, so hat der Staat die Ausgaben langfristig am erwarteten Sozialproduktwachstum auszurichten und auch dann beizubehalten, wenn konjunkturbedingt die Einnahmen zurückgehen und die Gefahr eines Haushaltsdefizites droht.

Eine Gemeinde ist aber überfordert und rechtlich durch Gesetze eingeschränkt, längerfristige Defizite zu realisieren, da sie in viel geringerem Maße als etwa die Bundesregierung die Möglichkeit besitzt, sich auf dem Kapitalmarkt zu verschulden. Damit stoßen die Gemeinden aber auch bei einer angebotsorientierten Konjunkturpolitik sehr schnell an ihre Grenzen.

Gegen diese Überlegungen könnte man nun aber kritisch einwenden, daß diese Grenzen politisch – vorwiegend verfassungspolitisch – gesetzt seien und den Gemeinden durch eine Reform der Wirtschaftsverfassung der finanzielle Spielraum geschaffen werden müsse, der notwendig ist, damit sie ihre konjunkturpolitischen Aufgaben auch sachgerecht erfüllen können. Der finanzielle Rahmen stellt allerdings nicht den einzigen und auch nicht unbedingt den wichtigsten Grund dar, weshalb die Gemeinden konjunkturpolitisch wohl kaum erfolgreich sein dürften. Es ist vielmehr in erster Linie die begrenzte Größe und starke Verbundenheit der Gemeinden, die den Versuch einer Konjunkturpolitik von seiten der Gemeinden nicht erfolgreich sein lassen.

Die Diskussion über den Bedarf an internationaler Koordination der nationalen Konjunkturpolitiken zeigt, daß nicht einmal eine auf eine gesamte Volkswirtschaft begrenzte Konjunkturpolitik erfolgreich sein muß. Wegen der engen wirtschaftlichen Verflechtung der Volkswirtschaften wird eine gewisse Abstimmung der nationalen Politiken gefordert. Die Hoffnung, es reiche aus, die Wechselkurse zwischen einzelnen Volkswirtschaften freizugeben, um sicherzustellen, daß sich die Volkswirtschaften nicht protektionistisch gegeneinander abschotten, wenn sie eine eigenständige Konjunkturpolitik verfolgen wollen, hat sich als illusorisch erwiesen. Stark schwankende Wechselkurse können zu politischen Schwierigkeiten führen und die Notenbanken veranlassen, auf den Devisenmärkten zu intervenieren. Auch bei flexiblen Wechselkursen kann man somit in offenen Volkswirtschaften keine wirklich effiziente Konjunkturpolitik betreiben.

Wenn es aber richtig ist, daß es selbst in einem System flexiber Wechselkurse den einzelnen Volkswirtschaften nicht gelingt, eine erfolgreiche eigenständige Konjunkturpolitik zu betreiben, dann gilt dies a fortiori für eigenständige konjunkturpolitische Aktivitäten von Ländern und Gemeinden. Sie leben in einer Währungsunion. Die von der Ausgabenpolitik der untergeordneten Fiski ausgehenden gesamtwirtschaftlichen Wirkungen können weder durch eine automatische Korrektur der Wechselkursparitäten, wie bei einem System flexibler Wechselkurse, noch durch fallweise politisch herbeigeführte geänderte Paritäten, wie im System fester Wechselkurse, korrigiert werden. Gerade deshalb bedarf es für eine Volkswirtschaft einer übergeordneten, für die gesamte Volkswirtschaft gültigen Konjunkturpolitik.

Kapitel 6:
Analyse des politischen Willensbildungsprozesses

6.1 Demokratische Wahlen als Koordinationsmechanismus zwischen Politikern und Wählern

Vor allem *J. A. Schumpeter* hatte in seinem Werk über „Kapitalismus, Sozialismus und Demokratie" die These aufgestellt, daß sich das Verhalten der Politiker in einer Demokratie mit dem der Unternehmungen in einer Marktwirtschaft vergleichen lasse. Im Grunde genommen kann man davon sprechen, daß wirtschaftliches Handeln einem allgemeinen Muster folgt, das generell bei den unterschiedlichsten Gesellschaftsprozessen Anwendung findet. Die Wirtschaftstheorie kann somit als ein Spezialfall einer allgemeineren Theorie gesellschaftlichen Verhaltens innerhalb unpersönlicher, komplexer Gesellschaften angesehen werden.

Auch im Hinblick auf die Lösung wirtschaftlicher Probleme richtete man – so *Schumpeter* – lange Zeit das Augenmerk auf die letztlichen Ziele des Wirtschaftens, die sicherlich in der Versorgung einer Bevölkerung mit knappen Gütern bestünden. Erfolgreiche Hypothesen seien aber erst seit dem Augenblick möglich geworden, seit dem man zwischen den Gemeinwohlzielen einer Volkswirtschaft und den individuellen Motiven, von denen sich der einzelne Unternehmer bei seinen Produktionsentscheidungen leiten läßt, unterscheide. In ganz ähnlicher Weise komme es darauf an, daß auch bei der Erklärung politischen Verhaltens zwischen der Gemeinwohlaufgabe des Staates und den individuellen Motiven unterschieden wird, von denen sich die politischen Entscheidungsträger bei ihren Entscheidungen leiten lassen.

Ebenso wie man im Rahmen der Wirtschaftstheorie von der Annahme ausgeht, daß sich die Unternehmer von dem Motiv der **Gewinnmaximierung** leiten lassen, gelte für die Politiker, daß ihre Handlungen vorwiegend vom Machtstreben, in einer repräsentativen Demokratie vom Streben nach **Stimmenmaximierung,** bestimmt werden. Genauso wie der Erklärungswert von Aussagen über den Wirtschaftsprozeß erst anstieg, als man von den individuellen Zielsetzungen der Unternehmer ausging, wird man auch erwarten können, daß Aussagen über den politischen Prozeß in dem Maße an Erklärungswert gewinnen dürften, in dem man das primäre Augenmerk auf die Motive der politischen Entscheidungsträger und nicht auf die Gemeinwohlziele richtet.

Ein solcher Wandel in der Betrachtungsweise bedeutet keinesfalls, daß man die Gemeinwohlaufgaben vernachlässigt. Ganz im Gegenteil kann man davon sprechen, daß es gerade der liberalen Wirtschaftstheorie von *A. Smith* und anderen gelungen war, aufzuzeigen, daß in marktwirtschaftlichen Ordnungen, in der sich der einzelne primär an seinem eigenen Wohl ausrichtet, durch eine Art **List der Vernunft** letztlich das Gemeinwohl besser realisiert werden kann, als in bürokratischen Ordnungssystemen.

Die Tatsache, daß eine Wirtschaftsordnung, innerhalb der die eigentlichen Handlungsmotive am Eigenwohl der Beteiligten ausgerichtet sind, bessere Voraussetzungen mitbringt, die Gemeinwohlziele zu realisieren als eine bürokratische Ordnung, in der die Bürokraten und Politiker äußerlich dem Gemeinwohl verpflichtet sind, beruht auf zwei Tatbeständen: Einmal ist in diesem Zusammenhang von Bedeutung, daß die freie Marktwirtschaft viel stärker dazu beiträgt, die **Produktivkräfte zu entfalten,** da sich der einzelne erfahrungsgemäß sehr viel stärker anstrengt, ein Maximum an Leistung zu erstellen, wenn die Ergebnisse dieser Leistung ihm selbst zufließen. Zum andern zeichnet sich die Marktordnung dadurch aus, daß der **Wettbewerb** der Marktpartner – besonders der Unternehmer – untereinander sicherstellt, daß der einzelne gerade dann seine individuellen Gewinnziele realisieren kann, wenn er die Produktion am Bedarf der Allgemeinheit ausrichtet. Der Wettbewerb unter den Unternehmern zwingt diese, ständig nach neuen Innovationen Ausschau zu halten, um auf diese Weise die Kosten zu senken und die Qualität der Güter zu erhöhen. Ist ein Unternehmer zu dieser Innovation nicht fähig oder aber nicht bereit, hat er zu befürchten, von seinen Konkurrenten aus dem Markt geworfen zu werden.

In einem ganz ähnlichen Sinne kann vermutet werden, daß auch bei der Lösung politischer Probleme die Gemeinwohlziele am besten realisiert werden, wenn auf der einen Seite die Politiker von individuellen Anreizen gelenkt werden und wenn gleichzeitig auf der anderen Seite ein Wettbewerb unter den Politikern stattfindet, der letztlich die politischen Entscheidungen auf das Wohl der Bürger hin kanalisiert.

Nun gilt es aber hierbei zweierlei zu bedenken: Einerseits hängt der Erfolg einer Marktwirtschaft oder einer Demokratie entscheidend davon ab, in welchem Umfang ein freier Wettbewerb der Unternehmer bzw. Politiker zugelassen wird. Nur wenn ein solcher Wettbewerb stattfindet, kann damit gerechnet werden, daß das individuelle Streben nach Gewinn oder Stimmen letztlich zum Wohle der Allgemeinheit führt. Es müssen also mit anderen Worten **bestimmte Voraussetzungen** vorliegen, damit das jeweilige Gesellschaftssystem auch zu den erwünschten gesamtgesellschaftlichen Ergebnissen führt. Eine Kanalisation ergibt sich nicht von selbst und in jedem Falle, es bedarf vielmehr einer **Rahmenordnung,** die sicherstellt, daß es zu einer erfolgreichen Koordination kommt.

Andererseits sind aber sowohl die Gewinn- als auch Stimmenmaximierung selbst wieder Ergebnisse dieses Wirtschaftsprozesses. Je geringer der Wettbewerb untereinander ist, um so größer ist die **Vielfalt der möglichen Unternehmerziele.** Ein Monopolist kann sich sehr unterschiedlich verhalten. Er ist nicht gezwungen, jede mögliche Kostensenkung auch auszuführen. Er kann seine wirtschaftliche Basis als Grundlage nutzen, um Macht zu erringen. Gleichwohl kann er sich aber auch von altruistischen Motiven leiten lassen.

Entscheidend hierbei ist allerdings, daß monopolistische Ordnungen in Wirtschaft und Politik keinerlei Gewähr für eine Koordination der unterschiedlichen Interessen gewähren, es ist dem **Wohlwollen** der Führungskräfte und dem Zufall überlassen, inwieweit die Produktion bzw. die politischen Problemlösungen an den Interessen der Bürger und Konsumenten ausgerichtet werden. Der Vorteil einer Marktwirtschaft oder einer Demokratie besteht gerade darin, daß der Wettbewerb unter den Führungskräften und andere konstitutive Rahmenbedingungen eine **Gewähr** dafür geben, daß eine solche Ausrichtung an den Interessen der Allgemeinheit im allgemeinen stattfindet.

Die Gewinn- und Stimmenmaximierung sind also selbst Teil einer Kanalisation. Sie sind nur dann mit Sicherheit zu erwarten, wenn die Wettbewerbskräfte wirken und sie sind selbst zu unterscheiden, von den letztlichen, individuellen Motiven der einzelnen Führungskräfte. Diese können ein sehr großes Spektrum der unterschiedlichsten Gründe aufweisen, von der Begeisterung über die Bewältigung technischer Prozesse über das Bestreben, Menschen zu führen und geschichtliche Funktionen zu erfüllen bis hin zu altruistischen und religiösen Motiven. Entscheidend ist hierbei allein, daß der Unternehmer nur dann diese persönlichen Motive realisieren kann, wenn er über ausreichend Kapital verfügt, um diese Ziele in die Tat umzusetzen. In ähnlicher Weise gilt, daß der Politiker seine Vorstellungen einer politischen Ordnung nur verwirklichen kann, wenn er zuvor in einer Demokratie über einen Wahlkampf die Stimmenmehrheit erlangt hat.

Für die Lehre von der Wirtschaftspolitik ergibt sich aus der Übertragung dieser wirtschaftswissenschaftlichen Betrachtungsweise auf die Politik die Erkenntnis, daß es nicht nur auf den Willen der Politiker ankommt, ob Reformvorschläge, die von seiten der Wissenschaft an die Politiker herangetragen werden, auch realisiert werden. Es genügt nicht, den Politiker davon zu überzeugen, daß bestimmte Ideen richtig und sinnvoll sind. Es ist weder Bosheit noch Dummheit, wenn die politischen Entscheidungsträger nicht bereit sind, Reformen durchzuführen, obwohl sie ganz offensichtlich erwünscht sind. Der Politiker steht nämlich ähnlich wie der Unternehmer unter bestimmten **Sachzwängen.** Er kann und wird nur dann bestimmte Lösungsvorschläge aufgreifen und versuchen, sie zu realisieren, wenn er wirklich der Meinung ist, daß es ihm mit diesen politischen Aktivitäten gelingen wird, Stimmen zu gewinnen oder er zumindest den Verlust der politischen Macht verhindern kann.

Diese Einsicht bedeutet nun aber nicht Resignation, sondern zeigt nur, daß sich wirtschaftspolitische Zielvorstellungen nur auf bestimmten Wegen realisieren lassen. Es reicht nicht aus aufzuzeigen, wie die Wirtschaftsordnung verändert und gestaltet werden muß, um bestimmte Zielvorstellungen – etwa die der Vollbeschäftigung – zu realisieren. Es ist vielmehr auch Aufgabe der Wissenschaft – der ökonomischen Theorie der Politik – sich darüber Gedanken zu machen, wie bestimmte Reformvorschläge verwirklicht werden können.

In einem Punkt unterscheiden sich allerdings marktwirtschaftliche und demokratische Ordnungen entscheidend. Obwohl sich in beiden Systemen dem Prinzip nach bei einer funktionierenden Rahmenordnung die Aktivitäten der Führungskräfte an den Interessen der Bürger und Haushalte ausrichten, ist der demokratische Prozeß allein in der Lage, die Vorstellungen der **Mehrheit der Bürger** zu verwirklichen. Demgegenüber werden in einer marktwirtschaftlichen Ordnung tendenziell die Vorstellungen jedes einzelnen Haushaltes realisiert.

Es erscheint nun aber wichtig darauf hinzuweisen, daß auf den ökonomischen Märkten **Individualgüter** angeboten werden. Die Tatsache, daß ein Individuum seine Ressourcen in einer ganz bestimmten Weise einsetzt, zwingt andere Wirtschaftssubjekte noch lange nicht, die eigenen Ressourcen in der gleichen Weise zu verwenden. Demgegenüber werden im politischen Prozeß **Kollektivgüter** hergestellt. Die politischen Lösungen sind also für alle Bürger einer Gesellschaft die gleichen. Je größer nun aber die Minderheit ist, die von der Mehrheit überstimmt wurde, um so weniger entspricht die Lösung der Demokratie den Präferenzen der einzelnen Bürger und damit der Lösung einer Marktwirtschaft. Es ist nun sicherlich richtig, daß bestimmte gesellschaftliche Probleme nur gelöst werden können, wenn man staatlicherseits Kollektivgüter bereitstellt. Damit ist aber auch klar, daß gesellschaftliche Probleme nicht in jedem Einzelfall marktwirtschaftlich befriedigender gelöst werden könnten.

6.11 Beispiel: Der politische Konjunkturzyklus

Die Grenzen der Wirtschaftspolitik, die sich aus demokratischen Zusammenhängen ergeben, lassen sich anhand der Theorie des politisch bedingten Konjunkturzyklus aufzeigen, wie sie u. a. von *W. D. Nordhaus* entwickelt und von *D. Wittman, A. Alesina* und *G. Tabellini* in jüngster Zeit weiter geführt wurde. Diese Theorie geht von der Annahme aus, daß sich die Politiker auch bei den konjunkturpolitischen Entscheidungen primär daran orientieren, ob diese Aktivitäten die Wiederwahlchancen bei der nächsten Wahl verbessern oder verschlechtern. Daneben wird in diesen Modellen angenommen, daß sich die Wähler bei ihren Entscheidungen zwar an den von den Politikern durchgeführten Maßnahmen orientieren, sie aber eine hohe **Vergessensrate** aufweisen. Die Folge ist, daß vor allem die politischen Maßnahmen unmittelbar vor den Wahlen in das Kalkül der Wähler eingehen.

Beide Verhaltensweisen veranlassen nun die regierenden Politiker, unmittelbar vor den Wahlen die Staatsausgaben zu erhöhen und die Steuersätze zu reduzieren, um auf diese Weise möglichst viel Wählerstimmen auf sich zu vereinigen. Der unmittelbare Nutzen der Wähler kann sowohl gesteigert werden, wenn man das Kollektivgüterangebot erhöht als auch das gesamte Steuervolumen verringert und damit das privat verfügbare Einkommen der Wirtschaftssubjekte steigert.

Es ist klar, daß diese Maßnahmen so rechtzeitig begonnen werden müssen, daß sie noch vor den Wahlen positive Wirkungen zeitigen. Da wir aber wissen, daß zwischen dem Zeitpunkt, zu dem politische Maßnahmen eingeleitet werden und dem Zeitpunkt, zu dem sie sich auf die Problemgrößen auswirken – etwa Beratung eines Beschäftigungsprogramms und wirklicher Anstieg der Beschäftigung – etwa 1 1/2 Jahre liegen, dürfte es für die politischen Entscheidungsträger zweckmäßig sein, etwa zwei Jahre bevor die Legislaturperiode ausläuft, damit zu beginnen, expansive Beschäftigungsprogramme aufzulegen.

Auf der anderen Seite dürfen diese Programme aber auch nicht sehr viel früher eingeleitet werden, da die Wähler Maßnahmen, die sich schon lange Zeit vor der Wahl auswirkten, nur bedingt oder überhaupt nicht zur Kenntnis nehmen. Setzt man zu früh auf expansive Maßnahmen, zahlt sich dies nicht in einem Anstieg der Wählerstimmen aus.

Nun müssen wir aber davon ausgehen, daß von den expansiven geld- und fiskalpolitischen Maßnahmen nicht nur von den Wählern positiv bewertete Mengen- und

Beschäftigungssteigerungen ausgehen, sondern – allerdings mit einem größeren time lag – auf der einen Seite steigende Güterpreise, auf der anderen Seite aber auch Einbußen im wirtschaftlichen Wachstum zu erwarten sind. Der Grund ist darin zu sehen, daß im Zuge der expansiven Politik die Marktkontrolle und damit der Zwang zu steigenden Produktivitäten verringert werden. Dies bedeutet aber auch, daß eine expansive Fiskalpolitik nicht unbegrenzt betrieben werden kann, sondern von der expansiven Fiskalpolitik Kräfte ausgehen, die längerfristig den Staat seiner Mittel berauben und darüber hinaus bei den Wählern Unzufriedenheit auslöst.

Gerade aus diesen Gründen sehen sich die Politiker auch veranlasst, unmittelbar nach den Wahlen **restriktive Maßnahmen** zu ergreifen. Die mit den restriktiven Maßnahmen verbundenen kurzfristigen Verärgerungen der Bürger können aber in dieser Phase hingenommen werden, da annahmegemäß die Wähler diese Nutzeneinbußen bereits vergessen haben, wenn die nächste Wahl ansteht. Anderseits sind diese restriktiven Maßnahmen auch notwendig, um neue Wachstumsimpulse auszulösen und damit überhaupt erst die Voraussetzungen dafür zu schaffen, daß unmittelbar vor der Wahl erneut expansive Beschäftigungsprogramme eingeleitet werden können.

Ein solches Verhalten der Politiker erschwert aber eine sinnvolle Konjunkturpolitik beträchtlich. Wenn wir von den Annahmen der keynesianischen Theorie ausgehen, sind die Haushaltsdefizite bzw. -überschüsse des Staates an den gesamtwirtschaftlichen Ungleichgewichten auszurichten. Etwaige Nachfragedefizite der privaten Wirtschaft sind mit gleich hohen Defiziten im Staatshaushalt und damit staatlicher Nachfrageschöpfung zu beantworten, genauso wie Nachfrageüberschüsse der privaten Wirtschaft den Staat zu gleich hohen Budgetüberschüssen und damit Kaufkraftstillegungen veranlassen sollten.

Da wir aber nicht davon ausgehen können, daß die aus der Struktur der Marktwirtschaft erwachsenden konjunkturellen Schwankungen gerade einem Wahlzyklus folgen, kann das oben beschriebene Verhalten der Politiker auch nicht dazu führen, daß sie von selbst gerade die fiskalischen Aktivitäten entfalten, die zur Konjunkturstabilisierung notwendig wären. Die Konjunkturzyklen haben eine andere Länge. Im allgemeinen unterstellen wir eine durchschnittliche Länge des *Juglar*-Zyklus von etwa acht Jahren. Weiterhin wissen wir, daß gerade in den letzten Jahrzehnten fast jeder Zyklus eine andere Länge aufwies. Schließlich könnten wir auch dann, wenn die Länge der Legislaturperiode zufälligerweise mit der des gerade wirksamen Konjunkturzyklus zusammenfallen würde, nicht damit rechnen, daß das Konjunkturtief gerade mit dem Zeitpunkt der Wahlen zusammenfallen würde. Eine effiziente Konjunkturpolitik von seiten des Staates ist also im Rahmen einer demokratischen Ordnung nicht möglich.

Man kann nun mit der Kritik an einer staatlich geführten keynesianisch orientierten Konjunkturpolitik noch einen Schritt weitergehen. Das oben beschriebene Verhalten der Politiker ist nicht nur im Hinblick auf das Beschäftigungsziel ineffizient. Wir müssen vielmehr davon ausgehen, daß auf diesem Wege zusätzliche Instabilitäten in den wirtschaftlichen Prozeß hineingetragen werden. Gerade der Versuch der Politiker, vor Wahlen beschäftigungspolitisch aktiv zu werden, löst die konjunkturellen Schwankungen erst aus, die man mit diesen Aktivitäten vorgibt abzubauen.

Natürlich wird man zugestehen müssen, daß das politische System nicht der einzige Grund für konjunkturelle Instabilitäten darstellt. Auch der marktwirtschaftliche Prozeß erzeugt selbst – wie *Schumpeter* gezeigt hat – sehr wohl Instabilitäten. Trotzdem bleibt richtig, daß das politische Verhalten der Politiker bestehende konjunkturelle Schwankungen eher vergrößert.

Aus dieser Sicht gewinnen die Vorschläge, konjunkturpolitische Aufgaben einer nicht staatlichen Instanz – etwa der Notenbank – zu übertragen, sowie den Staat auf eine strikte Einhaltung eines Budgetausgleichs oder anderer langfristiger Regeln zu verpflichten, wie sie etwa von *M. Friedman* vorgeschlagen wurden, neues Gewicht.

6.2 Die Bedeutung von Verbänden im demokratischen Willensbildungsprozeß

Das von *Schumpeter* skizzierte Modell der Konkurrenz der Politiker um die Wählergunst stellt lediglich einen ersten Schritt zur Erklärung politischer Prozesse dar. In dieser Vereinfachung versagt dieses Modell vor allem dann, wenn es den Einfluß der Verbände auf die Politik oder Probleme der Einkommensverteilung erklären soll.

Ausgehend von den Hypothesen, die im Anschluß an die Modellentwicklung von *A. Downs* aufgestellt wurden, folgerte man, daß im Gegensatz zu einer Marktlösung eine repräsentative Demokratie der Tendenz nach zu einer **Nivellierung der Einkommen** neige. Die marktliche Lösung enthalte Tendenzen zur Differenzierung. Besitzt ein Marktpartner einmalig Startchancenvorteile und erwirbt auf diese Weise einmalig ein höheres Einkommen, so kann er sich weitere Startchancenvorteile in der Zukunft dadurch sichern, daß er die zusätzlich erworbenen Einkommensteile spart, dadurch Vermögen bildet und dieses Vermögen wiederum erwerbswirtschaftlich einsetzt.

Für einen demokratischen Prozeß meinte man zunächst, nivellierende Tendenzen feststellen zu müssen. Gleiches Wahlrecht bedeute auch, daß der Einfluß der einzelnen Wähler auf die Politik gleich stark sei. Gehe man von einer Situation stark differenzierter Einkommen aus, so könne ein Politiker Wählerstimmen gewinnen, wenn er eine Umverteilung der Einkommen im Sinne einer Nivellierung in Aussicht stelle. Zwar verliere er dadurch bei der Gruppe der Belasteten Wählerstimmen, da diese zur Opposition abwandern werden. Diese Wählerverluste werden aber durch die Stimmenzuwächse bei der Gruppe der Begünstigten mehr als kompensiert, da die Gruppe der Begünstigten stets wesentlich größer sei als die der Belasteten.

Empirische Untersuchungen zeigen nun aber, daß sich diese Hypothesen nicht bestätigen lassen. Die personelle Einkommensverteilung wurde innerhalb der repräsentativen Demokratien nicht signifikant nivelliert. Diese fehlende Tendenz zu nivellierten Einkommen läßt sich auch theoretisch begründen, wenn man das vereinfachte Politiker-Wähler-Modell der ökonomischen Theorie der Demokratie durch einen Ansatz ersetzt, in dem die Bedeutung der Verbände berücksichtigt wird.

Wie ist es aber zu erklären, daß trotz gleichem Wahlrecht für alle Bürger die Verbände überhaupt in der Lage sind, einen Einfluß auf die Politik zugunsten ihrer Gruppe zu finden? Die Antwort liegt darin begründet, daß die Bürger nicht nur auf dem Wege der Wahl auf die Politik einen gewissen Einfluß ausüben können. Das Wahlrecht könnte – wenn man einen Vergleich mit der reinen Marktlösung versucht – eher mit einem **Recht auf Mindesteinkommen** für alle Haushalte verglichen werden. Jeder hat mindestens die Möglichkeit, über seine Wahlstimme auf die Politik Einfluß auszuüben.

Es gibt aber zumindest zwei weitere, entscheidende Kanäle, auf denen einzelne Bürger oder Gruppen die Politik beeinflussen können. Der eine Weg läuft über die politischen **Parteien.** Die Parteien entscheiden im **Nominierungsprozeß,** der dem Wahlprozeß vorgeschoben ist, welche Politiker sich überhaupt zur Wahl stellen können. Im Wettkampf um die Nominierung sehen sich die Politiker u. U. gezwungen, der Gruppe, die sie nominiert, Versprechungen zu machen, die den Politiker dann im Wahlkampf und in der Ausführung der Politik binden.

Ein zweiter Weg führt über die Aktivität der **Verbände.** Diese verfügen auf der einen Seite über **Wissen,** auf das die Politiker bei ihren Entscheidungen angewiesen sind. Vor allem die wirtschaftspolitischen Entscheidungen gehen von bestimmten Annahmen über die Produktion und über das Investitionsverhalten aus. Dieses Wissen muß aber in allererster Linie von den Unternehmungen und ihren Verbänden den Politikern zur Verfügung gestellt werden. Da die Politiker dieses Wissen benötigen, um ihre politischen Vorstellungen zu verwirklichen, dürften sie auch bereit sein, in einer Art **log rolling** dieses Angebot an Informationen damit zu erkaufen, daß sie den Verbänden gewisse Zugeständnisse machen.

Ein anderer Einflußkanal ist allerdings viel subtiler. Das log-rolling ist nicht nur verpönt, es wird auch bisweilen als eine Art von **Bestechung** angesehen. Damit dürfte aber diese einfache Art, Einfluß auszuüben, in einer funktionsfähigen Demokratie stets begrenzt sein. Daneben gibt es aber Möglichkeiten des Einflusses, die weniger offen zutage treten. Dies ist immer dann der Fall, wenn der Einfluß quasi verpackt mit Wissen erfolgt. Die sogenannten Sachinformationen lassen sich nicht immer eindeutig von normativen Vorstellungen trennen. Daneben besteht auch eine Neigung, solche Sachinformationen mit normativen Vorstellungen zu verquicken. Diese Verquickung kann gelingen, weil nicht immer eindeutig erkennbar ist, was Sachinformation und was Empfehlung ist.

Die Politiker ringen um bestimmte Mittel, gewisse Ziele zu erreichen. In die Aussage darüber, welche Mittel möglich sind, können unerkannt normative Vorstellungen eingehen, etwa dadurch, daß solche Lösungsmöglichkeiten verschwiegen werden, die dem Interesse der Gruppe zuwiderlaufen, die diese Informationen zur Verfügung stellt. Wir werden im nächsten Abschnitt sehen, daß dieser Einfluß vor allem dann an Gewicht gewinnt, wenn der Einfluß der Verbände über den Weg der **Bürokratie** Eingang in die Politik findet.

Andererseits gewinnen aber Verbände auch dadurch Einfluß auf die Politiker, daß sie das Verhalten ihrer Mitglieder mehr oder weniger stark **kontrollieren.** Auf diesem Umwege können sie den Politikern in Aussicht stellen, daß sie von ihren Mitgliedern unterstützt oder abgelehnt werden. Die Politiker sehen sich dann veranlaßt, auf die Vorstellungen der Verbände einzugehen, um auf diesem Wege sicherzustellen, daß die angeschlossenen Mitglieder diesen Politiker auch wählen.

Während das Wissensmonopol der Verbände vor allem für die Unternehmensverbände gilt, die in ihrer Zahl nur eine relativ geringe Wählergruppe vertreten, ist dieser zweite Einfluß der Verbände um so stärker, je größer die vertretene Wählergruppe ist und je straffer die Organisation dieser Interessen erfolgt.

Schließlich soll noch auf einen letzten Zusammenhang hingewiesen werden. Der Einfluß der Verbände kann als eine Art **Kumulierung der Wahlstimme** angesehen werden, da die Verbände – im Gegensatz zum einzelnen Wähler – ihren Einfluß innerhalb einer Wahlperiode mehrfach einsetzen können. Unterstellen wir, daß ein Verband den Versuch mache, die Interessen seiner Mitglieder politisch dadurch durchzusetzen, daß er damit droht zur Opposition abzuwandern, wenn seine Wünsche nicht erfüllt werden. Nehmen wir weiter an, die regierenden Politiker seien auf diese Interessenwünsche eingegangen. Die Verbände können in diesem Falle ihre Machtposition erneut einsetzen, neue Zielvorstellungen formulieren und auch diese mit der Drohung verbinden, bei Nichterfüllung ihrer Wünsche die Opposition zu unterstützen. Auf diese Weise kann es den Organisationen bei geschicktem Vorgehen gelingen, mit ihren Wählerstimmen zu wuchern, sie mehrfach einzusetzen, sie also zu kumulieren.

Der Hinweis auf diese verschiedenen Kanäle, die neben der Wahl einzelnen Bürgern weitere Einflußmöglichkeiten auf die politischen Entscheidungen einräumen, kann möglicherweise noch nicht zufriedenstellend erklären, weshalb sich hieraus bereits eine Änderung in der Verteilung der Nutzen der einzelnen Wählergruppen ergibt. Schließlich – so könnte man vermuten – haben alle Bürger das Recht, sich in Verbänden ihrer Wahl zu organisieren. Damit verläuft zwar der Einflußprozeß in der Realität sehr viel komplexer als das *Schumpetersche* Modell zunächst anzudeuten scheint. Dennoch könnte es aber sein, daß die Einflußchancen einigermaßen gleich verteilt sind.

Diese These läßt sich nun aber in der Realität nicht erhärten. Es gibt nämlich eine Reihe von Gründen, weshalb sich die einzelnen Interessengruppen in ganz unterschiedlichem Maße organisieren lassen. Als erstes wäre auf einen Zusammenhang hinzuweisen, auf den *M. Olson* in seiner **Theorie der Kollektivgüter** aufmerksam gemacht hat. Die Ergebnisse des politischen Einflußes haben nämlich den Charakter von Kollektivgütern. Sie wirken sich für den einzelnen aus, unabhängig davon, ob er sich an diesem Prozeß der Einflußnahme insbesondere durch Kostenübernahme beteiligt hat oder nicht.

Dieser Kollektivgutcharakter der politischen Einflußnahme führt nach *Olson* dazu, daß dieses Gut um so weniger angeboten wird, je größer die Gruppe ist, die diese Interessen vertritt. Je größer nämlich die Gruppe ist, um so geringer sind die Sanktionen, die der einzelne zu erwarten hat, wenn er sich um eine Beteiligung drückt. Der einzelne kann sich stets einreden, daß die Erfolgsaussichten der Einflußnahme unabhängig von seinem Verhalten sind. Damit ist aber die Versuchung groß, sich nicht an den Kosten zu beteiligen, die entstehen, wenn man versucht, auf die politischen Entscheidungsträger Einfluß auszuüben. Da es sich um ein Kollektivgut handelt, kann derjenige, dem es gelingt, sich vor den Kosten zu drücken, allerdings nicht davon ausgeschlossen werden, den Nutzen des Kollektivgutes zu genießen. Da dieses Kalkül aber für jedes Wirtschaftssubjekt rational ist, dürfte die Bereitschaft, sich zu organisieren, mit wachsender Gruppengröße zurückgehen.

Damit ist aber auch klar, daß die Wahrscheinlichkeit zunimmt, daß eine Organisation der Interessen zustandekommt, wenn die Gruppengröße zurückgeht. Zwar bringt es der Kollektivgutcharakter der Einflußnahme immer noch mit sich, daß die Bereitschaft, sich zu organisieren, geringer ist als es gemessen am **Paretokriterium** optimal wäre. Trotzdem kann damit gerechnet werden, daß die Nutzengewinne, die der einzelne aus der Verbandsorganisation und dem politischen Einfluß gewinnt, so groß sind, daß es sich für den einzelnen sogar lohnen würde, die gesamten Kosten der Verbandsbildung allein zu übernehmen. Es kommt noch hinzu, daß bei kleinen Gruppen eine persönliche, informelle Kontrolle möglich wird. Damit wird der Zusammenhalt und ein gruppenkonformes Verhalten weiter gestärkt.

Wenn man nun aber in der Realität feststellt, daß sich nicht alle Gruppen und Interessen gleichermaßen organisieren lassen, dann sind dafür sicherlich noch weitere Gründe verantwortlich. So entspricht es beispielsweise einer psychologischen Erfahrung, daß sich Personen eher bereit finden, **bedrohte Interessen** zu verteidigen als **neue Vorteile** zu erkämpfen. Offensichtlich wird der Entgang an Nutzen, der zu erwarten ist, wenn bestimmte Privilegien, wie etwa ein bestimmtes Einkommen, wegzufallen drohen, stärker empfunden, als der Zuwachs an Nutzen, den man erringen kann, wenn es gelingt, eine gleich große Einkommenssteigerung zu erkämpfen.

Für diesen Sachverhalt dürfte vor allem der Umstand verantwortlich sein, daß bei einem drohenden Verlust bestimmter bisher schon realisierter Einkommen der Nutzen dieser Einkommensteile bekannt ist, während über die noch zu erringenden Nutzenzuwächse möglicher Einkommenssteigerungen nur sehr vage Vorstellungen existieren. Auch bewirkt offensichtlich bei einem großen Teil der Menschen jede **Änderung** bereits Nutzenentgänge, weil sie sich an eine neue Situation anpassen müssen. Demgegenüber haben schon bestehende, gleichbleibende Zustände den Vorteil, daß keine Anpassungsleistung erbracht werden muß.

Daneben wird auch davon gesprochen, daß sich die Einkommens**entstehungs**interessen leichter organisieren lassen als die Einkommens**verwendungs**interessen. Hier wird der Unterschied in der Organisierbarkeit vor allem darin gesehen, daß das Einkommensentstehungsinteresse für alle in etwa gleich ist, während bei der Verwendung des Einkommens die unterschiedlichsten Möglichkeiten bestehen. Gerade deshalb fällt aber die Bereitschaft, sich zu organisieren, geringer aus. Es besteht hier nämlich die Gefahr der **Verzettelung** der einzelnen Interessen.

Es kommt schließlich noch hinzu, daß die Alternativen, die der einzelne zur Vertretung der beiden genannten Interessen besitzt, bei der Einkommensverwendung sehr viel größer sind als bei der Einkommensentstehung. Die Alternativen, knappe Ressourcen erwerbswirtschaftlich einzusetzen, bestehen darin, sie konsumtiv zu verwenden. Eine ganz konkrete Art der Einkommensverwendung kann aber bei mangelndem Erfolg durch eine Vielzahl anderer Verwendungen ersetzt werden. Der Nutzenentgang, der zu erwarten ist, wenn eine bestimmte Zielsetzung nicht realisiert werden kann, ist also im Falle der Einkommensverwendung sehr viel geringer als im Falle der Einkommensentstehung.

6.21 Beispiel: Protektionismus als Folge lobbyistischen Einflusses

Die Erfahrung zeigt, daß vor allem die Industrie- und Agrarverbände immer wieder nach Zöllen und anderen nicht-tarifären, protektionistischen Maßnahmen rufen, um die einheimischen Wirtschaftszweige vor der ausländischen Konkurrenz zu schützen, die sich mit unlauteren Mitteln ungerechtfertigte Wettbewerbsvorteile ergattern. In der traditionellen Außenwirtschaftstheorie dominiert nun aber seit langem die Vorstellung, daß alle protektionistischen Maßnahmen nicht nur die Wohlfahrt der ausländischen Volkswirtschaften, sondern letztlich auch die Wohlfahrt der eigenen Volkswirtschaft negativ tangieren.

Die Gründe lassen sich am Beispiel der Zölle sehr deutlich zeigen. Von Zöllen gehen zwei sich kompensierende Effekte aus. Auf der einen Seite führt die Einführung oder Erhöhung eines Importzolles zu einer Verbesserung der realen Austauschverhältnisse – terms of trade – zugunsten des zollerhebenden Landes. Auf der anderen Seite geht aber das Außenhandelsvolumen und damit die internationale Arbeitsteilung und Produktivität aufgrund protektionistischer Politik zurück.

Es wird nun argumentiert, daß es zwar richtig sei, daß der positive „terms of trade-Effekt" bis zu einer gewissen Grenze – dem Zolloptimum – überwiege. Damit kann das zollerhebende Land zunächst per saldo Wohlfahrtsgewinne verzeichnen. Man müsse nun aber damit rechnen, daß das Ausland längerfristig mit **Retorsionszöllen** antworte und sich die terms of trade nun zugunsten des Auslandes verbesserten. Dies bedeute aber gleichzeitig wieder eine Verschlechterung der terms of trade des eigenen Landes. Der anfängliche positive terms of trade-Effekt entfällt längerfristig. Langfristig übrig bleiben nur die negativen Produktivitätsverluste, die entstehen und sich nun kumulieren, weil im In- und Ausland Zölle erhoben werden. Aus dieser Erkenntnis heraus waren die westlichen Staaten in der Zeit nach dem 2. Weltkrieg im Rahmen der GATT-Verhandlungen um einen wechselseitigen Abbau der Zölle und Handelshemmnisse bemüht.

Trotz dieser gesicherten Erkenntnisse kam es in der Vergangenheit immer wieder zu politischen Aktivitäten, den Import ausländischer Güter und Dienste vor allem durch nicht-tarifäre Handelshemmnisse zu behindern. Da diese Aktivitäten aber mit negativen Wohlfahrtswirkungen einhergehen, sind sie erklärungsbedürftig. Eine erste Erklärung der modernen Außenwirtschaftstheorie, wie sie vor allem von *P. Krugman, G. Grossman und E. Helpman* in den letzten Jahren entwickelt wurde, besteht darin, daß es bei unvollkommenen Märkten – „economies of scale", externe Effekte – für ein Land sinnvoll sein kann, eine strategische Handelspolitik zu verfolgen. Diese Erklärung scheitert spätestens dann, wenn man berücksichtigt, daß das Ausland auf solche inländischen Aktivitäten antwortet. Dann muß nämlich damit gerechnet werden, daß niemand gewinnt, sondern alle verlieren.

Eine tragfähige Erklärung für solche protektionistische Aktivitäten scheinen politik-ökonomische Ansätze zu liefern. Es wird bisweilen behauptet, daß die Politiker unter dem Druck der Unternehmensverbände stünden, solche Handelshemmnisse einzuführen. Damit muß man sich aber fragen, weshalb die Politiker in der Vergangenheit immer wieder auf tarifäre Handelshemmnisse zurückgriffen, obwohl doch dieser Weg – zumindest langfristig – nicht im Interesse der Allgemeinheit war?

Diese Schutzzollpolitik der Vergangenheit bedarf aber noch aus einem zweiten Grund einer Erklärung. Gerade weil man feststellen konnte, daß die Einführung von Zöllen des Inlandes relativ schnell zu Gegenzöllen des Auslandes geführt hat, muß man sich fragen, warum die Unternehmensverbände einseitig zugunsten der **Importkonkurrenzindustrien** aktiv werden, werden doch die Interessen der Unternehmungen nicht nur durch die Importe des Auslandes, sondern auch durch die **Exportmöglichkeiten** der eigenen Unternehmungen betroffen.

Wenn das Ausland auf die Einführung von inländischen Importzöllen ebenfalls mit tarifären Handelshemmnissen reagiert, werden auch die Exportmöglichkeiten der heimischen Unternehmungen beeinträchtigt. Man müßte deshalb eigentlich erwarten, daß sich die Unternehmungen, die stark vom Export profitieren, sich massiv gegen solche inländischen tarifären Handelshemmnisse zur Wehr setzen. Damit würde aber der Einfluß der Importkonkurrenzindustrien, die an solchen Zöllen interessiert sind, zumindest teilweise kompensiert. Die politischen Entscheidungsträger wären damit aber keinem einseitigen Einfluß von Interessengruppen ausgesetzt, die an Handelshemmnissen interessiert sind. Tatsächlich verfechten aber vor allem die Importkonkurrenzindustrien ihre Interessen, während die Verfechter von freihändlerischen Ideen fast ausschließlich im Bereich der Wissenschaft anzutreffen sind. Dieser Tatbestand ist erklärungsbedürftig.

Wir wollen uns deshalb fragen, ob die ökonomische Theorie der Demokratie in der Lage ist, diesen einseitigen Einfluß der Importkonkurrenzindustrien zu erklären. Im vorhergehenden Abschnitt hatten wir gesehen, daß die Fähigkeit einzelner Interessen, sich zu organisieren, unterschiedlich sind. Es ist auf diesen Umstand zurückzuführen, daß einzelne Bevölkerungsgruppen unterschiedlichen Einfluß auf die Politiker in einer Demokratie nehmen können.

Zunächst einmal kann man feststellen, daß die negativen Wohlfahrtswirkungen einer protektionistischen Politik vor allem von der gesamten Bevölkerung getragen werden müssen. Wir hatten bereits gesehen, daß die Fähigkeit, sich zu organisieren, mit der Größe der Gruppe zurückgeht, da die Ergebnisse einer Verbandspolitik den Mitgliedern der Gruppe stets als Kollektivgut zugute kommen. Angewandt auf das Problem des Protektionismus bedeutet dies, daß die negativen Wohlfahrtswirkungen der Zollpolitik kollektive „bads" darstellen und es deshalb unwahrscheinlich wäre, daß sich die gesamte Bevölkerung zum Schutze gegen diese negativen Wohlfahrtswirkungen zusammenschließt. Demgegenüber ist der von ausländischer Konkurrenz negativ betroffene Wirtschaftszweig mehr oder weniger klein, so daß es leichter ist, hier einen politischen Einfluß zu organisieren.

Diese Überlegungen werden noch dadurch verstärkt, daß es sich bei den Importkonkurrenzindustrien vorwiegend um Einkommensentstehungsinteressen handelt, während die negativen Wohlfahrtseffekte der gesamten Konsumentenschaft eher über die Einkommensverwendung wirksam werden. Wie wir im letzten Abschnitt gesehen haben, lassen sich aber wiederum Einkommensentstehungsinteressen sehr viel leichter organisieren als die Interessen der Einkommensverwendung.

Wie steht es nun aber mit der Fähigkeit der Exportwirtschaft sich zu organisieren? Auf den ersten Blick sollte man meinen, daß die Exportwirtschaft weder im Hinblick auf die Gruppengröße noch der zu vertretenden Interessen ungünstiger abschneidet als die Importkonkurrenzindustrien. Es müssen also weitere Umstände hinzukommen, die erklären, wieso sich die Politiker einseitig von den Verbänden der Importwirtschaft beeinflussen lassen.

Ein möglicher Erklärungsgrund dürfte darin liegen, daß es den Importkonkurrenzindustrien oft gelingt, zusätzliche **gesamtwirtschaftliche** Argumente zugunsten einer solchen Zollpolitik vorzubringen. So wird etwa in der Europäischen Gemeinschaft vor allem der Agrarsektor durch extrem hohe Außenzölle vor ausländischer Konkurrenz geschützt. Zugunsten dieser Politik werden zwei Argumente ins Feld geführt, die üblicherweise in der Protektionspolitik unbekannt sind. So wird auf der einen Seite die Schutzzollpolitik im Bereich der Landwirtschaft vor allem damit verteidigt, daß eine **politische Unabhängigkeit** vom Ausland nur dadurch erzielt werden könne, daß der überaus größte Teil des inländischen Bedarfs auch im Inland produziert werden müsse. Die Agrarprodukte zählten zu den Grundgütern, die notwendig seien, um die Existenz zu sichern. Da aber das Ausland in der Lage sei, diese Güter zu wesentlich günstigeren Preisen anzubieten, müsse die eigene Landwirtschaft durch hohe Zollmauern vor dieser ausländischen Konkurrenz geschützt werden.

Darüber hinaus werden zugunsten eines Schutzes der einheimischen Landwirtschaft aber auch **verteilungspolitische** Argumente ins Feld geführt. Es wird etwa darauf verwiesen, daß aufgrund der natürlichen Produktionsbedingungen der Agrarprodukte die Produktivität sowie die Elastizitäten im Vergleich zur Industrie gering seien, so daß dieser Wirtschaftszweig einer staatlichen Unterstützung bedürfe. Im Rahmen der Agrarpolitik der Europäischen Gemeinschaft wird das Einkommen der Landwirte u. a. dadurch angehoben, daß der Staat garantiert, die Agrarprodukte zu festgesetzten Interventionspreisen, die über den Marktpreisen liegen, abzunehmen. Diese staatliche Unterstützung sei aber nur dann wirklich erfolgreich, wenn diese interventionistische Agrarpolitik durch einen Schutzzoll auch nach außen wasserdicht gemacht werde.

Der protektionistische Schutz der Stahlindustrie gegenüber ausländischer Konkurrenz wird andererseits vor allem damit gerechtfertigt, daß das Ausland die Produktion von Stahl subventioniere und auch bereit sei, Stahl zu **Dumping-Preisen** zu exportieren. Wenn man aber eine **Startchancengleichheit** garantieren wolle, bedürfe auch die inländische Stahlindustrie eines staatlichen Schutzes.

Ein geringerer Schutz der Exportwirtschaft mag teilweise auch damit erklärt werden, daß die Instrumente der Exportförderung sehr viel **globaler** sind als die der Behinderung von Importen. Es ist oft der Import eines ganz bestimmten Landes, den es zu verhindern gilt, während im Hinblick auf den Export ein Wirtschaftszweig bemüht ist, seine Produkte in mehrere Länder zu exportieren. Wird der Export in ein Land durch tarifäre Handelshemmnisse dieses Landes eingeschränkt, kann man diese negative Wirkung möglicherweise dadurch kompensieren, daß man sich darum bemüht, den Export in andere Länder zu forcieren.

Grundsätzlich könnte der Export von Gütern und Diensten politisch auch über **währungspolitische** Aktivitäten gesteuert werden, die allerdings in viel stärkerem

Maße von währungspolitischen Zielsetzungen geprägt werden. Da diese aber in der Regel durch internationale Verträge festgelegt sind, entziehen sie sich weitgehend der politischen Gestaltung der nationalen Regierungen. Das handelspolitische Instrumentarium hingegen kann in stärkerem Maße von den nationalen Regierungen selbst eingesetzt werden. Auch wenn die GATT-Verträge keine unbegrenzten tarifären Handelshemmnisse mehr gestatten, bleiben den nationalen Regierungen mit den nicht-tarifären Handelshemmnissen vielfältige Möglichkeiten, die Importgüterströme zu steuern.

6.3 Die Rolle der Bürokratie in einer Demokratie

Bei unseren bisherigen Betrachtungen hatten wir den Einfluß der Bürokratie auf die politischen Entscheidungen ausgeklammert. Im Rahmen der traditionellen politischen Theorie – so wie sie etwa von *M. Weber* entwickelt wurde – wird der Bürokratie eher eine dienende und untergeordnete Rolle zugedacht. Sie hat einerseits die politischen Entscheidungen vorzubereiten und nach ihrer Verabschiedung auszuführen. Die eigentlichen Entscheidungen liegen aber bei den Politikern. Es sind die Politiker, die sich die Bürokratie als Zweckinstrument einrichten und so gestalten, daß die eigenen politischen Zielsetzungen bestmöglich realisiert werden können.

Es war nun vor allem *W. Niskanen,* der im Rahmen seiner Bürokratie-Theorie die These aufstellte, daß die Bürokratie einen ganz entscheidenden Einfluß auf das politische Geschehen nimmt. Nach dieser Theorie verfügen die Bürokraten gegenüber den Politikern über ein Wissensmonopol, das sie in die Position eines **Optionsfixierers** bringe. Die Politiker hätten gar keine andere Möglichkeit als den Vorstellungen der Bürokraten zu folgen, da der Politiker nicht auf eine andere Bürokratie zurückgreifen könne, wenn er mit ihr unzufrieden ist.

Wegen dieser monopolistischen Stellung, die die Bürokraten gegenüber den Politikern innehaben, komme dem Entscheidungskalkül der Bürokraten eine wichtige Rolle zu. Ganz ähnlich wie wir bei Unternehmungen von der Hypothese der Gewinnmaximierung ausgingen, könne man das Verhalten der Bürokraten als **Budgetmaximierung** umschreiben. Zwar verfolgten die einzelnen Bürokraten, wenn sie ihre Aufgaben ausführen, die unterschiedlichsten persönlichen Ziele und Motive. Die meisten Motive ließen sich aber am ehesten dann realisieren, wenn die Budgetsumme, die den Bürokraten zur Verfügung steht, möglichst hoch sei. Eine große Budgetsumme erhöht den diskretionären Handlungsspielraum für bürokratisch-politische Entscheidungen, kommt dem Streben des einzelnen, innerhalb der Bürokratie aufzusteigen, entgegen und vermindert schließlich auch den Konkurrenzkampf zwischen den einzelnen Abteilungen der Bürokratie.

Die maximal mögliche Budgetsumme wird letztlich durch die Bedarfsvorstellungen der Wähler begrenzt. Damit bestimmt aber die Grenznutzen-Nachfragekurve der Wähler nach politischen Leistungen die Bezugskurve der Bürokratie (Abb. 6b). Die Budgetsumme zu maximieren bedeutet nun aber, daß die Bürokraten daran interessiert sind die politischen Leistungen auszuweiten. Sie suchen also einen Punkt auf der Nachfragekurve der Wähler, der möglichst weit rechts liegt.

154   Kapitel 6: Analyse des politischen Willensbildungsprozesses

Niskanen unterscheidet hierbei zwischen einer **budgetbeschränkten** und einer **nachfragebeschränkten** Verhaltensweise der Bürokraten. Bei der **budgetbeschränkten** Lösung haben die Bürokraten stets dafür zu sorgen, daß ein Budgetausgleich realisiert wird. Eine Ausweitung der politischen Leistungen findet damit dort ihre Grenze, wo die Ausgaben für das Angebot an Leistungen die Budgetsumme übersteigt.

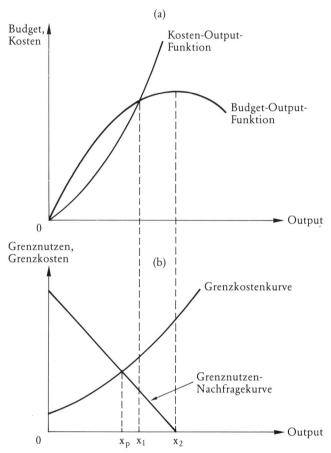

Abb. 6: Budgetbeschränktes und nachfragebeschränktes Angebot an Kollektivgütern

Wenn man in einem Diagramm mit der Leistungsmenge auf der Abszisse und der Budgetsumme und den Kosten der Leistungserbringung auf der Ordinate die Kosten-Output- und Budget-Output-Funktion abträgt (Abb. 6a), so markiert der Schnittpunkt der beiden Kurven die Menge (x_1) an Leistungen, bei der die Bürokratie ihr Budget bei einer budgetbeschränkten Lösung maximiert. Die Kosten-Output-Funktion verläuft in der dargestellten Form, weil die Grenz- und Durchschnittsausgaben der Produktion von Kollektivgütern mit steigendem Angebot überproportional ansteigen. Die Budget-Output-Funktion weist diesen Verlauf auf, weil die Politiker letztlich nur die Budgetsumme zur Verfügung stellen, die auch den Nutzenvorstellungen der Wähler entsprechen. Diese Budgetsumme entspricht der Fläche unter der Grenznutzen-Nachfragekurve der Bürger. Wenn das Angebot an Kollektivgütern ausgeweitet wird, erhöht sich aber die Budgetsumme, die die Politiker der Bürokratie zur Verfügung stellen, nur unterproportional.

Demgegenüber sind die Bürokraten bei einer **nachfragebeschränkten** Lösung daran interessiert, das Angebot an Leistungen bis zur Sättigungsmenge ($x2$) auszuweiten, wo die Grenznutzen-Nachfragekurve der Wähler die Abszisse schneidet. In diesem Falle wird der Drang der Bürokraten, das Angebot zu erweitern, allein durch die Nachfrage der Wähler begrenzt. Die Wähler sind bei alternativen Leistungsangeboten der Politiker bereit, maximal die Geldsumme in Form von Steuern und Gebühren zu zahlen, die der Fläche unter der Grenznutzen-Nachfragekurve entspricht.

Wenn wir nun dieses Angebot an Leistungen durch die Politiker mit dem Angebot vergleichen, das private Unternehmungen unter wettbewerblichen Verhältnissen anbieten würden, dann stellt sich heraus, daß die Machtposition der Bürokraten zusammen mit ihrem Maximierungsverhalten eindeutig zu einem suboptimal hohen Angebot an Kollektivgütern führt. Auf einem funktionierenden Markt würde demgegenüber das Angebotsverhalten der privaten Anbieter dazu beitragen, daß den Bedarfsvorstellungen der Konsumenten entsprochen wird und die knappen Ressourcen effizient eingesetzt werden. Die Grenzkosten einer Produktionsausweitung entsprechen den Grenznutzen.

Nach den Maßstäben der traditionellen Wohlfahrtstheorie führen die Aktivitäten der Bürokratie somit zu einer **suboptimalen Allokation** der Ressourcen. Das marktliche Angebot (xp) unter Konkurrenzbedingungen entspräche einer optimalen Lösung. Das Angebot an Kollektivgütern durch die Bürokratie liegt demgegenüber eindeutig bei einem größeren Output. Dabei fällt auf, daß die angebotene Menge bei einer nachfragebeschränkten Lösung noch größer ausfällt als bei einer budgetbeschränkten. Grundsätzlich neigt die Bürokratie somit also dazu, das Angebot an Kollektivgütern des Staates weit über das volkswirtschaftlich erwünschte Maß hinaus auszuweiten.

Neben dieser **allokativen Ineffizienz** wird im Rahmen der von *Niskanen* entwickelten Bürokratietheorie auch die These von einer **X-Ineffizienz** vorgebracht. Der Begriff der X-Ineffizienz stammt von *H. Leibenstein*. Von X-Ineffizienz wird immer dann gesprochen, wenn ein bestimmtes Angebot zu höheren Kosten als technisch möglich erstellt wird. Die Bürokratie trage also mit dazu bei, daß – aus der Sicht der Wähler – die falschen Güter – tendenziell zu viele Kollektivgüter – zu überhöhten Kosten produziert werden.

Diese X-Ineffizienz ist damit zu erklären, daß die einzelnen Abteilungen der Bürokratie nicht wirklich miteinander konkurrieren. Da die Bürokraten ein Wissensmonopol gegenüber den Politikern aufweisen, machen nicht die Politiker, sondern sie die Kostenvoranschläge. Da sie aber an einem maximalen Budget interessiert sind, werden die Kosten tendenziell auf die gesamte Fläche unter der Nachfragekurve angehoben. Diese Fläche stellt annahmegemäß die maximale Geldsumme dar, die die Wähler für ein bestimmtes Leistungsangebot der Politiker bereit sind, zur Verfügung zu stellen.

Die X-Ineffizienz kommt deshalb aus zwei Gründen zustande: Auf der einen Seite werden Kosten produziert und die Kostenvoranschläge – gemessen am bestehenden technischen Wissen – überhöht ausgewiesen. Auf der anderen Seite bestehen mangels Konkurrenz zwischen den bürokratischen Abteilungen auch keinerlei Anreize zur Rationalisierung und damit zur Kostensenkung und Qualitätsverbesserung.

6.31 Beispiel: Verstärkung des Verbändeeinflusses über die Bürokratie

In einem vorhergehenden Abschnitt hatten wir gesehen, daß die Verbände in einer Demokratie einen entscheidenden Einfluß auf die Politik ausüben, der wesentlich größer sein kann als der Einfluß, den die Mitglieder eines Verbandes über allgemeine Wahlen erringen können. Wir haben weiterhin gesehen, daß dieser Einfluß auf verschiedene Tatbestände zurückgeführt werden kann, u. a. auch auf eine Art Wissensmonopol der Verbände: Die Politiker können ihre Aufgaben nur realisieren, wenn sie über gewisse Informationen verfügen, die sie oft nur von den Verbänden erhalten können. Hieraus erklärt sich neben anderen Faktoren die Macht der Verbände über die Politiker.

In den traditionellen politischen Modellen wird nun von der Vorstellung ausgegangen, daß dieser Einfluß unmittelbar auf die einzelnen Parlamentarier ausgeübt wird. Man spricht deshalb auch von **Lobbyismus**, da sich die Parlamentarier mit den Verbandsfunktionären in den Wandelhallen der Parlamente – in der Lobby – treffen und besprechen.

Dies ist nun allerdings nicht der einzige Kanal, über den Verbände die politischen Entscheidungsträger beeinflussen können. Es ist sicherlich auch nicht der effizienteste Weg, da diese Art, Einfluß zu nehmen, viel zu offensichtlich ist. Der einzelne Parlamentarier, der nur seinem Gewissen verantwortlich ist und seine Verhaltensweise im Parlament auch vor seinen Bürgern verteidigen muß, wird in einer so offenkundigen Beeinflussung eine Verletzung seiner Pflichten sehen. Soweit die Einflußnahme offen erfolgt, dürfte der Parlamentarier auch die öffentliche Kritik scheuen, die sich unweigerlich an einem solchen Vorgehen entzünden wird.

Sehr viel erfolgreicher scheint demgegenüber der Versuch der Verbände zu sein, über die Bürokratie die politischen Entscheidungen zu beeinflussen. Hier ist die Einflußnahme, die auf die Parlamentarier ausgeübt wird, sehr viel subtiler und weniger offensichtlich. Die Verbände treten in diesem Falle nicht mehr unmittelbar an die Parlamentarier heran. Der Einfluß wirkt sich hier indirekt dadurch aus, daß bestimmte Vorstellungen der Verbände nun Eingang in die Gesetzesvorlagen finden, die die Bürokratie für die Politiker vorbereiten.

Dieser Weg, Einfluß zu nehmen, ist besonders dann effizient, wenn die Verbände das für die Gesetzesvorlage notwendige Datenmaterial einseitig selektieren. Damit gewinnen sie scheinbar über **Fakten**, die von einer „neutralen" Bürokratie vorgetragen werden, Einfluß auf die Parlamentarier. Der Parlamentarier ist sich hier des Einflußes oft nicht mehr bewußt. Der Einfluß erfolgt auch nicht vor den Augen der Öffentlichkeit, so daß der Parlamentarier hier auch guten Gewissens handeln kann.

Es bleibt natürlich die Frage, weshalb es den Verbänden gelingt, die Bürokratie auf diese Weise zu beeinflussen. Zunächst einmal hat die Bürokratie ähnliche Schwierigkeiten wie die Politiker, an die für eine Gesetzesvorlage notwendigen Informationen zu kommen. Zu den Informationen, die für ein Gesetz benötigt werden, zählt oft auch die Stimmung und die Bereitschaft der Verbände und Unternehmungen, bei der Durchführung der politischen Handlungen mitzuwirken. An einem Kontakt zu den Verbänden ist somit die Bürokratie ebenso interessiert wie die Verbände selbst. Wenn sich herausstellen sollte, daß die Bürokratie in ihren Gesetzesvorlagen von falschen Daten ausgegangen ist, wirken sich diese mangelhaften Daten negativ auf die Bürokratie aus. Ihre Machtposition gegenüber den Politikern wird untergraben.

Daneben besteht aber auch eine mehr oder weniger große **Mobilität** zwischen Verbandsfunktionären und staatlicher Bürokratie. Auf der einen Seite wechseln ehemalige Verbandsfunktionäre in die staatliche Bürokratie, auf der anderen Seite wandern aber auch ehemalige Bürokraten – insbesondere bei einem Regierungswechsel – oft in die private Verbandswirtschaft ab. Solche Wanderungen liegen sowohl im Interesse der staatlichen Bürokratie als auch der Verbände, eröffnen sie doch den personellen Zugang zu der jeweils anderen Seite. Daneben können die Beteiligten in gewisser Weise auch kontrollieren, inwieweit die von der Gegenseite gelieferten Daten realistisch sind.

In diesen Fällen bestehen persönliche Beziehungen zwischen staatlicher Bürokratie und Verbänden, die es erleichtern, Einfluß zu nehmen. Da ehemalige Funktionäre in der staatlichen Verwaltung tätig sind, erfahren die Verbände auch einiges darüber, was die Politik beabsichtigt. Die Bereitschaft der Politiker, sich von Verbänden beeinflussen zu lassen, dürfte aufgrund dieser persönlichen Beziehungen eher steigen. Auch die in den Verbänden tätigen ehemaligen Bürokraten können aufgrund ihrer internen Kenntnisse über die staatliche Verwaltung und ihren persönlichen Beziehungen Einfluß auf die Bürokratie und damit indirekt auch auf die Politiker ausüben.

6.4 Föderalismus als Lösungsmechanismus

Unsere bisherigen Analysen gingen stillschweigend von der Annahme aus, daß nur eine einzige staatliche Institution existiert bzw. die verschiedenen staatlichen Organisationen zentral zusammengefaßt sind. In der Tat gibt es Staaten, wie etwa Frankreich, die in diesem Sinne zentral organisiert sind. Andere Volkswirtschaften – wie beispielsweise die Bundesrepublik Deutschland – sind allerdings föderativ aufgebaut. Mehrere mehr oder weniger autonome staatliche Organisationen teilen sich die Macht.

In der Bundesrepublik beginnt der föderative Aufbau faktisch auf der unteren Ebene mit den Gemeinden und Kreisen. Über ihnen stehen die Bundesländer, die selbst wiederum den Bundesstaat über sich haben. Das Grundgesetz der Bundesrepublik Deutschland unterscheidet zwischen **ausschließlicher** und **konkurrierender Gesetzgebung**. Im Bereich der ausschließlichen Gesetzgebung des Bundes haben die Länder die Befugnis zur Gesetzgebung nur dann, wenn und soweit sie in einem Bundesgesetz ausdrücklich hierzu ermächtigt werden. Zur ausschließlichen Gesetzgebung des Bundes zählen beispielsweise das Währungs- und Geldwesen aber auch die Außenwirtschaftspolitik.

Im Bereich der konkurrierenden Gesetzgebung haben die Länder die Befugnis zur Gesetzgebung, solange und soweit der Bund von seinem Gesetzgebungsrecht keinen Gebrauch macht. Der Bund darf allerdings die Gesetzgebung nur dann an sich ziehen, wenn eine Angelegenheit von den einzelnen Ländern nicht wirksam geregelt werden kann, die Regelung einer Angelegenheit durch ein Landesgesetz die Interessen anderer Länder oder der Gesamtheit beeinträchtigen könnte oder die Wahrung der Rechts-und Wirtschaftseinheit, insbesondere die Wahrung der Einheitlichkeit der Lebensverhältnisse, diese Einflußnahme erfordert.

Es gibt nun aber möglicherweise wirtschaftspolitische Aufgaben, die sinnvoller von einer zentralen Instanz gelöst werden können. Dazu werden von vielen beispielsweise die konjunkturpolitischen Aktivitäten gezählt. Eine erfolgreiche Konjunkturpolitik der Zentralregierung könnte möglicherweise vereitelt werden, wenn jedes einzelne Bundesland eigene konjunkturpolitische Aktivitäten ergreifen würde. Wir hatten bereits an anderer Stelle gesehen, daß Länder und Gemeinden von ihren primären Aufgaben her eher zu einer **prozyklischen Haushaltsführung** neigen und deshalb oft nicht in der Lage sind, eine erfolgreiche Konjunkturpolitik zu betreiben, wenn diese – bei keynesianischen Programmen – antizyklisches Budgetverhalten oder zumindest – bei angebotsorientierter Politik – ein neutrales Budgetverhalten voraussetzt.

Eine zentrale Lösung wirtschaftlicher Probleme ist nun aber auch nicht ohne Nachteile. Selbst wenn wir unterstellen könnten, die demokratische Ordnung funktioniere stets idealtypisch, hätte eine politische gegenüber einer marktlichen Lösung stets den Nachteil, daß die Leistungen des politischen Systems als Kollektivgüter angeboten werden. Damit muß sich aber stets eine Minderheit den Vorstellungen der Mehrheit anpassen. Je größer nun aber die Unterschiede im Bedarf der einzelnen Bürger sind und je größer somit die Minderheit ist, die in der Mehrheitsentscheidung überstimmt wird, um so stärker weichen die Wohlfahrtsergebnisse einer politischen Lösung von denen eines Marktes mit einem Individualgüterangebot ab.

Eine föderative Lösung kann nun aber helfen, diese Wohlfahrtsverluste zumindest zu verringern. Da die einzelnen Länder und Kommunen ganz unterschiedliche Lösungen anstreben, verringert sich auch die Zahl der Bürger, die in einem Mehrheitsentscheid überstimmt werden. Diese Wohlfahrtsverluste dürften sich daneben längerfristig noch weiter verringern, wenn wir berücksichtigen, daß es zu **Wanderungen** zwischen den Teilgebieten kommen wird. Damit kann aber der Bürger in die Gebiete abwandern, in denen das Angebot an Kollektivgütern noch am ehesten seinen Vorstellungen entspricht.

Wir können allerdings im allgemeinen weder mit einer vollständigen Mobilität der Bürger rechnen, noch ist dieses von A. Hirschman so bezeichnete „voting by feet" kostenlos. Damit scheint aber eine Wanderung unter Wohlfahrtsgesichtspunkten auch nur dann angezeigt, wenn die Interessen einer Minderheit in starkem Maße verletzt werden.

Ein föderativer Aufbau der politischen Ordnung ist allerdings auch noch aus einem weiteren Grunde einer zentralen Lösung vorzuziehen. Wie wir oben gesehen haben, besteht zumindest teilweise zwischen den einzelnen Unterorganisationen ein gewisser **Wettbewerb** um Aufgaben und Lösungsmöglichkeiten. Ebenso wie der Wettbewerb zwischen den Unternehmungen effiziente Lösungen selektiert, kann auch damit gerechnet werden, daß der Wettbewerb der einzelnen föderativen Teilgewalten effizientere staatliche Lösungen fördert. Die Wirkung dieses Wettbewerbs entfaltet sich nicht nur, weil die Politiker befürchten müssen, daß ihre Bürger abwandern, sondern tritt auch dann ein, wenn sich die Bürger in den Wahlen der Stimme enthalten, weil sie nun ihre eigenen Politiker am Verhalten der Politiker anderer Gemeinden messen.

Bei einer föderativen Lösung können aber auch deshalb Wohlfahrtsveluste vermieden werden, weil in diesem Falle immer eine Vielzahl von unterschiedlichen Lösungsmöglichkeiten angeboten wird. Wir haben stets davon auszugehen, daß sich Politiker irren können und fehlerhafte Lösungen anbieten. Wird aber eine fehlerhafte politische Entscheidung zentral gefällt, ist sie auch für das gesamte Gebiet fehlerhaft. Bei einer föderativen Lösung kann man demgegenüber davon ausgehen, daß nur ein Teil der Entscheidungen fehlerhaft ist und allein aus diesem Grunde das Gesamtergebnis befriedigender ausfällt.

Das föderative System hat schließlich gegenüber einer zentralen Lösung auch deshalb komparative Vorteile, weil es besser in der Lage ist, sich an veränderte Bedingungen in der ökonomischen Umwelt anzupassen. Durch einen Prozeß des „trial and error" können neue, bisher noch nicht praktizierte Lösungen in Teilgebieten erprobt werden. Wenn sich herausstellen sollte, daß die eingeschlagenen Wege nicht zu den erwünschten Ergebnissen führen, sind die Wohlfahrtsverluste dennoch geringer als bei einer zentralen Lösung. Solche föderativ eingeleiteten Maßnahmen lassen sich in der Regel auch leichter rückgängig machen als zentrale Entscheidungen, da die übergeordnete Instanz es möglicherweise auch erzwingen kann, fehlerhafte Entscheidungen rückgängig zu machen.

Wir können also festhalten, daß eine föderative Lösung insgesamt wohl mit dazu beitragen kann, die Mängel, die demokratische Lösungen gegenüber marktlichen Lösungen aufweisen, wenn schon nicht beseitigen, so doch zumindest zu verringern.

6.41 Beispiel: Der Wettbewerb der Gemeinden bei der Industrieansiedlung

Ein Beispiel für die Theorie des Föderalismus stellt der Wettbewerb der Gemeinden um die Ansiedlung von Industrien dar. Bei der Standortentscheidung der Unternehmungen, in welcher Gemeinde sie ihren Betrieb oder ihre Zweigstellen errichten sollen, spielt unter anderem auch die Frage eine Rolle, mit welchen Gemeindesteuern und Gemeindegebühren diese Unternehmungen belastet werden.

Die Gemeinden haben ein vitales Interesse daran, daß sich Unternehmungen bei ihnen ansiedeln, tragen doch gewerbliche Unternehmungen über ihr Steueraufkommen wesentlich dazu bei, die gemeindlichen Ausgaben zu finanzieren. Die Möglichkeit der Gemeinden, unterschiedliche Hebesätze bei den Gemeindesteuern anzusetzen, ist ein entscheidender Parameter im Wettbewerb der Gemeinden um die Ansiedlung von Industrien.

In der Theorie des Föderalismus wurde nun der Versuch unternommen, diesen Wettbewerb der Gemeinden mit Hilfe der **neoklassischen Oligopoltheorie** zu analysieren und die unterschiedliche Höhe der Hebesätze in den einzelnen Gemeinden zu erklären. Die traditionelle Oligopoltheorie geht von der Vorstellung aus, daß auf

Märkten mit mehreren, ähnlich großen Unternehmungen als Anbieter nicht homogener Güter der Preis des einzelnen Unternehmers nicht nur von der Bedarfsstruktur der Nachfrager, sondern auch vom Preis der Konkurrenten abhängt. Senken die Mitkonkurrenten die Güterpreise, dann sind auch die Preise der eigenen Produkte nicht mehr zu halten, während höhere Preise bei der Konkurrenz einen Spielraum für eigene Preiserhöhungen schaffen.

Ein solches Verhalten liegt im Interesse der Unternehmung. Würde ein Oligopolist bei sinkenden Preisen der anderen Wettbewerber nicht ebenfalls mit Preissenkungen reagieren, wanderten die eigenen Kunden zur Konkurrenz ab. Umgekehrt gilt, daß bei einem Preisanstieg des Konkurrenten auch die eigenen Preise angehoben werden können, ohne daß die Gefahr besteht, daß aus diesen Gründen die Kunden die Güter bei der Konkurrenz kaufen. Wenn die Unternehmungen die Gewinne maximieren wollen, müssen sie sich somit so verhalten.

Wenn wir aus Vereinfachungsgründen nur zwei Konkurrenten betrachten, erhalten wir zwei Preis-Reaktionskurven R1 und R2. Diese zeigen an, wie die eine Unternehmung die Preise gestaltet, wenn der Konkurrent die Preise seiner Güter verändert. Bei dem oben unterstellten Verhalten weisen beide Reaktionskurven eine positive Steigung auf.

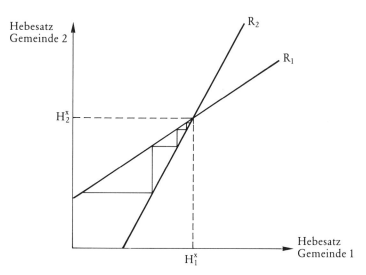

Abb. 7: Standortwettbewerb der Gemeinden

Wenn wir unterstellen, daß die eigene, induzierte Korrektur der Güterpreise immer etwas schwächer ausfällt als die ursprüngliche Veränderung der Güterpreise durch den Konkurrenten, die Preis-Reaktionskurven somit also eine Steigung kleiner Eins aufweisen, dann können wir auch damit rechnen, daß sich die beiden Reaktionskurven schneiden. Es existiert eine Kombination der Preise der Konkurrenten (H^*1; H^*2), bei der es beiden Unternehmungen gelingt, ihre Gewinne zu maximieren. Wenn der Gütermarkt vollkommen ist, dann handelt es sich hierbei auch um ein stabiles Gleichgewicht, zu dem der Markt nach Datenänderungen immer wieder zurückkehrt.

Dieses Modell läßt sich grundsätzlich auch auf die Steuerpolitik der Gemeinden übertragen. Die Hebesätze der Gemeinden übernehmen hierbei die Rolle der Güterpreise. Man könnte deshalb die Steuer als den Preis für die Kollektivgüter, wie etwa der gemeindlichen Infrastruktur, ansehen, die den Unternehmungen von den Gemeinden zur Verfügung gestellt werden. Es wird nun angenommen, die Gemeinden setzten die Hebesätze gerade so fest, daß die gemeindliche Steuersumme maximal ist.

Es ist sicherlich realistisch zu unterstellen, daß die Bereitschaft der Unternehmungen, sich in einer Gemeinde anzusiedeln, auch vom Steuergefälle zwischen den einzelnen Gemeinden abhängt. Wenn die Hebesätze in einer Gemeinde verglichen mit denen der Nachbargemeinden niedrig ausfallen, dann werden die Unternehmungen eher bereit sein, ihre Betriebe und Zweigstellen in dieser Gemeinde anzusiedeln. Das gesamte Aufkommen an Gemeindesteuern und der notwendige eigene Hebesatz hängt somit auch von der Höhe der Hebesätze der Nachbargemeinden ab. Dieser Standortwettbewerb zwischen den Gemeinden zwingt dazu, die Hebesätze zu verringern, wenn eine Nachbargemeinde beginnt, ihre eigenen Hebesätze zu senken.

Wir können somit in Abb. 7 auf den Achsen auch die Hebesätze (H1; H2) zweier benachbarter Gemeinden abtragen und die Hebesatz-Reaktionskurven R1 und R2 beider Gemeinden entwickeln. Der Schnittpunkt beider Kurven zeigt dann an, bei welchen Hebesätzen (H*1; H*2) die beiden Gemeinden ihre Steuerziele am besten erreichen (Steuersummenmaximierung). Die Neigung der Reaktionskurven entscheidet mit darüber, ob man davon ausgehen kann, daß der wettbewerbliche Prozeß der Gemeinden untereinander zu einem Gleichgewicht hin tendiert.

6.5 Internationale Kooperation

Bei unseren bisherigen Überlegungen hatten wir von internationalen Beziehungen der politischen Entscheidungsträger abgesehen. Diese gilt es nun in unsere Analyse einzubeziehen. Dabei hängt die Frage, ob eine internationale Koordination der nationalen wirtschaftspolitischen Aktivitäten zustandekommt, nicht nur davon ab, ob die nationalen Regierungen überhaupt einen **Bedarf** an einer solchen Kooperation haben, sondern auch davon, welche **Möglichkeiten** bestehen zu kooperieren.

Ein Bedarf an internationaler Kooperation entsteht im Zusammenhang mit den gesamtwirtschaftlichen Zielsetzungen der nationalen Wirtschaftspolitiken. Dies kann man sehr gut erkennen, wenn man einmal davon ausgeht, daß die Regierung einer Volkswirtschaft das Ziel verfolgt, das Preisniveau stabil zu halten. Wenn wir einmal unterstellen, daß die anderen Volkswirtschaften, mit denen die heimische Volkswirtschaft über internationalen Handel eng verflochten ist, dieses Ziel nicht mit derselben Priorität anstrebt, besteht die Gefahr, daß die Inflation über die Leistungs- und Devisenbilanzen **importiert** und damit das Ziel der Preisniveaustabilität gefährdet werden kann.

Dies ist vor allem in einem System **fester Wechselkurse** nicht von der Hand zu weisen. Wenn nämlich das Ausland stärker als das Inland inflationiert, verbessert sich die preisliche internationale Wettbewerbsfähigkeit der inländischen Volkswirtschaft. Dies zeigt sich u. a. in Überschüssen in der Leistungsbilanz. Eine Aufwertung der inländischen Währung kann nur verhindert werden, wenn die inländische Notenbank auf dem Devisenmarkt interveniert und die überschüssigen Devisen aufkauft. Damit wird aber die inländische Geldmenge ausgeweitet. Das inländische Preisniveau steigt an.

Die inländische Notenbank kann zwar versuchen, diese unerwünschten inflationären Entwicklungen durch eine sterilisierende Geldpolitik zu verhindern, indem sie in gleichem Umfang auf den Geld- und Kapitalmärkten interveniert. Dies kann etwa über offenmarktpolitische Aktivitäten geschehen, bei denen die Notenbank eigene Wertpapiere verkauft. Durch diese geldpolitischen Maßnahmen kann die umlaufende inländische Geldmenge grundsätzlich wieder auf ihr bisheriges Niveau verringert werden.

Eine solche Politik stößt allerdings sehr bald an Grenzen, da die offenmarktpolitischen Aktivitäten der Notenbank zu tendenziell steigenden Zinsen und damit einem Import von Kapital führen. Ein Kapitalimport ist aber mit einem erneuten zusätzlichen Angebot an Devisen verbunden. In der Folge ist die Notenbank erneut gezwungen, auf dem Devisenmarkt zu intervenieren. Der Spielraum für erfolgreiche **sterilisierende Interventionen** fällt um so geringer aus, je kleiner eine Volkswirtschaft ist. Bei einem sehr kleinen Land – **Kleinländerfall** – wird der inländische Zinssatz im neuen Gleichgewicht dem bisherigen entsprechen und nicht vom ausländischen abweichen. Damit ist es aber auch nicht gelungen, die inländische Geldmenge durch sterilisierende Interventionen den konjunkturpolitischen Bedürfnissen anzupassen.

In einem System **flexibler Wechselkurse** ist die Gefahr, daß inflationäre Entwicklungen importiert werden, insgesamt geringer, da der Ausgleich der Devisenbilanz hier in erster Linie über eine Anpassung der Wechselkurse erfolgt. Trotzdem ist auch in diesem Wechselkurssystem damit zu rechnen, daß eine Politik, die das Ziel der Geldwertstabilität verfolgt, zumindest teilweise behindert wird. Auf der einen Seite kann sich die Notenbank möglicherweise veranlaßt sehen, auf dem Devisenmarkt zu intervenieren, obwohl sie dazu nicht verpflichtet ist. Man spricht von **schmutzigem „Floaten"**. Daneben erhöht sich das inländische Preisniveau möglicherweise auch über den **direkten internationalen Preiszusammenhang**, weil die Preise der importierten Konsumgüter in den Lebenshaltungskostenindex eingehen. Schließlich können die Preise der importierten Rohstoffe auf die Preise der im Inland erzeugten Güter weitergewälzt werden. Die DM-Preise der importierten Güter steigen aber in dem Maße, in dem der Devisenkurs aufgrund der Devisenbilanzungleichgewichte ansteigt.

Damit müßte aber ein stabilitätsbewußtes Land ein starkes Interesse an einer **internationalen Koordination** der monetären makropolitischen Aktivitäten haben, gefährdet doch eine inflationäre Politik des Auslandes den Erfolg der eigenen stabilitätspolitischen Anstrengungen. Daneben haben aber auch Länder, die stärker an einer **expansiven Konjunkturpolitik** interessiert sind, möglicherweise einen Bedarf an internationaler Kooperation. Wenn etwa in einem System fester Wechselkurse die eigenen expansiven fiskalpolitischen Aktivitäten nicht von gleichlaufenden ausländischen Maßnahmen begleitet werden, gerät die Leistungsbilanz ins Defizit. Die eigenen expansiven Tendenzen werden zumindest abgeschwächt.

In einem System flexibler Wechselkurse würden expansive fiskalpolitische Aktivitäten zunächst einen Abwertungsdruck auf die eigene Währung auslösen. Dies würde nicht nur die Importe verteuern, sondern möglicherweise auch zu Wachstumsverlusten führen, weil es zu einem verminderten Import von notwendigen Rohstoffen aus dem Ausland kommen kann. Diese negativen Wirkungen werden aber möglicherweise kompensiert, wenn man berücksichtigt, daß eine Abwertung der eigenen Währung die Exportchancen der heimischen Industrie verbessert.

Wir haben uns bei unseren bisherigen Ausführungen auf die Frage beschränkt, ob damit zu rechnen ist, daß ein Bedarf an einer internationalen Koordination der Wirtschaftspolitiken besteht. Nun kann aber selbst für den Fall, in dem ein solcher Bedarf vorhanden ist und die Volkswirtschaften grundsätzlich bereit sind, ihre makro-politischen Aktivitäten aufeinander abzustimmen, nicht notwendigerweise damit gerechnet werden, daß eine internationale Koordination auch erfolgreich ist. Der Erfolg kann dabei nicht an **formalen** Beschlüssen festgemacht werden, sondern hängt entscheidend davon ab, inwieweit es gelingt, das wirtschaftspolitische Verhalten der nationalen wirtschaftspolitischen Entscheidungsträger **effektiv** zu beeinflussen.

Es ist sicherlich unbestritten, daß die Bemühungen um internationale Koordination in der Vergangenheit tatsächlich zu gemeinsamen Beschlüssen über konkrete wirtschaftspolitische Maßnahmen geführt haben. Denken wir etwa an den Weltwirtschaftsgipfel in Bonn im Jahre 1979, auf dem sich die Bundesregierung verpflichtete, expansive fiskalpolitische Aktivitäten zu ergreifen. Es wird nun aber bezweifelt, ob das Defizit der öffentlichen Haushalte in der Bundesrepublik wegen dieser formellen internationalen Verpflichtung tatsächlich größer ausfiel. Es wäre nach Meinung einiger Kritiker auch ohne dieses internationale Versprechen nicht geringer gewesen, standen doch Bundestagswahlen vor der Tür. Der Bundesregierung kamen diese Vereinbarungen des Weltwirtschaftsgipfels insofern gelegen, weil man nun die steigenden Budgetdefizite vor dem Wähler nicht selbst verantworten mußte, sondern auf das Ausland schieben konnte.

Der Erfolg konjunkturpolitisch relevanter internationaler Vereinbarungen hängt nun aber von einer Vielzahl von Bedingungen ab.

1) Wie erfolgreich solche Bemühungen sind, die nationalen Wirtschaftspolitiken aufeinander abzustimmen, hängt zunächst einmal davon ab, ob die nationalen Regierungen **gleiche** oder **divergierende** Ziele verfolgen. In der Vergangenheit wichen aber die Ziele der nationalen Regierungen lange Zeit gravierend voneinander ab. Es gab einerseits stabilitätsbewußte Länder, wie etwa die Bundesrepublik, und andererseits eher expansionsorientierte Volkswirtschaften, wie beispielsweise Frankreich, die bereit waren, für das Wachstum ihrer Volkswirtschaften, auch eine mehr oder weniger große Inflation in Kauf zu nehmen.

Die lang anhaltenden strukturellen Ungleichgewichte im Währungssystem von Bretton-Woods waren sicherlich eine unmittelbare Folge von solchen gravierenden Unterschieden in den konjunkturpolitischen Zielen der nationalen Regierungen. Es leuchtet sofort ein, daß die Aussichten gemeinsamer Koordinationsbemühungen, erfolgreich zu sein, um so geringer ausfallen, je größer die Meinungsverschiedenheiten darüber sind, welchen konjunkturpolitischen Kompromiß zwischen Preisniveaustabilität, wirtschaftlichem Wachstum und Vollbeschäftigung man ansteuern sollte.

2) Selbst wenn die einzelnen Volkswirtschaften einen ähnlichen konjunkturpolitischen Kompromiß anstreben, ist noch nicht sichergestellt, daß es auch tatsächlich zu einer internationalen Koordination kommt. Wir müssen nämlich damit rechnen, daß die konjunkturelle Entwicklung in den einzelnen Volkswirtschaften nicht **synchron** verläuft, sich ein Land beispielsweise noch in einer Phase der Hochkonjunktur befindet, während andere Länder schon mit rezessiven Entwicklungen zu kämpfen haben. Die nationalen Regierungen streben deshalb selbst dann unterschiedliche makropolitische Aktivitäten an, wenn sie den Konflikt zwischen Vollbeschäftigung und Preisniveaustabilität grundsätzlich auf die gleiche Weise lösen würden. Während die einen eine expansive Politik ansteuern, präferieren die anderen eine eher kontraktive. Eine Einigung scheint damit aber nur schwer möglich.

3) Die Aussichten auf eine erfolgreiche internationale Koordination der nationalen Wirtschaftspolitiken sinken weiter, wenn die Volkswirtschaften wechselseitig **asymmetrisch** miteinander verbunden sind. Mit welchen pekuniären externen Effekten expansive nationale makropolitische Aktivitäten für das Ausland einhergehen, läßt sich nur unter ganz bestimmten vereinfachenden Annahmen eindeutig festlegen: Sie können grundsätzlich sowohl positiv – expansive Wirkungen – als auch negativ – kontraktive Wirkungen – ausfallen. In der Realität wirken sich aber expansive fiskalpolitische Aktivitäten im allgemeinen positiv auf die ausländische wirtschaftliche Entwicklung aus.

Es ist nun allerdings schwierig, sich auf internationaler Ebene auf bestimmte wirtschaftspolitische Aktivitäten zu einigen, wenn das eine Land von der Politik seiner Nachbarn expansive Effekte erwarten kann, während das andere Land mit kontraktiven Wirkungen rechnen muß. Unterstellen wir, beide Partner wollten mit Hilfe fiskalpolitischer Maßnahmen eine expansive Politik betreiben. Die Fiskalpolitik wirkt sich einerseits bei den Nachbarn ebenfalls expansiv aus, weil die **Exporte ansteigen**. Diese expansiven Effekte werden aber durch kontraktive Tendenzen konterkarriert, die durch **steigende Zinsen** hervorgerufen werden. Da aber der Umfang dieser expansiven und kontraktiven Effekte von Parametern – Grad der Reallohnrigidität, Zinselastizität der Geld- und Investitionsnachfrage etc. – abhängt, die in den einzelnen Ländern unterschiedlich sind, ist es durchaus denkbar, daß bei einer gemeinsamen expansiven Politik die einen Länder per saldo positive, andere aber negative Effekte aus dem Ausland erfahren. Dies erschwert das Zustandekommen von internationalen Absprachen um ein weiteres.

4) Schließlich könnte eine internationale Koordination auch dann problematisch werden, wenn keine der vorhergenannten drei Schwierigkeiten vorliegen. Wir wissen, daß die konjunkturelle Schwankungen von den einzelnen **wissenschaftlichen Schulen** recht unterschiedlich erklärt werden. Die Frage, welche Maßnahmen in welcher Dosierung erforderlich sind, um bestimmte wirtschaftspolitische Ziele zu verwirklichen, wird je nach dem zugrundeliegenden theoretischem Modell unterschiedlich beantwortet.

Nun mag es zwar richtig sein, daß etwa die Vorstellungen über den anzustrebenden Kompromiß zwischen dem Ziel der Vollbeschäftigung und dem der Preisniveaustabilität ebenso übereinstimmen, wie die Meinungen über die Ursachen konjunktureller Schwankungen. Die unterschiedlichen Modellvorstellungen müssen somit die Chancen, daß es zu einer erfolgreichen internationalen Koordination der nationalen Wirtschaftspolitiken kommt, nicht notwendigerweise negativ beeinflussen.

Grundsätzlich gehen neoklassische Ökonomen nicht nur von der Vorstellung aus, daß Arbeitslosigkeit primär auf angebotsseitige Störungen zurückzuführen ist. Sie gewichten im allgemeinen das Ziel der Preisniveaustabilität auch wesentlich höher als das Vollbeschäftigungsziel. Demgegenüber sind keynesianische Ökonomen der Meinung, daß Arbeitslosigkeit vor allem auf einer unzureichenden Güternachfrage beruht. Gleichzeitig räumen sie dem Ziel der Vollbeschäftigung aber Priorität ein.

In der Wirklichkeit sind aber die Zusammenhänge sehr viel komplexer. Die in der Öffentlichkeit diskutierten und für die Politikberatung verwandten ökonomischen Modelle berücksichtigen zumeist sowohl angebots- als auch nachfrageseitige Faktoren. Sie unterscheiden sich allerdings darin, wie die einzelnen Parameter zu gewichten sind. In dieser Frage können aber Wissenschaftler und Politiker selbst dann unterschiedlicher Meinung sein, wenn sie prinzipiell der gleichen politischen Richtung bzw. ökonomischen Schule angehören.

5) Die Frage, ob eine realistische Chance besteht, daß es zu einer internationalen Koordination in konjunkturpolitischen Fragen kommt, wird weiterhin davon bestimmt, welche **Art von Koordination** zur Diskussion steht. Hierbei wird vor allem nach folgenden zwei Kriterien unterschieden:
– Verhandlungslösungen versus Mehrheitsentscheidungen,
– Beschränkung der Koordination auf einen einzigen Bereich versus Ausweitung auf mehrere Zielbereiche.

Es leuchtet ohne weiteres ein, daß man sich auf eine internationale Koordination bei einer **Mehrheitsentscheidung** sehr viel leichter als bei **Einstimmigkeit** der autonomen nationalen Regierungen oder Notenbanken einigen kann. Im ersten Fall genügt es, daß eine Mehrheit für eine Lösung eintritt, während im letzten Falle alle Beteiligten der Lösung zustimmen müssen.

Ob internationale Vereinbarungen wirklich erfolgreich sind, hängt ganz entscheidend davon ab, ob die gemeinsamen Beschlüsse von den beteiligten Volkswirtschaften auch **durchgeführt** werden. Es ist nun aber keinesfalls sicher, daß eine Mehrheitsentscheidung von den Regierungen, die überstimmt wurden, auch in die Tat umgesetzt wird. Im allgemeinen wird man nur dann damit rechnen können, daß die Beschlüsse befolgt werden, wenn Regierungen, die die gemeinsamen Beschlüsse zu torpedieren versuchen, offizielle oder zumindest informelle **Sanktionen** zu erwarten haben.

Die Neue Politische Ökonomie hat schließlich auch darauf hingewiesen, daß der Prozeß der Kompromißfindung durch die Einrichtung des „**log rolling**" – des Stimmentausches – wesentlich beschleunigt werden kann. Wenn immer nur über eine Frage entschieden wird und die Verhandlungen über die verschiedenen anstehenden Probleme vollkommen voneinander getrennt sind, wird man damit rechnen müssen, daß immer nur die nationalen Regierungen einer Lösung zustimmen werden, die davon auch einen echten Wohlfahrtsgewinn erwarten.

Wir haben aber oben gesehen, daß wir oft nicht mit einer solchen Konstellation rechnen können. Wenn aber die Möglichkeit besteht, verschiedene Probleme miteinander zu verbinden, so steigt die Chance der Einigung. Es kann nun für eine Regierung vorteilhaft sein, einer partiellen Lösung im Bereich A selbst dann noch zuzustimmen, wenn diese Lösung für sie mit einem Wohlfahrtsverlust verbunden ist, sofern sie eine andere Regierung dazu bewegen kann, bei der Abstimmung über den Bereich B ebenfalls kompromißbereit zugunsten des ersten Landes zu sein.

Es spricht nun einiges dafür, daß ein „log rolling" um so wahrscheinlicher wird, wie die inter- und supranationalen Gremien ihr Aufgabenfeld ständig ausweiten und die internationale Koordination nationaler wirtschaftspolitischer Aktivitäten zu einer Daueraufgabe wird. Damit nehmen aber einerseits die Fälle zu, in denen man gegenseitig Kompromißlösungen zustimmen kann. Wenn man beispielsweise in konjunkturpolitischen Fragen nachgibt, kann man möglicherweise erwarten, daß einem die Partner beispielsweise in sozialpolitischen Fragen entgegenkommen. Andererseits steigt aber die Bereitschaft, Kompromisse einzugehen, bei einer ständigen Einrichtung allein schon deshalb, weil eine Regierung davon ausgehen kann, daß sich ihre Position bei zukünftigen Entscheidungen verbessert, wenn sie sich an die eingegangenen Kompromisse hält. Schließlich kann bei ständigen Einrichtungen damit gerechnet werden, daß die gemeinsamen Beschlüsse eher eingehalten werden, da ein Nichtbefolgen dieser Beschlüsse in Zukunft automatisch die Kompromißbereitschaft der anderen reduzieren dürfte.

6.51 Spieltheoretische Ansätze zur Erklärung internationaler Kooperation

In der Literatur werden in jüngster Zeit auch spieltheoretische Modelle herangezogen, um das Phänomen der internationalen Abstimmung nationaler makropolitischer Aktivitäten zu erklären. Wir wollen uns hier vor allem mit dem sogenannten **Gefangenendilemma** befassen, das bisweilen in diesem Zusammenhange in der Literatur angesprochen wird.

Das Phänomen des Gefangenendilemmas läßt sich anschaulich schildern: Zwei Personen, die zusammen eine Straftat verübt haben, werden isoliert voneinander gefangen gehalten. Keiner der beiden weiß, wie sich der andere gegenüber den Untersuchungsbehörden verhält. Jeder hat im Grunde genommen zwischen zwei Alternativen zu wählen: Er kann sich gegenüber den Behörden kooperativ verhalten und erhält in diesem Falle eine Strafminderung in Aussicht gestellt. Er kann aber auch schweigen. In diesem Falle muß er mit der Höchststrafe rechnen, falls es dem Gericht gelingt, ihn der Tat zu überführen.

Wir wollen davon ausgehen, daß die Ermittlungsbehörden die Straftat nur aufklären können, wenn ihnen mindestens einer der Täter dabei hilft. Dies bedeutet aber, daß die Höhe der Strafe, die die beiden zu erwarten haben, nicht nur vom eigenen Verhalten, sondern auch vom Verhalten des jeweils anderen abhängt. Schweigen beide Täter, so können sie der Tat nicht überführt werden. Die Folge ist, daß beide keine Strafe zu erwarten haben. Schweigt jedoch der eine und kooperiert der andere mit den Behörden, so hat der erste die volle Strafe zu erwarten. Kooperatives Verhalten schließlich wirkt sich annahmegemäß in einer Strafminderung aus.

Wenn somit der eine Täter damit rechnet, daß auch der andere schweigt, erzielt er ebenfalls das für ihn beste Ergebnis, wenn er nichts sagt. Muß er aber befürchten, daß der andere „auspackt", so ist es auch für ihn günstiger, sich kooperativ gegenüber den Behörden zu zeigen. Der Gefangene steht in einem Dilemma, da er nicht genau wissen kann, wie sich sein Mitgefangener verhält. Vor allem wenn er nicht risikoscheu ist oder ein solches Verhalten vom Mitgefangenen unterstellen muß, wird er die Kooperation mit der Behörde und damit eine für ihn suboptimale Strategie wählen.

Das Gefangenendilemma zeichnet sich also dadurch aus, daß beide Partner zwischen einer Strategie (A) und (B) wählen können, aber über keine Möglichkeit verfügen, sich abzusprechen. Die Strategie (A) verspricht beiden einen maximalen Erfolg, wenn sie von beiden Partnern ergriffen wird. Sofern eine Partei aber nicht sicher sein kann, daß die Gegenseite die Alternative (A) wählt, stellt sie sich besser, wenn sie die Alternative (B) wählt.

Person 1 \ Person 2	Strategie A keine Kooperation	Strategie B Kooperation
Strategie A keine Kooperation	Freiheit für beide	Höchststrafe für 1 Strafminderung für 2
Strategie B Kooperation	Höchststrafe für 2 Strafminderung für 1	normales Strafmaß für beide

Abb. 8: Gefangenendilemma

Versuchen wir nun, dieses Modell des Gefangenendilemmas auf das Problem der internationalen Koordination der nationalen Wirtschaftspolitiken zu übertragen. Ein relativ kleines Land wolle eine expansive Politik betreiben, ohne daß es aber mit Sicherheit damit rechnen kann, daß die anderen Länder ihm in dieser Politik folgen. Selbst wenn wir unterstellen, daß die anderen Länder grundsätzlich ebenfalls daran interessiert sind, eine expansive Wirtschaftspolitik zu verfolgen, könnte sich doch eine Konstellation ergeben, die dem Gefangenendilemma entspricht und aus der heraus alle Teilnehmer dieses Spieles – ohne Absprache – eine Strategie wählen, die suboptimal ist.

Nehmen wir einmal an, jede Regierung ist der Meinung, daß expansive monetäre makropolitische Aktivitäten, die die Zinsen senken, erwünscht sind, befürchtet aber, daß der Erfolg ausbleibt, wenn sie diese Politik allein verfolgt. Wenn die Volkswirtschaften relativ klein sind, müssen wir davon ausgehen, daß das einzelne Land nicht in der Lage ist, die Zinsen dauerhaft zu verringern und positive Impulse für das wirtschaftliche Wachstum zu entfachen, da annahmegemäß die Zinsdifferenz zu Kapitalabflüssen und damit wieder zu steigenden Zinsen führen wird. Am Ende des Prozesses bleibt es also bei dem bisherigen Zinsniveau. Nichts ist gewonnen, der Kapitalabfluß hat aber vorübergehend zu Schäden geführt.

Diese Situation, in der kein nachhaltiger Erfolg erzielt werden kann, sich aber wohl temporäre Reibungsverluste einstellen, kann nun dazu führen, daß kein Land bereit ist, eine führende Rolle zu übernehmen, obwohl alle Länder eigentlich eine expansive Makropolitik als erwünscht ansehen. Wegen der positiven externen Effekte expansiver wirtschaftspolitischer Aktivitäten wartet jedes Land darauf, daß ein anderes die Führungsrolle übernimmt. Verhalten sich aber alle Länder so, kommt es möglicherweise nicht zu expansiven Aktivitäten. In diesem Falle scheint der Bedarf nach einer internationalen Koordination der nationalen Wirtschaftspolitiken relativ groß.

Aus einer übergeordneten Sicht könnte man in diesem Mißerfolg einzelstaatlicher Maßnahmen auch eine List der Vernunft sehen, da sie verhindert, daß nationale wirtschaftspolitische Aktivitäten aufeinander abgestimmt werden. Vor allem von liberalen Ökonomen, die der Meinung sind, daß aufeinander abgestimmte makropolitische Aktivitäten auf unvollkommenen politischen Märkten die diskretionären Handlungsspielräume der politischen Entscheidungsträger erhöhen, wird diese Position vertreten. Eine internationale Koordination der nationalen Wirtschaftspolitiken gleicht dem Bemühen der Unternehmer, ihre finanzielle Lage auf den Gütermärkten zu verbessern, indem sie sich zu Lasten der Konsumenten absprechen. Bei einer internationalen Koordination sprechen sich die nationalen politischen Entscheidungsträger ab, erhalten sich die diskretionären Handlungsspielräume und erlangen ungerechtfertigt Vorteile zu Lasten der Wähler.

Ein ähnliches Gefangenendilemma könnte sich schließlich auch dann einstellen, wenn zwar viele kleinere Länder daran interessiert wären, den Geldwert zu stabilisieren, eine kontraktive Stabilisierungspolitik aber nicht zustande kommt, weil sich eine solche Politik nur lohnt, wenn sie von allen Ländern gleichzeitig eingeleitet wird. Ein stabilitätspolitischer Alleingang ist nicht nur wenig effizient, er kann auch die Wohlfahrt der eigenen Volkswirtschaft negativ beeinflussen. Dies dürfte immer dann der Fall sein, wenn die Unternehmungen aus dem Markt ausscheiden müssen, die ohne die kontraktive Politik gerade noch rentabel produzieren, nun aber in Schwierigkeiten geraten.

Auch in diesem Falle wäre das allgemeine Interesse an international aufeinander abgestimmten geldpolitischen Aktivitäten groß: Alle Volkswirtschaften könnten ihre Wohlfahrt erhöhen, wenn sie eine stabilitätsorientierte Geldpolitik einleiten würden. Da aber der Erfolg nur dann eintritt, wenn auch alle Länder eine solche Politik verfolgen, werden solche Maßnahmen nur dann ergriffen, wenn man die nationalen kontraktiven Aktivitäten besser aufeinander abstimmt.

6.6 Die Rolle der Wissenschaft bei der Politikberatung

Wir wollen uns in diesem Abschnitt fragen, welche Bedeutung der Wissenschaft im Rahmen der Politikberatung zukommt und uns insbesondere mit dem in der Öffentlichkeit oft geäußerten Vorwurf auseinandersetzen, die wissenschaftliche Beratung beeinflusse die Politik nicht wirklich. Die Beratung der Politiker durch Wissenschaftler diene lediglich dazu, das wissenschaftlich zu belegen, was die Politiker auch ohne wissenschaftlichen Rat unternommen hätten.

Oft geht man davon aus, daß die augenblickliche Situation ein politisches Handeln erforderlich mache, die Politiker aber zu wirksamen Maßnahmen nicht bereit seien, weil diese Maßnahmen ihren Grundüberzeugungen widersprechen oder weil sie – obwohl sie notwendig erscheinen – unpopulär sind und deshalb kurzfristig zu einem Verlust von Wählerstimmen führen könnten. Der Politiker scheue sich, wirksame Maßnahmen einzuleiten. Er ordne vielmehr eine langwierige wissenschaftliche Untersuchung an. Die Politiker gäben solche Untersuchungen vor allem deshalb in Auftrag, um Zeit zu gewinnen und die notwendigen Maßnahmen hinauszuschieben. Die Mißstände würden auf diese Weise längere Zeit als notwendig bestehen bleiben, der Erfolg wirtschaftspolitischer Maßnahmen möglicherweise in Frage gestellt oder zumindest beeinträchtigt. Die notwendigen Maßnahmen würden also **verzögert** und die Problemlösung erschwert.

Daneben wird immer wieder darauf hingewiesen, daß die Politiker ganz bestimmte Ziele verfolgten und Maßnahmen ergriffen. Sie würden die Wissenschaftler nur dazu mißbrauchen, lediglich ihre Politik zu bestätigen. Damit wird den Politikern vorgeworfen, daß ihre Meinung bereits feststehe, bevor die Ergebnisse des wissenschaftlichen Gutachtens vorlägen. Die Gutachten könnten deshalb auch nicht zur Meinungsbildung der Politiker herangezogen werden. Schließlich hätten die Politiker auch gar nicht die Absicht, ihre Meinung aufgrund des wissenschaftlichen Gutachtens zu ändern. Diese Gutachten dienten lediglich dazu, der Öffentlichkeit zu demonstrieren, diese Politik sei **wissenschaftlich abgesichert** und der Politiker habe diese Überzeugungen aufgrund wissenschaftlicher Analysen gefunden.

Nun wird man sicherlich nichts dagegen einwenden können, wenn die Wissenschaftler beim Prozeß der politischen Willensbildung nicht beteiligt werden, sofern sichergestellt ist, daß die Maßnahmen, die Politiker ergreifen, auch wirklich geeignet sind, die von den Politikern angestrebten und von der Öffentlichkeit gebilligten Ziele zu realisieren. Überhaupt geht der Vorwurf, die Politiker hätten gar nicht die Absicht, aufgrund wissenschaftlicher Analysen ihre Zielsetzungen aufzugeben, am eigentlichen Problem vorbei und widerspricht auch den sonst in der Wirtschaftswissenschaft entwickelten Kriterien zur Beurteilung politischer Maßnahmen und Einrichtungen.

Es war gerade das Verdienst der liberalen Theorie, darauf aufmerksam gemacht zu haben, daß die Eigeninteressen der Handelnden nichts darüber aussagen, wie die zur Diskussion stehenden Handlungen zu beurteilen sind. *J. A. Schumpeter* hat darauf hingewiesen, daß diese zunächst auf wirtschaftliches Handeln bezogenen Überlegungen auch auf das Handeln der Politiker übertragen werden können. Auch die Politiker verfolgten **Eigeninteressen,** in einer Demokratie beispielsweise möglichst viele Wählerstimmen zu erhalten, um die politische Macht zu erringen und sie auch zu behalten. Aber auch hier gelte, daß trotz Eigeninteresses der Handelnden letztlich der Wettbewerb der Politiker die politischen Handlungen an das Gemeinwohl binde, sofern eine entsprechende **funktionierende** Demokratie unterstellt werden könne. Damit ist aber weder das Eigeninteresse der Politiker in jedem Falle per se für das Gemeinwohl abträglich, noch trägt ein von guten Absichten geleitetes Handeln der Politiker automatisch zu einer Mehrung des Gemeinwohles bei.

Überträgt man diese liberalen Grunderkenntnisse auf das hier vorliegende Problem, so kann die Frage, ob eine wissenschaftliche Politikberatung erwünscht ist, keinesfalls daran gemessen werden, aus welchen Motiven heraus die Politiker diese Beratung nachfragen. Weder wird ein eigennütziges Motiv der Politiker die Beratung in jedem Falle nutzlos oder sogar schädlich machen, noch würde eine wissenschaftliche Beratung, die von seiten der Politiker gerade deshalb gewünscht würde, da die Politiker einer echten Beratung bedürften, in jedem Falle das Gemeinwohl positiv beeinflussen. Auch hier gilt, daß die Rahmenordnungen, also die Bedingungen, unter denen eine Beratung stattfindet, darüber entscheiden, wie erfolgreich und gemeinwohlsteigernd eine Beratung tatsächlich ausfällt.

Zum Problem wird das Eigeninteresse der Politiker in diesem Zusammenhange vielmehr erst zusammen mit einem zweiten Tatbestand. Wir haben davon auszugehen, daß in fast allen entscheidenden und politisch kontroversen Fragen die einzelnen Wissenschaftler zu recht unterschiedlichen und zum Teil sich auch widersprechenden Aussagen gelangen. Im Hinblick auf den Einfluß politischer Maßnahmen auf Preisniveaustabilität, Vollbeschäftigung oder Wachstum werden beispielsweise von liberal ausgerichteten Wissenschaftlern andere Positionen vertreten als von den keynesianisch orientierten Wissenschaftlern. Es gibt kaum eine größere politische Kontroverse, in der nicht die wichtigsten politischen Positionen durch widersprüchliche Aussagen von Wissenschaftlern belegt werden könnten. In diesem Falle steht nun aber zu befürchten, daß sich die Politiker jeweils die Wissenschaftler aussuchen und um eine Beratung bitten, die ihren vorgefaßten Überzeugungen am ehesten entsprechen.

Bei einer solchen Verhaltensweise der Politiker besteht eine zweifache Gefahr: Die Politiker erwecken erstens den falschen Anschein, ihre Politik sei aus einer wissenschaftlichen Analyse hervorgegangen und wissenschaftlich abgesichert. Damit können die Politiker möglicherweise auch **unberechtigt Wählerstimmen** erreichen. Wissenschaftlich erhärtete Sachargumente haben einen höheren Verbindlichkeitsgrad als politische Überzeugungen. Die Politiker steigen unberechtigterweise in der Wählergunst, da es ihnen scheinbar gelingt, ihre Politik auf wissenschaftliche Analysen abzustützen.

Da sich die Politiker möglicherweise bei unterschiedlichen Problemen auch von unterschiedlich ausgerichteten Wissenschaftlern beraten lassen, kann die gesamte Politik andererseits auch widersprüchlich werden. Sie kann selbst dann schädliche Wirkungen haben, wenn jede einzelne Maßnahme – für sich allein betrachtet – durchaus sinnvoll und aus einem bestimmten Gesichtspunkt heraus berechtigt erscheint. Es entsteht der Vorwurf einer **widersprüchlichen Politik.**

Analog zu dem Vorgehen bei allgemein wirtschaftspolitischen Problemen wollen wir auch hier davon ausgehen, daß im Einzelfall wissenschaftliche Beratung sehr wohl zu unerwünschten Ergebnissen führen kann und es entscheidend von der Rahmenordnung abhängt, ob und inwieweit die Beratung ihre Gemeinwohlfunktionen erfüllen kann. Selbst wenn von seiten der Beratung keinerlei negative Effekte ausgingen, die Beratung einfach nur völlig wirkungslos bliebe, müßte man immer noch von einer unbefriedigenden Lösung sprechen, da zumindest knappe Ressourcen für die Politikberatung eingesetzt würden, die an anderer Stelle einen befriedigenderen Effekt zeigen könnten. Es ist sicherlich auch für den einzelnen Wissenschaftler unzumutbar, bei einer Beratung mitzuwirken, die keinerlei Wirkungen herbeiführt und insoweit nutzlos ist. Hier würden zumindest **knappe Ressourcen vergeudet.**

Manchmal stimmen zwar die Politiker einer Veröffentlichung der Ergebnisse der Beratergremien zu, berufen sich aber in der Öffentlichkeit nur auf die Ausschnitte der Gutachten, die ihre Politik zu bestätigen scheinen. So berufen sich Parteien mit sonst sehr unterschiedlichen Vorstellungen über die politische Lösung der anstehenden Probleme bisweilen auf ein und dasselbe wissenschaftliche Gutachten. Die Wissenschaftler mögen noch so sehr die einschränkenden Bedingungen offenlegen, unter denen die wissenschaftlichen Ergebnisse gewonnen wurden, die breite Öffentlichkeit nimmt oft die Prämissen nicht zur Kenntnis und interessiert sich nur für die Schlagzeilen erzeugende Ergebnisse. Es wird davon gesprochen, daß die **Politiker nur die Rosinen aus den Gutachten herauspicken.** Ein solches Vorgehen kann zu falschen Schlußfolgerungen verleiten und damit auch zu einer Politik führen, die in ihrer Gesamtheit nicht durch die wissenschaftlichen Gutachten abgestützt ist.

6.61 Beispiel: Rahmenbedingungen für Politikberatung durch Wissenschaftler

Wenn es richtig ist, daß eine Beratung der Politik durch Wissenschaftler nur unter ganz bestimmten Rahmenbedingungen erfolgreich ist, muß man die Politikberatung möglichst so institutionalisieren, daß eine erfolgreiche Beratung wahrscheinlich wird. Die entscheidende Frage, die es zu klären gilt, besteht in dem Problem, von welchen Rahmenbedingungen der Erfolg wissenschaftlicher Politikberatung abhängt.

1) Eine erste Frage bezieht sich auf die **Auswahl** der Wissenschaftler, die den Politiker beraten sollen. Wir gehen hierbei von der Zielvorstellung aus, daß die wissenschaftliche Beratung letztlich nicht nur das Geschäft des Politikers zu erleichtern, sondern auch die Wahrscheinlichkeit einer erfolgreichen Politik vergrößern soll. Unter diesem Gesichtspunkt wäre es sicherlich nicht erwünscht, die Auswahl der Wissenschaftler dem Politiker allein zu überlassen. In diesem Falle wäre in der Tat die Gefahr groß, daß die gerade regierenden Politiker unbequeme Berater ablehnen und „Ja-Sager", die ihre Politik jederzeit unterstützen, um sich scharen.

Aus diesen Gründen legen im allgemeinen die wissenschaftlichen Beiräte bei den Bundesministerien Wert darauf, daß die Hinzuwahl und das Ausscheiden der einzelnen Beiratsmitglieder **institutionell** geregelt ist. So scheiden beispielsweise in genau festgelegten periodischen Abständen ein Teil der bisherigen Mitglieder aus und neue Mitglieder werden hinzugewählt. Diese Neuwahl erfolgt durch die Wissenschaftler selbst und nicht primär und allein von den Politikern aus.

Mit dieser Frage ist auch das Problem der **Regeneration** eines Beratergremiums eng verbunden. Wissenschaftliche Politikberatung kann **ad hoc** oder **institutionalisiert** erfolgen. Zunächst mag es gute Gründe zugunsten von ad hoc Beratungen geben, bei denen eigens für ein spezielles Problem ein oder mehrere Berater bestellt werden. In diesem Falle kann nämlich in viel besserem Maße als bei einem permanent eingerichteten Gremium, das für längere Zeit unabhängig von den jeweils anstehenden Fragen gewählt wurde, der jeweils geeigneteste Kandidat für die gerade anstehende Aufgabe gefunden werden. Auch wäre die Gefahr der Erstarrung bestehender Institutionen geringer und die Möglichkeit einer stetigen Erneuerung insgesamt günstiger.

Trotzdem spricht vieles für eine institutionalisierte Lösung des Beraterproblems. Hier ist nämlich die Gefahr insgesamt geringer als bei einer ad hoc-Bestellung, daß jeweils solche Wissenschaftler zur Beratung bestellt werden, die den Politikern unliebsame Ergebnisse vorenthalten. Während bei einer ad hoc-Beratung der Politiker sozusagen bei der Beratung jedes Einzelproblemes die Möglichkeit erhält, durch gezielte Auswahl das Ergebnis der Beratung in seinem Sinne zu beeinflussen, ist diese Möglichkeit bei der institutionalisierten Regelung insgesamt geringer. Sie ist praktisch nur dann gegeben, wenn das Gremium erstmals gebildet wird.

Mit dem Problem der Regeneration eines Beratergremiums hängt noch eine zweite Frage eng zusammen. In der Öffentlichkeit wird die Frage kontrovers diskutiert, ob politische Beratergremien nur aus **Wissenschaftlern** bestehen sollten oder ob auch politisch aktive Persönlichkeiten, vor allem solche, die die **Interessen** bestimmter Gruppen vertreten, hinzugewählt werden sollen. Zugunsten **gemischter Beratergremien** wird oft argumentiert, auf diese Weise werde am ehesten sichergestellt, daß die Vorschläge eines Beratergremiums in der politischen Öffentlichkeit größere Anerkennung erfahren. Während Gremien, die nur aus Wissenschaftlern zusammengesetzt sind, dem Vorwurf ausgesetzt sind, graue Theorie, also wirklichkeitsfremde und utopische Ratschläge zu unterbreiten, könnte ein gemischtes Beratergremium einerseits dafür Sorge tragen, daß nur politisch realisierbare Vorschläge unterbreitet werden. Andererseits könnte auf diesem Wege zugleich die **Akzeptanz** dieser Vorschläge bei den Interessengruppen garantiert werden. Es könne nämlich damit gerechnet werden, daß Interessengruppen, die an politischen Vorschlägen mitgewirkt haben, auch bereit seien, diese Vorschläge in der Öffentlichkeit und gegenüber den eigenen Mitgliedern zu verteidigen.

Obwohl diese Argumente sicherlich plausibel sind, spricht doch einiges gegen gemischte Beratergremien. Im Grunde genommen werden in diesem Falle zwei grundverschiedene Funktionen innerhalb des politischen Willensbildungsprozesses vermengt. Gerade über gemischte Beratergremien kann nämlich eine befriedigende Lösung der politischen Willensbildung erschwert werden. Bei der politischen Willensbildung geht es auf der einen Seite darum, sicherzustellen, daß die Argumente, die sich auf Sachzusammenhänge beziehen, auch als solche der **Wahrheit** entsprechen. Zum andern besteht aber jeder Prozess der politischen Willensbildung aus **Kompromissen** zwischen idealtypischen oder auch einzelinteressenbezogenen Forderungen.

Die politischen Entscheidungsträger neigen dazu, ihre Politik auch mit Sachargumenten zu verteidigen. Sie werben beispielsweise für eine Beschäftigungspolitik nicht nur mit Argumenten, die das Ziel der Vollbeschäftigung verteidigen – dieses Ziel wird ohnehin kaum bestritten –, sondern auch mit dem Argument, daß die vorgesehene Politik tatsächlich zum Erfolg führe. Es handelt sich hierbei um eine Sachfrage, die unabhängig von der ganz anderen Frage beantwortet werden muß, wie erwünscht ein Abbau von Arbeitslosigkeit im einzelnen ist. Gerade weil es sich hierbei um Sachfragen handelt, die weitgehend unabhängig von der weltanschaulichen Position wahr oder falsch sind, gewinnen die Politiker bei der Argumentation mit Sachargumenten größere Glaubwürdigkeit.

Wenn diese Überlegungen zutreffen, ist es aber um so wichtiger, im Prozeß der politischen Willensbildung sicherzustellen, daß die Sachargumente **vollständig** und so weit wie möglich unverfälscht der Öffentlichkeit bekannt gegeben werden. Hier liegen aber die eigentlichen Gefahren gemischter Gremien. Bei gemischten Gremien werden möglicherweise die Sachargumente nach politischen Gesichtspunkten vorsortiert und einzelne Interessengruppen erhalten die Möglichkeit, die Argumente zu unterdrücken, die ihren eigenen Interessen zuwiderlaufen. Es können hier in einer Art „log-rolling"-Verfahren Sachargumente gegenseitig aufgerechnet und manipuliert werden. Damit würde aber der politische Willensbildungsprozess verfälscht.

Es wird hierbei nicht kritisiert, daß Maßnahmen im Rahmen des politischen Willensbildungsprozesses nicht auch daraufhin überprüft werden, ob sie von der Mehrheit der Bevölkerung mitgetragen werden. Ein solcher Prozeß der Kompromißfindung und des „log-rolling" ist sicherlich notwendig und sollte auch nicht unterbunden werden. Problematisch ist nur die Vermischung dieser Funktionen und die Vorverlagerung dieses Prozeses der politischen Kompromißbildung in das Beratergremium.

Zu beanstanden ist hierbei einmal, daß ein Gremium, das nicht unter dem Gesichtspunkt der politischen Kompromißfindung ausgewählt wurde, solche politischen Funktionen mit übernimmt. Daneben kann sich der Umstand negativ auswirken, daß bestimmte Kompromisse, die bereits in diesen Gremien angesteuert wurden, in dem daran anschließenden Prozeß der Willensbildung als Sachargumente eingehen. Sachargumente besitzen im Gegensatz zu reinen Interessenargumenten einen von der Weltanschauung des einzelnen unabhängigen und deshalb allgemeingültigen Wahrheitsanspruch. Es besteht hier die Gefahr, daß politische Kompromisse unter falschen Vorzeichen gebildet werden, indem vorgespiegelt wird, es handle sich hierbei um Sachnotwendigkeiten.

Diese Kritik gewinnt noch an Gewicht, wenn man bedenkt, daß in gemischten Beratergremien in der Regel nicht alle Interessengruppen vertreten sind. Wir wissen, daß die einzelnen Interessengruppen in sehr unterschiedlichem Maße **organisationsfähig** sind. Dieser Umstand trägt aber dazu bei, daß auch in einer sonst funktionierenden Demokratie die politischen Aktivitäten mehr oder weniger vom Willen der Mehrheit zugunsten einiger Interessengruppen abweichen können. Gerade kleine Anbietergruppen verfügen über ein Informationsmonopol gegenüber Politikern und können auf diese Weise die politischen Ergebnisse in stärkerem Maße als erwünscht zu ihren Gunsten beeinflussen. Diese ohnehin bestehende, aber höchst unerwünschte Tendenz wird weiter verstärkt, wenn gemischte Beratungsgremien existieren. Es sind im allgemeinen gerade die Interessengruppen in den gemischten Beratergremien vertreten, die ohnehin wegen ihres Informationsmonopols oder auch anderer politischer Privilegien über zu große politische Macht verfügen.

2) Der Erfolg der wissenschaftlichen Beratung der Politik hängt neben der Regeneration eines Beratergremiums auch davon ab, welche **Themen** zur Beratung anste-

hen und inwieweit diese Entscheidung bei den Beratern selbst oder allein bei den Politikern liegt.

Auch in dieser Frage ist es selbstverständlich, daß die Politiker das Recht besitzen müssen, selbst Fragen an die Wissenschaft heran zu tragen. Auch hier gilt wieder, daß wohl kaum ein Beratergremium zustande kommen würde, wenn die Politiker nicht die Möglichkeit besäßen, das Beratergremium mit der Analyse bestimmter Fragenkomplexe zu beauftragen. Ohne dies würde jedes Interesse der Politiker an Beratergremien erlöschen und es wäre utopisch, die Forderung aufzustellen, daß der Politiker nicht das Recht erhalten sollte, solche Aufträge zu vergeben. Daneben sollte man bedenken, daß nur über ein solches Informationsrecht der Politiker die Gemeinwohlaufgaben des Beratergremiums sichergestellt werden können. Es gibt nämlich nicht nur die Gefahr, daß die Politiker die Wissenschaftler für ihre Interessen mißbrauchen, sondern auch, daß Wissenschaftler die Beratergremien für eigene Interessen und für den eigenen Ruf einsetzen.

Um die Funktionsfähigkeit der wissenschaftlichen Beratergremien zu erhalten ist es einerseits zwar erforderlich, daß die Politiker stets das Recht haben, konkrete Berateraufgaben zu formulieren. Andererseits sollte aber das Beratergremium in der Lage sein, die vom Politiker bestellten Untersuchungen nach wissenschaftlichen Kriterien zu bearbeiten, die von den Beratern frei zu wählen sind. Schließlich sollte das Beratergremium das Recht haben, jederzeit auch selbst gestellte Untersuchungen durchzuführen. Nur bei dieser Möglichkeit ist sichergestellt, daß der Politiker nicht in der Lage ist, alle für ihn unliebsamen Ergebnisse zu unterdrücken.

3) Der Beratungserfolg hängt drittens – neben der unbeeinflussten Möglichkeit der Regeneration des Beratergremiums und dem Recht, die beauftragten Untersuchungen unbeeinflußt nach wissenschaftlichen Kriterien durchzuführen – auch davon ab, inwieweit die Untersuchungen und Ergebnisse des Beratergremiums **veröffentlicht** werden.

Gerade in dieser Frage besteht stets die Gefahr, daß Politiker die Untersuchungen, die nicht zu den von ihnen gewünschten Ergebnissen geführt haben, unter Verschluß nehmen und deren Veröffentlichung unterbinden. Ein solches generelles Veröffentlichungsverbot würde aber den gesamtwirtschaftlichen Beratungserfolg vereiteln.

Bisweilen stimmen zwar die Politiker einer Veröffentlichung der Ergebnisse der Beratergremien zu, berufen sich aber in der Öffentlichkeit nur auf die Ausschnitte der Gutachten, die ihre Politik zu bestätigen scheinen. Ein solches Vorgehen kann möglicherweise zu falschen Schlußfolgerungen und damit einer Politik führen, die in ihrer Gesamtheit nicht durch die wissenschaftlichen Gutachten abgestützt ist. Hier hat sich die Praxis der wissenschaftlichen Institute, ihre Gutachten der Öffentlichkeit selbst vorzustellen, als zweckmäßig erwiesen.

Mit dem Problem der Veröffentlichungspflicht von Gutachten eines Beratergremiums eng zusammen hängt die weitere Frage nach der Möglichkeit eines **Minderheitsvotums.** Man wird nicht davon ausgehen können, daß die Mitglieder eines Beratergremiums stets zu gleichen Ergebnissen kommen. Zu groß sind die Meinungsverschiedenheiten der einzelnen Wissenschaftler sowohl hinsichtlich der anzustrebenden politischen Ziele und effizienten wirtschaftspolitischen Mittel als

6.6 Rolle der Wissenschaft bei der Politikberatung

auch im Hinblick auf das zweckmäßigste diagnostische Verfahren, um zu eindeutigen, allgemein akzeptierten Erkenntnissen zu gelangen.

Wenn man bedenkt, welchen Beitrag die Wissenschaft im Rahmen des politischen Willensbildungsprozesses leisten sollte, mag man es bedauern, daß bereits im wissenschaftlichen Bereich keine Einigung in allen wesentlichen Fragen möglich ist. Es würde den politischen Willensbildungsprozeß sicherlich vereinfachen, und die Gefahr mißbräuchlicher Anwendung von Wissen seitens der Politiker wäre geringer, wenn die Wissenschaft immer zu eindeutigen, sich nicht widersprechenden Aussagen gelangen würde. Andererseits ist aber die Vielfalt der Meinungen und das Recht jedes einzelnen Wissenschaftlers von der dominierenden Mehrheitsmeinung abzuweichen, für den Wissensprozeß konstitutiv. Auch für den Wissenschaftsbereich gilt, daß nur ein **Wettbewerb der Wissenschaftler** und Meinungen sicherstellt, daß überholtes und widerlegbares Wissen aufgegeben wird.

Gleichzeitig sollte man aber bedenken, daß der Prozeß der Einigung innerhalb der Wirtschaftswissenschaften gegenüber den traditionellen klassischen Naturwissenschaften mindestens in zweierlei Hinsicht behindert und eine allgemeine Einigung erschwert wird. Auf der einen Seite sind überall dort, wo menschliches Verhalten mitspielt, allgemeingültige deterministische Gesetzmäßigkeiten in geringerem Maße als bei den Naturwissenschaften zu erwarten. Das Gewicht stochastischer Prozesse überwiegt. In dieser Hinsicht gleicht die Wirtschaftswissenschaft eher der Atomphysik als der klassischen Mechanik. Auf der anderen Seite sind aber im Bereich der Wirtschaftswissenschaften die Möglichkeiten, über Laborexperimente Hypothesen zu falsifizieren, stark eingeschränkt. Schließlich verbieten allgemeine politische und ethische Normen die Anwendung von Experimenten mit Menschen und existierenden Gesellschaften. Um die Wirkungen einer Inflation zu studieren, können wir nicht eine Inflation künstlich erzeugen.

Weil es also in der Regel in fast allen kontroversen politischen Fragen unter den Wirtschaftswissenschaftlern auch Meinungsverschiedenheiten gibt, ist es so wichtig, daß die Wissenschaftler, die in einem Beratergremium überstimmt wurden, die Möglichkeit erhalten, ihre Meinung in einem Minderheitsvotum der Öffentlichkeit kund zu tun. Im Wettstreit der einzelnen politischen Meinungen muß stets erkennbar sein, ob bestimmte Aussagen der Wissenschaftler allgemein akzeptiert sind oder nur die Meinung der Mehrheit darstellen. Auf diese Weise erhält die Öffentlichkeit Kenntnis davon, daß bereits auf der Ebene der Sachargumentation Meinungsverschiedenheiten möglich sind. Gleichzeitig wird der Gefahr vorgebeugt, daß die Mehrheitsmeinung in den Beratergremien auch im wissenschaftlichen Erkenntnisprozeß ausschlaggebend wird, ohne daß diese Frage unter Zugrundelegung wissenschaftlicher Kriterien zu Ende diskutiert wird.

Kapitel 7:
Der Beitrag der Wohlfahrtsökonomik zur Wirtschaftspolitiklehre

Die Kapitel drei bis fünf bildeten insofern eine Einheit, als sie den Beitrag der Wirtschaftswissenschaft zu der Frage analysierten, welche Ziele im Rahmen der Wirtschaftspolitik verfolgt, mit welchen Mitteln diese Ziele realisiert und welchen Trägern diese Aufgaben übertragen werden sollen. Hierbei beschränkte sich der Beitrag der Wissenschaft jeweils darauf, bestimmte **Sachinformationen** beizusteuern, die eine rationale politische Entscheidung erleichtern sollten. Die Entscheidung selbst wurde aber als Sache der Politik angesehen, die die Wissenschaft qua Wissenschaft der Politik nicht abnehmen kann.

Bereits in Kapitel 2 hatten wir gesehen, daß aber auch wiederholt der Versuch unternommen wurde, im Rahmen der Wissenschaft zu **normativen Aussagen** zu gelangen, also dem Politiker auch Empfehlungen zu geben, welche Ziele und Mittel angestrebt werden sollen. Der wichtigste Versuch einer solchen normativ ausgeprägten Wirtschaftswissenschaft stellt die traditionelle **Wohlfahrtsökonomik** dar. Da im Rahmen der Wohlfahrtsökonomik auch Methoden entwickelt wurden, die einzelnen Ordnungssysteme miteinander auf die jeweils realisierte Wohlfahrt hin zu vergleichen, bildet dieses Kapitel u.a. zugleich die Grundlage für die anschließenden ordnungspolitischen Kapitel.

7.1 Problemstellung

Die traditionelle Wohlfahrtsökonomik stellt sich die Aufgabe, Kriterien zur Beurteilung wirtschaftspolitischer Maßnahmen und Systeme zu entwickeln. Hierbei läßt sich zwischen einem **positiven** – explikativen – und **normativen** Fragenbereich unterscheiden. Im Rahmen des positiven Fragenbereiches wird untersucht, wie sich wirtschaftspolitische Maßnahmen und Systeme auf die wirtschaftliche Lage einer Bevölkerung auswirken, wobei die wirtschaftliche Lage durch die Aufteilung der einzelnen Güter auf die einzelnen Individuen charakterisiert ist. Dieser erste Fragenbereich ist empirisch-explikativer Natur. In einem zweiten Bereich wird ein Kriterium zur Bewertung alternativer wirtschaftlicher Zustände entwickelt, es wird dargelegt, welche wirtschaftlichen Zustände als optimal bzw. als suboptimal zu bewerten sind. Hierbei handelt es sich um ein normatives Problem.

Die wohlfahrtsökonomische Fragestellung läßt sich im Grunde auf alle wirtschaftspolitischen Zielgrößen anwenden. De facto stand in der Vergangenheit aber überwiegend die Frage nach einer **optimalen Allokation** der Produktionsfaktoren auf die einzelnen Verwendungsarten im Mittelpunkt der Betrachtung. Sehr früh wurde aber auch bereits darüber diskutiert, ob auch die Frage nach einer optimalen Einkommensverteilung im Rahmen der Wissenschaft sinnvoll gestellt werden kann. Bisweilen wurde die wohlfahrtsökonomische Betrachtungsweise ferner ausgeweitet auf die Frage nach einer optimalen Wachstumsrate, Preisniveausteigerungsrate, nach einem optimalen Beschäftigungsgrad und nach einer optimalen internationalen Arbeitsteilung.

Im Rahmen des normativen Teils der Wohlfahrtsökonomik geht es primär um die Bestimmung des Wohlfahrtsoptimums im Sinne des bestmöglichen wirtschaftlichen Zustandes, d. h. um das **optimum optimorum**. Aus politischen Gründen läßt sich die wirtschaftlich optimale Lösung oft nicht realisieren. Man beschränkt sich dann auf die Erreichung des Zweit- oder Drittbesten. Da der Versuch einer Realisierung von Optimalzuständen oftmals einen mehr utopischen Charakter annimmt, beschränkt sich ein Teil der traditionellen Wohlfahrtsökonomik in seiner Weiterentwicklung auf die Frage, ob bestimmte Maßnahmen der Wirtschaftspolitik **wohlfahrtssteigernd** wirken, ob also die zur Diskussion stehenden Maßnahmen geeignet erscheinen, näher an das Wohlfahrtsoptimum heranzuführen. Die Beantwortung dieser Frage ist oftmals möglich, ohne daß die genaue Lage des Optimums bekannt ist.

Die traditionelle Wohlfahrtsökonomik kann in zweifacher Hinsicht als eine **statische** Betrachtungsweise charakterisiert werden. Die Wohlfahrtsfunktion ist erstens als statische, den Zeitaspekt ausklammernde Funktion konzipiert. Dieser Ansatz ist auch deshalb der Kritik ausgesetzt, weil die Wohlfahrt eines Individuums und damit auch der Gesellschaft nicht nur von der augenblicklichen Verfügung über bestimmte Gütermengen abhängt, sondern auch davon, wie die Individuen in der Vergangenheit mit Gütern ausgestattet waren und welche Zukunftsentwicklung erwartet wird. Das gleiche Realeinkommen wird nämlich von einem Individuum unterschiedlich bewertet, je nachdem ob dieses Individuum in der Vergangenheit über mehr oder weniger Güter als heute verfügt hat und welche Realeinkommensentwicklung für die Zukunft erwartet werden kann.

Als statisch wird zweitens auch kritisiert, daß die traditionelle Wohlfahrtsökonomik das wirtschaftliche Optimum in Abhängigkeit **vorgegebener technischer Strukturen und Präferenzskalen** ermittelt und damit die Erklärung des Wandels dieser Größen anderen Disziplinen überläßt. Nach Meinung vieler Kritiker des traditionellen Ansatzes ist aber der überaus größte Teil der Wohlfahrtsgewinne einer Gesellschaft eben gerade im Zusammenhang mit Veränderungen dieser Datengrößen zu erwarten.

Weiterhin ist für die Wohlfahrtsökonomik die Frage, wie sich die individuellen Wohlfahrten messen und vergleichen lassen, von Bedeutung. Hier unterscheidet sich die sogenannte **ältere** von der **neueren Paretianischen** Wohlfahrtsökonomik. Während die ältere Wohlfahrtsökonomik – etwa *A. C. Pigou* aber auch *A. P. Lerner* – noch von der Vorstellung ausgeht, die Wohlfahrt lasse sich in kardinalen und interpersonell vergleichbaren Nutzeneinheiten messen, bestreitet die Paretianische Wohlfahrtsökonomik sowohl die **kardinale Meßbarkeit** als auch die **interpersonelle Vergleichbarkeit** von Nutzen und beschränkt sich darauf, den Nutzen ordinal zu messen. Nach diesem Konzept könne also nicht angegeben werden, um wieviel der Nutzen des einen Gutes den Nutzen eines anderen Gute übersteigt, sondern es ist danach lediglich möglich zu beurteilen, ob der Nutzen des einen Gutes, verglichen mit dem Nutzen eines anderen Gutes größer, kleiner oder gleich groß sei. Auch wird danach bestritten, daß die von den Individuen empfundenen Nutzenquantitäten untereinander – also interpersonell – verglichen werden können.

7.2 Wertprämissen der traditionellen Wohlfahrtstheorie

Bereits in Kapitel 2 hatten wir dargelegt, daß normative Aussagen in wissenschaftlich einwandfreier Weise nur aus Prämissen abgeleitet werden können, die selbst zumindest zum Teil normativen Charakter aufweisen. Wir hatten weiterhin gezeigt, daß es nach den Vorstellungen der traditionellen Wohlfahrtsökonomik **allgemein akzeptierte Wertprämissen** gibt und aus diesen als allgemein akzeptiert angesehenen Wertprämissen zusammen mit weiteren Sachprämissen normative Schlußfolgerungen für die praktischen Wirtschaftspolitik abgeleitet werden. Wir wollen nun in diesem Abschnitt zeigen, welches die wichtigsten dieser als allgemein akzeptiert betrachteten Wertprämissen der traditionellen Wohlfahrtsökonomik sind.

Im Mittelpunkt der traditionellen Wohlfahrtsökonomik stehen vor allem folgende zwei Wertprämissen: Erstens wird angenommen, daß die Wohlfahrt der Bevölkerung **allein** von der Wohlfahrt jedes einzelnen Individuums und nur von dieser abhängt. Man unterstellt also folgende allgemeine (kollektive) Wohlfahrtsfunktion:

(1) $W = f(w_1 + w_2 + w_3 \ldots w_n)$

W = Wohlfahrt der gesamten Bevölkerung,
w_n = Wohlfahrt des Individuums n.

Zu beachten ist, daß es sich hierbei um eine normative Festsetzung und nicht um einen empirisch überprüfbaren Tatbestand handelt.

Welcher Art diese Abhängigkeit der gesellschaftlichen Wohlfahrt von der Wohlfahrt der einzelnen Individuen ist, darüber bestehen in der traditionellen Wohlfahrtsökonomik unterschiedliche Auffassungen. Die Vertreter der **älteren** Wohlfahrtsökonomik verstanden oftmals die gesellschaftliche Wohlfahrt als **Summe** der individuellen Wohlfahrten. Es gilt danach folgende spezielle Wohlfahrtsfunktion:

(1 a) $W = w_1 + w_2 + w_3 \ldots w_n$

Eine solche normative Festlegung ist jedoch nur möglich, wenn man einen kardinalen Nutzenmaßstab und interpersonell vergleichbare Nutzeneinheiten unterstellt. Da die Vertreter der Paretianischen Wohlfahrtsökonomik eine solche Möglichkeit verneinen, müssen sie sich auf vergleichsweise vagere (schwächere) Angaben über den Verlauf der Wohlfahrtsfunktion beschränken:

(1 b) $W = f(w_1, w_2, \ldots w_n)$

Mit dem sogenannten **Paretokriterium** wird festgelegt, daß von einer Wohlfahrtssteigerung der gesamten Gesellschaft dann und nur dann gesprochen werden soll, wenn die Wohlfahrt mindestens eines Individuums ansteigt, ohne daß die Wohlfahrt auch nur eines anderen Individuums abnimmt. Mit einer zweiten Wertprämisse wird somit gefordert, daß allein die einzelnen Individuen selbst darüber bestimmen sollen, wie sie eine Veränderung ihrer eigenen wirtschaftlichen Lage als nutzensteigernd und nutzenmindernd ansehen.

Diese zweite Wertprämisse unterscheidet sich sehr wohl von der erstgenannten. So wäre es durchaus denkbar, daß ein wohlmeinender Diktator von der Zielsetzung ausgeht, die Wohlfahrt der einzelnen Individuen zu erhöhen, und insofern die Gesamtwohlfahrt in Abhängigkeit der Wohlfahrt der einzelnen Bevölkerungsmitglieder sieht, aber nach eigenen Vorstellungen darüber befindet, was für den einzelnen gut oder schlecht ist.

Es muß bezweifelt werden, daß diese beiden Wertprämissen der traditionellen Wohlfahrtsökonomik wirklich so allgemein anerkannt sind, wie es von den Vertretern dieser Richtung unterstellt wird. So wird beispielsweise das Gemeinwohl vor allem von religiös ausgerichteten Weltanschauungsgruppen zumeist nicht nur von der Wohlfahrt des einzelnen abhängig gesehen. Weiter wird bisweilen auch die Meinung vertreten, der einzelne müsse zu seinem Glück gezwungen werden. Schließlich wird manchmal auch bezweifelt, daß eine Maßnahme, bei der beispielsweise die Reichen noch reicher werden, die Armen aber gleich arm bleiben, wirklich – wie dies das Paretokriterium unterstellt – als wohlfahrtssteigernd angesehen werden soll.

7.3 Das Wohlfahrtsoptimum

Die der traditionellen Wohlfahrtsökonomik zugrundeliegende Betrachtungsweise läßt sich am besten anhand eines Diagramms aufzeigen, in dem individuelle Indifferenzkurven und eine sogenannte Bilanzgerade eingezeichnet sind.

In einem solchen stark vereinfachten Modell steht die Entscheidung eines Individuums zur Diskussion, das über ein bestimmtes Einkommen verfügt und dieses Einkommen auf zwei Konsumgüter aufteilen kann, wobei die beiden Güterpreise gegeben sind. Gefragt wird nach der optimalen Aufteilung des Einkommens, und zwar optimal in dem Sinne, daß keine Änderung der Aufteilung eine weitere Nutzensteigerung hervorruft.

Die Indifferenzkurven informieren über die individuelle Präferenzskala. Alle denkbaren Aufteilungskombinationen werden dabei nach einem ordinalen Schema eingeteilt und bewertet. Die **Bilanzgerade** gibt darüber Auskunft, welche Güterkombinationen bei vorgegebenem Einkommen und vorgegebenen Preisen tatsächlich realisiert werden können. Dabei sind alle Kombinationen realisierbar, die auf oder unterhalb dieser Bilanzgeraden liegen.

Es ist unmittelbar einsichtig, daß nur die Kombination als **optimal** bezeichnet werden kann, bei der eine der Indifferenzkurven die Bilanzgerade **tangiert**. Solange diese Lösung noch nicht erreicht ist, läßt sich nämlich eine Nutzensteigerung, d. h. eine Bewegung auf eine weiter vom Ursprung entfernte Indifferenzkurve realisieren, gleichgültig, ob dieser Ausgangspunkt auf oder unterhalb der Bilanzgeraden liegt. Umgekehrt gilt, daß vom Tangentialpunkt aus keine andere Lösung realisiert werden kann, die einen höheren Nutzen garantiert, da alle Kombinationen, die auf einer höheren Indifferenzkurve liegen, oberhalb der Bilanzgeraden liegen und somit nicht realisiert werden können.

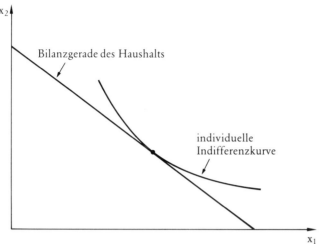

Abb. 9: Optimaler Konsumplan des Haushaltes

Im Rahmen der Wohlfahrtsökonomik geht es nun darum, diese Betrachtungsweise auf die Wohlfahrt einer **gesamten Bevölkerung** zu übertragen. Man nimmt an, daß die gesamte Bevölkerung über einen vorgegebenen Vorrat an materiellen Ressourcen – Produktivkräfte – verfügt, daß – im vereinfachten Modell – wiederum nur zwei Verwendungsarten der Ressourcen möglich sind, und es wird gefragt, welche der denkbaren Kombinationen der Ressourcen als bestmöglich angesehen werden kann. Die Frage, ob die Gesamtgesellschaft durch eine Veränderung dieser Kombination eine Nutzensteigerung erzielt, wird hierbei anhand des oben beschriebenen Paretokriteriums beantwortet.

Der Bilanzgeraden entspricht im gesamtwirtschaftlichen Modell eine **Transformationskurve**. Diese gibt bekanntlich an, wie ein vorgegebener Vorrat an Produktivkräften auf die beiden Verwendungsarten aufgeteilt werden kann. Sofern nun allerdings das Gesetz vom abnehmenden Grenzertrag unterstellt wird, hat diese Kurve keinen linearen, sondern einen vom Ursprung weg gekrümmten Verlauf. Alle Kombinationen, die auf oder unterhalb der Transformationskurve liegen, sind – technisch gesehen – realisierbar, alle Kombinationen, die oberhalb dieser Kurve liegen, sind bei einem gegebenen Bestand an Ressourcen nicht zu erreichen.

Eines der wichtigsten Probleme der Wohlfahrtsökonomik könnte als gelöst gelten, wenn es – ähnlich wie in der Theorie des Einzelhaushaltes – möglich wäre, auch für die gesamte Bevölkerung Indifferenzkurven zu konstruieren, die in gleicher Weise wie die individuellen einen zum Ursprung hin gekrümmten Verlauf aufweisen. In diesem Falle könnte wiederum der Tangentialpunkt zwischen Transformationskurve und einer der kollektiven Indifferenzkurven als Optimallösung angesehen werden.

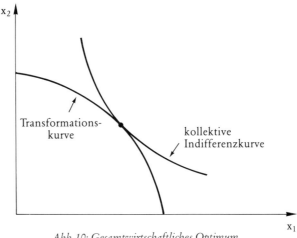

Abb. 10: Gesamtwirtschaftliches Optimum

Die Schwierigkeit liegt aber gerade darin, daß ohne einen kardinalen Nutzenmaßstab und ohne interpersonell vergleichbare Nutzeneinheiten die Konstruktion einer solchen **kollektiven Indifferenzkurve** aus den individuellen Kurven nur unter sehr eingeschränkten Bedingungen möglich ist (*P. A. Samuelson*): dann nämlich,
– wenn man entweder für alle Individuen identische Indifferenzkurven unterstellt oder aber
– wenn ein politischer Führer (Diktator) die Präferenzskalen autonom festlegt oder schließlich
– wenn man annimmt, daß Veränderungen in der Allokation verteilungsneutral sind.

Die erstgenannte Voraussetzung ist in der Realität wohl nicht gegeben. Ganz abgesehen davon ist bereits die Frage nach identischen Bedarfsstrukturen im Hinblick auf das Wohlfahrtsniveau nur prüfbar, wenn zumindest für den wissenschaftlichen Betrachter eine interpersonelle Vergleichbarkeit der Nutzen vorausgesetzt wird.

Die zweite Voraussetzung widerspricht nicht nur dem demokratischen Postulat, sondern auch dem Selbstbestimmungskriterium, wonach jedes Individuum über seine Präferenzen selbst zu entscheiden hat. Es ist natürlich richtig, daß der demokratische Wahlprozeß als eine Institution verstanden werden kann, die die Präferenzen zumindest einer Mehrheit in der Bevölkerung zu eruieren hat. In diesem Sinne schlagen sich die Zielvorstellungen und politischen Präferenzen der Politiker auch in sogenannten kollektiven Indifferenzkurven nieder.

Diese Betrachtung bringt aber aus zweierlei Gründen keine befriedigende Lösung des hier vorliegenden Problems: Auf der einen Seite findet hier nur eine Verlagerung des Problems statt. Das Wohlfahrtskriterium soll u. a. klären helfen, welches Ordnungssystem den Präferenzen der Bevölkerung am besten entspricht. Der demokratische Wahlprozess ist selbst ein Ordnungssystem. Zur Überprüfung der Optimalität der einzelnen Ordnungen bedarf es eines Maßstabes, der vom jeweiligen System unabhängig ist. Wir würden uns einer petitio principii schuldig machen, wenn wir bei der Frage, welches Ordnungssystem optimal ist, stillschweigend unterstellen würden, daß der demokratische Prozeß die Präferenzen der Wähler korrekt wiedergibt.

Auf der anderen Seite wenden wir das Modell kollektiver Indifferenzkurven vorwiegend auf jene Güter und Dienstleistungen an, die bei politischen Wahlen gerade nicht zur Diskussion stehen, sondern auf privaten Märkten gehandelt werden. Die aus demokratischen Wahlen hervorgehenden Präferenzen können deshalb auch keine Auskunft darüber geben, wie bestimmte auf Märkten gehandelten Güterkombinationen bewertet werden.

Die dritte Voraussetzung – verteilungsneutrale Veränderungen der Allokation – dürfte zwar im allgemeinen auch nicht gegeben sein, da nahezu alle wirtschaftspolitischen Maßnahmen zu einer Umverteilung der Einkommen führen. Trotzdem ist es immerhin möglich, daß die zunächst eintretenden unerwünschten Umverteilungen durch nachträgliche allokationsneutrale Verteilungsmaßnahmen kompensiert werden. Insofern ist diese dritte Voraussetzung nicht ganz unrealistisch.

Leugnet man aber auch diese Möglichkeit, so beschränkt sich der Aussagebereich der Wohlfahrtsökonomik auf den Hinweis, daß Wohlfahrtssteigerungen so lange zu erwarten sind, als die Ausgangssituation unterhalb der Transformationskurve liegt. Es kann aber nicht mehr angegeben werden, ob eine Bewegung entlang der Transformationskurve für die Gesamtgesellschaft nutzensteigernd oder nutzenmindernd ist.

7.31 Beispiel: Das Meade'sche Handelsoptimum

Obwohl also das Konzept kollektiver Indifferenzkurven äußerst umstritten ist, wird es dennoch im Rahmen der reinen Außenhandelstheorie zur Erklärung wohlfahrtstheoretischer Aspekte allgemein herangezogen. So hat vor allem *J. E. Meade* eine graphische Darstellung entwickelt, anhand derer aufgezeigt werden kann, wie das Export- und Importvolumen, die terms of trade und die Wohlfahrtszuwächse von der Bedarfs- und Produktionsstruktur des In- und Auslandes abhängen.

Betrachten wir zunächst den 2. Quadranten in Abb. 11a. Die gestrichelte Transformationskurve zeigt die inländischen Produktionsmöglichkeiten an. Der Tangentialpunkt der Transformationskurve mit einer kollektiven Indifferenzkurve (J1) gibt dabei an, welche Güterkombination im Zustand der Autarkie im Inland produziert und konsumiert wird. Berücksichtigen wir den Außenhandel, so können im Inland mehr Güter konsumiert als produziert werden, da ein Teil der im Inland konsumierten Güter importiert wird. Auf der anderen Seite kann der inländische Konsum geringer ausfallen als die inländische Produktion, da ein Teil der im Inland produzierten Güter exportiert wird.

Man kann diesen Zusammenhang graphisch verdeutlichen, indem man den Produktionsblock – die Transformationskurve – so parallel zu den Koordinaten verschiebt, daß der ursprüngliche Nullpunkt in die Quadranten 1 oder 3 verschoben wird. Die Koordinaten dieses verschobenen Punktes zeigen dann den Umfang der Exporte und Importe beider Güter. Dieser Punkt liegt im Quadranten 1, wenn Gut x_1 exportiert und Gut x_2 importiert wird, hingegen im Quadranten 3, wenn Gut x_1 importiert und Gut x_2 exportiert wird. Die Koordinaten der auf dem inländischen Produktionsblock liegenden Punkte im Quadranten 2 zeigen an, welche Gütermengen von x_1 und x_2 unter Berücksichtigung des Außenhandels im Inland sowohl angeboten wie auch konsumiert werden können.

Man kann nun in die Quadranten 1 und 3 sogenannte **Handelsindifferenzkurven** einzeichnen. Eine Handelsindifferenzkurve ist hierbei als der geometrische Ort aller Kombinationen von Import- und Exportgütern definiert, die einem Lande die gleiche Wohlfahrt stiften. Diese Kurven erhält man, indem man die Produktionsblöcke entlang der einzelnen nationalen kollektiven Indifferenzkurven verschiebt. Die

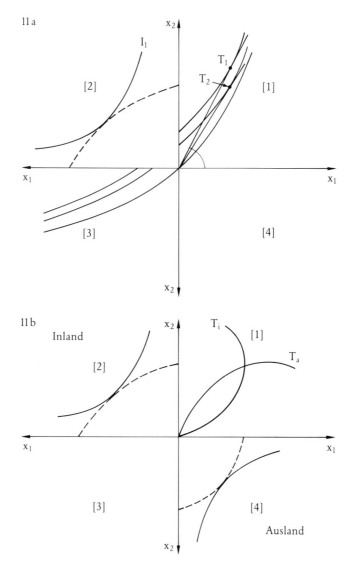

Abb. 11: Meade'sches Handelsoptimum

Handelsindifferenzkurven des Inlandes weisen zwar die gleiche Neigungsrichtung wie die inländischen kollektiven Indifferenzkurven auf. Sie sind aber im allgemeinen wegen der konkaven Krümmung des Produktionsblockes schwächer als diese gekrümmt.

Unterstellen wir nun ein exogen vorgegebenes Preisverhältnis der Import- und Exportgüter. Dieses Preisverhältnis wird auch als terms of trade – reales Tauschverhältnis – bezeichnet und gibt an, wieviel Exportgütereinheiten für eine Importgütereinheit getauscht werden. Die terms of trade werden in Abb. 11 a durch einen Fahrstrahl durch den Ursprung des Quadranten 1 wiedergegeben. Verändern sich die terms of trade, dann verändert sich der Winkel dieses Fahrstrahles so, daß bei einer Verbesserung der inländischen terms of trade – es müssen weniger Exportgüter für eine Importgütereinheit angeboten werden – der Winkel dieses Fahrstrahles ansteigt.

Sind die terms of trade vorgegeben, so gibt der Berührungspunkt dieses Fahrstrahles mit einer inländischen Handelsindifferenzkurve an, welche Gütermengen ex- und importiert werden. Bildet man nun für jeden denkbaren Wert der terms of trade einen alternativen Fahrstrahl und verbindet alle Berührungspunkte $T_1, T_2 \ldots$ dieser terms-of-trade-Linien mit den Handelsindifferenzkurven, erhält man die bereits von *A. Marshall* eingeführte inländische **Tauschkurve**. Diese gibt an, wieviel Gütermengen bei alternativen terms of trade für den Export angeboten und für den Import nachgefragt werden. Unterstellen wir normale Verläufe der Transformationskurve und der kollektiven Indifferenzkurven, weist die inländische Tauschkurve T_i die in Abb. 11 b gezeichnete Krümmung auf.

Analog hierzu können wir nun auch für das Ausland eine Tauschkurve entwickeln: Wir gehen hierzu von dem Quadranten 4 aus, in den wir die ausländischen Produktionsblöcke und kollektiven Indifferenzkurven einzeichnen, ermitteln daraus die ausländischen Handelsindifferenzkurven und aus diesen schließlich die ausländische Tauschkurve T_a. Bei normaler Krümmung der Tauschkurven ergibt sich nur ein einziger Schnittpunkt zwischen der in- und ausländischen Tauschkurve. Dieser Schnittpunkt gibt nicht nur an, bei welchen terms of trade ein Gleichgewicht erreicht wird, sondern auch welche Gütermengen exportiert und importiert werden. Die Meade'sche Graphik läßt erkennen, wie sich die terms of trade, sowie die Export- und Importgütermengen verändern, wenn es in der Bedarfsstruktur oder in den Produktionsverhältnissen des In- oder Auslandes zu Veränderungen kommt.

Die Meade'sche Darstellungsweise erlaubt folgende Schlußfolgerungen:

a) Ein internationaler Handel ist nur dann vorteilhaft, wenn sich die Preisverhältnisse bei Autarkie von Land zu Land unterscheiden. Je stärker diese Unterschiede sind, um so intensiver wird die internationale Arbeitsteilung sein und um so größer wird auch der Wohlfahrtsgewinn sein, der durch die internationale Arbeitsteilung entsteht.

b) Internationale Preisunterschiede ergeben sich nicht nur aufgrund von Produktions- und Kostenunterschieden, sondern auch wegen Unterschieden in der Bedarfsstruktur. Es ist daher durchaus möglich, daß zwei Länder unterschiedliche Produktionsstrukturen aufweisen und trotzdem gleiche Preisverhältnisse haben, da die Unterschiede in der Produktionsstruktur durch Unterschiede in der Bedarfsstruktur gerade kompensiert werden. Andererseits kann sich ein internationaler Handel aber auch dann volkswirtschaftlich lohnen, wenn gleiche Produktionsstrukturen, aber unterschiedliche Präferenzen vorliegen.

c) Im allgemeinen kann man davon ausgehen, daß ein freier, unbehinderter internationaler Handel mit Gütern aber zunehmend auch mit Dienstleistungen für alle beteiligten Volkswirtschaften gegenüber dem Zustand der Autarkie von Vorteil ist. Die Wohlfahrt der Volkswirtschaften, die in die internationale Arbeitsteilung eingebunden sind, erhöht sich.

d) Obwohl im allgemeinen der internationale Handel gegenüber dem Autarkiezustand für alle Länder Wohlfahrtsgewinne bringt, kann ein einzelnes Land seine nationale Wohlfahrt um ein weiteres steigern, wenn es den Außenhandel teilweise beschränkt, indem es beispielsweise tarifäre Handelshemmnisse einführt. Wenn aber das Ausland auf diese Zollpolitik ebenfalls mit der Einführung oder Erhöhung tarifärer Handelshemmnisse – damit muß langfristig fast immer gerechnet werden – reagiert, so werden die anfänglichen Vorteile in der Regel kompensiert bzw. überkompensiert. Damit steht aber zu befürchten, daß sich möglicherweise alle beteiligten Volkswirtschaften schlechter stellen.

7.4 Die Theorie des Zweitbesten

Die Wohlfahrtstheorie will zunächst die Frage beantworten, welche wirtschaftliche Entscheidung die bestmögliche Lösung garantiert. Man spricht in diesem Zusammenhang vom optimum optimorum. In der Realität läßt sich allerdings dieses optimum optimorum oft nicht verwirklichen. Man gibt sich dann mit einer zweit- oder sogar drittbesten Lösung zufrieden.

Nun muß man sich zunächst darüber klar werden, daß auch das in der traditionellen Wohlfahrtstheorie definierte optimum optimorum keinesfalls eine **utopische,** nicht zu realisierende Lösung darstellt. Man spricht ja auch nicht von der denkbar besten, sondern von der bestmöglichen Lösung. Dies wir an einem Beispiel deutlich. Es gehe um die erwünschte Kombination zweier Güter x1 und x2. In einem Diagramm, auf dessen Achsen wir die gewählten Mengen dieser beiden Güter abtragen, stellt jeder Punkt eine denkbare Lösung dar. Je weiter der Punkt vom Koordinaten-Ursprung entfernt ist, umso größer ist die Wohlfahrt, die diese Kombination herbeiführt.

Die traditionelle Wohlfahrtstheorie führt durch die sogenannte **Möglichkeitskurve** – Transformationskurve – eine Begrenzung ein. Damit sind aber nur noch die Kombinationen möglich, die auf oder unterhalb dieser Möglichkeitskurve (Linie AB) liegen. Der Tangentialpunkt (P) zwischen der Möglichkeitskurve und einer Indifferenzkurve (Ji) zeigt das optimum optimorum an. Diese Kombination ist nur unter den möglichen Lösungen die beste. Sie gilt somit stets auch als möglich.

Man muß sich allerdings fragen, warum es überhaupt der Konstruktion des Zweitbesten bedarf, wenn das optimum optimorum bereits als eine stets mögliche Lösung angesehen wird. Die Antwort liegt in dem Hinweis, daß bei der Frage nach dem optimum optimorum lediglich nach Begrenzungen gefragt wird, die durch die jeweilige **Technik** gegeben sind. **Politische Begrenzungen** werden bei dieser Fragestellung außer acht gelassen. Will man hingegen zum Ausdruck bringen, daß aufgrund politischer Zusammenhänge die technisch beste Lösung nicht realisiert werden kann, spricht man vom Zweitbesten. In unseren wohlfahrtstheoretischen Modellen läßt sich somit die zweitbeste Lösung (Punkt R) einfach dadurch darstellen, daß wir neben der Schar kollektiver **Indifferenzkurven** (Ji), welche die Präferenzen der Individuen widerspiegeln, sowie der **Transformationskurve** (Linie AB), welche die technisch vorgegebenen Grenzen absteckt, noch eine dritte Beziehung eintragen, die sich auf weitere, **politisch herbeigeführte Begrenzungen** (Linie CD) bezieht.

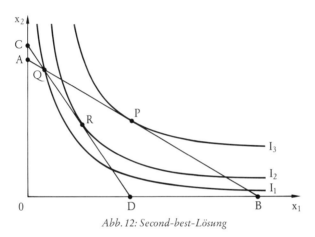

Abb. 12: Second-best-Lösung

Eines der sicherlich wichtigsten Ergebnisse der Theorie des Zweitbesten besteht darin, daß bei **partiellen Lösungen** das optimum optimorum nicht mehr in jedem Falle erreichbar ist, sofern bei anderen partiellen Lösungen nur eine zweitbeste Lösung realisiert werden konnte. Diese Aussage läßt sich anhand der Marktformenlehre verdeutlichen. Es ist unbestritten, daß eine maximale Wohlfahrt normalerweise nur dann realisiert werden kann, wenn auf allen Märkten auch Wettbewerb herrscht. Entsteht auf den Märkten aber Marktmacht, dann werden die relativen Preise verzerrt, die Allokation verändert und damit die Wohlfahrt verringert. Diese Schlußfolgerung gilt aber vor allem dann nicht mehr ohne weiteres, wenn wir berücksichtigen, daß einzelne Teilmärkte bereits vermachtet sind.

Betrachten wir eine Volkswirtschaft, die aus einem bereits vermachteten Bereich (A) und aus einem Bereich (B) bestehe, in dem noch vollkommener Wettbewerb herrsche. Wir können erwarten, daß ein Abbau der Marktmacht im Bereich (A) ceteris paribus zu Wohlfahrtsgewinnen führt. Wir wollen aber in unserem Beispiel unterstellen, daß es aus politischen Gründen nicht möglich sei, auch Wettbewerb im Bereich (A) zuzulassen. Damit steht aber die Frage zur Diskussion, ob die Wohlfahrt weiter zurückgehe, wenn wir auch den Bereich (B) vermachten.

Die Theorie des Zweitbesten kommt nun zu dem Ergebnis, daß durch die Schaffung von Marktmacht im Bereich (B) zunächst und partiell die Gesamtwohlfahrt ansteigt, obwohl generell davon ausgegangen wird, daß vermachtete Märkte wohlfahrtsmindernd wirken. Die Wohlfahrtssteigerung bei Vermachtung des Bereiches (B) kommt in diesem Beispiel dadurch zustande, weil im Ausgangszustand wegen partiell vermachteter Märkte die relativen Preise bereits zugunsten des Preises im Bereich (A) verzerrt sind und nun – bei einer durch die Vermachtung bedingten Anhebung des Preises im Bereich (B) – das Preisverhältnis entzerrt wird und sich den Knappheitsverhältnissen annähern, die bei vollkommenem Wettbewerb herrschen. Damit führt aber die Vermachtung des Bereiches (B) zu einer Reallokation zugunsten des Bereiches (A) und zu einer Allokation der Ressourcen, die sich der bei vollkommener Konkurrenz in beiden Bereichen nähert.

Es handelt sich hierbei aber nur um eine zweitbeste Lösung. Wettbewerbliche Verhältnisse in beiden Bereichen wären der zweitbesten Lösung eindeutig überlegen, da von der Konkurrenz nicht nur eine bedarfsadäquate Aufteilung der Ressourcen zu erwarten ist, sondern auch Anreize zur Kostensenkung ausgehen. Wenn aber wettbewerbliche Verhältnisse auf den Märkten im Bereich (A) aus politischen Gründen nicht möglich sind, bringt die Vermachtung auch des Bereiches (B) zumindest den Vorteil einer bedarfsadäquaten Allokation. Anders formuliert: Können eine oder mehrere Optimumsbedingungen in einem bestimmten Bereich etwa wegen institutioneller Hindernisse nicht erfüllt werden, ist es im allgemeinen nicht erforderlich, auf eine Erfüllung der Optimumbedingungen in anderen Bereichen zu bestehen.

Der eigentliche Grund, weshalb hier entgegen der allgemein akzeptierten These von der Vorteilhaftigkeit des Wettbewerbes davon gesprochen wird, wonach partiell eine Beschränkung des Wettbewerbs wohlfahrtssteigernd wirke, besteht darin, daß die Allokation der Ressourcen weniger vom **Niveau**, sondern vom **Verhältnis der Monopolisierungsgrade** in den einzelnen Bereichen gesteuert wird. Das Monopolisierungsniveau der gesamten Volkswirtschaft entscheidet darüber, inwieweit Leistungsanreize entfaltet werden. Es steuert vorwiegend die dynamischen Kräfte. Das Verhältnis der Monopolisierungsgrade untereinander bestimmt hingegen die Preisverhältnisse und damit die Allokation. Es handelt sich hierbei also vorwiegend um ein statisches Problem. Je stärker nun aber die **dynamischen** Kräfte die statischen Aspekte überlagern, desto weniger positiv sind die aus der Theorie des Zweitbesten abgeleiteten Ergebnisse vermachteter Märkte. Es kann somit durchaus sinnvoll sein, trotz partieller Vorteile, die enstehen, wenn man auch den Bereich (B) vermachtet, dennoch auch in diesem Bereich an wettbewerblichen Verhältnissen festzuhalten, da man den vom Wettbewerb ausgehenden dynamischen Effekten die wesentlich größere Wohlfahrtswirkung beimißt.

Daneben gilt es aber auch zu bedenken, daß die aus der Reallokation erwachsenden Vorteile einer Monopolisierung nur dann zutreffen, wenn die Monopolisierungsgrade beider Bereiche einander angenähert werden. Es wäre durchaus denkbar, daß die Zulassung von Wettbewerbsbeschränkungen im Bereich (B) dazu führen könnte, daß der Monopolisierungsgrad hier nun weit über den des Bereiches (A) ansteigt, mit der Folge, daß die Allokation der Ressourcen zwar nun gegenüber dem Ausgangszustand verschoben wurde, aber in eine Richtung, die dem generellen Wettbewerbszustand noch weniger entspricht als im Ausgangszustand.

7.41 Beispiel: Deutsche Währungsunion als second best-Lösung

Einer der ersten Schritte zur Wiedervereinigung Deutschlands im Jahre 1990 bestand darin, eine Währungsunion für beide deutschen Staaten zu schaffen. Im 1. Staatsvertrag vom 18. Mai 1990 wurde vereinbart, das westdeutsche Wirtschafts-, Währungs- und Sozialsystem zum 1. Juli 1990 auf die noch bestehende DDR zu übertragen. Der 2. Staatsvertrag – Einigungsvertrag – vom 31. August 1990 führte schließlich am 3. Oktober 1990 zur staatlichen Einheit – Wiedervereinigung – Deutschlands. Mit dem Wirksamwerden des Beitritts der DDR zur Bundesrepublik Deutschland am 3. Oktober 1990 wurde auch das Grundgesetz und grundsätzlich das gesamte Rechtssystem der Bundesrepublik in den fünf neuen Ländern und Ostberlin gültig.

Mit der deutsch-deutschen Währungsunion wurde die DM die einheitliche Währung für beide Staaten. Die gemeinsame Kontrolle über das Geldangebot wurde der Deutschen Bundesbank übertragen. Diese Entscheidung für eine Währungsunion gleich zu Beginn des Prozesses der Wiedervereinigung wurde vorwiegend aus politischen Gründen getroffen. Aus wirtschaftlicher Sicht allein war sie sicherlich keine bestmögliche, sondern allenfalls eine second best-Lösung.

Die Einführung einer solchen Währungsunion für zwei bisher getrennte Volkswirtschaften ist an gewisse Voraussetzungen gebunden, die im Jahre 1990 nicht gegeben waren.

1) Eine erste wichtige Voraussetzung ist erfüllt, wenn sich zwei ähnlich **homogene** Volkswirtschaften zusammentun. Dies gilt nicht nur für das bisher schon erreichte **Wohlfahrtsniveau,** sowie die **Bedarfs- und Produktionsstruktur,** sondern auch für die Ziele und Instrumente der nationalen Wirtschaftspolitiken. Je weiter das Wohlfahrtsniveau in beiden Teilbereichen auseinander klafft und je stärker sich die Bedarfs- und Produktionsstrukturen unterscheiden, um so größer sind die Schwierigkeiten, die sich daraus ergeben, daß diese Differenzen auch unterschiedliche Lohn- und Preisverhältnisse notwendig machen, das einheitliche Wirtschaftsgebiet aber eine Angleichung der Löhne und Preise in beiden Teilbereichen erzwingt.

Verfolgen die Regierungen **unterschiedliche wirtschaftspolitische Ziele,** wird es schwierig, inflationäre Entwicklungen zu unterbinden oder unterbeschäftigte Produktionsfaktoren zu verhindern. Ein Inflationsimport oder Arbeitslosigkeit in beiden Teilgebieten kann nur vermieden werden, wenn die Wirtschaftspolitiken aufeinander abgestimmt werden können. Es war insofern sicherlich von Vorteil, daß die politische Einigung bereits wenige Monate, nachdem man die Währungsunion geschaffen hatte, eingeführt werden mußte. Auf diese Weise hielt man den eingetretenen Schaden so gering wie möglich.

Es kann nun aber kein Zweifel daran bestehen, daß diese Homogenitätsbedingungen bei der Einführung der deutsch-deutschen Währungsunion nicht gegeben waren. Die Einführung einer solchen Währungsunion war insofern sicherlich keine optimale wirtschaftliche Lösung.

2) Die Einführung einer Währungsunion setzt weiter voraus, daß sowohl die umlaufende Geldmenge als auch die Geldnachfrage einigermaßen bekannt ist. Auch in

einer Währungsunion kann das Ziel der Preisniveaustabilität nur erreicht werden, wenn die umlaufende Geldmenge nicht zu Nachfrageüberhängen auf den Gütermärkten beiträgt. Zu Beginn der deutsch-deutschen Währungsunion war aber den geldpolitisch Verantwortlichen weder bekannt, wie groß die umlaufende Geldmenge in der ehemaligen DDR war, noch wieviel Geld in der Anfangsphase in diesem Währungsgebiet aus Gründen der Kassenhaltung nachgefragt wird. Diese Probleme wurden noch dadurch erschwert, daß aus sozialpolitischen Gründen ganz bestimmte Umtauschkurse – von DDR-Mark in DM – eingehalten werden mußten, die aber keineswegs den geldpolitischen Erfordernissen entsprachen, um Geldwertstabilität zu garantieren.

3) Eine dritte Schwierigkeit stellte sich ein, weil man den Prozeß der wirtschaftlichen Integration mit einer Währungsunion begann. Damit begab man sich der Möglichkeit, notwendige Korrekturen über den nominellen Wechselkurs anzubringen, wenn sich herausstellen sollte, daß man von falschen wirtschaftlichen Anfangsdaten ausging. Schafft man aber eine Währungsunion mit einer einheitlichen Währung, kann der nominelle Wechselkurs nicht mehr helfen, falsch eingeschätzte wirtschaftliche Gegebenheiten und divergierende wirtschaftliche Entwicklungen zumindest teilweise zu korrigieren.

Ganz im Gegensatz zu einem System fester, aber anpassungsfähiger nomineller Wechselkurse, das als Alternative zu einer Währungsunion möglich gewesen wäre, können wirtschaftspolitische Fehler hier nicht mehr bereinigt werden, indem man die Umtauschverhältnisse der Währungen – Wechselkurse – nachträglich der gewandelten Situation anpasst. Es ist immerhin bezeichnend, daß im Europäischen Währungssystem (EWS) bisher (August 1992) immerhin 12 Korrekturen – Realignments – der Währungsparitäten notwendig waren, obwohl die in diesem System zusammengeschlossenen Länder einen wesentlich höheren Grad an wirtschaftlicher Homogenität aufweisen als die beiden deutschen Staaten. Dieser Umstand zeigt deutlich, daß die deutsche Währungsunion aus wirtschaftlicher Sicht keine optimale Lösung darstellte und insofern allenfalls als second best-Lösung eingestuft werden kann.

7.5 Die Kompensationskriterien

Weil der Versuch, im Rahmen der Wohlfahrtsökonomik das Wohlfahrtsoptimum zu bestimmen, in der Realität zumeist daran scheitern muß, daß die Konstruktion einer kollektiven Indifferenzkurve nicht möglich ist und sich deshalb die traditionelle Wohlfahrtsökonomik darauf beschränken muß, Bewegungen in Richtung auf eine Transformationskurve als wohlfahrtssteigernd zu bezeichnen, wurde beispielsweise von *N. Kaldor* und *J. R. Hicks* der Versuch unternommen, den Anwendungsbereich des Paretokriteriums auszuweiten. Damit sollte die Hauptkritik am Paretokriterium entkräftet werden, wonach bei fast allen zur Diskussion stehenden wirtschaftspolitischen Maßnahmen nicht nur Individuen benannt werden können, die Vorteile erfahren, sondern auch solche, die Nachteile erleiden.

Nach *Kaldor* und *Hicks* können auch dann Maßnahmen als wohlfahrtssteigernd eingestuft werden, wenn sie einzelne Individuen benachteiligen, sofern der Vorteil, den andere Individuen erfahren, so groß ist, daß die „Gewinner" die „Verlierer" voll entschädigen können und trotzdem im Endergebnis einen Nettogewinn erzielen (*Kaldor-Hicks*-Kriterium). *Kaldor* und *Hicks* verlangen lediglich, daß eine solche nachträgliche Kompensation **möglich** ist, nicht daß sie unbedingt durchgeführt wird, da stets damit gerechnet werden muß, daß bestimmte Umverteilungseffekte durchaus erwünscht sind. Da dies aber eine normative, wissenschaftlich nicht entscheidbare Frage darstelle, müsse offen gelassen werden, ob eine solche Kompensation durchgeführt werden soll oder nicht.

Dieser *Kaldor-Hicks*-Test läßt sich anhand von **Nutzenmöglichkeitskurven** vornehmen. Eine solche Nutzenmöglichkeitskurve gibt darüber Auskunft, wie sich der Nutzen eines bestimmten Güterbündels auf die einzelnen Individuen aufteilen läßt. Wir tragen hierzu in einem Zwei-Personen-Modell in einem Diagramm auf der Ordinate den Nutzen des Individuums 1 und auf der Abszisse den des Individuums 2 ab. Im allgemeinen kann man davon ausgehen, daß eine solche Nutzenmöglichkeitskurve (WW' bzw. W₀W'₀) negativ geneigt verläuft: Je mehr Nutzen dem Individuum 1 zufließt, um so geringer ist im allgemeinen der Nutzen, den das Individuum 2 erfährt.

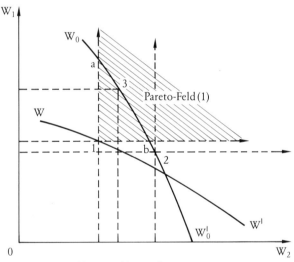

Abb. 13: Kaldor-Hicks-Kompensation

Wir gehen nun davon aus, daß auf einer bestehenden Nutzenmöglichkeitskurve (WW') der Punkt 1 realisiert sei. Zur Diskussion stünde eine Maßnahme, aufgrund derer eine neue Technik angewandt werden könne und durch die eine neue Nutzenmöglichkeitskurve (W₀W₀') realisiert werde. Die neue Nutzenmöglichkeitskurve schneide die bisherige Kurve im Punkt 2. Die Nutzenverteilung liege nun aber zunächst bei Punkt b.

Da der nun realisierte Punkt b bei einem geringeren Nutzen für Individuum 1 liegt, erfüllt diese Maßnahme nicht das *Pareto*kriterium. Trotzdem kann durch eine Kompensation – eine Entschädigung des Individuums 1 – eine Nutzenkombination (z.B.

der Punkt 3) erreicht werden, die beiden Individuen einen Nutzenzuwachs in Aussicht stellt und deshalb nachträglich dem *Pareto*kriterium entspricht. In diesem Falle wäre der *Kaldor-Hicks*-Test erfüllt, die Maßnahme, die vom Punkt 1 zu Punkt b führt, könnte also als wohlfahrtssteigernd eingestuft werden.

T. Scitovsky hat nun nachgewiesen, daß das *Kaldor-Hicks-Kriterium* zu Widersprüchen führt. Es gebe nämlich Situationen, bei denen zwar eine Reformmaßnahme Kompensationen im Sinne von *Kaldor-Hicks* ermöglicht, bei denen aber auch das Rückgängigmachen dieser Reformmaßnahme solche Kompensationen möglich macht. *Scitovsky* hat deshalb verlangt, nur solche Maßnahmen als wohlfahrtssteigernd anzusehen, bei denen dieser beschriebene Widerspruch nicht auftritt.

Dieser von *Scitovsky* behauptete mögliche Widerspruch bei der Anwendung des *Kaldor-Hicks*-Kriteriums läßt sich wiederum anhand von Nutzenmöglichkeitskurven darstellen. Gehen wir hierzu von Abb. 14 aus. Ausgangspunkt sei wiederum Punkt 1, aufgrund der diskutierten Maßnahme sei jedoch eine Nutzenverteilung auf einer neuen Nutzenmöglichkeitskurve (WoWo') im Punkt 2 zu erwarten. Wiederum ist eine Kompensation durch Bewegung entlang der neuen Nutzenmöglichkeitskurve (WoWo') zum Punkt 3 möglich, der beide Individuen gegenüber dem Ausgangspunkt besser stellt. Also wäre auch hier das *Kaldor-Hicks*-Kriterium erfüllt.

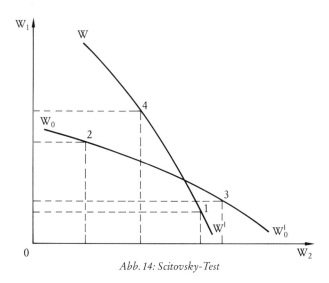

Abb. 14: Scitovsky-Test

Trotzdem kann man zeigen, daß hier ein Widerspruch vorliegt. Wenn wir nämlich die diskutierte Maßnahme wieder rückgängig machen würden, wir uns also von Punkt 2 wieder zum Ausgangspunkt 1 zurück bewegten, so müßte dieser Schritt wiederum nach *Kaldor-Hicks* als wohlfahrtssteigernd eingestuft werden, da es auch hierzu eine Kompensation gibt – eine Bewegung entlang der ursprünglichen Nutzenmöglichkeitskurve (WW') zum Punkt 4 –, der wiederum beiden Individuen Nutzenzuwächse gegenüber Punkt 2 verspricht.

Dieses Ergebnis ist allerdings widersprüchlich: Es kann nicht gleichzeitig gelten, daß die Einführung einer Maßnahme und das darauf folgende Rückgängigmachen dieser Maßnahme für beide Individuen Nutzenzuwächse auslöst. Diese Maßnahme würde also den Scitovsky-Test nicht erfüllen, obwohl sie den *Kaldor-Hicks*-Test entspricht.

Beim ersten Beispiel hingegen hatten wir eine Maßnahme besprochen, die offensichtlich auch dem *Scitovsky*-Test widersteht, da bei Rückgängigmachen dieser Maßnahme keine Kompensation (kein Punkt auf der bisherigen Nutzenmöglichkeitskurve) gefunden werden kann, der beide Individuen besser stellt als nach Einführung der Maßnahme.

Ein Blick auf die beiden Diagramme läßt erkennen, wann die von *Scitovsky* formulierte Kritik zutrifft. Gehen wir hierzu vom Schnittpunkt beider Nutzenmöglichkeitskurve aus. Liegen beide kritische Kombinationen 1 und 2 diesseits oder beide jenseits dieses Schnittpunktes ist auch der *Scitovsky*-Test erfüllt. Liegt jedoch eine der Kombinationen diesseits, die andere jedoch jenseits des Schnittpunktes, ergibt sich der von *Scitovsky* dargestellte Widerspruch.

In der Folgezeit konnte *W. M Gorman* nachweisen, daß dann, wenn man mehr als zwei politische Maßnahmen berücksichtigt, immer ein logischer Widerspruch möglich ist. Damit können im Grunde genommen nur noch diejenigen Maßnahmen stets als wohlfahrtssteigernd angesehen werden, die auch nach dem ursprünglichen *Pareto*kriterium als wohlfahrtssteigernd eingestuft wurden. Wenn dies richtig ist, dann bleibt aber die Kritik an der traditionellen Wohlfahrtsökonomik wegen ihres stark begrenzten Anwendungsbereiches voll erhalten.

7.51 Beispiel: Enteignungen im Zusammenhang mit dem Straßenbau

Wir wollen die praktische Bedeutung der verschiedenen Kompensationskriterien beispielhaft anhand einer Enteignung verdeutlichen, wie sie im Zusammenhang mit dem Straßenbau immer wieder auftritt. Dabei wollen wir davon ausgehen, daß eine Gemeinde eine neue Straße bauen möchte, sie aber zunächst nicht über alle Grundstücke verfüge, die auf der geplanten Straßentrasse liegen und benötigt werden, um diese Straße zu errichten.

Die Gemeinde wird sich zunächst darum bemühen, die benötigten Grundstücke auf dem freien Markt zu erwerben. Für den Fall allerdings, daß die Eigentümer dieser Grundstücke nicht bereit sind, den Grund und Boden freiwillig an die Gemeinde zu verkaufen, wird der Gemeinde in unserer Gesellschaft grundsätzlich die Möglichkeit eingeräumt, die Eigentümer der fraglichen Grundstücke zu enteignen. Die Verfassung verlangt allerdings eine materielle Entschädigung, die dem gegenwärtigen Marktwert dieser Grundstücke entspricht.

Diese Entschädigungssumme kann als eine Kompensation aufgefaßt werden. Eine Enteignung ist dann angezeigt, wenn der Nutzen, den die Gemeinschaft durch die Errichtung der neuen Straßen erfährt, höher eingeschätzt wird als der Schaden, den die bisherigen Eigentümer erleiden, weil sie diese Grundstücke aufgeben müssen. Der Umstand, daß die betroffenen Eigentümer nicht freiwillig bereit sind, das Grundstück zu verkaufen, deutet daraufhin, daß sie mit der Hergabe des Grundstückes einen höheren Nutzenentgang verbinden als Nutzenzuwächse aufgrund des Verkaufserlöses erwartet werden können.

Das Paretokriterium in seiner ursprünglichen Form wäre somit aber nicht erfüllt. Die bisherigen Eigentümer der fraglichen Grundstücke erleiden Nutzenentgänge, da die Grundstücke nicht mehr wie bisher gewinnbringend eingesetzt werden können. Trotzdem kann die Errichtung der Straße entsprechend dem *Kaldor-Hicks*-Kriterium als wohlfahrtssteigernd beurteilt werden, sofern die Gemeinden Entschädigungssummen aufwenden müssen, die unterhalb des erwarteten kollektiven Nutzens der Straße bleiben.

Die Frage, wann hier ein Widerspruch im Sinne von *T. Scitovsky* zu erwarten wäre, ist allerdings schwieriger zu beantworten. Die ehemaligen Grundstückseigentümer müßten hierzu nicht nur in der Lage, sondern auch willens sein, durch Zahlung von Geldern an die Gemeindeverwaltung diese davon zu überzeugen, daß die Gemeinde aufgrund dieser Bestechungsgelder einen höheren kollektiven Nutzen erfährt als in dem Falle, in dem die Straße gebaut würde. Im allgemeinen scheitert ein solches Verfahren schon daran, daß ein solcher Versuch in unserem Rechtssystem als eine rechtswidrige Bestechung angesehen würde.

Zwar wäre der Tatbestand der Bestechung nur dann erfüllt, wenn die Vertreter der Gemeinde diese Geldsummen für private Zwecke einsetzen würden. In diesem Beispiel wurde aber unterstellt, daß die Geldsumme für kollektive Zwecke eingesetzt wird. Trotzdem gilt ein solches „log rolling" im allgemeinen als verpönt, da nach allgemeinen politisch-moralischen Vorstellungen kollektive Entscheidungen nicht mit Geld erkauft oder verhindert werden dürfen.

7.6 Die Cost-benefit-Analyse

Einen etwas anderen Weg, wirtschaftspolitische Maßnahmen zu beurteilen, wählte man im Rahmen der Cost-benefit-Analyse. Ausgangspunkt ist das Bemühen, auch für den politischen Bereich ein ähnlich einfaches Instrument zur Beurteilung alternativer Maßnahmen zu schaffen, wie es den Unternehmungen in der Aufwands-Ertragsrechnung zur Verfügung steht. Das marktwirtschaftliche System zeichnet sich dadurch aus, daß alle relevanten Größen in Geldeinheiten erfaßt und damit homogenisiert werden können. Es ist also möglich, den gesamten wirtschaftlichen Nachteil als Aufwand und die gesamten wirtschaftlichen Vorteile als Erträge in Geldgrößen auszuweisen.

Damit kann durch eine Aufrechnung – Saldierung – von Erträgen und Aufwendungen eindeutig bestimmt werden, ob eine Entscheidung per saldo einen Nettovorteil oder Nettoverlust erwarten läßt. Der Politiker steht demgegenüber bei seinen Entscheidungen vor einem sehr viel schwierigeren Problem, da der größte Teil der Auswirkungen einer Maßnahme **immaterieller** Natur ist, oftmals noch nicht einmal quantifiziert werden kann, auf jeden Fall aber nicht allein in Geldgrößen meßbar ist. Die Anhänger einer Cost-benefit-Analyse sind nun der Meinung, daß trotz dieser Schwierigkeiten auch im politischen Entscheidungsprozeß ein den Unternehmungsrechnungen vergleichbares Feststellungsverfahren möglich sei, mit dem die Vorteilhaftigkeit einer politischen Maßnahme geprüft werden könne.

Auch bei politischen Maßnahmen müsse man davon ausgehen, daß ein Teil der Auswirkungen der zur Diskussion stehenden Maßnahmen positiv, ein anderer Teil dieser Auswirkungen negativ bewertet wird. Damit gebe es aber auch im Bereich der politischen Entscheidung Auswirkungen, die dem Aufwand und den Erträgen in Unternehmungen vergleichbar seien. Es sei gegenüber der üblichen Vorgehensweise in der praktischen Politik bereits ein Fortschritt darin zu sehen, wenn sich die Politiker **vor** ihrer Entscheidung darüber klar werden:
a) welche Auswirkungen überhaupt von einer bestimmten Maßnahme erwartet werden können,
b) welche dieser Auswirkungen negativ, welche positiv bewertet werden müssen,
c) welches quantitative Ausmaß die einzelnen Auswirkungen erreichen werden und
d) welche der Auswirkungen in Geldgrößen dargestellt werden können.

Auf diese Weise ließen sich die erwarteten Auswirkungen einer Maßnahme bilanziell erfassen und gegenüberstellen. Es sei auch möglich, die in Geldgrößen erfaßbaren Auswirkungen zu saldieren, so daß die Cost-benefit-Analyse einen in Geldgrößen ausgedrückten Nettogewinn- oder Nettoverlustposten ausweist und ihn den nicht in Geldgrößen faßbaren und deshalb zunächst nicht aufrechenbaren, positiv und negativ bewerteten Auswirkungen gegenüberstellt. Aufgabe des Politikers sei es schließlich, in einem Nutzenkalkül zu entscheiden, ob eine Aufrechnung der immateriellen Vor- und Nachteile mit den in Geldgrößen gefaßten Nettovorteilen oder Nettonachteilen per saldo eine Nettonutzensteigerung erwarten läßt.

Die Brauchbarkeit solcher Cost-benefit-Analysen ist häufig bezweifelt worden. An dieser Stelle sei lediglich darauf hingewiesen, daß eine derartige Analyse nur dann einen spürbaren Vorteil bringt, wenn ein Großteil der erwarteten Auswirkungen in Geldgrößen gefaßt werden kann. Überwiegen demgegenüber eher immaterielle Auswirkungen, dann besteht der Vorteil der Cost-benefit-Analyse allenfalls darin, daß sich die Politiker auf diese Weise eher als bisher vor ihrer Entscheidung aller voraussehbaren Auswirkungen klar werden.

Als nachteilig kann hingegen empfunden werden, daß auf diese Weise eine Vorteilhaftigkeit vorgetäuscht wird. Die Höhe der immateriellen Nutzen und Schäden kann nie eindeutig fixiert werden. Trotzdem verlangt dieses Verfahren eine Quantifizierung. Es besteht aber stets die Möglichkeit, die immateriellen Posten so anzusetzen, daß das gewünschte Ergebnis: die Ablehnung oder die Befürwortung unterstützt wird. In diesem Falle wird aber der Eindruck erweckt, als sei das Ergebnis objektiv nachweisbar, obwohl annahmegemäß letztlich eine subjektive Bewertung die Entscheidung herbeiführte.

7.61 Beispiel: Industrieansiedlung aufgrund einer Cost-benefit-Analyse

Wir wollen annehmen, daß eine Gemeinde versucht, Unternehmungen zur Ansiedlung zu bewegen, indem sie den Unternehmungen, die eine Ansiedlung von Zweigbetrieben beabsichtigen, finanzielle Anreize in Aussicht stellt. Im Rahmen einer Cost-benefit-Analyse sollte geklärt werden, ob dieses Projekt für die Gemeinde vorteilhaft sei.

Als erstes müßten die erwarteten materiellen Kosten geschätzt werden. Annahmegemäß sollen den Unternehmungen finanzielle Anreize gewährt werden, die sich für die Gemeinde als zusätzliche Kosten niederschlagen. So könnte beispielsweise einer Unternehmung ein Grundstück, das sich im Eigentum der Gemeinde befindet, unter Marktpreis angeboten werden. Hier müßte die Differenz zwischen Verkaufserlös und Marktpreis als Kosten in Rechnung gestellt werden.

Als weitere Kosten dieses Projektes müßten möglicherweise auch Ausgaben berücksichtigt werden, die getätigt werden, um den Unternehmungen und den dort beschäftigten Arbeitnehmern eine adäquate Infrastruktur zur Verfügung zu stellen. So könnte es beispielsweise notwendig werden, das Verkehrsnetz auszuweiten oder neue Schulen und Kindergärten zu errichten.

In ganz ähnlicher Weise müßten die erwarteten Erträge abgeschätzt werden. Man wird beispielsweise davon ausgehen können, daß neue Arbeitskräfte in die Gemeinde ziehen. Damit steigen aber nicht nur die Einkommen in der Gemeinde, ein Großteil des zusätzlichen Einkommens wird sicherlich in der Gemeinde selbst verausgabt. Damit erhöht sich aber auch das Aufkommen aus den Gemeindeertragssteuern.

Wenn man nun aber die erwarteten Kosten und Erträge gegenüberstellt, gilt es zumindest zweierlei zu beachten. Auf der einen Seite fallen die Kosten und Erträge zu unterschiedlichen Zeiten an. Die gemeindlichen Aktivitäten können als eine Investition angesehen werden. Investitionen zeichnen sich im allgemeinen dadurch aus, daß die Kosten zeitlich vor den Erträgen anfallen. Ein und dieselbe Geldsumme hat aber zu verschiedenen Zeitpunkten auch einen ganz unterschiedlichen Marktwert. Diese Schwierigkeiten lassen sich lösen, wenn man alle Ausgaben und Einnahmen auf einen Zeitpunkt (z.B. dem der Entscheidungsfindung) bezieht, in dem man jeweils den Gegenwartswert der einzelnen Geldbeträge für diesen einheitlichen Zeitpunkt berechnet. Der Gegenwartswert zukünftiger Geldbeträge wird hierbei dadurch bestimmt, daß diese Geldbeträge abdiskontiert werden.

Eine zweite Schwierigkeit stellt sich ein, weil es sich sowohl bei den Kosten als auch bei den Erträgen nur um erwartete Werte handelt. Die Gemeinde kann nicht eindeutig bestimmen, wie hoch die tatsächlichen Kosten und Erträge sein werden. Eine Korrektur erfolgt, indem die erwarteten Werte mit ihren Wahrscheinlichkeiten gewichtet werden. Es ist offensichtlich, daß gerade bei dieser Gewichtung stark subjektive Faktoren die endgültige Höhe der Wahrscheinlichkeitswerte bestimmen. Damit wird aber die These, daß es sich bei der Cost-benefit-Analyse um ein objektives Verfahren handelt, das von subjektiven Faktoren weitgehend frei ist, stark relativiert.

Noch größere Schwierigkeiten ergeben sich, wenn man die erwarteten **immateriellen** Nutzen und Schäden solcher Aktivitäten bestimmen will. In einem ersten Schritt muß überprüft werden, welche Arten von Nutzen und Schäden zu erwarten sind. So könnte ein erwarteter Schaden in den möglichen Umweltbelastungen liegen, die eine Industrieansiedlung mit sich bringt. Auf der anderen Seite könnte aber auch eine Nutzensteigerung eintreten, wenn im Zuge der Vergrößerung der Gemeinde der kulturelle Freizeitwert steigt. Für die einzelnen Arten der immateriellen Werte müssen Hilfsmaßstäbe gefunden werden, die den Umfang der Belastung bzw. Bereicherung messen helfen. So könnte etwa die Umweltbelastung am Ausstoß bestimmter Schadstoffe (z. B. von Kohlendioxid etc.) gemessen werden.

Daneben muß man sich aber auch darüber im klaren sein, daß im Verbund mit den immateriellen Faktoren für die Gemeinden gewisse zusätzliche materielle Folgekosten entstehen, die mit berücksichtigt werden müssen, wenn man die materiellen Größen bilanziell erfaßt. So macht es beispielsweise die möglicherweise steigende Belastung der Umwelt nach einer Ansiedlung neuer Industrien erforderlich, daß die Gemeinden in zunehmendem Maße auch Entsorgungsleistungen anbieten müssen.

Die Schwierigkeiten, auf die wir bei der Erfassung der materiellen Faktoren hingewiesen haben, entstehen in ähnlicher Form auch bei den immateriellen Faktoren. Auch bei den immateriellen Faktoren müssen die Kosten und Erträge auf einen bestimmten Zeitpunkt bezogen werden. Die politischen Entscheidungsträger werden die Kosten und Erträge, die in der Zukunft anfallen, weniger stark gewichten, da sie die Auswirkungen einzelner Maßnahmen vorwiegend daran messen, inwieweit sie die Wiederwahlchancen bei den nächsten Wahlen erhöhen. Es stehen somit in der Regel lediglich die Auswirkungen zur Diskussion, die sich noch in der laufenden Wahlperiode einstellen.

Diese Gefahr, daß externe Kosten und Erträge eine Rolle spielen, verstärkt sich noch, wenn man bedenkt, daß die Gemeindepolitiker nur die Kosten und Erträge in Rechnung stellen dürften, die den Gemeinden unmittelbar entstehen. Gerade im Zusammenhang mit Infrastrukturen und der Umweltbelastung werden aber auch die übergeordneten oder benachbarten öffentlichen Gebietskörperschaften – Kreise, Länder, Bund, Nachbargemeinden – tangiert. Aus gesamtwirtschaftlicher Sicht müßten aber auch diese Effekte bei der Entscheidung mit berücksichtigt werden. Im allgemeinen dürfte die Unsicherheit über den Umfang der zu erwarteten Auswirkungen bei den immateriellen Faktoren noch wesentlich größer sein als bei den rein materiellen Posten. Empirische Untersuchungen werden nämlich umso schwieriger, je weniger sich die Größen quantifizieren lassen und je mehr auf Hilfsmaßstäbe zurück gegriffen werden muß.

7.7 Das Rentenkonzept als Instrument des Wohlfahrtsvergleiches

Im Rahmen der älteren Wohlfahrtstheorie wurde das sogenannte Rentenkonzept entwickelt, das zwar – wie die Kritik gezeigt hat – methodische Mängel aufweist, das aber wegen seiner Unkompliziertheit besonders einfache Wohlfahrtsvergleiche zwischen einzelnen wirtschaftspolitischen Maßnahmen, aber auch zwischen verschiedenen Ordnungssystemen gestattet.

In der klassischen Theorie versteht man unter einer Rente zunächst das Einkommen, das die Bodenbesitzer wegen der Knappheit der Böden in Folge gestiegener Güterpreise erzielen. Später wurde dieser Begriff in mehrfacher Hinsicht ausgeweitet. So wurden die **Residualeinkommen** der Unternehmer als Renten aufgefaßt. Weiter wurde von *A. Marshall* der Begriff der **Konsumentenrente** eingeführt, wobei die Konsumentenrente an dem Geldbetrag gemessen wird, den der Konsument beim Kauf der Güter dadurch spart, daß er weniger zahlen muß, als er äußerstenfalls zu zahlen bereit gewesen wäre. Schließlich wurde der Rentenbegriff auch auf das Faktorangebot übertragen, wobei die **Faktorrente** durch die Differenz zwischen dem Faktorpreis bestimmt wird, den der einzelne Faktoranbieter mindestens erzielen muß, um durch das Angebot keinen Wohlfahrtsverlust zu erleiden, und dem höheren tatsächlich ausgezahlten Faktorpreis.

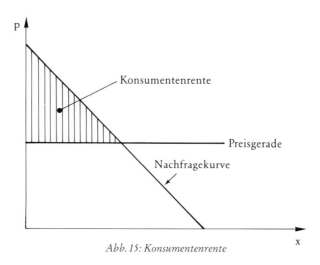

Abb. 15: Konsumentenrente

Die Konsumentenrente läßt sich durch die Fläche bestimmen, die unterhalb der Nachfragekurve, aber oberhalb der Preisgeraden liegt. Die individuelle Nachfragekurve gibt hierbei an, welchen Preis der einzelne Konsument äußerstenfalls zu zahlen bereit ist, während die Preisgerade angibt, welchen Geldbetrag der einzelne tatsächlich zu entrichten hat. Da aufgrund des Gesetzes vom abnehmenden Grenznutzen der Güter mit zunehmender Nachfrage der Preis zurückgeht, den der einzelne zu zahlen bereit ist, und da auf der anderen Seite jede Gütereinheit zum gleichen Preis angeboten wird (Gesetz der Preisunterschiedslosigkeit), erzielt der Konsument bei allen nachgefragten Gütern mit Ausnahme der zuletzt nachgefragten Gütereinheit eine Rente, die der bezeichneten Fläche entspricht.

In ähnlicher Weise bestimmt sich die Rente des Produzenten (des Anbieters von Gütern und Faktoren). Gehen wir vom Unternehmer als Anbieter von Gütern aus. Die Angebotskurve entspreche dem Verlauf der Grenzkostenkurve und gebe an, welche zusätzlichen Kosten bei Ausweitung des Angebotes um eine Einheit entstehen. Es wird unterstellt, daß die Grenzkosten mit zunehmendem Angebot ansteigen.

Gilt wieder das Gesetz der Preisunterschiedslosigkeit, so muß der Unternehmer für das zuletzt angebotene Gut zumindest einen Preis in Höhe der Grenzkosten erhalten, um überhaupt noch am Angebot dieser letzten Gütereinheit interessiert zu sein; das bedeutet jedoch bei gleichem Preis für alle Güter, das er für jede vorhergehende Gutseinheit einen Preis erzielt, der über den jeweiligen Grenzkosten liegt. Die Fläche zwischen der Grenzkostenkurve und der Preisgeraden gibt dementsprechend das Ausmaß der Produzentenrente (Gewinn) wieder.

7.7 Rentenkonzept als Instrument des Wohlfahrtsvergleiches

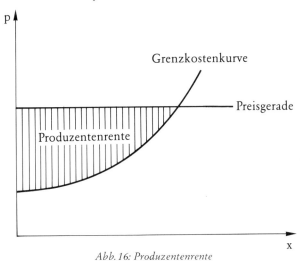

Abb. 16: Produzentenrente

Das Rentenkonzept gestattet nun, in einfacher Weise anzugeben, wie groß der Wohlfahrtsgewinn oder -verlust ist, wenn eine wirtschaftspolitische Maßnahme eingeführt wird. Man bestimmt in einem ersten Schritt, wie sich Angebot und Nachfrage aufgrund der politischen Maßnahme verändern und stellt dann in einem zweiten Schritt fest, wie hierdurch Konsumenten- und Produzentenrenten variiert wurden. Wenn die Summe beider Renten zugenommen hat, ist die Wohlfahrt der gesamten Bevölkerung gestiegen, ist sie geringer geworden, so ist die Wohlfahrt zurückgegangen.

Die methodischen Bedenken gegen dieses Instrument liegen insbesondere darin, daß sich dieses Instrument ohne Fehler nur anwenden läßt, wenn die Märkte nicht vermachtet sind, keine externen Effekte auftreten und nur marginal kleine Veränderungen zur Diskussion stehen. Die Indifferenzkurvenanalyse hat auch gezeigt, daß die Konsumentenrente nur sehr ungenau den Wohlfahrtsgewinn widerspiegelt, den der einzelne Konsument beim Kauf der Güter erzielt. Das Rentenkonzept stellt einen Versuch dar, Nutzenänderungen nicht nur kardinal zu messen, sondern auch interpersonell zu vergleichen. Wegen der genannten Kritikpunkte konnte es aber keine allgemeine Anerkennung finden.

7.71 Beispiel: Marktinterventionen versus Subventionen für die Landwirtschaft

Bekanntlich unterstützt der Staat – die Europäische Gemeinschaft – den Agrarsektor vor allem, indem er als Käufer von Agrarprodukten auftritt und den Landwirten zum Interventionspreis eine unbegrenzte Abnahmegarantie zusagt. Diese Maßnahme wird seit langem kritisiert. Es wird vorgeschlagen, die verteilungspolitischen Ziele über Subventionszahlungen zu realisieren. Wir wollen mit Hilfe des Rentenkonzeptes überprüfen, welches der beiden alternativen Instrumente – Intervention versus Subvention – eine höhere Wohlfahrt verspricht.

Nach dem Rentenkonzept setzt sich die Wohlfahrt der gesamten Bevölkerung aus der Konsumenten- und Produzentenrente – dem Einkommen der Güter- und Faktoranbieter – sowie aus dem Wert der dem Staat zufallenden Güter zusammen. Untersuchen wir als erstes, wie Marktinterventionen des Staates die drei Bestandteile der Gesamtwohlfahrt ändern. Man kann unmittelbar erkennen (Abb. 17), daß die Konsumentenrente um die Fläche (PoPiBD) reduziert wird. Die Konsumenten können von dem Gut weniger konsumieren.

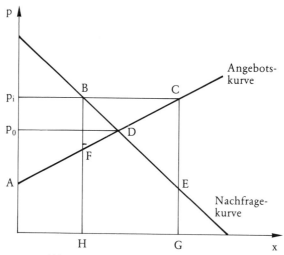

Abb. 17: Gesamtwohlfahrt bei Marktintervention

Der Nutzen verändert sich aber nicht nur, weil man von dem hier betrachteten Gut weniger konsumieren kann. Wir müssen daneben auch berücksichtigen, daß für dieses Gut – in Abhängigkeit von der Nachfrageelastizität – eine größere oder kleinere Kaufsumme aufgewandt werden muß. Damit nimmt aber auch der Konsum anderer Güter zu oder ab. Die dadurch entstehenden Nutzenveränderungen sind allerdings beim Rentenkonzept bereits berücksichtigt. Wenn sich die Konsumentenrente verringert, dann bedeutet dies, daß der Konsumentennutzen per saldo zurückgeht.

Die Produzentenrente der Landwirte – Anbieter landwirtschaftlicher Produkte – steigt hingegen um die Fläche (PoPiCD). Die Landwirte erlangen einen Vorteil, weil sie nicht nur mehr produzieren können als bisher, sondern auch einen höheren Stückerlös erzielen.

Der Kauf der Güter durch den Staat führt bei der Bevölkerung zu einen Einkommensverlust in Höhe der Summe, die der Staat für den Kauf aufwenden muß (Fläche BCGH). Dieser Kaufsumme steht selbst im günstigsten Fall, wenn diese Güter kostenlos an die Konsumenten verteilt werden, die den höchsten Nutzenzuwachs – Fläche unter der Nachfragekurve – erzielen, nur eine bedeutend geringere Nutzenzuwachssumme gegenüber (Fläche BEGH).

Vergleichen wir schließlich die Wohlfahrtssituation vor und nach Intervention für die Bevölkerung insgesamt, so stellen wir fest, daß der Nutzen per Saldo um die Fläche (CED) zurückgegangen ist. In der Realität ist der Nutzenverlust allerdings noch größer, da die Intervention selbst Kosten verursacht und es möglich ist, daß die vom Staat aufgekauften Güter nicht nutzenbringend eingesetzt werden.

Wie verändert sich nun die Wohlfahrt, wenn der Staat sein verteilungspolitisches Ziel nicht auf dem Wege der Intervention, sondern über allokationsneutrale Subventionen zu erreichen sucht? Gegenüber einem Zustand ohne politische Aktivität variiert die Wohlfahrt der Gesamtbevölkerung einerseits, weil die Produzentenrente entsprechend der Subventionssumme ansteigt (Wohlfahrtsgewinn bei den Landwirten). Andererseits entstehen aber für die gesamte Bevölkerung in Form von Steuern (zur Finanzierung der Subvention) Nutzenverluste: Die Allokation wird hier annahmegemäß nicht beeinflußt. Die einzige politisch verursachte Änderung liegt in der Einkommensumverteilung.

Der Nutzen der einen Gruppe (der Landwirte) steigt an, der Nutzen der übrigen Bevölkerung (der Steuerzahler) geht zurück. Da aber in der Umverteilung selbst eine Wohlfahrtssteigerung gesehen werden könnte, ist das Subventionsinstrument dem Interventionsinstrument überlegen,
– da auf der einen Seite beim Interventionsinstrument immer negative Allokationswirkungen zu erwarten sind,
– auf der anderen Seite die Instrumente so angesetzt wurden, daß sie gleiche Umverteilungswirkungen haben.

7.8 Distributive Ansätze der Wohlfahrtstheorie

Im Mittelpunkt der traditionellen Wohlfahrtstheorie stehen allokative Probleme: Die Wohlfahrtstheorie sucht die Frage zu klären, bei welcher Aufteilung der knappen Ressourcen auf die einzelnen möglichen Verwendungsarten die Wohlfahrt maximiert werden kann. Da stets mehrere Verwendungsmöglichkeiten bekannt sind und das Gesetz vom abnehmenden Grenznutzen der einzelnen Güterarten gilt, wird eine Maximierung der Wohlfahrt stets durch eine Optimierung der Allokation erreicht.

In der Wohlfahrtstheorie werden nur in begrenztem Maße auch distributive Zielsetzungen diskutiert. Es geht dabei allerdings nicht um das Problem einer möglichst gerechten Verteilung von Einkommen und Vermögen oder der Ausstattung mit Produktionsfaktoren. Vielmehr steht auch hier letzlich wieder die optimale Allokation im Mittelpunkt. Nur weil in den realen Ordnungssystemen – vor allem in marktwirtschaftlichen Ordnungen – über Allokation und Distribution **uno actu** entschieden wird, kommt die Einkommensverteilung in der Wohlfahrtstheorie überhaupt zur Sprache. Uno actu wird über Allokation und Verteilung deshalb entschieden, weil die gleichen Faktorpreisverhältnisse – relative Preise – sowohl über die anzustrebende Produktionstechnik, als auch über die zu realisierende Einkommensverteilung bestimmen. Steigende Reallöhne haben eben nicht nur Einfluß auf das Einkommen der Arbeitnehmer, sondern auch auf die zweckmäßigste Faktorkombination.

Im Rahmen dieser Problemstellung spricht man auch von **paretooptimaler Verteilung**. Diesem Modell liegt eine **Konsumfunktion mit externen Effekten** zugrunde:

Die einzelnen Konsumenten erfahren Nutzensteigerungen nicht allein deshalb, weil sie bei steigendem Einkommen mehr Konsumgüter konsumieren können, sondern möglicherweise auch, weil andere Personen Wohlfahrtssteigerungen erfahren. In die Nutzenfunktion gehen also u. a. auch altruistische Motive ein.

Hierbei können drei Fälle unterschieden werden:
- Der Akt des Schenkens als solcher wird vom Schenkenden als Befriedigung und damit als nutzensteigernd empfunden. In diesem Fall geht das Schenken als solches in die Nutzenfunktion ein.
- Die eigene Befriedigung beim Schenkenden hängt davon ab, daß die Beschenkten bestimmte Güter konsumieren, so etwa, daß die Beschenkten nicht mehr in Lumpen, sondern in „anständigen Kleidern herumlaufen" können. Die Nutzenfunktion wird hier u. a. von den Gütermengen bestimmt, die anderen Individuen zur Verfügung stehen.
- Die Befriedigung beim Schenkenden wird durch die Nutzensteigerung bestimmt, die die Schenkenden selbst empfinden. Hier geht das Wohlfahrtsniveau – das verfügbare Einkommen – der Beschenkten in die Nutzenfunktion des Schenkenden ein.

Der Zusammenhang, der diesen externen Effekten zugrunde liegt, muß nun aber nicht notwendigerweise auch altruistische Züge aufweisen. Es ist nämlich durchaus denkbar, daß man andere nur oder vorwiegend deshalb beschenkt, weil man auf diesem Weg eigenen Schaden abwenden oder den eigenen Nutzen mehren will. Die Geschenke werden als eine Art von Investitionen aufgefaßt, von der man sich erhofft, daß sie sich später einmal „auszahlen" werden. So kann beispielsweise die staatliche Fürsorge, die zu große Einkommensdifferenzen abbaut, ein Mittel sein, eine drohende Revolution zu verhindern. Man kann möglicherweise aber darauf spekulieren, daß der Beschenkte seinerseits zu Aktivitäten bereit ist, die dem Schenkenden unmittelbar zugute kommen, indem er ihn nun seinerseits beschenkt.

Wenn man dieses Kalkül zugrunde legt, werden die Einkommen auch ohne staatlichen Zwang umverteilt. Die einzelnen Personen werden ihre Schenkaktivitäten solange ausweiten, wie der partielle Nutzenentgang aufgrund des rückläufigen eigenen verfügbaren Einkommens geringer ist als der partielle Nutzenzuwachs, der durch das Schenken entsteht. Der Nutzen ist auch in diesem Falle erst dann maximal, wenn das Einkommen in allen Verwendungsarten – also auch beim Schenken – einen gleich hohen Grenznutzen stiftet.

Es gibt nun aber mehrere Gründe, weshalb man daran zweifeln kann, daß eine Gesellschaft ihre verteilungspolitischen Ziele durch eine solche freiwillige Umverteilung erreichen kann. Wenn wir eine demokratische Ordnung unterstellen, erwachsen die Ziele der Gemeinschaft aus den **Mehrheitsvorstellungen** der Bürger. Diese werden aber von den Präferenzen der Begünstigten dominiert, wenn wir von einer linksschiefen primäre Einkommensverteilung ausgehen, bei der einer kleinen Gruppe von Empfängern höherer Einkommen eine wesentlich größere Gruppe von Empfängern kleinerer Einkommen gegenüberstehen. Es ist also zu vermuten, daß die Mehrheit einer Wählerschaft insgesamt umfassendere Umverteilungsziele verfolgt, als die durch Umverteilung Belasteten von sich aus zu spenden beabsichtigen.

Eine Umverteilung auf freiwilliger Basis wird aber im allgemeinen auch deshalb zu einer zu geringen Umverteilungsaktivität führen, weil ein Teil der Spendenaktivitäten den Charakter eines **Kollektivgutes** hat. Wenn die eigene Befriedigung davon abhängt, wie gut es anderen geht, unabhängig davon, wieviel man selbst zur Wohlfahrtssteigerung des anderen beiträgt, hat das Spenden die Eigenschaft eines Kollektivgutes. Damit wird aber ein **Trittbrettfahrerverhalten** relevant. Der eigene Beitrag gleicht einem Tropfen auf den heißen Stein. Man hofft, daß die anderen die notwendigen Spenden leisten werden.

7.81 Beispiel: Entwicklungshilfe als Ausfluß externer Nutzenfunktionen

Solche nutzensteigernden Sekundärwirkungen einseitiger Transferzahlungen spielen vor allem bei Transfers auf internationaler Ebene eine entscheidende Rolle. So wird beispielsweise die Entwicklungshilfe der Industrienationen an die Entwicklungsländer oft damit gerechtfertigt, daß nur auf diese Weise eine friedliche Weltordnung erhalten werden könne.

Man hofft, mit der Entwicklungshilfe beispielsweise befreundete Nationen zu gewinnen, die bei kriegerischen Auseinandersetzungen und internationalen Konflikten Unterstützungen leisten oder zumindest sich neutral verhalten. Eine positive wirtschaftliche Entwicklung der heute wirtschaftlich ärmeren Nationen kann den Industrienationen aber bereits dadurch schon zugute kommen, daß mit der wirtschaftlichen Entwicklung auch die Nachfrage nach den in den hoch entwickelten Volkswirtschaften produzierten Güter ansteigt.

Aber auch für die Entwicklungshilfe gilt das Kollektivgutargument, wonach die Entwicklungshilfe den Charakter eines Kollektivgutes annimmt. Der einzelne Spender kann einerseits nicht damit rechnen, daß seine Hilfe ausreicht, die Armut der Entwicklungsländer spürbar zu verringern. Andererseits führt eine Verbesserung in der materiellen Lage der Entwicklungsländer, die durch Spenden anderer herbeigeführt wird, möglicherweise zu einer externen Nutzensteigerung auch bei denen, die sich nicht an der Spendenaktion beteiligt haben.

Aus diesen Gründen erscheint es notwendig, eine erwünschte Entwicklungshilfe mit **Zwang** durchzusetzen. Damit setzt man den Kollektivgutcharakter der Entwicklungshilfe außer Kraft und verhindert ein zu niedriges Niveau an Spenden. Das Kollektivgüterangebot, das aus freien Stücken zustandekommt (Xi), ist immer geringer als das dem Pareto-Optimum entsprechende Angebot (Xopt). Während sich das Angebot am Schnittpunkt der individuellen Grenzertragskurve (GEi) mit der Grenzkostenkurve (GK) orientiert, wird das Pareto-Optimum erst im Schnittpunkt der gesamtwirtschaftlichen Grenzertragskurve (ΣGEi) mit der Grenzkostenkurve (GK) verwirklicht.

Da bei Kollektivgütern wegen der fehlenden Ausschlußmöglichkeit derjenigen, die sich nicht an den Kosten beteiligen, um das Kollektivgut zu erstellen, die privatwirtschaftlichen Grenzerträge stets kleiner sind als die gesamtwirtschaftlichen, wird ein freiwilliges Angebot an Kollektivgütern gemessen am Pareto-Optimum stets einen zu geringen Umfang aufweisen.

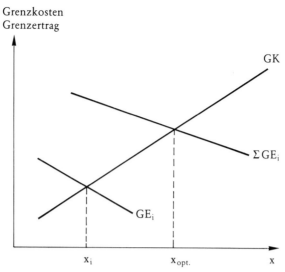

Abb. 18: Kollektivgüterangebot bei individueller Finanzierung

Kapitel 8: Ordnungsanalyse

8.1 Problemstellung

Unter der Ordnungsproblematik wollen wir die Frage nach der Koordination von Einzelentscheidungen verstehen. Überall dort, wo mehrere Personen agieren, entstehen Ordnungsprobleme. Eine Koordination von Einzelentscheidungen ist vor allem aus zweierlei Gründen notwendig. Zum einen ist damit zu rechnen, daß auch isoliert voneinander lebende Individuen insofern in Interessenkonflikte zueinander geraten können, als von ihren Handlungen oft **externe** – insbesondere negative – Effekte auf andere Individuen ausgehen. So kann beispielsweise die Bebauung und Nutzung eines Grundstückes für den Besitzer eines Nachbargrundstückes erhebliche Belästigungen – Lärm, Aussichtsbehinderung etc. – mit sich bringen.

Zum anderen wird eine Koordination der Einzelhandlungen einfach deshalb notwendig, weil eine Vielzahl von Aufgaben und Problemen **arbeitsteilig** und **kooperativ** angegangen wird. Schließen sich die Individuen zu einer Gruppe zusammen, um bestimmte Aufgaben gemeinsam zu erfüllen, bedarf es einer Ordnung, die jedem einzelnen seine Rechte und Pflichten gegenüber der Gruppe zuweist. Auch die arbeitsteilige Produktionsweise einer Gesamtgesellschaft stellt eine Art Kooperation dar. Der einzelne wird sich nur dann auf wenige produktive Tätigkeiten spezialisieren, wenn er davon ausgehen kann, daß andere einen Bedarf an seinen Leistungen haben und er gleichzeitig die Produkte, die er nicht selbst produziert, aber für seinen Lebensstandard benötigt, von anderen beziehen kann. Eine solche arbeitsteilige Produktionsweise ist deshalb vorteilhaft, weil sie im allgemeinen zu einer **Produktivitätssteigerung** führt. Diese setzt aber eine koordinierende Ordnung der arbeitsteiligen Tätigkeiten voraus.

Die Frage nach dem Ordnungssystem bezieht sich sowohl auf wirtschaftspolitische Ziel- und Mittel- als auch auf Trägerprobleme. Die **Ziele** der Wirtschaftspolitik sind im Rahmen der Ordnungsproblematik deshalb angesprochen, weil es von den Grundwerten abhängt, welche Koordinationsart wünschenswert erscheint. Die Entscheidung zugunsten eines bestimmten Ordnungssystems ist aber zugleich auch eine Entscheidung darüber, welches Gewicht den einzelnen Entscheidungs**trägern** zuerkannt wird und welche **Mittel** vorrangig eingesetzt werden.

8.2 Die charakteristischen Merkmale der einzelnen Ordnungstypen

Die Koordination von Einzelentscheidungen und Einzelhandlungen besteht vor allem darin, daß die einzelnen beteiligten Personen auch **Informationen** darüber erhalten, welche Verhaltensweisen notwendig sind, um eine Koordination zu ermöglichen (Informationsproblem), und darüber hinaus **Anreize** – einschließlich Sanktionen – wirksam sind, diesen Informationen gemäß zu handeln (Anreizproblem). So setzt beispielsweise die Ausrichtung der Produktion an den Wünschen der Konsumenten nicht nur voraus, daß die Unternehmungen über den Konsumentenbedarf **informiert** werden, sondern auch eine tatsächliche Ausrichtung der Produktion an den Wünschen der Konsumenten wirklich gewinnsteigernd wirkt. Bei dieser Unterscheidung zwischen Informations- und Anreizproblematik handelt es sich allerdings zunächst um eine gedankliche Trennung; in praxi lassen sich bisweilen der Informations- und Anreizaspekt nicht eindeutig voneinander trennen und bedingen sich auch gegenseitig.

Der Begriff Information soll hier im Sinne der Informationstheorie sehr weit gefaßt werden und alle sinnlich feststellbaren Wahrnehmungen umfassen, die den einzelnen erreichen. Negativ ausgedrückt soll das Wort Information nicht auf verbal geäußerte Nachrichten oder auch auf Äußerungen beschränkt bleiben, die unmittelbar den Zweck der Koordination umschreiben. Im Sinne des hier gebrauchten Begriffes liegt beispielsweise gleichermaßen eine Information vor, wenn ein Unternehmer feststellt, daß die Absatzmöglichkeiten bei bestimmten Gütern ansteigen oder wenn die staatlichen Instanzen im Rahmen einer Zentralverwaltungswirtschaft dem einzelnen Produzenten mitteilen, welche Güter er produzieren soll.

Je nachdem, wie diese beiden Ordnungsprobleme, das Informations- und das Anreizproblem, gelöst werden, können unterschiedliche Idealtypen von Ordnungen unterschieden werden. Im Hinblick auf die Informationsart lassen sich hierbei zunächst folgende zwei Informationslösungen unterscheiden:

a) Die einzelnen Beteiligten, deren Entscheidungen oder Handlungen koordiniert werden sollen, erhalten Verhaltensvorschriften, was zu tun ist bzw. was nicht getan werden darf. Diese Lösung des Ordnungsproblems über **normative** Informationen setzt voraus, daß in einem ersten Schritt geklärt wird, welche Ziele für die Gemeinschaft angestrebt werden (Problem des Willensbildungsprozesses). Ist entschieden, welche Ziele eine Gemeinschaft verfolgt, ist in einem zweiten Schritt festzulegen, welche Aufgaben den einzelnen Gruppenmitgliedern hierbei zufallen (Problem der Funktionszuteilung). In einem dritten Schritt bedarf es der sozialen Kontrolle, also der Feststellung, inwieweit die zugewiesenen Aufgaben erfüllt werden, inwieweit sich mithin der einzelne funktionsgemäß verhält.

b) Eine andere Lösung des Informationsproblems liegt vor, wenn die Informationen, die der einzelne erhält, lediglich darüber etwas aussagen, wie sich der einzelne verhalten kann bzw. welche verhaltensrelevanten Umweltänderungen eingetreten sind. Die Koordination wird hier indirekt erreicht. Der einzelne verhält sich hier aus eigenem Interesse so, daß sich im Endergebnis eine sinnvolle Koordination der Einzelhandlungen von selbst ergibt.

Die einzelnen Ordnungstypen können sich im Hinblick auf das Informationsproblem nicht nur darin unterscheiden, daß die Informationen normativer oder explikativer Natur sind. Eine weitere Unterscheidung setzt an der Frage an, ob die Informationen in wenigen Informationssymbolen **gebündelt** (kanalisiert) oder weitgehend ungebündelt weitergegeben werden. Ein Beispiel eines Ordnungssystems, in dem eine sehr weitgehende Kanalisierung der Informationen erfolgt, ist die **Geldwirtschaft** (im Gegensatz zur Naturalwirtschaft). Alle entscheidungsrelevanten Informationen, die die einzelnen Individuen erreichen, lassen sich in Geldgrößen fassen.

Ein zweites Beispiel für ein stark gebündeltes Informationssystem ist der demokratische **Wahlprozeß**. Die Entscheidungen der politischen Entscheidungsträger hängen letzten Endes davon ab, welchen Stimmenanteil die einzelnen Politiker erhalten. Alle politisch relevanten Einflußfaktoren lassen sich schließlich in Stimmenverhältnissen ausdrücken.

Im Rahmen von **Verhandlungen** werden hingegen sehr komplexe Informationswege beschritten. Dabei versuchen die einzelnen Verhandlungspartner mit recht unterschiedlichen verbalen und anderen Methoden, dem jeweiligen Partner zu verdeutlichen, was nach ihrer Meinung getan werden sollte. Hier erfolgt nur eine geringe Kanalisierung der unterschiedlichen Informationen. In ähnlicher Weise stellen auch die staatlichen Gesetze sowie die staatliche **Bürokratie** komplexe Informationssysteme dar.

Im Hinblick auf das Informationsproblem lassen sich also, je nachdem ob normative oder explikative und ob stark oder weniger stark gebündelte Informationen vorliegen, vier idealtypische Lösungen unterscheiden.

	normativ	explikativ
stark gebündelt	Verkehrsampeln	Geldwirtschaft
schwach gebündelt	Gesetze	Verhandlungen

Abb. 19: Ansätze zur Lösung des Informationsproblems

Im Hinblick auf das Anreizsystem können wir zunächst danach unterscheiden, ob der einzelne dadurch beeinflußt wird, daß
a) seine materiellen Interessen,
b) sein Ansehen in der Gruppe oder
c) sein Gewissen

angesprochen werden. Appelle an das Verantwortungsbewußtsein des einzelnen wirken über das Gewissen des einzelnen. Finanzielle Belohnungen stellen Anreize an das materielle Interesse dar. Die soziale Rolle des einzelnen ist angesprochen, wenn bestimmte Handlungen das Prestige des einzelnen oder den Freiheitsspielraum oder aber die Macht über andere berühren.

Des weiteren lassen sich die Anreize danach unterscheiden, ob sie dem einzelnen **Nutzensteigerungen** – positive Anreize – oder **Nutzenminderungen** – negative Anreize – verursachen. Verbinden wir beide Unterscheidungskriterien, so lassen sich in Abbildung 20 insgesamt sechs unterschiedliche idealtypische Lösungen des Anreizproblems unterscheiden:

	materielles Interesse	soziales Ansehen	Gewissen
positiv (Anreize)	Subventionen	Orden	Aufforderung „deutsche" Waren zu verkaufen
negativ (Bestrafungen)	Steuern	öffentliche Diffamierung	Maßhalteappelle

Abb. 20: Möglichkeiten zur Lösung des Anreizproblems

Welche Arten von Informationen und Anreizen zum Zuge kommen und inwieweit diese eine Koordination herbeiführen, wird nun entscheidend von der jeweiligen **Wettbewerbssituation** auf der Angebots- und Nachfrageseite beeinflußt. Je intensiver der Wettbewerb auf der einen (beispielsweise auf der Angebots-)Seite ist, um so mehr sind die Handlungsmöglichkeiten auf dieser Seite eingeschränkt und auf der Gegenseite ausgeweitet. Die Wahrscheinlichkeit einer befriedigenden Koordination ist dann am größten, wenn auf beiden Seiten intensiver Wettbewerb herrscht.

Eine weniger befriedigende Koordination ist zu erwarten, wenn auf der einen Seite eine Monopol- und auf der Gegenseite eine Konkurrenzsituation vorliegt (Fall des **Angebots-** und des **Nachfragemonopols**). Eine Zwischenposition nimmt das **bilaterale Monopol** ein, bei dem beide Seiten monopolisiert sind. Hier beschneiden sich zwar die jeweiligen **Gegenkräfte** ihre Machtposition gegenseitig, insofern kann möglicherweise eine gewisse Koordination durchaus erreicht werden. Ohne Angabe der näheren Umstände kann aber nichts über die konkrete Machtaufteilung zwischen den beiden Seiten ausgesagt werden. Denkbar ist, daß der eine Partner über **Optionsfixierungsmacht** verfügt, denkbar ist aber auch eine Ausgeglichenheit der Machtpositionen wie bei Konkurrenz auf beiden Seiten.

Die jeweilige Wettbewerbsintensität hängt nun von verschiedenen Faktoren ab. Zunächst kommt es auf die **Anzahl** der Konkurrenten an. Je mehr Konkurrenten beispielsweise eine bestimmte Ware anbieten, um so größer sind die Möglichkeiten der Nachfrager, bei Unzufriedenheit mit einem Anbieter zu einem Konkurrenten überzuwechseln oder damit zu drohen. Gerade diese Gefahr veranlaßt aber den Anbieter, auf die Vorstellungen der Nachfrager einzugehen. In Konkurrenz zueinander stehen jedoch nicht nur Anbieter (oder Nachfrager) gleicher Güterarten, auch bei Substitutionsgütern besteht eine Konkurrenzsituation, die mit zunehmender **Substitutionselastizität** ansteigt.

Die Intensität des Wettbewerbs hängt nun aber nicht nur von der Zahl der tatsächlichen Konkurrenten ab. Die Entscheidungsmöglichkeiten eines Anbieters werden auch bereits dann entscheidend eingeengt, wenn er befürchten muß, neue Anbieter würden in den Markt drängen, sofern er beispielsweise den Preis erhöht oder die Qualität seiner Produkte verschlechtert. Es kommt also neben der **faktischen** ganz entscheidend auch auf die **potentielle Konkurrenz** an.

Die Wettbewerbsintensität kann aber auch beeinflußt werden, wenn sich mehrere Konkurrenten – beispielsweise in Form eines Kartells – monopolistisch **zusammenschließen**. Dies bedeutet aber nicht in jedem Falle, daß jegliche Konkurrenz aufgehoben ist. So ist etwa mit der Möglichkeit zu rechnen, daß die Mitglieder eines Kartells über Investitionsquoten miteinander konkurrieren und sich dieser interne Wettbewerb letztlich zugunsten der Nachfrager auswirkt. Insofern ist zwischen **externem**, also zwischen selbständigen Anbietern und Nachfragern ausgetragenem Wettbewerb und **internem** Wettbewerb zu unterscheiden, der innerhalb eines Zusammenschlusses einer Seite stattfindet.

Die Wettbewerbsintensität wird nicht nur durch die **Anzahl** der – tatsächlichen oder potentiellen – Konkurrenten bestimmt. Darüber hinaus kommt es auch darauf an, welcher **Wettbewerbsmittel** sich die Konkurrenten bedienen und wie sehr sich deshalb die einzelnen Leistungen voneinander unterscheiden. Dabei kann man zwischen Differenzierungsmöglichkeiten in zeitlicher, personeller und funktioneller Hinsicht unterscheiden. Ein Wettbewerb zwischen Anbietern ist beispielsweise besonders intensiv, wenn Entscheidungen und Entscheidungsrevisionen jederzeit möglich sind. Er ist weniger intensiv, wenn – wie bei Wahlen – Entscheidungsrevisionen nur in ganz bestimmten Zeitabständen zugelassen sind (Einfluß der **zeitlichen Differenzierung**).

Die Wettbewerbsintensität hängt daneben aber auch von der Zahl der Alternativen ab, die der Gegenseite angeboten werden. So stehen beispielsweise bei politischen Wahlen im allgemeinen nur wenige Parteiprogramme zur Abstimmung, die bestimmte Lösungen in einem Bereich – beispielsweise in der Wirtschaftspolitik – mit bestimmten Lösungen in anderen Bereichen – etwa der Außen- und Kulturpolitik – verbinden. Hier ist der **funktionelle Differenzierungsgrad** im Gegensatz zum Marktsystem denkbar gering: Dort bindet eine Entscheidung beispielsweise im Nahrungsbereich keinesfalls die Entscheidungen in einem anderen Bereich (z.B. Kleidung, Möbel).

Die Intensität des Wettbewerbs hängt schließlich auch von den **personellen Differenzierungsmöglichkeiten** ab, also von der Frage, inwieweit die Entscheidungen eines Individuums die Entscheidungen anderer Individuen binden. Im Marktsystem ist der personelle Differenzierungsgrad zumeist sehr hoch, die Konsumentscheidungen des einen Haushaltes lassen die Entscheidungsmöglichkeiten der anderen Haushalte zumeist unberührt. Das **Kollektivgüterangebot** des Staates ist hingegen ein typisches Beispiel für eine Lösung mit denkbar geringer Differenzierungsmöglichkeit. Alle Bürger müssen sich auf die gleiche Art und Menge eines Kollektivgutes einigen.

In welchem Maße nun die genannten Faktoren der Wettbewerbsintensität vorliegen, hängt selbst wiederum von verschiedenen Bestimmungsgründen ab. Zunächst ist auf die Situation eines **natürlichen Monopols** hinzuweisen, bei dem aus Gründen, die in der Eigenschaft des Gutes oder in den Eigenschaften der potentiellen Konkurrenten liegen, kein Wettbewerb entsteht. Ein natürliches Monopol läge also beispielsweise dann vor, wenn aufgrund eines sehr geringen Bedarfes die Gesamtnachfrage von einem Anbieter allein befriedigt werden kann und wenn – vor allem wegen eines hohen Fixkostenanteils – bei Aufteilung der Produktion auf mehrere Unternehmungen keine Unternehmung eine gewinnbringende Produktion aufrechterhalten könnte (Fall der **ruinösen Konkurrenz**). Eine solche Begrenzung des Wettbewerbes aus natürlichen Gründen läge auch beim sogenannten **reinen Kollek-**

tivgut im Sinne von *R. A. Musgrave* vor, bei dem es aus technischen Gründen nicht vertretbar ist, mögliche Nutznießer vom Konsum auszuschließen.

Nun gibt es aber zahlreiche Beschränkungen des Wettbewerbs, die nicht in solchen natürlichen Faktoren begründet liegen, sondern von den Beteiligten selbst oder sehr oft auch vom Staat herbeigeführt werden. Da Wettbewerb jeweils die Machtposition der Konkurrenten einschränkt, hat jeder Konkurrent ein Interesse daran, den Wettbewerb einzuschränken, indem er entweder potentielle Konkurrenten am Zutritt zum Angebot (bzw. zur Nachfrage) hindert oder indem er sich mit den Konkurrenten zusammenschließt und mit ihnen vereinbart, auf den Einsatz bestimmter Wettbewerbsmittel zu verzichten.

Auch der Staat kann versuchen, den Wettbewerb durch regulierende Eingriffe zu beschränken, indem er beispielsweise durch tarifäre oder nicht-tarifäre Handelshemmnisse die Importe behindert und damit die potentielle ausländische Konkurrenz erschwert, kartellartige Zusammenschlüsse von Anbietern oder Nachfragern in Zwangsverbänden anordnet oder – um ein Beispiel aus dem Wahlsystem zu nennen – Wahlen nur zu ganz bestimmten Zeiten zugelassen werden.

Auf der anderen Seite kann aber der Staat die bestehenden Wettbewerbsverhältnisse auch dadurch verändern, daß er Behinderungen des Wettbewerbs durch private Konkurrenten unterbindet oder zumindest erschwert. So kann er beispielsweise im Rahmen der Wettbewerbsgesetzgebung einen offenen Zugang zum Markt garantieren – **Gewerbefreiheit** – oder den Zusammenschluß von Unternehmungen verbieten oder zumindest einer Mißbrauchskontrolle unterwerfen usw.

Im Rahmen dieser Wettbewerbspolitik bedient sich der Staat der Informations- und Anreizsysteme, die wir zu Beginn dieses Kapitels dargestellt haben (finanzielle Anreize, Gebote, Verbote etc.). Es besteht somit zwischen der Wettbewerbssituation und den realisierten Anreizsystemen eine **interdependente Beziehung**: Auf der einen Seite hängt das Ausmaß der Wettbewerbsintensität u.a. davon ab, inwieweit der Staat durch Einsatz bestimmter Anreizsysteme den Wettbewerb fördert oder behindert, auf der anderen Seite hängt es aber auch wiederum von der jeweiligen Wettbewerbssituation ab, inwieweit die einzelnen Anreizsysteme wirksam sind und eine befriedigende Koordination der Einzelinteressen herbeiführen.

Bei unseren bisherigen Überlegungen bezogen wir uns stets auf **ideal**typische Unterscheidungsmerkmale. Wir müssen nun aber davon ausgehen, daß in der Realität zumeist keine idealtypischen Formen in vollkommener Reinheit verwirklicht sind, sondern die **realen** Ordnungssysteme fast immer aus einer Mischung der verschiedensten Ordnungselementen bestehen, wobei sich die Unterschiede der einzelnen realen Ordnungssysteme daraus ergeben, welches Gewicht den einzelnen Ordnungselementen zukommt. Die in der Literatur oft angesprochene Vierteilung zwischen Markt-, Verhandlungs-, Wahl- und Bürokratiesystemen wollen wir in diesem Sinne nicht als Unterscheidung von Ideal-, sondern von Realtypen möglicher Ordnungssysteme verstehen. Wir wollen im folgenden diese vier verschiedenen Realtypen auf die in der vorangegangenen Darstellung erarbeiteten Kriterien hin untersuchen.

Ein **Markt**system zeichnet sich dadurch aus, daß die explikativen Informationen überwiegen und lediglich durch ein Minimum an Spielregeln, die den Handlungsspielraum des einzelnen nur geringfügig einengen, normative Informationen gesetzt werden. Das Marktsystem ist ferner ein Musterbeispiel eines stark **kanalisierten** Systems. Alle für wirtschaftliche Entscheidungen wesentlichen Informationen lassen sich letztlich in Geldgrößen fassen. Anders formuliert: Informationen, die sich nicht in Geldgrößen messen oder auf Geldgrößen beziehen lassen, finden im Marktsystem keine Berücksichtigung.

Das **Anreiz**systeme eines Marktsystem zeichnet sich dadurch aus, daß insbesondere **finanzielle** Anreize, die positiver wie negativer Art sein können, das Verhalten des einzelnen beeinflussen. Es sind Preisvariationen, die zu einer Änderung im Angebot oder in der Nachfrage führen, wobei Preissteigerungen für den Anbieter einen positiven Anreiz zur Produktionsausweitung, zugleich jedoch für den Nachfrager einen negativen Anreiz zu Nachfrageeinschränkungen bedeuten. Natürlich verlangt auch ein funktionierendes Marktsystem ein Minimum an sozialem Verantwortungsbewußtsein der einzelnen Marktbeteiligten, so etwa die Bereitschaft, bestimmte sittliche und gesetzliche Normen anzuerkennen, auch dann, wenn die Einhaltung dieser Normen mit einer Minderung des Eigennutzens verbunden ist.

Die Beschränkung auf ein Minimum an sittlichen und rechtlichen Verhaltensregeln ist möglich, weil in einem funktionierenden Marktsystem ein großer Teil der Koordinationsprobleme dadurch gelöst wird, daß die individuellen Interessen auf das Gemeinwohl hin **kanalisiert** werden. Wenn die Güter- und Faktormärkte nicht durch politische Eingriffe stark reglementiert werden, ist im allgemeinen mit einem intensivem **Wettbewerb** auf beiden Marktseiten zu rechnen. Gerade hierin liegt aber die Stärke des marktwirtschaftlichen Systems. Es muß allerdings auch an dieser Stelle wieder angemerkt werden, daß in der Realität auf Einzelmärkten der Wettbewerb aus technischen oder politischen Gründen bisweilen stark eingeschränkt wird, so daß die realen Märkte oft monopolisiert sind.

Schließlich hatten wir im Hinblick auf den **Differenzierungsgrad** in zeitlicher, personeller wie funktioneller Hinsicht bereits festgestellt, daß Marktsysteme hohe Differenzierungsmöglichkeiten erlauben. Entscheidungsrevisionen aufgrund von Datenänderungen können nämlich auf politisch unbeeinflußten Märkten relativ schnell durchgeführt werden, da weder die individuellen Entscheidungen andere Individuen binden noch mit der Entscheidung für eine bestimmte Güterart, beispielsweise im Agrarsektor, zugleich eine ganz bestimmte Entscheidung bei einer anderen Güterart, beispielsweise im Wohnungssektor, verbunden ist. Dieser hohe Differenzierungsgrad gilt allerdings nicht für alle wirtschaftlichen Entscheidungen in gleicher Weise, so vergeht etwa bei Investitionsentscheidungen eine längere Periode, bis Datenänderungen Entscheidungsrevisionen nach sich ziehen, und zwar einfach deshalb, weil sich eine Unternehmung durch eine Investitionsentscheidung für längere Zeit selbst bindet.

Verhandlungssysteme unterscheiden sich von Marktsystemen dadurch, daß die Informationen, die zumeist ebenfalls **explikativer** Natur sind, bei weitem nicht so stark gebündelt sind wie die Marktinformationen. Verhandlungen gestatten ein weites Spektrum recht differenzierter Informationen.

Im Hinblick auf das **Anreizsystem** gilt es hervorzuheben, daß hier **Drohungen**, d. h. negative Anreize, weit häufiger anzutreffen sind und daß neben finanziellen Anreizen nun auch das soziale Ansehen und das Verantwortungsbewußtsein des einzelnen stärker angesprochen werden. Im Hinblick auf die Wettbewerbssituation liegt bei den Verhandlungen typischerweise die Situation einer bilateralen, also beiderseits monopolisierten Form der Koordination vor. Gerade in dieser Eigenschaft liegt es begründet, daß man in der Verhandlung einen Extremfall des Marktes sehen kann und daß deshalb manche Ordnungstheoretiker nicht eigens zwischen Märkten und Verhandlungen unterscheiden.

Der Grad der Differenzierungsmöglichkeiten ist schließlich bei Verhandlungen deutlich geringer als auf Märkten; sie sind schwerfälliger und kostspieliger und gestatten deshalb auch nur in gewissen Zeitabständen Entscheidungsrevisionen; gleichzeitig werden Verhandlungen zumeist für größere Gruppen kollektiv geführt, so daß die ausgehandelten Ergebnisse für die Gruppenmitglieder **Kollektivgüter** darstellen, die in der Regel nicht personell differenziert angeboten werden. Verhandlungen zeichnen sich schließlich zumeist dadurch aus, daß über ein ganzes Paket (Verhandlungspaket) von unterschiedlichen Leistungen verhandelt wird.

Auch die **Wahlsysteme** enthalten vorwiegend **explikative** Informationen. Allerdings erhalten im Vergleich zu Markt- und Verhandlungssystemen **normative** Informationen ein größeres Gewicht: So sind im Wahlprozeß bestimmte Verhaltensweisen, die auf Märkten und in Verhandlungen üblich sind, hier nicht vorgesehen (z.B. Übertragung einer Wahlstimme). Ähnlich wie im Marktsystem erfolgt auch im Wahlsystem eine starke Kanalisierung der Informationen; an die Stelle des Geldes tritt hier die Wahlstimme als Recheneinheit. An die Stelle der Preisverhältnisse treten die Mehrheitsverhältnisse als wichtigste Information. Einfluß wird hier nur insoweit ausgeübt, als er sich in Wahlstimmen niederschlägt.

Gegenüber dem Geldsystem gestattet das Wahlsystem allerdings weniger Differenzierungen. So kann beispielsweise im allgemeinen jeder nur eine Stimme erhalten, während im Geldsystem die einzelnen Marktbeteiligten in unterschiedlichem Maße mit finanziellen Mitteln ausgestattet sind. Weiterhin bezieht sich das **Anreiz**system eines Wahlmechanismus in erster Linie auf persönliche Macht und auf soziales Ansehen des einzelnen. Auch hier ist ein Minimum an Verantwortungsbewußtsein für das Funktionieren des Wahlsystems unbedingt erforderlich. Einfluß wird über Wahlen sowohl in positiver als auch negativer Art auszuüben versucht. Eine Wählergruppe, die eine bestimmte Partei bisher gewählt hat, kann die Politiker mit Stimmenentzug bedrohen, falls die Politiker nicht zu bestimmten Maßnahmen bereit sind. In ähnlicher Weise können andere Wähler, die bisher die Opposition gewählt haben, den Regierungsparteien ihre Stimme versprechen, falls diese bereit sind, bestimmte Aktivitäten zugunsten dieser Gruppe zu entfalten.

Im Hinblick auf die **Wettbewerbs**verhältnisse kann davon gesprochen werden, daß in parlamentarischen Demokratien im allgemeinen ein mehr oder weniger starker Wettbewerb zwischen den politischen Parteien bzw. Politikern, also den Anbietern politischer Leistungen, besteht. Demgegenüber wird ein Großteil der Leistungen der Politik in Form von Kollektivgütern und damit der Wählerschaft einheitlich und in ihrer Gesamtheit angeboten, so daß in diesem Sinne auch keine starke Konkurrenz zwischen den verschiedenen Wählergruppen besteht.

Dieser Kollektivgutcharakter impliziert gleichzeitig geringere **Differenzierungsmöglichkeiten** in personeller Hinsicht. Ferner hatten wir bereits dargelegt, daß in politischen Systemen auch in zeitlicher und funktioneller Hinsicht im allgemeinen eine geringere Differenzierung möglich ist als in Markt- und Verhandlungssystemen. Da sowohl in Verhandlungs- als auch in Wahlsystemen die Entscheidungen durch Abstimmungen fallen, kann die Verhandlung als Sonderfall eines Wahl-Abstimmungssystems angesehen werden, und zwar insofern, als bei Wahlen zumeist die Mehrheit ausreicht, um eine Entscheidung herbeizuführen, während bei Verhandlungen in der Regel Einstimmigkeit – Zustimmung aller beteiligten Gruppen – verlangt wird.

In **bürokratischen** Systemen schließlich überwiegen die **normativen** Informationen: Die einzelnen Untergebenen erhalten von ihren Vorgesetzten gewisse Anweisungen. Dabei dürfte sich der größere Teil auf Gebote und nur ein kleiner Teil auf Verbote beziehen. Ferner dürfte das Ausmaß an Bündelung im Vergleich zu den bisher besprochenen Systemen in Bürokratien am geringsten sein. Schließlich basiert die Bürokratie entsprechend klassischen Vorstellungen auf einem **Treueverhältnis** der Untergebenen zu den Vorgesetzten. Sie funktioniert somit nur dann, wenn die einzelnen Beteiligten vorwiegend aus Verantwortungsbewußtsein ihre Aufgaben erfüllen.

Das bürokratische System weist eine einseitige Machtverteilung von oben nach unten auf und gleicht damit einer Situation eines Angebotsmonopols im morphologischen Sinne. Bürokratische Strukturen sind schließlich auf Dauer eingerichtet. Unter allen Systemen ist es bei ihnen am schwierigsten und benötigt die längste Zeit, Änderungen vorzunehmen: Der **Differenzierungsgrad** ist in zeitlicher Hinsicht, verglichen mit den anderen Systemen am geringsten. Während die Bürger in einem funktionierenden Wahlsystem immerhin die Wahl zwischen mehreren Alternativen haben und insofern eine – wenn auch begrenzte – Differenzierungsmöglichkeit in funktioneller Hinsicht besteht, sieht sich der Bürger bei einer Bürokratie einem einheitlich monopolistischen Angebot gegenüber.

Da eine direkte Einflußmöglichkeit des Bürgers auf das Angebot der Bürokratie weitgehend nicht gegeben ist, dürfte der Differenzierungsgrad in funktioneller Hinsicht in diesem System in der Regel ebenfalls am geringsten sein. Im Hinblick auf die personelle Differenzierungsmöglichkeit gilt, daß in bürokratischen Systemen genauso wie in Wahlsystemen vorwiegend Kollektivgüter angeboten werden und gerade deshalb nur eine geringe Differenzierungsmöglichkeit in personeller Hinsicht gegeben ist.

Unsere Ausführungen zu den einzelnen realen Ordnungstypen haben gezeigt, daß die Übergänge fließend und weitgehend durch eine unterschiedliche Gewichtung der einzelnen idealtypischen Merkmale bestimmt sind, wobei an dem einen Ende der Skala die Marktlösung, am anderen Ende das bürokratische System steht.

Wir wollen uns zum Abschluß dieses Abschnittes die Frage stellen, wie die in der Literatur vorgetragenen Unterscheidungen in die hier gewählte Ordnungssystematik eingefügt werden können. Es entspricht einer weitgehenden Tradition, zwischen nur zwei idealtypischen Ordnungssystemen zu unterscheiden; so wird etwa bei *K. Marx* und einigen Klassikern zwischen Kapitalismus und Sozialismus, bei

W. Eucken zwischen Verkehrswirtschaft und Zentralwirtschaft, bei *F. A. v. Hayek* zwischen spontaner und gesetzter Ordnung unterschieden.

Die Unterscheidung zwischen **Kapitalismus** und **Sozialismus** hebt auf die **Eigentumsordnung** beim Produktionskapital ab: Beim Kapitalismus befindet sich das Produktionskapital in Privateigentum. Die wichtigsten Produktionsentscheidungen werden deshalb von den Kapitaleigentümern gefällt. Im Hinblick auf das Koordinationsproblem zeichnet sich hierbei die Privateigentumsordnung im Kapitalismus dadurch aus, daß über das Eigentum die Möglichkeit geschaffen wird, für möglichst viele Wirkungen einer Entscheidung dem Entscheidenden die Verantwortung zu übertragen. Volkswirtschaftliche Gewinne aus einer unternehmerischen Entscheidung kommen dem Unternehmer in Form von privatwirtschaftlichen Gewinnen zugute. Sie vergrößern sein Eigentum und Vermögen. Umgekehrt gehen volkswirtschaftliche Verluste zu Lasten des unternehmerischen Eigentums. Die Privateigentumsordnung ist somit lediglich eine spezielle Ausgestaltung eines vorwiegend finanziellen Anreizsystems.

Das sozialistische Kollektiveigentum hat im Hinblick auf das Koordinationsproblem hingegen vor allem die Aufgabe, die Entscheidungen des Staates sicherzustellen und zu verhindern, daß diese durch Aktionen von privaten Akteuren durchkreuzt werden. Die Verantwortungsbereiche der Entscheidenden werden allerdings durch die Eigentumsverfassung selbst nicht geregelt: Die Verantwortlichkeiten werden vielmehr etwa dadurch festgelegt, daß der Sozialismus in Form einer Bürokratie oder eines Wahlsystems realisiert wird. Damit hebt aber die Unterscheidung nach der Eigentumsordnung auch nicht auf das zentrale Merkmal ab, in dem sich die gesellschaftlich möglichen Koordinationslösungen unterscheiden können.

Das Unterscheidungsmerkmal „**Verkehrswirtschaft – zentralgeleitete Wirtschaft**" von *W. Eucken* stellt hingegen darauf ab, ob die wirtschaftlichen Aufgaben in einem einzigen zentralen oder in mehreren Einzelplänen entschieden werden. Bestehen für eine Volkswirtschaft mehrere Einzelpläne, so bedürfen diese einer Koordination, die in einer Verkehrswirtschaft automatisch über den Markt erfolgt. Bei *von Hayek* liegt in bezug auf das Koordinationsproblem im Grunde das gleiche Unterscheidungsmerkmal vor, wobei *v. Hayek* bereits in der Wortwahl betont, worin die Koordinationsleistung in einer Verkehrswirtschaft besteht, nämlich darin, daß ohne erklärte Absicht der Beteiligten, also auf **spontanem** Wege, eine Koordination und damit eine gesellschaftliche Ordnung entsteht.

Beide Unterscheidungstypen stellen hierbei auf die Art der Informationen und der Anreize ab: Die gesetzte Ordnung bzw. die Zentralverwaltungswirtschaft zeichnet sich dadurch aus, daß im Plan **normativ** festgelegt wird, welche Funktionen die einzelnen Beteiligten zu erfüllen haben und die Durchführung dieser Aufgaben durch Gebote erzwungen wird, während die Verkehrswirtschaft bzw. die spontane Ordnung dadurch ausgezeichnet ist, daß die einzelnen Beteiligten vorwiegend explikative Informationen erhalten und aus Eigeninteresse so handeln, daß hieraus ein sozial erwünschtes Ergebnis resultiert.

Auch hier stellt sich die Frage, ob im Hinblick auf die gesetzte Ordnung bzw. auf die Zentralverwaltungswirtschaft das eigentliche Koordinationsproblem angesprochen wird. Hier könnte der Eindruck entstehen, als gebe es im Rahmen einer Zentralverwaltungswirtschaft gar keine Koordinationsprobleme, da ex definitione nur ein Plan erstellt wird. De facto bedarf es jedoch in jeder zentralgeleiteten Wirtschaft – selbst in einer häuslichen Eigenversorgungswirtschaft – einer Vielzahl von Koordinationen. Die individuellen Handlungen können niemals bis ins einzelne Detail vorgeplant werden, es verbleiben deshalb immer **Spielräume**; auch dort, wo Handlungen von seiten der Planstelle bis ins einzelne festgelegt werden, entsteht ein Koordinationsproblem dadurch, daß sichergestellt werden muß, daß diese Planvorschriften vom einzelnen nicht umgangen werden.

Darüber hinaus ist in einer Zentralverwaltungswirtschaft eine Vielzahl von Personen an der Erstellung des Gesamtplanes beteiligt, die **unterschiedliche Vorstellungen** über die anzustrebenden Ziele und einzusetzenden Mittel haben können und die daher aufeinander abgestimmt werden müssen (z.B. durch einen Wahlprozeß). Entscheidend ist, daß gerade auch die Zentralverwaltungswirtschaften automatisch wirkender Koordinationsmechanismen bedürfen, um überhaupt funktionieren zu können.

Bei dieser Untergliederung (Verkehrswirtschaft – Zentralverwaltungswirtschaft) wird zu sehr auf das Problem der Plan**aufstellung** und weniger auf das Problem der Plan**realisierung** abgestellt; es werden weiterhin alle Probleme ausgeklammert, die den Willensbildungsprozeß bis zur Fertigstellung des zentralen Planes betreffen. Während also mit dem Begriff der Verkehrswirtschaft auf die eigentlichen sozialen Koordinationsprobleme abgehoben wird, werden beim Begriff Zentralverwaltungswirtschaft nahezu alle sozialen Koordinationsprobleme einer staatlichen Planwirtschaft aus der Betrachtung ausgeklammert und das Augenmerk dann auf ein ordnungspolitisch gesehen sekundäres **technisches** Problem der nationalen Buchführung reduziert.

Im Gegensatz zu den bisher besprochenen bipolaren ordnungspolitischen Einteilungen geht *K.E. Boulding* von einer Dreiteilung möglicher gesellschaftlicher Ordnungen aus. Er unterscheidet zwischen **Tausch**systemen, bei denen gleichwertige Leistungen getauscht werden, **Drohsystemen**, bei denen in der Regel eine Leistung dadurch dem Partner abverlangt wird, daß bei Nichterfüllung ein Schaden angedroht wird, und schließlich **integrativen** Systemen, die dadurch charakterisiert sind, daß der einzelne für seine Leistungen gar keiner äußeren Anreize und damit keiner Gegenleistung bedarf; aufgrund internalisierter Werte, wie Liebe, Zuneigung etc. ist der einzelne hier auch zu einseitigen Leistungen bereit. Diese Dreiteilung von *Boulding* entspricht weitgehend dem hier gewählten Einteilungsprinzip im Hinblick auf das Anreizsystem; in integrativen Systemen wird der einzelne durch sein Gewissen zu einer Handlung motiviert, bei Drohung oder Tausch bedarf der einzelne externer Anreize, und zwar finanzieller oder sozialer Art, wobei beim Tausch positive, bei der Drohung hingegen negative Anreize überwiegen.

R.A. Dahl und *Ch. Lindblom* unterscheiden zwischen vier verschiedenen Ordnungssystemen: Markt, Verhandlung, Hierarchie (Bürokratie) und Polyarchie (Wahlsystem). Das Unterscheidungsmerkmal liegt hierbei vor allem in der Frage, wer wen kontrolliert, wobei zwischen Führer (leader) und Geführtem (non leader) unterschieden wird.

Nach Auffassung von *Dahl* und *Lindblom* zeichnet sich der Markt dadurch aus, daß sich alle Beteiligten gegenseitig kontrollieren, die Führer und Geführten untereinander und wechselseitig. Bei den **Verhandlungen** findet lediglich eine Kontrolle zwischen den beiden Marktseiten statt, also von den Geführten zu den Führern und von den Führern zu den Geführten. **Polyarchien** zeichnen sich weiterhin dadurch aus, daß die Führer (die Politiker) über Wahlprozesse von den Geführten (von den Wählern) kontrolliert werden, während schließlich in **Bürokratien** die Kontrollen einseitig von den Führern (Bürokraten) zu den Geführten (Bürgern) verlaufen. Neben der Frage nach der **Kontrollrichtung** (wer kontrolliert wen?) werden bei *Dahl* und *Lindblom* darüber hinaus die Systeme auch auf die Art der **Kontrollmittel** (Wettbewerb etc.) und auf den **Kontrollumfang** (Intensität des Wettbewerbes) untersucht.

Anstelle von „Führer" und „Geführten" zu sprechen, dürfte es allerdings zweckmäßiger sein, von Anbietern und Nachfragern auszugehen, wobei die Begriffe Angebot und Nachfrage stets auf Outputgrößen bezogen sind. So ordnen wir beispielsweise die Unternehmer stets der **Angebotsseite** zu, obwohl sie teilweise (z.B. auf dem Arbeitsmarkt) auch als Nachfrager auftreten. Der Begriff „Führer" und „Geführter" ist einseitig dem bürokratischen System entnommen und entspricht nicht den Gruppierungen in den anderen Systemen. In dieser Modifizierung entspricht das von *Dahl/Lindblom* entwickelte Schema weitgehend der oben gewählten Einteilung, wobei lediglich zu berücksichtigen ist, daß wir die Begriffe Markt, Verhandlung, Bürokratie und Wahlsysteme nur für Real-, nicht aber für Idealtypen verwenden.

Einen etwas anderen Bezugspunkt wählt *Ph. Herder-Dorneich* in seiner „Theorie der Scheine": Er untergliedert die einzelnen Systeme nach der Art der Steuerungsmittel, wobei er zwischen Berechtigungs-, Wahl- und Geldscheinen unterscheidet. Da die Scheine sowohl als Recheneinheit (Informationsmittel) als auch als Steuerungsgröße (Anreiz) fungieren, liegt der Zusammenhang dieser Systematik mit der von uns gewählten Untergliederung nach Informations- und Anreizsystemen auf der Hand.

Schließlich sei der ordnungspolitische Beitrag von *A.O. Hirschmann* kurz angesprochen. *Hirschmann* unterscheidet vor allem zwischen **Abwanderung und Widerspruch** als zwei wichtigen gesellschaftlichen Mechanismen, von denen eine Kontrolle der Führungskräfte ausgeht. Diese Untergliederung entspricht weitgehend der hier gewählten Unterscheidung zwischen beiderseitigem Wettbewerb und bilateralem Monopol; während sich ein beiderseitiger Wettbewerb in einer Abwanderung äußert, erfolgt die Koordination der Interessen beim bilateralem Monopol in der Regel über Widerspruch.

8.3 Die unterschiedliche Zieleignung der einzelnen Ordnungssysteme

Die Frage, welche Mischung der einzelnen Idealtypen bzw. welches reale Ordnungssystem gewählt werden soll, ist in erster Linie eine Frage nach der Zielsetzung, die mit diesem Ordnungssystem verfolgt wird. Da zumeist mehrere Ziele angestrebt werden, ist dies in der Regel eine Frage nach der Gewichtung der einzelnen Ziele. Zur Beantwortung dieser Frage können wir von den Zielbereichen ausgehen, die wir in Kapitel 1 entwickelt haben. Dort wurde einerseits zwischen dem Allokations-, Verteilungs-, Wachstums- und Konjunkturziel als den Grundzielen des Wirtschaftens unterschieden und andererseits zwischen den der Wirtschaft übergeordneten gesellschaftlichen Zielen: individuelle Freiheit, Sicherheit gegenüber den individuellen Risiken und sozialer Frieden.

Im Hinblick auf das **Allokationsziel** zeichnet sich das marktwirtschaftliche System dadurch aus, daß die einzelnen Produktionsentscheidungen an den Präferenzen der Konsumenten ausgerichtet werden. Wenn somit das Ziel verfolgt wird, die zur Verfügung stehenden Ressourcen entsprechend den Konsumentenpräferenzen möglichst effizient auf die einzelnen Verwendungsarten aufzuteilen, wird man für die Realisierung eines Marktsystems plädieren müssen. Keines der anderen drei Systeme ist dazu gleichermaßen in der Lage. Das Verhandlungssystem kann zwar durchaus zu gleich optimalen Allokationslösungen führen, entscheidend ist jedoch, daß die Verhandlungslösung das individuelle Verhalten weitgehend unbestimmt läßt, so daß prinzipiell auch monopolistische Verknappungsstrategien möglich sind, die eine optimale Allokation verhindern. Das bürokratische System kennt keine dem Marktpreismechanismus vergleichbare Einrichtung zur Feststellung der Knappheiten und ist deshalb auch dann nicht in der Lage, eine paretooptimale Lösung anzusteuern, wenn es der Zielsetzung der Bürokratie entspräche, das Angebot an den Präferenzen der Konsumenten auszurichten.

Das Wahlsystem schließlich ist unter idealen Bedingungen zwar auch in der Lage, die Präferenzen der Mehrheit zu realisieren, je mehr jedoch die individuellen Präferenzen differieren, um so größer sind die Minderheiten, die in ihren Zielvorstellungen nicht berücksichtigt werden. Da das Wahlsystem darüber hinaus im allgemeinen weniger Alternativen zur Auswahl stellt als das Marktsystem, dürfte in Wahlsystemen die Wahrscheinlichkeit, daß die individuellen Optimalvorstellungen gar nicht zur Abstimmung gestellt werden und daß die tatsächlich angebotenen Lösungen in stärkerem Maße von den individuellen Präferenzen abweichen, größer sein.

Nun wird bisweilen – vor allem im Hinblick auf einzelne Produktarten (Gesundheitsgüter etc.) und Personengruppen (Kinder etc.) – die Meinung vertreten, daß der einzelne gar nicht in der Lage sei zu erkennen, welche Versorgung für ihn optimal ist, weil es dem einzelnen entweder an ausreichender Handlungsfähigkeit oder aber an ausreichender Information fehle. Deshalb müsse diese Entscheidung von der Gesellschaft getroffen werden. Die Wirtschaftswissenschaft spricht in diesem Falle von **meritorischem Bedarf**, der vom Staat oder einem Dritten stellvertretend für die einzelnen Betroffenen geäußert werden müsse, meritorisch in dem Sinne, daß der Staat verdienstvoll (meritorisch) tätig wird, um ein bestimmtes Güterangebot sicherzustellen. Überall dort, wo meritorischer Bedarf bejaht wird, sind bürokratische Systeme dem Marktsystem überlegen, da die Äußerung von Konsumentenwünschen in diesem Falle nur die staatliche Entscheidung beeinträchtigen würde.

Im Hinblick auf die **Verteilung** der materiellen Güter wird innerhalb des Marktsystems das **Leistungsprinzip** realisiert, d.h., der einzelne wird nach seinem Beitrag zum Sozialprodukt entlohnt, wobei der Beitrag im Idealfalle an dem Ertragszuwachs gemessen wird, den die letzte Einheit des jeweiligen Faktors zum Gesamtertrag beisteuert (Grenzproduktentlohnung).

Werden andere Verteilungsprinzipien gefordert, bedarf es einer Korrektur des Marktsystems, da andere Verteilungsziele über den Markt nicht realisiert werden können. Lange Zeit wurde die Meinung vertreten, daß sich demokratische Wahlsysteme für eine Nivellierung der Einkommensverteilung eignen, weil hier jeder über eine und nur eine Stimme verfügt; Politiker könnten so lange Stimmengewinne erzielen, als die auf eine Nivellierung der Einkommen (Belastung der wenigen Empfänger hohen Einkommens, Begünstigung der vielen Empfänger geringen Einkommens) hinwirkten. Die Diskussion dieser These hat jedoch gezeigt, daß auch unter idealen Bedingungen das Wahlsystem eher zu einer Ausbeutung der jeweiligen Minderheit (*F. A. v. Hayek*) als zu einer Nivellierung neigt, daß sich allerdings die jeweiligen Minderheiten und Mehrheiten im Zeitablauf abwechseln können.

D. C. Mueller hat allerdings in anderem Zusammenhange die Auffassung geäußert, daß bei einer solchen Lösung niemand wisse, ob er zu den Begünstigten oder Belasteten zähle, und gerade deshalb jeder eine nachgiebigere Haltung, d. h. einen **quasi-altruistischen** Standpunkt einnehme. Das Beispiel der Tarifverhandlungen zeigt weiterhin, daß bei Verhandlungen eine Umverteilung der Einkommen zugunsten der Arbeitnehmer leichter durchgeführt werden kann. Das Marktsystem benachteiligt die Arbeitnehmer gegenüber den Arbeitgebern vor allem deshalb, weil die Arbeitgeber über mehr Informationen als die Arbeitnehmer verfügen. Durch den Zusammenschluß der Arbeitnehmer in Gewerkschaften können diese Startvorsprünge der Arbeitgeber weitgehend abgebaut werden. Es besteht hier allerdings die Gefahr, daß sich nun die Macht einseitig zugunsten der Gewerkschaften verschiebt.

Bürokratische Systeme eignen sich schließlich für Umverteilungsziele im allgemeinen recht gut, weil sie über Zwangsmittel verfügen und somit allgemeine Gerechtigkeitsvorstellungen durchsetzen können. Das gilt allerdings nicht für den Bereich der Lohnpolitik, weil in Bürokratien in stärkerem Maße als in anderen Systemen die Verteilungslösungen einseitig und global für große Gruppen festgelegt werden. Die Arbeitnehmer sind mit dieser Lösung unzufrieden, weil sie hieran nicht selbst mitgewirkt haben und weil eine zentrale bürokratische Lösung auf die lokalen und funktionellen Differenzierungsbedürfnisse keine Rücksicht nehmen kann.

Besonders strittig ist die Frage, welches der vier realen Ordnungssysteme zur Realisierung der **Wachstums-** und **Konjunktur**stabilisierungsziele am besten geeignet ist. Die Klassiker und Neoklassiker der Wirtschaftstheorie gingen entsprechend dem *Say*'schen Theorem von der Vorstellung aus, der freie Markt führe automatisch zu Vollbeschäftigung. Arbeitslosigkeit wurde vor allem damit begründet, daß die Löhne etwa über gewerkschaftlichen Machteinsatz über das Niveau angehoben würden, das allein Vollbeschäftigung im Sinne eines Arbeitsmarktgleichgewichtes garantiere.

Vor allem *J. M. Keynes* kritisierte diese Betrachtungsweise, weil eine nominelle Lohnsenkung, falls sie überhaupt politisch möglich wäre, nicht in der Lage sei, eine Beschäftigungssteigerung auszulösen. Die Lohnsenkungen würden nämlich in Preissenkungen weitergegeben, eine Beschäftigungssteigerung könne jedoch nur bei einer Reduzierung des Reallohnes erwartet werden. Mit einer weitgehenden Überwälzung von Lohnsenkungen auf die Güterpreise müsse deshalb gerechnet werden, weil das *Say*'sche Theorem nicht gelte, vielmehr nur bei einer ganz bestimmten Sozialprodukthöhe ein gesamtwirtschaftliches Gütergleichgewicht realisierbar sei. Solange eine Lohnsenkung die Ausgabefunktionen selbst nicht beeinflusse, sei das gesamtwirtschaftliche Gütergleichgewicht und damit auch der Beschäftigungsgrad unverändert. Der Staat habe deshalb die Aufgabe, über eine defizitäre Finanzpolitik die Gesamtnachfrage so weit auszuweiten, daß Vollbeschäftigung garantiert werden könne.

Im weiteren Verlauf der Diskussion kamen jedoch Zweifel auf, ob der Staat auch unter idealen Bedingungen überhaupt in der Lage sei, konjunkturstabilisierend zu wirken. So wurde im Rahmen der ökonomischen Theorie der Demokratie darauf aufmerksam gemacht, daß gerade der demokratische Wahlmechanismus zu einem zyklischen Ausgabeverhalten der Politiker führe und daß deshalb auf diesem Wege auch zyklische Bewegungen des Volkseinkommens ausgelöst werden (These von *W. D. Nordhaus* **politisch verursachter Konjunkturzyklen**).

Unmittelbar vor Wahlen seien die Politiker bestrebt, die Staatsausgaben zu erhöhen und die Steuersätze zu reduzieren, um auf diese Weise Stimmen zu gewinnen; unmittelbar nach den Wahlen stünden die Politiker unter dem Druck, eine kontraktive Politik zu verfolgen, um die negativen Auswirkungen der vergangenen expansiven Politik zu reduzieren und um damit überhaupt erst in der unmittelbaren Zeit vor den nächsten Wahlen die materiellen Voraussetzungen für eine expansive Politik zu schaffen. Eine kontraktive, die Wähler belastende Politik sei zu Beginn einer Legislaturperiode möglich, weil der Wähler schnell vergesse und seine Stimmabgabe vorwiegend an den politischen Entscheidungen kurz vor der Wahl ausrichte. Gegen eine staatliche Konjunkturpolitik wurde darüber hinaus eine Vielzahl weiterer Argumente angeführt, die sich jedoch im Gegensatz zu den hier vorgetragenen Argumenten, die auch für ein funktionierendes Wahlsystem gelten, auf pathologische Erscheinungen der einzelnen Systeme beziehen und deshalb erst im folgenden Abschnitt zur Sprache kommen sollten.

Die oben beschriebenen politischen Konjunkturzyklen könnten freilich vermieden werden, wenn die Aufgabe der Konjunktursteuerung einem bürokratischen System (z. B. der Notenbank) übertragen würde. Aber auch hier entstehen Zweifel, inwieweit eine Bürokratie – auch unter idealen Bedingungen – in der Lage ist, diese Aufgabe befriedigend zu erfüllen. So steht beispielsweise die Notenbank in einem **Konflikt** zwischen dem Ziel der Konjunkturstabilisierung und dem Ziel des Zahlungsbilanzausgleiches.

Weiterhin gilt es in diesem Zusammenhang daran zu erinnern, daß die Effizienz geldpolitischer Maßnahmen im Hinblick auf die Konjunkturwirkungen im allgemeinen gering eingeschätzt wird. Wollte man jedoch einem bürokratischen System finanzpolitische Instrumente übertragen, so würde dies dem demokratischen Grundrecht der Parlamente auf Steuerhoheit widersprechen.

Selbst dann, wenn man diesen Einwand außer acht läßt, spricht gegen die Wirksamkeit einer bürokratischen Lösung der weitere Umstand, daß eine wirksame Konjunkturpolitik einer **Prognose** bedarf, die immer nur sehr unvollkommen gegeben werden kann. Zwar bedürfen auch die Unternehmungen bei ihren Investitionsentscheidungen einer Prognose, entscheidend ist jedoch, daß im marktwirtschaftlichen

System stets eine Vielzahl von Einzelentscheidungen gefällt wird, so daß die Entscheidungen aufgrund des unterschiedlichen Wissens der einzelnen niemals alle in die gleiche Richtung zielen, mit dem Ergebnis, daß sich Fehlentscheidungen zum Teil selbst kompensieren.

Das Ziel einer Garantierung möglichst großer individueller **Handlungsfreiheit** dürfte bei einer Marktlösung am ehesten verwirklicht sein. Im Prinzip kann hier der einzelne frei entscheiden, wie er seine materiellen Ressourcen verwendet. Die Verhandlungslösung schränkt – soweit sie sich auf **Kollektiv**verhandlungen bezieht – die individuelle Freiheit bereits in stärkerem Maße ein, weil sich die verhandelnden Gruppen auf gemeinsame Kompromisse einigen müssen. Ein Wahlsystem reduziert den individuellen Handlungsspielraum auf die gleiche Weise, und zwar insofern, als die Ergebnisse dieses Systems zumeist als **Kollektivgüter** angeboten werden und damit eine Unterwerfung der Minderheit unter den Mehrheitsbeschluß notwendig machen. Das bürokratische System schließlich gestattet dem einzelnen Untergebenen den geringsten individuellen Handlungsspielraum, weil hier durch **Handlungsanweisungen** vorgeschrieben wird, wie sich der einzelne zu verhalten hat.

Im Hinblick auf das Ziel, den einzelnen gegenüber den materiellen Folgen der **Risiken** zu sichern, sind die Markt- und Verhandlungslösungen mit relativ hohen individuellen Risiken verbunden, die sich unmittelbar aus der individuellen Handlungsfreiheit ergeben. Wenn die einzelnen Individuen selbst bestimmen können, wie sie ihre Einkommen verwenden, ergibt sich hieraus unmittelbar die Ungewißheit der Anbieter über Art und Ausmaß der Nachfrage.

Nun lassen sich im Rahmen der Markt- und Verhandlungslösungen gewisse Risiken durch Abschluß von Versicherungsverträgen durchaus auf die gesamte Gemeinschaft verteilen. So gibt es Risikotatbestände, wie etwa das Krankheitsrisiko, die lediglich dem einzelnen unsicher sind, jedoch in einer größeren Gruppe weitgehend berechenbar sind. Der einzelne weiß nicht, wann und in welchem Ausmaß er von Krankheit betroffen wird, sein individuelles Risiko ist deshalb groß; trotzdem ist die durchschnittliche Krankenhäufigkeit innerhalb einer größeren Gruppe weitgehend voraussehbar. Schließen sich also Individuen zu größeren Versichertengemeinschaften zusammen, so kann die durchschnittliche Belastung des einzelnen sehr wohl berechnet werden. Auf diese Weise gestattet auch der Markt oder die Verhandlung einen wirkungsvollen Sicherungsschutz.

Es gibt jedoch nichtversicherungsfähige Risiken, bei denen auch die durchschnittliche Risikenhäufigkeit einer noch so großen Gruppe unbestimmt bleibt; dies gilt beispielsweise im Hinblick auf das Risiko des Währungsverlustes im Rahmen der Altersrente. Nichtversicherungsfähige Risiken können deshalb nur im Rahmen bürokratischer und politischer Systeme (Versorgungssysteme, Sozialversicherungssysteme mit Zwangsmitgliedschaft) abgedeckt werden. Auch beim Arbeitslosenrisiko wird oftmals von einem schwer versicherbaren Risiko gesprochen; in der Tat gibt es keine größeren Versuche, das Arbeitslosenrisiko erwerbswirtschaftlich abzudecken.

Auch im Hinblick auf das Ziel eines größtmöglichen sozialen **Friedens** ergeben sich Unterschiede zwischen den einzelnen Ordnungssystemen. Wir gehen hierbei davon aus, daß soziale Konflikte in dem Maße ausbrechen, in dem die individuellen Erwartungen nicht erfüllt werden. Wie bereits erwähnt, entspricht die Marktlösung des Verteilungsproblems dem Leistungsprinzip, das sich an den Marktwerten orientiert, also an dem „objektiven" Wert, den jeweils die anderen Individuen einer Leistung beimessen. Die Zufriedenheit des einzelnen dürfte hingegen stärker an dem subjektiven Wert orientiert sein, etwa bei Arbeitsleistungen an dem Arbeitsleid, das im Zusammenhang mit der Erstellung der Leistung auftritt. In dem Maße, in dem subjektive und objektive Leistungen auseinanderfallen, dürfte beim einzelnen Unzufriedenheit entstehen.

Nun gibt es in Marktsystemen auch Mechanismen, die zum Abbau von Unzufriedenheit führen und die subjektiven und objektiven Leistungen einander angleichen. Ein solcher Ausgleichsmechanismus ist beispielsweise die **Mobilität.** Werden Leistungen erbracht, die ein hohes subjektives Arbeitsleid hervorrufen, liegt jedoch der Marktpreis unter diesem subjektiven Wert, so wird dieser Umstand dazu führen, daß in Zukunft die Erstellung dieser Leistungen zugunsten von Leistungen eingeschränkt wird, bei denen auch der Marktwert dem subjektiven Wert entspricht. Diese Mobilität bewirkt nun zweierlei. Auf der einen Seite wird die Unzufriedenheit durch Wanderung zu Arbeitsstätten mit einem geringeren Unzufriedenheitspotential abgebaut, auf der anderen Seite bewirkt die Abwanderung eine Verknappung dieser Leistungen; diese trägt selbst wiederum dazu bei, daß der Marktwert in Richtung auf den subjektiven Wert steigt. In dem Maße allerdings, in dem die Individuen nicht zur Wanderung bereit sind oder ihre Wanderungsmöglichkeit eingeschränkt ist, wird sich Unzufriedenheit aufstauen und das Konfliktpotential vergrößern.

Verhandlungslösungen zeichnen sich im Hinblick auf das Ziel des **sozialen** Friedens dadurch aus, daß sie – kurzfristig und vordergründig betrachtet – neues Konfliktpotential schaffen, indem die verhandelnden Parteien ihre Ziele mit kollektiven Kampfmaßnahmen durchzusetzen versuchen. Die Einrichtung der Tarifverhandlungen sieht die Möglichkeit eines kollektiven Arbeitskampfes vor und vergrößert damit die Möglichkeit offener Konflikte. Auf lange Sicht gesehen kann man aber ganz im Gegensatz in der Verhandlungslösung geradezu einen Beitrag zum Abbau von sozialen Konflikten sehen. Dies gilt in zweierlei Hinsicht: Auf der einen Seite trägt der Umstand, daß die Tarifparteien miteinander diskutieren und hart um die Einigung ringen, dazu bei, gewisse Unzufriedenheit bei den Mitgliedern der Tarifparteien zu kanalisieren und damit abzubauen. Die Kompromißbereitschaft hängt hierbei selbst wiederum davon ab, inwieweit die Gegenseite ihre Vorstellungen mit Drohungen glaubhaft untermauern können.

Auf der anderen Seite bewirkt ein offen ausgebrochener Arbeitskampf, daß die aufgestaute Unzufriedenheit abreagiert werden kann. Ohne diese Einrichtung des Arbeitskampfes bestünde die Gefahr, daß sich die Unzufriedenheit verstärkt und dann in sehr viel stärkeren Konflikthandlungen (z. B. Revolution) zum Ausbruch kommt. Weiterhin gewinnen die Tarifpartner in den Verhandlungen Informationen über die Lage der Gegenseite und damit i.d.R. auch Verständnis für deren Belange. Schließlich wird man über einen – wenn auch unbefriedigenden – Tarifabschluß dann, wenn man ihm im Prinzip selbst zugestimmt hat, nicht so unzufrieden sein, als wenn derselbe Tarifabschluß von anderen, etwa von seiten des Staates, oktroyiert worden wäre.

Auch ein funktionierender Wahlprozeß kann als ein konfliktabbauendes Verfahren angesehen werden. Sind die Wähler mit den gegenwärtigen politischen Lösungen nicht zufrieden, so haben sie die Möglichkeit, ihre Unzufriedenheit dadurch auszudrücken und einen Wechsel herbeizuführen, daß sie bei den Wahlen zur Oppositionspartei überwechseln.

Das bürokratische System scheint zunächst auf den ersten Blick ein System darzustellen, das die geringsten Konflikte zuläßt, weil in einem solchen System Konflikthandlungen u. U. verboten werden. Langfristig ist jedoch gerade dieses System in besonderem Maße konfliktanfällig, und zwar einmal deshalb, weil hier am wenigsten auf die Einzelbedürfnisse eingegangen wird und der einzelne auch nicht am Willensbildungsprozeß beteiligt wird, so daß also die Entscheidungen stets als fremdbestimmt angesehen werden; zum andern aber auch deshalb, weil es hier keine Möglichkeit gibt, aufgestaute Unzufriedenheit abzubauen. Hier ist die Revolutionsgefahr am größten, weil eine Revolution im Extremfall die einzig verbleibende Möglichkeit zur Veränderung der politischen Verhältnisse darstellt.

8.4 Zur Pathologie der einzelnen Ordnungssysteme

Bei den bisherigen Überlegungen gingen wir von der stillschweigenden Annahme funktionsfähiger Ordnungssysteme aus. In Wirklichkeit weisen die realen Ordnungssysteme immer wieder Mängel auf, aufgrund derer die gewünschten Ergebnisse nicht erzielt werden können. De facto entwickelte sich historisch gesehen die Gegnerschaft gegen marktwirtschaftliche Lösungen zumeist aus der Feststellung, daß der Markt seine Aufgaben keinesfalls immer voll befriedigend erfülle, also – wie gesagt – Mängel aufweise. Man sprach von **Marktmängeln** oder vom **Marktversagen** und forderte, die Lösung dieser Probleme in diesen Fällen politischen Systemen zu übertragen.

Die Erfahrung mit den politischen Systemen hat jedoch gezeigt, daß es nicht nur Marktmängel gibt, sondern daß alle Ordnungssysteme, also auch die staatlichen, in concreto beachtliche Mängel aufweisen können. Wenn jedoch alle Ordnungssysteme in der Realität mehr oder weniger **Systemmängel** aufweisen können, genügt der Hinweis, daß ein ganz bestimmtes System, beispielsweise der Markt, in konkreten Einzelfällen versage, nicht, um die Übertragung dieser Aufgabe auf ein anderes System, beispielsweise auf den Staat, zu rechtfertigen. Es muß erst festgestellt werden, ob das Versagen des zur Diskussion stehenden alternativen Systems nicht genauso groß oder unter Umständen noch größer ist. Auch muß zuvor geprüft werden, ob die Mängel des bisherigen Systems nicht nachträglich durch Veränderung von Rahmenbedingungen reduziert werden können. Erst ein systematischer Vergleich der Wirkungsweise aller alternativen Systeme und der Möglichkeit, Systemmängel nachträglich abbauen zu können, kann eine rationale Grundlage für eine Entscheidung zugunsten des einen oder anderen Systems bringen.

Die Lehre von den Systemmängeln bzw. von der Pathologie der Ordnungssysteme wurde zunächst im Hinblick auf das Marktsystem entwickelt. Es läßt sich jedoch zeigen, daß die wichtigsten Gründe, die Marktmängel auslösen, auch bei den anderen Systemen eintreten. Systeme weisen insbesondere dann Mängel auf, wenn entweder

a) die Voraussetzungen dafür fehlen, daß es überhaupt zu einem Ausgleich von Angebot und Nachfrage kommt (Frage nach der Existenz und Stabilität des Gleichgewichtes), oder wenn

b) die realisierten Lösungen als suboptimal bezeichnet werden müssen, da entweder nicht alle Entscheidungswirkungen in das Kalkül der Entscheidenden Eingang finden (Problem der externen Effekte) oder wegen Machtzusammenballung auf der einen Seite unbefriedigende Ergebnisse erzielt werden (Problem der monopolistischen Beherrschung).

Wenden wir uns zunächst der Frage nach dem **fehlenden Gleichgewicht** zu. Der freie **Markt** führt nur dann zu einem Gleichgewicht, wenn Angebot und Nachfrage eine gewisse Elastizität aufweisen und auf Preisvariationen normal reagieren. Im Rahmen der Theorie des **cobweb-Systems** wurde weiterhin gezeigt, daß aufgrund gewisser Verzögerungsfaktoren auch bei normal reagierendem und elastischem Angebots- und Nachfrageverhalten unter gewissen Voraussetzungen das Marktsystem nicht zu einem Gleichgewicht hinfindet.

Auch im Rahmen des **Verhandlungssystems** muß unter gewissen Voraussetzungen damit gerechnet werden, daß es nicht zu einer Übereinstimmung der Anbieter und Nachfrager kommt. So können die Zielvorstellungen der verhandelnden Parteien so weit voneinander entfernt liegen und die Möglichkeiten die Gegenpartei zu Konzessionen zu veranlassen, so gering sein, daß im Rahmen einer auf Verhandlungen i.e.S. beschränkten Lösung alle Kompromißmöglichkeiten erschöpft sind, bevor die Parteien zu einer Einigung gelangt sind. In praxi hilft man sich aus diesem Dilemma dadurch heraus, daß in diesen Fällen **Schlichtungsbemühungen** eingeleitet werden, daß also durch Vermittlung Dritter (z.B. des Staates) neue Kompromißwege beschritten werden; ferner wird dadurch, daß durch Einsatz von Arbeitskampfmaßnahmen ein stärkerer Druck auf die jeweilige Gegenseite ausgeübt wird, eine weitergehende Kompromißbereitschaft zu erzwingen versucht.

Innerhalb von **Wahlsystemen** gibt es verschiedene Faktoren, die das Zustandekommen eines Beschlusses, also ein Gleichgewicht, verhindern können. Als erstes ist darauf hinzuweisen, daß bei **Stimmengleichheit** für die alternativen Programme ein Mehrheitsbeschluß nicht zustande kommt. Diese Schwierigkeit kann jedoch leicht durch institutionelle Vorkehrungen (ungerade Zahl der Abstimmungsberechtigten; bei Stimmengleichheit entscheidet die Stimme des Vorsitzenden etc.) behoben werden.

Größere Schwierigkeiten treten jedoch in den Fällen auf, bei denen die Bedingungen des **Arrow-Paradoxons** gegeben sind, wonach mehrere alternative Programme eine Mehrheit erlangen können und die zufällige Reihenfolge der Abstimmungen darüber entscheidet, welche Alternative gewählt wird. Solche **zyklischen Mehrheiten** können nur dann vollkommen vermieden werden, wenn entweder die Zahl der Alternativen auf zwei reduziert wird oder wenn die Präferenzen der Stimmberechtigten weitgehend übereinstimmen. Das Problem fehlender Beschlußfähigkeit ist ferner auch dann gegeben, wenn eine absolute oder sogar **qualifizierte Mehrheit** vorgeschrieben ist und die einzelnen Parteien keine Möglichkeit haben, die Gegner eines Projektes zu einer Zustimmung zu bewegen.

Schließlich findet ein Wahlsystem dann nicht zu einem Gleichgewicht, wenn die Parteien sich überwiegend auf **verteilungspolitische** Programme konzentrieren, selbst dann nicht, wenn sich die Wähler im Hinblick auf die Maximierung ihres Nutzeneinkommens rational verhalten. Wie wir bereits im Abschnitt über die Zieleignung angedeutet haben, sehen sich die Parteien in diesem Fall gezwungen, ihre Verteilungspolitik auf eine minimale Mehrheit auszurichten. Da jedoch die Opposition stets die Möglichkeit hat, die Wahlen dadurch zu gewinnen, daß sie ihre Verteilungspolitik an einer anders zusammengesetzten minimalen Mehrheit ausrichtet, ergibt sich langfristig ein Hin- und Herpendeln zwischen den unterschiedlichsten Mehrheiten und damit eine instabile Situation.

Ein **bürokratisches** System schließlich kann ebenfalls aus verschiedenen Gründen handlungsunfähig werden, beispielsweise dann, wenn die einzelnen Abteilungen der Bürokratie nicht aufeinander abgestimmt sind und sich gegenseitig blockieren oder dann, wenn das **Treueverhältnis** zwischen Untergebenen und Vorgesetzten nicht mehr gegeben ist und wenn die Untergebenen wegen besseren Sachwissens die Anweisungen der Vorgesetzten mit Erfolg umgehen können.

Wenden wir uns einem zweiten Grund für das Vorliegen von Systemmängeln zu: dem Problem der **externen Effekte.** In **marktwirtschaftlichen** Systemen treten immer dann externe Effekte auf, wenn wirtschaftliche Entscheidungen zu Wirkungen führen, die nicht in das Kalkül der jeweils Entscheidenden eingehen. Dies ist insbesondere dann der Fall, wenn sich bestimmte Entscheidungen auf Güter auswirken, die den Charakter eines **Kollektivgutes** oder eines **Kollektivschadens** haben. Wenn etwa die Produktion eines Industriegutes zu einer Verschmutzung der Luft führt, so ist dies u. U. für die angrenzende Wohnbevölkerung mit gesundheitlichen Gefahren verbunden, ohne daß jedoch die Bevölkerung die Möglichkeit hat, von Produzenten hierfür Entschädigungen zu verlangen. Nicht alle volkswirtschaftlichen Kosten gehen hier in das Kalkül der Unternehmung ein; dies bewirkt, daß einzelne Güter tendenziell in einem zu hohen Ausmaß produziert werden, da der Schnittpunkt der privaten Grenzkosten und Grenzerträge bei einer höheren Ausbringung liegt als der Schnittpunkt der volkswirtschaftlichen Grenzkosten und Grenzerträge.

Externe Effekte können auch im Zusammenhang mit **Verhandlungs**lösungen auftreten. So sind etwa von Arbeitskämpfen nicht nur die jeweiligen streitenden Arbeitsmarktparteien, sondern oftmals auch dritte Gruppen, wie Zulieferfirmen oder die Bevölkerung, unmittelbar negativ betroffen. Ein Streik in der Kraftwagenindustrie kann etwa in der Reifenindustrie zu Kurzarbeit führen, ein Müllabfuhrstreik belastet in sehr starkem Maße die Bevölkerung. In beiden Fällen verursachen die streitenden Parteien Dritten gegenüber Kosten, die nicht von den streitenden Parteien bezahlt werden müssen und daher in ihren Entscheidungen über Art und Ausmaß der eingeleiteten Arbeitskampfmaßnahmen nicht berücksichtigt werden.

Eine besondere Art von externen Effekten ist auch in **Wahl**systemen zu erwarten. Da die Politiker in einer Demokratie unter dem Druck stehen, die Auswirkungen ihrer Handlungen auf die Stimmenzahl zu beachten, können sie ihre Wiederwahlmöglichkeiten dadurch erhöhen, daß sie vorwiegend Maßnahmen durchführen, deren negativ eingeschätzte Wirkungen erst **langfristig** auftreten, deren positiv eingeschätzte Wirkungen jedoch kurzfristig spürbar werden (*E. Liefmann-Keil*). Das bedeutet im allgemeinen, daß in einer Demokratie Entscheidungen mit Investitionscharakter (die Kosten treten in der Gegenwart auf, die Erträge fallen erst viel später an) in zu geringem Maße getroffen werden. Der Grund hierfür liegt in externen Effekten, also in der Tatsache, daß die Politiker vorwiegend nur diejenigen positiven Wirkungen in ihr Kalkül einbeziehen, die kurzfristig feststellbar sind.

Die Wahrscheinlichkeit externer Effekte ist besonders in **bürokratischen** Systemen groß. Da die Bürokraten kein Eigentum an Sach- und Geldmitteln haben, die sie verwalten, lassen sich Fehlentscheidungen auch nicht den Bürokraten unmittelbar materiell anlasten, die für diese Fehlentscheidungen verantwortlich sind.

Nun besteht prinzipiell die Möglichkeit, Verantwortlichkeiten auch dadurch aufrechtzuerhalten, daß den Bürokraten bei Fehlentscheidungen vorwiegend andere als materielle Konsequenzen angelastet werden. Eine solche Konsequenz könnte beispielsweise in der Entlassung, Degradierung, Nichtbeförderung etc. gesehen werden. Aber gerade diese Möglichkeit ist oftmals in einer Bürokratie versperrt, weil die Beamten auf **Lebenszeit** eingestellt sind und deshalb gar nicht entlassen werden können.

Häufig ist eine Nichtbeförderung durch das System der sog. **Regelbeförderung** ausgeschlossen und zum Mittel der Degradierung wird in der Regel nur bei extremen Verfehlungen gegriffen. Im Gegenteil dazu führen ständige Fehlentscheidungen eines Beamten unter Umständen sogar zu seiner Beförderung, weil das häufig der einzige Weg ist, ihn „loszuwerden".

Es verbleibt dann die Möglichkeit, den Verantwortlichen dadurch zur Verantwortung zu ziehen, daß er sich **öffentlich rechtfertigen** muß. Aber auch dieser Mechanismus versagt oftmals einfach deshalb, weil der Bürokrat über bedeutend bessere Informationen verfügt als die ihn kontrollierende Öffentlichkeit und damit oftmals die Möglichkeit hat, fehlerhafte Entscheidungen zu rechtfertigen.

In ähnlicher Weise wie externe Effekte führen auch einseitige **Monopolisierungen** zu suboptimalen Entscheidungen. In **marktwirtschaftlichen** Systemen hat der Monopolist die Möglichkeit, das Gesamtangebot zu kontrollieren, gerade deshalb kann er das Angebot **verknappen** und damit eine den Präferenzen der Konsumenten weniger entsprechende Produktion durchsetzen. Gleichzeitig sind hier die Anreize für den Anbieter, neue kostensenkende Verfahren und qualitätssteigernde Produkte einzuführen, geringer.

Die **Verhandlungs**lösung zeichnet sich nun dadurch aus, daß auch im idealtypischen Falle beide Seiten bereits monopolisiert sind: Dennoch kann auch hier eine gewisse Kontrolle dadurch erfolgen, daß sich beide Seiten im Sinne einer **countervailing power** gegenseitig kontrollieren (*J. K. Galbraith*). Wie bereits festgestellt, kann jedoch die Machtposition der Angebots- und Nachfrageseite recht unterschiedlich sein, im Extremfall ist es denkbar, daß die eine Verhandlungsseite gegenüber der anderen die Machtposition eines **Optionsfixierers** innehat und damit gegenüber der Gegenseite eine größere Macht ausübt als der Angebotsmonopolist auf dem Markte.

Allerdings hat die Theorie des bilateralen Monopols auch gezeigt, daß Optionsfixierungslösungen unter gewissen Voraussetzungen durchaus zu den gleichen Allokationsergebnissen wie der Wettbewerbsmarkt führen können, so daß hier der Schaden u. U. viel stärker im Bereich der Verteilung als der Produktion liegt. Nochmals sei jedoch daran erinnert, daß eine Verhandlungslösung die Verhaltensweisen weitgehend **unbestimmt** läßt, so daß auch hier wie beim Angebotsmonopol auf dem Markte oftmals mit suboptimalen Produktionslösungen gerechnet werden muß.

Die Funktionsfähigkeit eines **Wahl**systems setzt voraus, daß die Wähler Alternativen haben, also zwischen verschiedenen Parteien wählen können. Allerdings wäre es falsch zu meinen, daß die Ergebnisse eines Wahlprozesses im Hinblick auf die Präferenzen der Wähler um so befriedigender ausfallen, je größer die Anzahl der konkurrierenden Parteien ist. Im Rahmen der Politikwissenschaft als auch der ökonomischen Theorie der Politik konnte gezeigt werden, daß ein im wesentlichen auf zwei Parteien beruhendes **Mehrheitssystem** besser in der Lage ist, die Präferenzen der Wähler zu befriedigen als ein auf vielen Parteien beruhendes **Proporzwahlrecht**.

Der Grund hierfür liegt insbesondere darin, daß die Parteien bei einem Mehrheitssystem unter bedeutend stärkerem Druck stehen, möglichst viele Bevölkerungsgruppen anzusprechen, während bei einem Proporzsystem in viel stärkerem Maße die Interessen nur einzelner Gruppen von Parteien vertreten werden könnten. Es läßt sich zeigen, daß der Wähler im Falle der Unzufriedenheit mit der bestehenden Lösung beim Mehrheitswahlrecht sehr viel bessere Chancen hat, eine Ablösung der Regierung und damit eine Änderung der Situation herbeizuführen als in einem Proporzsystem.

Beschränkungen im Wettbewerb liegen somit weniger darin, daß die Anzahl der Parteien beschränkt wird; trotzdem gibt es auch im Wahlsystem durchaus Systemmängel aufgrund von Monopolisierungen, so beispielsweise dann, wenn zu einem **Einparteiensystem** übergegangen wird, wenn eine **Allparteienkoalition** regiert, oder wenn sich die bestehenden Parteien absprechen, bestimmte politische Probleme aus dem Konkurrenzkampf herauszunehmen usw.

Das **bürokratische** System zeichnet sich unter den diskutierten Alternativen dadurch aus, daß es auch oder gerade im idealtypischen Falle keine Konkurrenz des Anbieters vorsieht. Die Machtbegrenzung einer Bürokratie liegt deshalb in anderen Bereichen. So unterliegt eine staatliche Bürokratie in funktionierenden Demokratien dem Prinzip nach einer **parlamentarischen Kontrolle.** Diese Kontrolle kann dadurch stark beschnitten werden, daß die Bürokraten über einen so großen **Informationsvorsprung** vor den sie kontrollierenden Parlamentariern verfügen, daß die parlamentarische Kontrolle ineffektiv wird. Genau diese These wird etwa von *W. A. Niskanen* im Rahmen seiner Bürokratietheorie vertreten. *Niskanen* ist der Ansicht, daß aufgrund dieses Informationsvorsprungs die Bürokraten über eine der Optionsfixierungsmacht vergleichbare Monopolmacht verfügen und deshalb die Möglichkeit haben, die Staatsausgaben in bedeutend stärkerem Maße auszuweiten, als dies den Präferenzen der Wähler entspricht.

Kapitel 9:
Ordnungskonzeptionen

Nachdem wir uns im Kapitel 8 die Frage gestellt hatten, welche Arten der Koordination möglich sind, wollen wir uns in diesem Kapitel der Frage zuwenden, welche konkreten Ordnungssysteme als erwünscht angesehen werden. Die Frage nach der erwünschten Ordnungskonzeption ist in erster Linie eine Frage nach den Grundzielen, die innerhalb eines Wirtschafts- und Gesellschaftssystems verfolgt werden.

Nun werden im Rahmen der meisten gesellschaftlichen Leitbilder jeweils die gleichen Zielkomplexe angesprochen. Liberalismus, Sozialismus und christliche Soziallehre räumen alle – wenn auch in unterschiedlichem Maße – der individuellen Freiheit, der sozialen Sicherheit, dem Abbau von unerwünschten Diskriminierungen und der Vergrößerung der materiellen Wohlfahrt einen hohen Wert ein. Der Unterschied zwischen diesen Leitbildern ergibt sich in der Zielfrage weniger daraus, daß einzelne dieser Grundwerte überhaupt nicht angestrebt werden, als vielmehr daraus, daß diesen Zielen ein **unterschiedlicher Begriffsinhalt** zugesprochen wird und daß bei Vorliegen von Zielkonflikten ein **unterschiedlicher Kompromiß** angestrebt wird.

So sehen die sozialistischen Leitbilder das Ziel einer gerechten Einkommensverteilung vorwiegend in einem Abbau von Einkommensdifferenzierungen, während liberale Leitbilder die Idee der materiellen Gerechtigkeit stärker mit der Verwirklichung des Leistungsprinzips verbinden, das durchaus zu beachtlichen und auch erwünschten Einkommensdifferenzierungen führt. Es kann auch kein Zweifel darüber bestehen, daß der Liberalismus im Konfliktfall die Freiheitswerte stärker betont als die Werte einer gerechten Verteilung oder einer weitgehenden Absicherung gegenüber materiellen Risiken, während der Sozialismus einen Kompromiß stärker zugunsten der Gerechtigkeits- und Sicherheitsziele sucht.

Die Unterschiede in den einzelnen Ordnungskonzeptionen lassen sich aber nicht ausschließlich auf Unterschiede in der Zielbestimmung sowie der Zielgewichtung zurückführen. Wie wir noch in den folgenden Abschnitten ausführlicher zeigen werden, muß ein Großteil der unterschiedlichen Auffassungen zwischen Liberalismus und Sozialismus darauf zurückgeführt werden, daß unterschiedliche Auffassungen über die **Wirksamkeit** der einzelnen Ordnungssysteme bestehen. Der Liberalismus hält die Funktionsfähigkeit des Marktes für erwiesen und bezweifelt, daß ein staatlicher Plan und eine Ordnung in Form des Kollektiveigentums in der Lage sind, die Konsumentenwünsche zu realisieren. Umgekehrt war es gerade die Überzeugung, daß der Markt versage, die die Sozialisten dazu geführt hat, eine Sozialisierung des Eigentums und eine Abkehr von marktwirtschaftlichen Prinzipien zu fordern.

Hier handelt es sich eindeutig um Sachfragen, die im Prinzip im Rahmen der Wissenschaft geklärt werden können und die an und für sich nicht Gegenstand normativer Systeme sein können. Da aber unser Wissen über die wirklichen Sachzusammenhänge stets mehr oder weniger unvollkommen ist und deshalb die Frage nach den tatsächlich eintretenden Wirkungszusammenhängen nicht immer eindeutig beantwortet werden kann, kommen in der **optimistischen** und **pessimistischen** Einstellung sicherlich auch normative Aspekte ins Spiel.

Problematisch wird diese Einstellung dann, wenn sich solche Überzeugungen verfestigen und wenn an ihnen auch dann noch festgehalten wird, wenn die von einer Ordnungskonzeption zunächst spekulativ formulierten Vorstellungen bereits empirisch widerlegt sind. Hier besteht vor allem die Gefahr, daß eine kritische Analyse solcher in den ideologischen Vorstellungen enthaltenen Sachfragen bereits als ein Angriff auf eine Ordnungskonzeption und auf die sie vertretende Gruppe aufgefaßt wird.

Zwischen den einzelnen ordnungspolitischen Konzeptionen gibt es noch einen dritten Unterschied. Die einzelnen Leitbilder unterscheiden sich zum Teil auch darin, in welchen Zeiträumen bestimmte Ziele realisiert werden sollen. Entsprechend dem **revolutionären Ansatz** sollen die erwünschten Ordnungssysteme in möglichst einem Schritt verwirklicht, entsprechend dem **Inkrementalismus** sollen hingegen die Zielvorstellungen nur schrittweise realisiert werden. Im allgemeinen neigen sozialistische Theoretiker eher zum revolutionären Ansatz, obwohl es auch in dieser Frage beachtliche Unterschiede gibt, während liberale Leitbilder eher dem Inkrementalismus zuzuordnen sind.

Zugunsten des Inkrementalismus wird darauf hingewiesen, daß nur bei einer Verwirklichung der politischen Ziele in kleinen Schritten mit einem bleibendem Erfolg gerechnet werden kann. So müsse vor allem davon ausgegangen werden, daß im Hinblick auf die zu erwartenden Sekundärwirkungen in der Regel keine eindeutigen empirisch bestätigten Erfahrungen vorliegen, weil zumeist politisches **Neuland** beschritten werde. Aber nur bei Kenntnis dieser Sekundärwirkungen könne angegeben werden, welche Mischung der Ordnungselemente auf lange Sicht erwünscht ist.

Weiterhin sei das einzelne Individuum auch nicht in der Lage, rein spekulativ anzugeben, welche Lösungen seinen eigenen Vorstellungen optimal entsprechen: Der einzelne sei nämlich außerstande, nur **abstrakt** vorgestellte Lösungen eindeutig zu bewerten. Erst wenn die Lösungen realisiert seien, könne der einzelne angeben, ob ein bestimmter realer Zustand seinen Präferenzen voll entspricht.

Da im Zusammenhang mit Ordnungssystemen stets eine Vielzahl von Zielen zur Diskussion steht und deshalb die Frage nach dem Optimum in erster Linie ein Gewichtungsproblem darstellt, ist nicht damit zu rechnen, daß die optimale Lösung stets von vornherein bekannt ist. Auch in dieser Frage kann wohl nur ein vorsichtiges Herantasten an die Lösungen enthüllen, bei welchem Kompromiß ein Optimum erreicht ist. Es kommt hinzu, daß bei schrittweiser Vorgehensweise der Erfolg einer Maßnahme sehr viel besser überprüft werden kann. Hier sind nämlich annähernd Laborbedingungen erfüllt und es lassen sich die zeitlich nach den Maßnahmen eintretenden Wirkungen den einzelnen Maßnahmen besser zuordnen. Bei einem revolutionären Vorgehen sind jedoch zur gleichen Zeit sehr viele Einzelmaßnahmen notwendig, so daß es gerade deshalb nicht möglich ist, bei einem Mißerfolg eine dieser Maßnahmen verantwortlich zu machen.

Eine Politik der kleinen Schritte gestattet es auch, die einzelnen Maßnahmen sehr viel besser **vorzubereiten** und damit die Wahrscheinlichkeit eines Erfolges zu vergrößern, während bei einer revolutionären Änderung zunächst einmal improvisiert werden muß und gerade deshalb Mißerfolge zu erwarten sind. Ferner können kleine Schritte sehr viel leichter zurückgenommen werden, wenn sie sich als fehlerhaft erwiesen haben. Vor allem aber wird gegen eine revolutionäre Änderung eingewandt, daß auf diese Weise die Errichtung eines **Zwangsapparates** größten Ausmaßes notwendig werde, der – wenn er erst einmal errichtet ist – nicht mehr abgebaut werden könne.

Die Notwendigkeit einer Zwangsordnung bei revolutionärer Veränderung ergibt sich daraus, daß bei einer Revolution die bisher tradierten Werte global aufgegeben werden; aber auch die neue Ordnung wird nicht ohne die Einhaltung von – wenn auch anderen – Grundwerten auskommen können. Diese Werte müssen aber erst in einem zeitraubenden **Sozialisierungsprozeß** den einzelnen anerzogen werden. Bis zur Erreichung dieses Zieles muß deshalb von seiten des Staates auf den einzelnen ein starker Zwang ausgeübt werden, um die Realisierung der revolutionären Ziele sicherzustellen. So kommt es, daß auch Leitbilder, die eigentlich die Abschaffung des Staates und der Gewalt propagiert haben, bei und nach Ausbruch der Revolution aus sachlogischen Gründen und keinesfalls deshalb, weil die Ideen der Revolution verraten worden sind, zu Polizeistaaten größten Ausmaßes geführt haben.

Die Vertreter eines revolutionären Ansatzes hingegen befürchten, daß bei einer Politik der kleinen Schritte die Grundziele der neuen Ordnungskonzeption verwässert werden und daß somit immer wieder neue **Kompromisse** geschlossen werden, die von den Grundzielen abführen. Derartige Kompromisse werden abgelehnt, weil die Vertreter dieses Ansatzes von der absoluten Richtigkeit der von ihnen angestrebten neuen Ordnung voll überzeugt sind.

9.1 Liberale Ordnungskonzeptionen

Die ordnungspolitische Diskussion zu Beginn der Industrialisierung begann mit der Entwicklung eines **Laisser-faire-Liberalismus** in Frankreich durch *A. R. Turgot* und *F. Quesnay*, in England durch *A. Smith* u.a. Dieser Laisser-faire-Liberalismus wandte sich gegen die dirigistischen Eingriffe des **merkantilistischen** Staates in die unternehmerischen Entscheidungen und stellte für die Binnenwirtschaft die Forderung nach Gewerbefreiheit, für die Außenwirtschaft die Forderung nach Freihandel auf.

Der **Laisser-faire-Liberalismus** ging hierbei von der Überzeugung aus, daß eine sich selbst überlassene Volkswirtschaft automatisch zu einer befriedigenden Koordination der Einzelentscheidungen führe. Trotzdem ist es zumindest mißverständlich, wenn man hier – so wie es häufig geschieht – von der Idee einer konfliktfreien, **prästabilisierten Harmonie** spricht, die sich ohne jede Hilfe des Staates einstelle. Es ist der **Wettbewerb** unter den Unternehmungen, also eine ganz bestimmte Art des gesellschaftlichen Konfliktes, der nach liberaler Vorstellung zu einem befriedigenden Ergebnis der wirtschaftlichen Probleme führt.

Diese Wettbewerbsordnung setzt weiterhin zu ihrem Funktionieren voraus, daß der Staat bestimmte **Spielregeln** erläßt und die Einhaltung dieser Spielregeln überwacht. Auch wird von *Smith* deutlich gesehen, daß ein freier Markt nicht überall funktioniert und daß dem Staat neben der Garantierung der Rechtsordnung dann weitere Aufgaben zufallen, wenn **natürliche Monopolsituationen** vorliegen und ein Wettbewerb nicht erreicht werden kann, weiterhin dann, wenn Bedürfnisse nur in Form von Kollektivgütern befriedigt werden können und wenn deshalb ein freier Markt zu suboptimalen Lösungen führen würde; schließlich hielt *Smith* auch eine staatliche Sozialgesetzgebung zugunsten der Armen für notwendig.

Es wäre auch falsch, im Laisser-faire-Liberalismus einen normativen Individualismus in dem Sinne zu sehen, daß hier ein egoistisches Verhalten verherrlicht und jede Gemeinwohlorientierung zurückgewiesen würde. Ganz im Gegenteil zeichnet sich der Liberalismus dadurch aus, daß er im Gegensatz zum Merkantilismus nicht mehr das Interesse des absoluten Herrschers, also einer Einzelperson, sondern das Interesse der Gesamtbevölkerung zum Kriterium darüber erhebt, ob eine befriedigende Ordnung vorliegt; von einem Individualismus kann nur in dem Sinne gesprochen werden, als der Liberalismus davon überzeugt ist, daß das Eigennutzstreben des einzelnen bei Vorliegen bestimmter Voraussetzungen, nämlich bei starkem Wettbewerb unter den Anbietern, schließlich in weit besserem Maße zu einer befriedigenden Koordination führt als eine Ordnung, bei der jeder einzelne gezwungen wird, all seine Handlungen direkt am Gemeinwohl auszurichten.

Allerdings ist der Liberalismus der Ansicht, daß es kein im voraus vom einzelnen Politiker formulierbares Gemeinwohl gibt, daß also nicht beispielsweise von vornherein feststeht, welche Allokation der Produktionsfaktoren als optimal bezeichnet werden kann. Erst im Verlaufe des Marktprozesses und als sein Ergebnis werden die Preisstrukturen und damit die Knappheitsverhältnisse bekannt, die eine Beantwortung der Frage zulassen, bei welcher Verteilung der Ressourcen der einzelne sein Optimum realisiert hat.

Der Gedanke des Liberalismus erlebte in der Nachkriegszeit vor allem in den Arbeiten von *W. Eucken, W. Röpke* u.a. eine Renaissance und führte zur Idee des **Ordo-Liberalismus**. Auch die von *A. Müller-Armack* entwickelte Konzeption der sozialen Marktwirtschaft kann diesen Ideen zugeordnet werden. Ähnlich wie der Laisser-faire-Liberalismus kann auch der Ordo-Liberalismus als Reaktion gegen staatliche Eingriffe verstanden werden. Während sich der Altliberalismus gegen die dirigistischen Methoden des Merkantilismus zu Beginn der Industrialisierung wandte, richtete sich der Ordo-Liberalismus gegen die Planwirtschaft, wie sie im Zuge der Zwischenkriegszeit und vor allem dann im Rahmen der Kriegswirtschaft immer stärker realisiert wurde.

Der Ordo-Liberalismus bezweifelt im Gegensatz zum Laisser-faire-Liberalismus vor allem, daß sich eine Wettbewerbswirtschaft von selbst erhält. Vielmehr wird hier dem Staat die Aufgabe zugewiesen, in einer aktiven Wettbewerbspolitik die Voraussetzungen dafür zu schaffen, daß der Wettbewerb nicht abgebaut werde; eine sich selbst überlassene Wirtschaft führe zwangsweise zur Monopolisierung, da die Unternehmungen bei Ausschaltung des Wettbewerbes ihre Eigennutzziele besser realisieren könnten. Man kann auch davon sprechen, daß der Ordo-Liberalismus in stärkerem Maße als der Altliberalismus die Bedrohung der individuellen Freiheit nicht nur im Staate, sondern auch darin sieht, daß über eine Monopolisierung Privater die Freiheit der jeweiligen Marktpartner verringert werden kann.

W. Eucken hat sich vor allem darum bemüht, die **konstituierenden** und **regulierenden Prinzipien** für das Funktionieren einer Marktwirtschaft herauszuarbeiten. Zu den konstituierenden Prinzipien zählt *Eucken*: den freien Marktmechanismus, den freien Zugang zum Markt, die Vertragsfreiheit der einzelnen Marktpartner, die Privateigentumsordnung mit voller Haftung der Eigentümer, schließlich einen stabilen Geldwert und eine stabile, voraussehbare Wirtschaftspolitik. **Regulierende** Prinzipien werden insofern von *Eucken* für notwendig erachtet, als eine staatliche Wettbewerbsgesetzgebung eine Monopolisierung verhindern sollte und als eine gewisse Einkommensumverteilung und ein Schutz der Arbeitnehmer vor Ausbeutung für erforderlich gehalten wird. Der Ordo-Liberalismus hat sich darüber hinaus auch darum bemüht, ein Kriterium zu entwickeln, das in relativ einfacher Weise gestattet, **marktkonforme** von marktinkonformen Maßnahmen der Wirtschaftspolitik zu unterscheiden (siehe hierzu Kapitel 4).

Insbesondere im Rahmen der **christlichen Soziallehre** wurde in der Nachkriegszeit eine besondere Form der liberalen Grundvorstellungen entwickelt, die oftmals als **Volkskapitalismus** bezeichnet wurde. Ausgangspunkt dieser Überlegungen ist die Überzeugung, daß die traditionellen Marktwirtschaften in dreierlei Hinsicht zu unbefriedigenden Ergebnissen geführt haben: zu einer ungerechten Einkommensverteilung zuungunsten der Arbeitnehmer und zu einem mangelnden Schutz gegenüber den Risiken Krankheit, Unfall, Alter und Arbeitslosigkeit. Schließlich sei eine Integration des Arbeitnehmers in den Betrieb und damit auch in die Gesellschaft nicht gelungen.

Der Volkskapitalismus versucht diese aufgezeigten Mängel durch eine breite Beteiligung der Arbeitnehmer und der Bevölkerung am erwerbswirtschaftlichen Produktivvermögen zu überwinden. Eine gerechtere Lösung des **Verteilungs**problemes sei auf diese Weise zu erwarten, weil der Arbeitnehmer nun neben seinem **Lohn**einkommen auch über ein **Gewinn**einkommen verfüge und weil deshalb der Arbeiter die Existenz von Gewinnen nicht mehr als soziales Ärgernis empfinde. Kritisch muß hinzugefügt werden, daß eine Gewinnbeteiligung weder eine notwendige noch eine ausreichende Voraussetzung für eine effektive und reale Erhöhung des Arbeitnehmeranteiles am Sozialprodukt darstellt. Sie ist insofern nicht notwendig, als der Arbeitnehmeranteil auch über einen Investivlohn erhöht werden könnte; sie ist aber auch insofern nicht ausreichend, als die Gewinnbeteiligung ohne Änderung des Sparverhaltens der Arbeitnehmer lediglich zu Lasten des Lohneinkommens ginge. In dem Maße, als über die Gewinnbeteiligung auch das Sparverhalten der Arbeitnehmer verändert wird, werden allerdings die gewünschten Veränderungen in der Einkommensverteilung eintreten.

Eine Lösung des **Sicherungs**problemes durch eine Beteiligung der Arbeitnehmer am Produktivvermögen wird darin gesehen, daß der Anteilsbesitz dem Arbeitnehmer auch in den Zeiten ein Einkommen sichert, in denen dieser wegen Krankheit etc. kein Lohneinkommen bezieht. Weiterhin könne im Notfall das Vermögen auch liquidiert werden und so vorübergehend die materielle Absicherung des einzelnen aufrechterhalten. Auch in dieser Frage ist kritisch hinzuzufügen, daß das Anteilseigentum des Arbeitnehmers im Rahmen der Sicherungsfunktion nur eine unterstützende Rolle übernehmen kann. Weder ist es faktisch möglich, daß die Arbeitnehmer innerhalb kurzer Zeit ein großes für Notzeiten ausreichendes Vermögen ansammeln, noch kann ein auf Anteilseigentum beruhendes Sicherungssystem als besonders effizient angesehen werden; sowohl Privat- wie Sozialversicherungssysteme sind besser (und kostengünstiger) in der Lage, die Sicherungsprobleme befriedigend zu lösen.

Eine **Integration** des Arbeitnehmers in die Gesellschaft erhoffen sich die Anhänger eines Volkskapitalismus schließlich deswegen, weil die Arbeitnehmer auf diese Weise zu Miteigentümern der Unternehmungen würden. De facto ist aber der Einfluß, den der einzelne Anteilseigner auf die unternehmerischen Entscheidungen nehmen kann, minimal, und zwar einmal deshalb, weil er im allgemeinen nur einen verschwindend kleinen Anteil am Gesamtvermögen des Unternehmens erlangen wird, zum anderen aber auch deshalb, weil ihm die notwendigen Kenntnisse fehlen, um sachgerechte Entscheidungen zu fällen. Schließlich dürften Besitzer von Kleinvermögen zumeist in geringerem Maße als Besitzer von Großvermögen bereit sein, hohe Risiken einzugehen. Eine starke Reduzierung des wirtschaftlichen Wachstums wegen zu großer Risikenscheue der Anteileigner wird deshalb nur dann vermieden werden können, wenn nicht das Gesamtvermögen einer Unternehmung auf kleine Vermögensanteile aufgeteilt wird.

9.2 Die Konzeption einer staatlich gelenkten Marktwirtschaft

In diesem Abschnitt wollen wir uns einer Ordnungskonzeption zuwenden, die zumeist von Anhängern des sogenannten **freiheitlichen Sozialismus** vertreten wird; auch hier wird nach wie vor eine marktwirtschaftliche Lösung grundsätzlich bevorzugt, wobei allerdings eine weitgehende Korrektur für notwendig erachtet wird, die auch nichtmarktkonforme Maßnahmen miteinschließe.

In diesem Zusammenhange ist als erstes auf die Konzeption des **Versorgungsstaates** hinzuweisen, wie er vor allem in den skandinavischen Staaten, in abgeschwächter Form auch in den meisten anderen westlichen Staaten mehr oder weniger verwirklicht ist. Die Güterproduktion wird hier weitgehend dem Markt überlassen, die Mängel dieses Systems, die darin gesehen werden, daß der Markt zu unerwünschten Verteilungsergebnissen führe und dem einzelnen ein relativ hohes Risiko bringe, sollen durch eine starke **Ausweitung des Kollektivgüterangebotes** behoben werden. Die Umverteilungswirkungen zugunsten der Empfänger geringeren Einkommens sollen hierbei dadurch erzielt werden, daß die Kollektivgüter in der Regel zum Nulltarif angeboten werden und deren Finanzierung über ein stark progressives Einkommenssteuersystem erfolgt. Einen erhöhten Sicherheitsgrad erhofft man sich durch einen Ausbau der kollektiven Sicherungssysteme.

Die Grenzen dieser Konzeption liegen darin, daß die relativ hohe Steuerprogression die Leistungsanreize reduziert und damit das wirtschaftliche Wachstum bremst. Werden ferner Kollektivgüter zum Nulltarif bereitgestellt, ist darüber hinaus die

Nachfrage nach diesen Gütern überhöht; da der Staat sich zumeist außerstande sieht, dieser überhöhten Nachfrage voll zu entsprechen, bleiben Nachfrageüberhänge bestehen, die zu Unzufriedenheiten und zu schwarzen Märkten führen und über ansteigende Preise auf diesen Märkten erneute Ungerechtigkeiten auslösen.

Der Zwang der Politiker, bei den Wahlen wiedergewählt zu werden, veranlaßt weiterhin die Politiker schwergewichtig diejenigen Produktionen zu fördern, die sich kurzfristig in Erträgen auszahlen; langfristige Investitionen, bei denen zunächst die Kosten und erst sehr viel später die Erträge anfallen, werden hingegen vernachlässigt. Schließlich gilt es zu berücksichtigen, daß auch in bürokratischen Systemen der Zugang zu Kollektivgütern keinesfalls immer nach sozialen Kriterien erfolgt. So hat es sich beispielsweise im Rahmen des Sozialen Wohnungsbaus in der Bundesrepublik Deutschland gezeigt, daß es äußerst schwierig ist, Bewohnern von Sozialwohnungen zu kündigen, wenn diese im Laufe der Zeit die Einkommensgrenzen überschreiten und deshalb eigentlich kein Anrecht mehr auf eine Sozialwohnung haben.

Eine ähnliche Konzeption, die sich ebenfalls dadurch auszeichnet, daß am marktwirtschaftlichen Prinzip festgehalten wird, stellt die Forderung nach **Globalsteuerung** dar, so wie sie insbesondere von den Sozialdemokraten in der Bundesrepublik Deutschland realisiert wurde. Dieses Konzept beruht auf der These, daß der Markt zwar die Allokationsaufgaben weitgehend befriedigend löst, daß aber die gesamtwirtschaftlichen Ziele der Konjunkturstabilisierung und eines befriedigenden Wachstums in einer Marktwirtschaft mangelhaft realisiert werden und daß deshalb die Wachstumsrate des Sozialprodukts, der Beschäftigungsgrad und die Steigerungsrate des Preisniveaus über eine staatliche Interventionspolitik global gesteuert werden müßten.

Im Hinblick auf das Vollbeschäftigungsziel stützt man sich hierbei auf die Beschäftigungstheorie von *J. M. Keynes,* wonach deshalb mangels ausreichender privater Nachfrage Arbeitslosigkeit entsteht. Eine Politik der Lohnsenkung und Deflation führe nicht zu dem erwünschten Ergebnis, weil Lohnsenkungen im Güterpreis weitergegeben werden, weil deshalb der Reallohn unverändert bleibe und damit die erwünschte Ausdehnung der Nachfrage gar nicht eintrete. Der Staat habe in einer solchen Situation die Aufgabe, die fehlende private Nachfrage durch eine staatliche Nachfrage zu ersetzen und damit die potentiellen Angebotsüberhänge abzubauen. In den 50er Jahren wurden diese Gedankengänge auch auf das Problem der **Inflation** übertragen. Inflation wurde auf Nachfrageüberhänge zurückgeführt; man sah nun die Aufgabe des Staates darin, durch Reduzierung dieser Nachfrageüberhänge den Preissteigerungstrend zu stoppen.

In den 70er Jahren geriet diese Politik der Globalsteuerung in eine Krise, für die mehrere Faktoren verantwortlich sind. Das Auftreten von **Stagflationserscheinungen** verhinderte eine sinnvolle Konjunktursteuerung, da sowohl die expansive als auch die kontraktive Finanzpolitik immer nur eine Problemgröße (Preisniveau oder Beschäftigungsgrad) in erwünschter Richtung beeinflussen kann, während jeweils die andere Problemgröße gerade dadurch negativ beeinflußt wird.

Auch wurde immer mehr bezweifelt, daß der Staat überhaupt in der Lage sei, die Konjunkturlage effizient zu stabilisieren. Auf der anderen Seite wurde darauf hingewiesen, daß die Globalsteuerung de facto oftmals destabilisierend wirke (*M.*

Friedman) und daß der politische Wahlmechanismus selbst rhythmische Ausgabenbewegungen des Staates auslöse (*W. D. Nordhaus*), daß also konjunkturelle Schwankungen zum Teil überhaupt erst durch die Politik bedingt seien. Schließlich wurde bezweifelt, daß der Staat überhaupt über ausreichende Prognosen verfüge, die für eine rationale Konjunkturpolitik notwendig sind.

Eine dritte Variante der Konzeption einer gesteuerten Marktwirtschaft finden wir in der Forderung nach **Planifikation,** so wie sie in Frankreich in der Nachkriegszeit realisiert und in jüngster Zeit auch in der Bundesrepublik Deutschland im Zusammenhang mit der Forderung nach staatlicher Investitionslenkung diskutiert wurde. Die Produktions- und Investitionsentscheidungen verbleiben hier bei den Unternehmungen, der Staat versucht jedoch diese unternehmerischen Entscheidungen dadurch zu beeinflussen, daß er angibt, welche Entwicklung in den einzelnen Branchen erwartet wird und erwünscht ist (**indikative Planung**).

Diese Konzeption geht im Mißtrauen gegenüber den marktwirtschaftlichen Lösungsmechanismen einen Schritt weiter als die beiden vorhergehend besprochenen. Bei der Planifikation wird nicht nur eine Lenkung der gesamtwirtschaftlichen Größen für notwendig erachtet; man will darüber hinaus auch die Allokation der Produktionsfaktoren staatlicherseits beeinflussen. Die Planifikation kennt allerdings nur eine **indikative** Planung: Hier beschränkt sich der Staat auf die Angabe der erwünschten Entwicklung wirtschaftlicher Größen, ohne daß er die Verwirklichung dieser Pläne erzwingt. Die Erwartung, daß sich die einzelnen Unternehmer dennoch bereitfinden, entsprechend dieser staatlichen Pläne zu investieren, liegt einmal darin, daß die private Wirtschaft über ihre Verbände am Willensbildungsprozeß der Planaufstellung beteiligt wird, zum andern aber auch darin, daß die einzelnen Unternehmungen befürchten, der Staat werde bei Mißerfolg dieser Politik einen weiteren Teil der Unternehmungen sozialisieren.

Auch die **Konzertierte Aktion,** so wie sie in der Bundesrepublik Deutschland verwirklicht wird, stellt eine Art Planifikation dar. Auch hier wird von seiten des Staates festgelegt, welche Lohnsteigerungen bspw. volkswirtschaftlich vertretbar erscheinen. Auch hier handelt es sich nicht um bindende **Lohnleitlinien,** sondern nur um **Orientierungsdaten,** deren Realisierung nicht erzwungen werden kann; auch hier werden die Verbände am Willensbildungsprozeß beteiligt, auch hier schließlich schwebt das Damoklesschwert einer Einschränkung der **Tarifautonomie** über den Entscheidungen der Tarifpartner.

Die Erfolgsaussichten einer solchen indikativen Planung sind – wie die Erfahrungen zeigen – gering. So hat die Konzertierte Aktion nur in **den** Jahren einen äußeren Erfolg aufgewiesen, in denen aufgrund der speziellen Marktlage auch ohne Konzertierte Aktion eine Mäßigung in den gewerkschaftlichen Lohnforderungen hätte erwartet werden können. Der Mißerfolg einer indikativen Planung muß einmal darin gesehen werden, daß die Ergebnisse des gemeinsamen Handelns den einzelnen Gruppen im Sinne eines Kollektivgutes zugutekommen, unabhängig davon, in welchem Maße sie am Erfolg mitgewirkt haben. In einer solchen Situation wird das Mißtrauen gegenüber dem Verhalten der anderen Gruppen stets dazu führen, daß sich einzelne von der gemeinsamen Aktion distanzieren und für sich Sondervorteile in Form überproportionaler Lohnsteigerungen anstreben.

Zum andern ist eine solche Politik aber auch deshalb erfolglos, weil sich ein Rahmenplan zumeist nur auf sehr globale Entwicklungsströme beziehen kann, die keine genauen Angaben darüber zulassen, welche Verhaltensmaßnahmen im Einzelfall notwendig sind. Wenn etwa im Rahmen der Konzertierten Aktion festgelegt wird, daß eine Lohnsteigerung von nicht mehr als 5% erwünscht ist, dann wird fast jeder Gewerkschaftsfunktionär in einem konkreten Teilbezirk immer noch genügend Gründe dafür finden, daß bei voller Anerkennung der Gesamtbegrenzung in **seinem** Bereich aus strukturellen Gründen eine überproportionale Lohnerhöhung notwendig sei. Schließlich gehen von den Orientierungsdaten wie von vielen **Prognosen** Wirkungen aus, die diese Prognose selbst widerlegen. Der Umstand, daß eine 5%ige Lohnsteigerung für gerechtfertigt angesehen wird, kann selbst dazu beitragen, daß die Gewerkschaften in jedem Fall eine höhere Lohnsteigerung anstreben, als bereits politisch zugestanden wurde.

9.3 Staatlich-planwirtschaftliche Konzeptionen

In diesem Abschnitt wollen wir uns den Konzeptionen zuwenden, die eine marktwirtschaftliche Lösung grundsätzlich ablehnen und staatlich-planwirtschaftliche Methoden empfehlen. Nach einer ersten Konzeption genügt es, die sogenannten Schlüsselindustrien zu verstaatlichen und die Produktions- und Investitionsentscheidungen dieser Bereiche staatlichen Behörden zu übertragen. Unter **Schlüsselindustrien** versteht man hierbei insbesondere den Bankenbereich sowie die Stahl- und Energieproduktion. Man hält die Verstaatlichung dieser beiden Wirtschaftsbereiche für ausreichend, um die gesamte Volkswirtschaft im staatlich erwünschten Sinne zu beeinflussen. Über einen verstaatlichten Bankenbereich könnten die Kredite so gelenkt werden, daß nur diejenigen Investitionen realisiert werden, die auch politisch erwünscht seien. Da weiterhin bei der Produktion fast aller Güter Energie und Stahl als Rohstoff benötigt werde, könnten über eine Zuteilung dieser Güter auch von dieser Seite die staatlichen Vorstellungen über eine optimale Produktion weitgehend erzwungen werden.

Obwohl bei dieser Konzeption ein Großteil der Produktion in privaten Händen verbleibt und die Produktionsentscheidungen in diesen Bereichen nominell nach wie vor von privaten Unternehmungen gefällt werden, liegt hier ein anderes Leitbild vor als bei den im vorhergehenden Abschnitt besprochenen Konzeptionen. Während bei den bisher dargelegten Leitbildern stets von der Vorstellung ausgegangen wird, daß der Markt – wenn auch in Grenzen – durchaus eine befriedigende Lösung des Allokationsproblems herbeiführt, sofern er nur durch staatliche Maßnahmen unterstützt und korrigiert werde, geht die Konzeption einer **Verstaatlichung** der Schlüsselindustrien, wie sie in der Nachkriegszeit vor allem von der Labourpartei in Großbritannien verfolgt wurde, davon aus, daß der Markt nicht zu einer befriedigenden Lösung der Allokationsprobleme beitragen könne; wenn man trotzdem nicht die gesamte Wirtschaft sozialisiert, liegt das einfach daran, daß eine solche Totalsozialisierung auf der einen Seite für den Planungserfolg entbehrlich erscheint, auf der anderen Seite aber zu unerwünschten Nebenwirkungen führen müsse. Diese Nebenwirkungen liegen vor allem darin, daß bei einer Totalsozialisierung in viel stärkerem Maße **Zwangsmittel** eingesetzt werden müssen als bei einer Teilsozialisierung.

Die Forderung nach einer Verstaatlichung der Schlüsselindustrien wird in der Alltagsdiskussion oftmals damit gerechtfertigt, daß die Güterproduktion am **Gemeinwohl** und nicht am **Rentabilitätsstreben** der Unternehmungen orientiert werden müsse. Diese Begründung geht am Problem vorbei. So hat der Liberalismus nachgewiesen, daß das Eigennutzstreben in einer funktionierenden Marktwirtschaft automatisch zu einer Realisierung der Gemeininteressen führt. In der wissenschaftlichen Literatur wird deshalb die Forderung nach Verstaatlichung stärker damit begründet, daß der Markt in der Realität nicht idealtypisch funktioniere, daß also ein Marktversagen vorliege. Dabei wird vor allem auf die Existenz von **Monopolen** und auf das Vorliegen gravierender **externer Effekte** hingewiesen. Bisweilen wird auch auf **meritorischen Bedarf** abgestellt, also die Vorstellung vertreten, daß der einzelne gar nicht in der Lage sei, die für ihn beste Entscheidung zu treffen, und daß deshalb der einzelne vom Staat zu seinem „Glück" gezwungen werden müsse.

Einigkeit dürfte weitgehend darin bestehen, daß eine optimale Ausrichtung der Produktion an den Präferenzen der Konsumenten Wettbewerb und eine Internalisierung aller Kosten und Erträge voraussetzt. Fraglich ist aber, ob ein planwirtschaftliches System, auch wenn es nur auf die Schlüsselindustrie beschränkt bleibt, die Allokationsprobleme besser löst als ein marktwirtschaftliches System. Alle realen Ordnungen weisen mehr oder weniger große Mängel auf. Das bedeutet, daß der bloße Hinweis auf tatsächliche Marktmängel keinen ausreichenden Grund dafür abgibt, zu planwirtschaftlichen Methoden überzugehen, weil die Planmängel u. U. noch größer sein könnten oder aber weil die Marktmängel durch eine gezielte Wettbewerbspolitik u.U. mit geringeren negativen Sekundärwirkungen reduziert werden könnten, als bei einer planwirtschaftlichen Lösung zu erwarten wären.

Eine weitere Variante eines staatlich-planwirtschaftlichen Systems ist die von *O. Lange* und *A. P. Lerner* entwickelte Konzeption des **Konkurrenzsozialismus.** Das gesamte Produktivvermögen ist hier vergesellschaftet. Die einzelnen Produktionsleiter sind gehalten, ihr Angebot zu Minimalkosten zu erstellen und soweit auszuweiten, bis ein von der Behörde gesetzter Preis den jeweiligen Grenzkosten entspricht. Der Preis selbst wiederum wird iterativ von der Behörde so lange variiert, bis sich Angebot und Nachfrage entsprechen. Hinter dieser Vorstellung steht die Annahme, daß der Markt an und für sich unter idealtypischen Voraussetzungen eine optimale Allokation herbeiführe, daß er aber wegen monopolistischer Tendenzen und wegen externer Effekte versage. Außerdem ergebe sich bei einer Marktlösung Allokation und Verteilung uno actu, so daß eine befriedigende Verteilung der materiellen Wohlfahrt, die innerhalb eines Marktsystems nicht erreicht werden könnte, nur erwartet werden könnte, wenn auch die Allokation dem freien Markt entzogen werde.

Da entsprechend dieser Konzeption die in der realen Marktwirtschaft fehlenden Voraussetzungen nachträglich herbeigeführt werden sollen, und zwar dadurch, daß die Produktionsleiter angehalten werden, sich genauso zu verhalten, wie sich Unternehmer ohne Vorliegen externer Effekte bei Konkurrenz verhalten würden, wird auch die Bezeichnung **Konkurrenzsozialismus** verständlich. Kritisch wäre die Frage zu stellen, wie denn in einer solchen Wirtschaft das jeweilige Ausmaß der externen Effekte ermittelt werden soll; externe Effekte sind gerade dadurch ausgezeichnet, daß für sie keine Märkte existieren und damit auch keine Knappheitspreise bekannt sind.

Weiterhin läßt diese Konzeption die Frage außer acht, wie denn erreicht wird, daß sich die Produktionsleiter auch stets in der geforderten Weise verhalten; in einer funktionierenden Marktwirtschaft verhalten sich die Unternehmer nach der Minimalkosten- und Grenzkosten-Preisregel nur deshalb, weil diese ihnen das höchstmögliche Einkommen garantiert. In einer Planwirtschaft ist dies nicht der Fall, weil die Gewinne aus einer Produktionsentscheidung nicht den Produktionsleitern zufallen. Es ist unklar, welche Anreize sicherstellen sollen, daß sich die Produktionsleiter stets entsprechend dieser Spielregel verhalten.

Ein ähnliches Modell war lange Zeit in **Jugoslawien** verwirklicht worden. Das Produktiveigentum ist in der Form sozialisiert, daß sich die einzelnen Betriebe jeweils im Eigentum der in ihnen beschäftigten Arbeitnehmer befinden. Den einzelnen Betrieben ist in ihren Entscheidungen weitgehend Autonomie eingeräumt. Die Koordination der Einzelentscheidungen erfolgt zu einem großen Teil über den Markt; der Staat beschränkt sich darauf, in einem Rahmenplan einige wichtige Daten vorzugeben.

Ähnlich wie im Hinblick auf den Volkskapitalismus muß aber auch hier bezweifelt werden, daß ein solches System zu optimalen Lösungen führen kann. Auf der einen Seite dürfte die **Risikobereitschaft** der Arbeitnehmer gering sein, so daß also mit einem geringeren technischen Fortschritt zu rechnen ist, auf der anderen Seite dürfte ein solches System auch eine Neigung zu einer **zu kapitalintensiven Produktion** aufweisen, weil die volkswirtschaftlichen Kosten des Kapitals bei einem weitgehend zinslosen Angebot an Finanzierungsmittel unterschätzt werden. Schließlich führt die Aversion der Arbeitnehmer gegenüber einer Ausweitung der Belegschaft, die mit einer Aufteilung der Lohnsumme verbunden ist, u. U. zu einer **Steigerung der Arbeitslosenquote**.

Eine reine Form einer staatlichen Planwirtschaft stellt das Konzept der **Zentralverwaltungswirtschaft** dar. Alle Produktions- und Investitionsentscheidungen sind in der Hand des Staates zentralisiert. Es handelt sich hierbei um ein System der **imperativen Mengenplanung**. Es gibt hier keine Preise, die die Knappheit der einzelnen Güter widerspiegeln; die Produktionsleiter erhalten von der staatlichen Planbehörde Anweisungen, was, wieviel und in welcher Form zu produzieren ist. Die Konsumenten erhalten die einzelnen Güter direkt zugeteilt. Das Produktiveigentum ist in den Händen des Staates.

In dieser reinen Form hat eine Zentralverwaltungswirtschaft auch annähernd nur unmittelbar nach der Revolution in der UdSSR und in einigen Kriegswirtschaften bestanden, letzteres, weil in Kriegszeiten marktwirtschaftliche Lösungen kaum als möglich gelten. Aber selbst das Beispiel Deutschlands während des 2. Weltkrieges zeigt, daß eine staatliche Planwirtschaft im Prinzip auch möglich ist, ohne daß das Privateigentum am Produktivvermögen aufgehoben wird.

In der UdSSR wurde sehr bald von dieser reinen Form der Zentralverwaltungswirtschaft abgegangen, indem den Konsumenten weitgehend das Recht der freien Einkommensverwendung zugestanden wurde und indem die staatlichen Entscheidungen teilweise **dezentralisiert** wurden. Auch die staatlichen Planwirtschaften des Ostblockes kannten bis zu ihrem Zusammenbruch ein weit ausgebautes **System finanzieller Anreize**.

W. Eucken war der Meinung, daß eine reine Mengenplanung ohne Preise als Knappheitsindikator keine rationale Wirtschaftsrechnung zulasse. Der Staat könne rationalerweise nicht angeben, wie groß der optimale Bedarf bei Gut X sei, solange noch nicht bekannt sei, wie groß der Bedarf bei einem anderen Gut Y sei. Die Diskussion hat gezeigt, daß im Prinzip auch eine rationale Mengenplanung möglich ist. In einem System simultaner Gleichungen können die unbekannten Größen bestimmt werden, sofern die Anzahl der bekannten Funktionsgleichungen der Anzahl der zu bestimmenden Variablen entspricht.

Praktische Schwierigkeiten ergeben sich allerdings dann, wenn die Beziehungsgleichungen **nichtlinear** sind; hier dürfte eine numerische Bestimmung einer größeren Zahl von Variablen auch bei Einsatz von Computern praktisch nicht möglich sein. Die Lösung eines Gleichungssystems setzt hier eine lineare Annäherung der Gleichungen voraus.

Die eigentlichen Probleme liegen aber in einem anderen Bereich. Die Diskussion um die Funktionsfähigkeit einer reinen Mengenplanung hat sich zu sehr auf die technischen Probleme der Wirtschaftsrechnung beschränkt und die **sozialen Koordinationsprobleme** ausgeklammert. Es ist bis heute unklar, wie in einer staatlichen Planwirtschaft die Vielzahl der Einzelaktionen aufeinander koordiniert werden kann, die sowohl bei der Planungsaufstellung als auch bei der Planungsrealisierung notwendig werden. Auch in planwirtschaftlichen Systemen gilt, daß die Entscheidungen über die Anweisungen, die der Gesamtplan enthalten soll, letztlich einen Kompromiß zwischen unterschiedlichen Entscheidungsträgern darstellen müssen. Diese Entscheidungsfindungsprozesse müssen sich letztlich eines der genannten Systeme (Markt, Verhandlung, Wahl, Bürokratie) oder einer Kombination bedienen. Erst wenn diese Systeme festgelegt sind, läßt sich eine Aussage treffen, ob mit befriedigenden Entscheidungen gerechnet werden kann, wo und in welchem Maße Systemversagen zu erwarten ist.

Das gleiche gilt für die Plandurchführungsphase. Auch hier bedarf es eines Anreizsystemes, das Planeinhaltungen sicherstellt. Die Untersuchungen über die Effizienz bürokratischer Anweisungssysteme legen die Vermutung nahe, daß gerade in diesen Systemen das Ausmaß der Suboptimalität besonders hoch ist.

Kapitel 10:
Entstehung und Zerfall von Ordnungen

10.1 Problemeinführung

In diesem Kapitel soll untersucht werden, welche Faktoren mit dazu beitragen, daß Ordnungssysteme entstehen aber auch wieder zerfallen. Der Begriff der Ordnung soll nicht nur auf das Wirtschaftssystem einer ganzen Volkswirtschaft beschränkt bleiben, sondern auch auf die Ordnungen einzelner Märkte, wie etwa den Arbeitsmarkt, den Geldmarkt oder den Devisenmarkt ausgedehnt werden. Im Mittelpunkt der Analyse stehen zwar wirtschaftliche Ordnungen. Da die Verflechtung zwischen den Ordnungen aber so stark ist, erscheint es zweckmäßig, auch den Wandel politischer Ordnungen mit in die Betrachtung einzubeziehen.

Vor allem die ökonomische Theorie der Politik hat gezeigt, daß es allgemeine gesellschaftliche Strukturen gibt, die ähnlichen Gesetzmäßigkeiten wie wirtschaftliche Entwicklungen folgen. Die traditionelle ökonomische Theorie kann somit als Sonderfall eines allgemeinen gesellschaftlichen Modells angesehen werden. Übertragen wir diesen Gedanken auf das Ordnungsproblem, dann folgt auch der Wandel in sozialen Ordnungssystemen einem ähnlichen Muster, unabhängig davon, ob es sich um den Wandel wirtschaftlicher oder politischer Ordnungssysteme handelt.

Nach unseren Definitionen in den beiden vorhergehenden Kapiteln sollen Ordnungssysteme stets als Koordinationsmechanismen verstanden werden, deren Hauptaufgabe darin besteht, die Interessen der in arbeitsteiligen Systemen agierenden Individuen zu koordinieren. Oft werden nur zwei reine Ordnungssysteme unterschieden: die Marktwirtschaft und das Zentralverwaltungssystem. Wir haben aber bereits im Kapitel 8 gezeigt, daß es auch andere Einteilungsprinzipien gibt, etwa von *R. A. Dahl* und *C. E. Lindblom,* das zwischen den vier verschiedenen Ordnungstypen Markt, Verhandlung, Bürokratie und Wahlen unterscheidet. Wir haben dort einem etwas stärker aufgefächerten Gliederungsschema den Vorzug gegeben.

Wenn man aber fragt, weshalb Ordnungssysteme entstehen und wieder zerfallen, scheint eine Zweiteilung der möglichen Ordnungssysteme nicht sehr zweckmäßig. Dies gilt vor allem dann, wenn man etwa mit *W. Eucken* von der These ausgeht, daß das eine System, nämlich die Zentralverwaltungswirtschaft, ohnehin längerfristig keinen Bestand habe. Hier schließt man evolutorische Entwicklungen schon von vornherein aus, da sich die Betrachtung nur auf die Frage beschränkt, ob und wie schnell sich die Zentralverwaltungswirtschaft in eine marktwirtschaftliche Ordnung transformiert wird. Dem Tatbestand, daß immer wieder von neuem auch nichtmarktwirtschaftliche Systeme entstehen und sich auch Marktwirtschaften selbst wandeln, wird von vornherein aus der Betrachtung ausgeklammert, weil man eben nur zwei Grundtypen des Wirtschaftens unterscheidet.

Ist einmal eine marktwirtschaftliche Ordnung erreicht, kann es keine weitere Entwicklung mehr geben. Das Interesse an einer weiteren Analyse erlöscht. Wenn man aber trotzdem in der Wirklichkeit feststellt, daß Marktwirtschaften bisweilen auch von Zentralverwaltungswirtschaften abgelöst werden, kann man dies nur noch auf äußere politische Einflüße zurückführen. Wir wollen deshalb in diesem Kapitel das viel weiter differenzierende Ordnungsschema des Kapitels 8 hier übernehmen.

Das Ende eines Systems kann selbstverständlich auch von außen ausgelöst werden. Damit kann man aber wohl nicht davon sprechen, daß dieses System aus sich heraus zerfallen sei. So kann beispielsweise ein marktwirtschaftliches System aufgehoben werden, weil eine fremde Staatsmacht ein Land besetzt und zwangsweise ein bürokratisches Wirtschaftsystem einführt oder soziale Revolution im Innern die staatliche Ordnung verändern.

In diesen Fällen wäre es nicht sehr sinnvoll, nach den wirtschaftlichen Gesetzmäßigkeiten des Zerfalls zu fragen und sie im wirtschaftlichen Ordnungssystem selbst zu suchen. Die Gründe, weshalb die bestehende wirtschaftliche Ordnung beseitigt und durch eine andere ersetzt wird, liegen in diesen Fällen wohl vor allem im politischen Bereich. Das wirtschaftliche System wird durch politisch gesetzte Fakten verändert. Solche Veränderungen sollen hier aber nicht diskutiert werden.

Es ist natürlich auch denkbar, daß die Schwächen des bisher bestehenden wirtschaftlichen Systems auch das politische System schwächen und auf diese Weise den Zusammenbruch des politischen und damit letztlich auch des wirtschaftlichen Systems verursachen. Nur im letzteren Falle wäre dieser Zusammenhang auch Gegenstand unserer Analyse.

10.2 Unterscheidung stabiler und instabiler Systeme

Für die Frage, ob und inwieweit Ordnungssysteme zerfallen, ist die Stabilität einer Ordnung von zentraler Bedeutung. Der Begriff der „Stabilität" ist der **Gleichgewichtstheorie** entlehnt. Danach sind Systeme nur stabil, wenn sie inhärente Kräfte kennen, die zufällig entstehende Ungleichgewichte von selbst wieder abbauen. Das System kollabiert nicht, weil sich die Ungleichgewichte nicht kumulieren. Als instabil gelten demgegenüber Systeme immer dann, wenn ein System von einem Ungleichgewicht aus nicht automatisch – allenfalls zufällig – wieder zu einem neuen gleichgewichtigen Zustand findet.

Bevor wir diese Zusammenhänge näher untersuchen, sollen zunächst einige **Mißverständnisse** geklärt werden. Die Gleichgewichtstheorie sollte nicht so verstanden werden, daß sich ein System stets oder auch nur in den meisten Fällen in einem gleichgewichtigen Zustand befindet oder es erwünscht wäre, daß es sich permanent in einer solchen Situation befinde. Es ist vielmehr davon auszugehen, daß ein solches Gleichgewicht in der Realität kaum je verwirklicht ist. Ein gleichgewichtiger Zustand stellt also eher eine Ausnahme dar. Er wäre wohl nur dann längere Zeit verwirklicht, wenn wir von einer **stationären** Gesellschaft ausgehen könnten, in der keine Änderungen in der Umwelt – Datenänderungen – eintreten. Je stärker aber die Datenänderungen ausfallen, um so öfter muß sich das System an diese Änderungen anpassen und um so häufiger befindet es sich im Zustand des Ungleichgewichts. Da die Güte eines Systems vor allem auch daran gemessen werden muß, inwieweit es in der Lage ist, diese **Anpassung** an die jeweiligen Umweltbedingungen zu vollziehen, ist der Ungleichgewichtszustand auch die Regel und nicht die Ausnahme.

Man kann wohlfahrtspolitisch auch nicht davon sprechen, daß es erwünscht wäre, Zustände zu realisieren, in denen das Gleichgewicht möglichst oft erreicht sei. Natürlich ist es richtig, daß ungleichgewichtige Situationen auch Reibungsverluste erzeugen und somit von Ungleichgewichten stets partiell negative Wohlfahrtseffekte ausgehen. Andererseits tragen aber die Veränderungen, die die Anpassungsprozesse auslösen, oft selbst dazu bei, daß der Wohlstand steigt.

Grundsätzlich lassen sich nach W. *Eucken* vier große Gruppen von Datenänderungen unterscheiden:
– Wandel in der Technik,
– im Angebot an Faktoren,
– in den Präferenzen und
– in der Organisation.

Der **technische Fortschritt** ist sicher die wichtigste Quelle für Wohlfahrtssteigerungen. In veränderten **Präferenzen** zeigt sich nicht nur der Versuch der Wirtschaftssubjekte, die für sie günstigsten Lösungen zu finden, darin äußert sich auch die individuelle **Entscheidungsfreiheit**. Daneben kann auch ein verstärktes **Angebot an Produktionsfaktoren** – Arbeit, (Human- und Real)Kapital – die materielle Wohlfahrt steigern. Schließlich lassen sich auch Veränderungen in der **Organisation** so deuten, daß in einem **trial and error**-Prozeß nach Spielregeln gesucht wird, die es ermöglichen, die divergierenden Interessen möglichst effizient zu koordinieren. Damit ist aber zumindest ein Teil der Datenänderungen eine Quelle von Wohlfahrtssteigerungen. Wenn man diese Datenänderungen abbauen würde, beseitigte man somit auch diese Quellen des Wohlstandes.

Die Gleichgewichtsidee gewinnt somit in einer ganz anderen Hinsicht an Bedeutung. Eine Tendenz zum Gleichgewicht ist unabdingbar, damit Systeme überhaupt **überleben** können. Ein reales System kann nicht unbegrenzt Ungleichgewichte ertragen, die sich nicht abbauen, sondern kumulieren, weil es dann über kurz oder lang zusammenbrechen müßte. So kann beispielsweise eine erwerbswirtschaftlich ausgerichtete Unternehmung nicht andauernd auf Gütermärkten operieren, die durch Angebotsüberhänge gekennzeichnet sind und ihr permanent Verluste einbringen. Das eigene Vermögen, aber auch die Kreditwürdigkeit setzen der Unternehmung eine Grenze, bis zu der Verluste im äußersten Falle noch akzeptiert werden können.

Wenn aber vermieden werden kann, daß sich Verluste nicht kumulieren, enthält das System immanente Tendenzen, ungleichgewichtige Situationen abzubauen. Dies ist eine sehr wichtige Voraussetzung für stabile Unternehmungen, denen es gelingt, sich längerfristig am Markt zu halten und nicht in **Konkurs** zu gehen. Damit Unternehmungen überleben können, ist offensichtlich allein entscheidend, daß eine kritische, vom Eigenkapital und der Kreditwürdigkeit der Unternehmung abhängige Grenze nicht überschritten wird. Es ist nicht notwendig, daß es auf den Gütermärkten nicht zu Angebotsüberhängen kommt. Derartige Überhänge des Angebots über die Nachfrage und damit auch Verluste haben vielmehr die Funktion, die Produktion in produktivere, dem Bedarf besser angepasste Verwendungen zu lenken.

Ganz ähnliche Überlegungen gelten auch für mögliche Nachfrageüberhänge auf den Gütermärkten. In diesem Falle führt zwar ein andauernder Überhang der Nachfrage über das Angebot nicht dazu, daß Unternehmungen aus dem Markt ausscheiden. Man muß aber dennoch mit wohlfahrtspolitisch unerwünschten Wirkungen rechnen. Wenn sich nämlich Monopolrenten verfestigen, wird nicht nur eine kleine Gruppe von Anbietern begünstigt, auch die Anreize werden verringert, **innovativ** tätig zu werden und die Produktivität der eingesetzten Produktionsfaktoren zu steigern. Andererseits sollte man aber bedenken, daß die Unternehmungen nur dann innovativ tätig werden, wenn die Aussicht besteht, zumindest temporär Gewinne zu erzielen. Damit gewinnen aber auch wieder Nachfrageüberhänge auf den Gütermärkten an Bedeutung.

Relevant ist auch in diesem Falle nicht, ob je ein gleichgewichtiger Zustand erreicht wird. Entscheidend ist vielmehr allein, ob immer dann, wenn bestimmte Bedingungen erfüllt sind, damit gerechnet werden kann, daß ungleichgewichtige Situationen von sich aus Kräfte freisetzen, die bestehende Ungleichgewichte wieder abbauen. Wenn dies zutrifft, ist aber auch sichergestellt, daß die Ungleichgewichte nicht kumulieren und die Systeme zusammenbrechen.

Die bisherigen Aussagen bezogen sich allein auf die **Ergebnisse** eines Systems. So verwirklicht beispielsweise der marktliche Koordinationsmechanismus tendenziell bestimmte Mengen- und Preislösungen. Der Begriff der Stabilität bezieht sich hier nur auf die Bewegungen von Preisen und Mengen innerhalb des marktlichen Systems. Es wird stillschweigend unterstellt, daß sich das System selbst – verstanden als ein Satz von Spielregeln – nicht verändert. In diesem Kapitel wollen wir aber den Stabilitätsbegriff auf das System selbst und weniger auf die Ergebnisse des Systems beziehen.

Es ist zwar richtig, daß sich ein System längerfristig nur halten kann, wenn es auch im Hinblick auf die Ergebnisse stabil ist. Eine Unternehmung wird über kurz oder lang Konkurs anmelden, wenn es nicht in der Lage ist, die eingetretenen Verluste abzubauen. Dennoch macht es wohl einen wesentlichen Unterschied, ob wir – wie in der traditionellen Theorie – ein konstant bleibendes Ordnungssystem unterstellen, das bei instabilen Ergebnissen über kurz oder lang zerbricht oder aber untersuchen, inwieweit die instabilen Ergebnisse selbst zu Versuchen führen, das System an die veränderte Situation anzupassen und den drohenden Untergang zu vermeiden. In diesem Kapitel geht es also weniger darum, wie sich die Ergebnisse, sondern die Ordnungssysteme selbst verändern. Soweit der Wandel in den Ergebnissen hier überhaupt angesprochen wird, erfolgt dies nur insoweit, als Veränderungen in den Ergebnissen möglicherweise den Anstoß geben, bestehende Ordnungssysteme zu ändern.

Die Stabilität eines Systems wird nun aber nicht nur daran gemessen, inwieweit es bei konstanten Spielregeln in der Lage ist, Datenänderungen zu verarbeiten und sich selbst zu erhalten. Es wird vielmehr auch überprüft, ob das System von sich aus in der Lage ist, seine Spielregeln so zu verändern, daß ein Überleben wahrscheinlicher wird. In diesem Zusammenhang entsteht nun allerdings ein definitorisches Problem der **Identifikation**: Wenn wir Änderungen des Systems selbst zulassen, ist zunächst unklar, inwieweit wir noch vom gleichen System sprechen können oder ob nicht von einer bestimmten Änderung ab bereits von einem anderen System gesprochen werden muß.

Auf diese Frage sind zwei Antworten möglich:

1) Man kann nach dem Umfang und der Qualität der Änderungen unterscheiden und solange noch vom gleichen System sprechen, wie sich die Änderungen nur auf nebensächliche und geringfügige Ordnungsbestandteile beziehen. Man unterscheidet dann die Merkmale des Systems danach, inwieweit sie **konstitutiv** oder nur **akzidentiell** sind. Nur wenn sich konstitutive Merkmale verändern oder möglicherweise sogar aufgegeben werden, würde man von einem anderen System sprechen müssen.

Für dieses Vorgehen spricht, daß die Wirtschaftsordnungen, die man in der Realität vorfindet, auch eine ganze Reihe **historisch** bedingter und somit recht unterschiedlicher Merkmale aufweisen. Diese sind aber für die Lösung des eigentlichen Ordnungsproblems wohl nur von **nebensächlicher** Bedeutung. Es dürfte deshalb durchaus sinnvoll sein, nur auf die Merkmale abzuheben, die sich auf die Art des Koordinationsmechanismus beziehen und damit konstitutiv sind.

Dennoch sind wohl einige Zweifel an einem solchen Vorgehen berechtigt. Wenn wir nämlich davon ausgehen, daß ein System in der Lage ist, sich an Datenänderungen anzupassen, wird dieser Prozeß der Anpassung an neue Umweltbedingungen vor allem auch konstitutive Merkmale berühren. Eine **Anpassung** erfolgt möglicherweise gerade deshalb, weil man nur auf diese Weise überleben kann. Wenn aber ohne diese Anpassung ein Überleben nicht möglich gewesen wäre, kann diese Änderung sicherlich nicht als akzidentiell aufgefaßt werden.

2) Man könnte die Frage nach der Identifizierung eines Systems auch noch auf eine andere Weise zu lösen suchen, indem man fragt, ob ein System bei Änderungen in seiner Umwelt **überlebt** oder zusammenbricht und somit einen Neubeginn eines anderen Systems notwendig macht. In diesem Sinne wären etwa die Wirtschaftssysteme in der Weimarer Republik immer noch marktwirtschaftliche Ordnungen, obwohl wegen der vielfältigen regulierenden Eingriffe des Staates die Frage berechtigt ist, ob man hier überhaupt noch von Marktwirtschaften sprechen kann. Demgegenüber wurde der Kriegswirtschaft am Ende des 3. Reiches durch Zusammenbruch ein gewaltsames Ende gesetzt.

Man faßt somit bei dieser zweiten Lösung die Systeme als eigene Gebilde auf, die entweder **absterben** oder weiterleben und ihre Eigenschaften ebenso wie Individuen im Verlaufe ihres Lebens grundlegend verändern können. Trotzdem muß man wohl immer noch von ein und derselben Person sprechen.

Wenn auch einiges für diese zweite Vorgehensweise spricht, zeigt aber gerade das Beispiel der Weimarer Republik, in der das Wirtschaftssystem durch starke dirigistische Eingriffe von innen ausgehöhlt wurde, daß es wohl zweckmäßig ist, einen Mittelweg zwischen beiden Vorgehensweisen zu wählen. Man wird zwar einen eng begrenzten Satz von Merkmalen formulieren, ohne die es nicht mehr sinnvoll ist, von einem bestimmten System – etwa einer marktwirtschaftlichen Ordnung – zu sprechen. Ansonsten kann man aber selbst dann noch vom gleichen System sprechen, wenn wesentliche Teile des Systems durch Anpassungsprozesse verändert wurden. Man läßt auf diese Weise eine **Dynamik** des Systems im Sinne einer Änderung seiner Spielregeln zu, ermöglicht aber gleichzeitig, die Systeme weiterhin nach konstitutiven Merkmalen zu unterscheiden.

Die Unterscheidung einzelner Marktordnungen nach dem Stabilitätsgrad läßt sich recht gut anhand der Entwicklung der Ordnungen des **Devisenmarktes** – der Währungsordnung – aufzeigen. Nach dem 2. Weltkrieg wurde im Rahmen des IWF-Systems ein System fester Wechselkurse – System von Bretton-Woods – mit dem Dollar als Leitwährung geschaffen, das Anfang der 70er Jahre weltweit durch ein System flexibler Wechselkurse abgelöst wurde. Die Staaten der Europäischen Gemeinschaft schufen allerdings für Europa zu Ende der 70er Jahre wieder ein System fester Wechselkurse (EWS), das im Gegensatz zum bisherigen IWF-System mit dem ECU eine künstliche Korbwährung einführte.

Die Währungsordnung von Bretton-Woods war zweifellos ein sehr instabiles System. Der endgültige Zusammenbruch in den 70er Jahren war primär systembedingt und in der Struktur des Systems selbst verankert. Dazu trug vor allem der Charakter als **Leitwährungssystem** bei. In dieser Währungsordnung führen konjunkturpolitische Aktivitäten eines Mitgliedslandes, das etwa über inflationäre geldpolitische Maßnahmen defizitäre Entwicklungen in der Leistungsbilanz auslöst, nur bei den Nichtleitwährungsländern zu entsprechenden Sanktionen, die helfen, die Ungleichgewichte in der Devisenbilanz abzubauen. Das Leitwährungsland selbst kann hingegen ein Defizit in der Leistungsbilanz stets ausgleichen, indem es die eigene Geldmenge vermehrt. Es unterliegt somit nicht dem gleichen Druck wie die übrigen Mitgliedsländer, über wirtschaftspolitische Aktivitäten auf einen Abbau des Defizites in der Leistungsbilanz hinzuwirken.

Dieser Bias des Leitwährungslandes begünstigt selbstverständlich inflationäre Entwicklungen in diesem System und trägt langfristig zum **Zusammenbruch** bei. Während die Nichtleitwährungsländer, weil sie zu Interventionen auf den Devisenmärkten verpflichtet sind, de facto ein bestimmtes Verhältnis von umlaufender inländischer Geldmenge und Währungsreserven aufrechterhalten, ist ein solches System letztlich nur funktionsfähig, wenn sich das Leitwährungsland in der Geldpolitik freiwillig beschränkt und eine bestimmte Relation von umlaufender Geldmenge zu den bestehenden Goldreserven einhält.

Fragen wir uns nun, wie es um die Stabilität einer anderen Währungsordnung – einem System flexibler Wechselkurse – bestellt ist. Eine ganz entscheidende Rolle spielt dabei sicherlich die **Elastizität** der Importnachfrage. Die kontroverse Diskussion um die Elastizitätswerte, die eher zum Pessimismus neigte, hat zunächst einmal gezeigt, daß nur ab einer bestimmten kritischen Höhe der Elastizität der Importnachfrage der am Außenhandel beteiligten Volkswirtschaften veränderte nominelle Wechselkurse wirklich helfen können, bestehende Ungleichgewichte in der Devisenbilanz abzubauen. So waren beispielsweise *A. Marshall* und *A. P. Lerner* noch der Meinung, daß die **Summe der Importnachfrageelastizitäten des In- und Auslandes** über einem Wert von größer eins liegen müsse, damit sich etwa Defizite in der Devisenbilanz abbauen, wenn die eigene Währung abgewertet wird. Demgegenüber hat aber vor allem *J. Robinson* gezeigt, daß auch bei endlich **elastischem** Importangebot die kritische Größe der für eine Gleichgewichtstendenz erforderliche Summe beider Nachfrageelastizitäten kleiner als eins ist.

Man geht heute davon aus, daß in der Realität auf längere Sicht die tatsächlichen Elastizitäten der Importnachfrage die für eine stabile Entwicklung erforderlichen Elastizitätswerte eindeutig übersteigen. Die Gefahr, daß das System flexibler Wechselkurse deshalb zusammenbricht, ein freier Devisenmarkt also gar keine Tendenz zu einem gleichgewichtigen Kurse hat, scheint somit zumindest längerfristig gebannt. Der Elastizitätspessimismus der 50er Jahre war wohl übertrieben.

Dennoch kann sich ein zweites Problem einstellen, wenn sowohl die nominellen als auch realen Wechselkurse in einem System flexibler Wechselkurse sehr stark, möglicherweise erratisch schwanken. Es ist dann nicht mehr ausgeschlossen, daß das System zusammenbricht. Die Verfechter eines Systems nominell fester Wechselkurse sind deshalb auch der Meinung, daß die Wechselkurse bei freier Preisbildung auf den Devisenmärkten ohne staatliche Eingriffe sehr stark, manche meinen sogar erratisch, schwanken würden. Damit würden aber die **Unsicherheiten** in den internationalen Wirtschaftsbeziehungen stark steigen. Der Handel zwischen den Volkswirtschaften würde nicht nur stark beeinträchtigt, er würde sogar zusammenbrechen.

Diesen Argumenten ist nun aber auch widersprochen worden. Bei der ersten These – Rückgang des Außenhandels wegen eines zu großen Währungsrisikos – wurde darauf hingewiesen, daß man sich gerade auf freien Devisenmärkten über Termingeschäfte gegen solche Risiken **absichern** kann. Damit haben aber vor allem wenig risikofreudige Unternehmungen auch die Möglichkeit, sich gegen mögliche Währungsrisiken zu sichern. Es existieren stets Individuen, die gegen ein gewisses Entgelt bereit sind, die materiellen Folgen solcher Risiken zu tragen und aus der Unsicherheit schwankender Währungsrelationen zu profitieren.

Wichtiger scheint nun aber der weitere Hinweis, daß es sowohl vom Umfang der Datenänderungen als auch von den Werten der Elastizitäten von Angebot und Nachfrage aber auch dem Grad der Flexibilität der relativen Preise abhängt, wie stark die Wechselkurse de facto schwanken. Nur wenn die **Datenänderungen** sehr heftig und zeitlich konzentriert ausfallen, die **Elastizitäten** von Angebot und Nachfrage gering sind und die **relativen Preise** auf den Güter- und Faktormärkten auf Datenänderungen kaum reagieren, müssen sich die Wechselkurse sehr stark anpassen, um den Devisenmarkt auszugleichen.

Auch das Argument, daß in einem System flexibler Wechselkurse mit bedeutend stärkeren **Spekulationen** gerechnet werden müsse, muß wohl modifiziert werden. Man unterscheidet oft zwischen **stabilisierenden** und **destabilisierenden** Spekulationen auf den Devisenmärkten. Wenn man allgemein erwartet, daß der Kurs einer Devise in Zukunft steigt, lohnt es sich, diese Devise heute zu kaufen, um sie dann, nachdem der Kurs gestiegen ist, wieder mit Gewinn zu verkaufen. Diese Transaktion erhöht die Nachfrage und damit auch den Kurs der Devise. Die erwartete Kursänderung wird verstärkt, die Instabilität nimmt zu. Es handelt sich also um eine destabilisierende Spekulation.

Hegte hingegen ein Individuum die Erwartung, daß der Kurs der Devise bereits seine „gleichgewichtige" Höhe überschritten habe, dann würde er auf einen sinkenden

Kurs in der Zukunft spekulieren. Er würde deshalb heute die Devise verkaufen, um sie nach dem erwarteten Kursverfall wieder zu einem niedrigeren Kurs zu erwerben. Der heute bestehende Nachfrageüberhang nach der Devise wird reduziert, da die Spekulanten nun Devisen anbieten. In der Folge steigt der Kurs der Devise weniger stark an. Da die Stabilität der Wechselkurse erhöht wird, könnte man somit auch von einer stabilisierenden Spekulation sprechen.

Es ist nun allerdings wichtig, darauf hinzuweisen, daß in einem System **fester Wechselkurse** vorwiegend **destabilisierende** Spekulationen zu beobachten sind. Ist beispielsweise die Devisenbilanz eines Landes defizitär, wird wohl niemand darauf spekulieren, daß der Kurs dieser Währung in Zukunft steigen wird. Die Spekulation auf eine Abwertung dieser Währung ist hingegen ohne Risiko. Unsicher ist lediglich der Zeitpunkt, zu dem es zu der erwarteten Abwertung kommt. Man spricht deshalb auch von „Einbahnspekulation". Wegen des geringen Risikos muß man allerdings damit rechnen, daß auch Wirtschaftssubjekte auf den spekulativen „Zug" aufspringen, die über die Funktionsweise der Devisenmärkte nicht besonders gut informiert sind. Damit vergößert sich aber die spekulative Welle.

In einem System freier Wechselkurse weiß demgegenüber niemand, ob der heutige Kurs zu hoch oder zu niedrig ist. Spekulative Aktivitäten auf den Devisenmärkten sind in diesem Falle immer mit Risiken verbunden. Damit werden sich aber vor allem Wirtschaftssubjekte spekulativ engagieren, die ihr Einkommen mit Aktivitäten auf den Devisenmärkten verdienen. Wegen der Unsicherheiten werden sich aber die einzelnen Spekulanten nicht alle gleichgerichtet verhalten. Damit kompensieren sich aber ein Teil der gegenläufigen Wirkungen spekulativer Aktivitäten. In einem System flexibler Wechselkurse ist somit zumindest aus diesen Gründen heraus eher damit zu rechnen, daß der Umfang der stabilisierenden Spekulation größer ausfällt.

10.3 Bestimmungsgrund: Entwicklungsstand

Die empirischen Erfahrungen zeigen, daß die Art des wirtschaftlichen Ordnungssystems offensichtlich auch vom wirtschaftlichen Entwicklungsstand einer Volkswirtschaft abhängt. So kann man etwa beobachten, daß Volkswirtschaften zu Beginn ihrer wirtschaftlichen Entwicklung im allgemeinen eher **bürokratisch** verwaltet werden. Dies galt in der Vergangenheit für die meisten europäischen Staaten, die im ausgehenden 18. und bis weit in das 19. Jahrhundert die Industrialisierung mit **merkantilistischen** Methoden zu fördern suchten. Dieser Zusammenhang läßt sich aber auch in jüngerer Zeit für viele afrikanische, asiatische und lateinamerikanische Entwicklungsländer feststellen, die sich neuerdings verstärkt bemühen, das **kommunistisch-planwirtschaftliche** System zu beseitigen, um schneller den Übergang zu einer Industriegesellschaft zu schaffen.

Man kann weiter beobachten, daß die staatliche Aufsicht im ausgehenden Merkantilismus die Weiterentwicklung der Produktivkräfte immer stärker hemmte. Aus diesem Grunde nahmen auch die Bemühungen zu, die Wirtschaft stärker zu liberalisieren. Diese Entwicklung läßt sich übrigens auch für die ehemaligen Ostblockstaaten feststellen, die neuerdings bemüht sind, zumindest teilweise marktwirtschaftliche Elemente in ihre Wirtschaftsordnung aufzunehmen.

Schließlich zeigt die Erfahrung, daß hochindustrialisierte Volkswirtschaften in ihrer Spätphase offensichtlich wieder stärker auf **regulierende** staatliche Eingriffe setzen. Damit nähern sie sich aber wieder staatlich-planwirtschaftlichen Systemen. Diese regulierenden staatlichen Eingriffe werden bisweilen, wie etwa die Einführung der sozialen Marktwirtschaft in der Bundesrepublik Deutschland, mit **verteilungspolitischen** Argumenten verteidigt. Daneben werden aber auch sogenannte Tatbestände des **allokativen Marktversagens** vorgeschoben, um staatliche Eingriffe zu rechtfertigen.

Aus einem evolutorischen Blickwinkel scheinen sich damit aber hochindustrialisierte Volkswirtschaften wieder zurück zu entwickeln. Dieser Schluß drängt sich jedenfalls auf, wenn man berücksichtigt, daß bürokratische Systeme – zumindest was die allokativen und wachstumspolitischen Ziele betrifft – marktwirtschaftlichen Systemen ganz eindeutig unterlegen sind. Es ist allerdings nicht ganz klar, ob für diesen erneuten Wandel wirklich der wirtschaftliche Entwicklungsstand verantwortlich gemacht werden kann. Wir werden uns in einem weiteren Abschnitt (10.7) noch mit der Frage befassen, ob Ordnungssysteme eine gewisse **Eigendynamik** entwickeln.

Eine der in diesem Zusammenhang immer wieder vorgebrachten Thesen verweist nämlich darauf, daß auch Ordnungssysteme – ähnlich wie Individuen – gewisse **Prozesse des Alterns** durchlaufen und schließlich sterben. Vor allem *M. Olson* hat darauf hingewiesen, daß moderne, hochentwickelte Industrienationen von sogenannten institutionellen Sklerosen heimgesucht werden. Wenn diese These aber zuträfe, wäre der erneute Übergang zu bürokratischeren Methoden der Koordination der wirtschaftlichen Aktivitäten in den am weitesten entwickelten Volkswirtschaften wohl eher damit zu erklären, daß auch die Ordnungssysteme einen bestimmten Reifezustand erreicht haben. Der Einfluß eines höheren materiellen Wohlstandes dieser Volkswirtschaften wäre dann aber von geringerer Bedeutung.

Die gegenwärtigen umwälzenden Entwicklungen in den ehemaligen Staaten des Ostblocks scheinen aber die These der institutionellen Sklerose ebenfalls zu bestätigen. Es ist offensichtlich, daß auch diese Volkswirtschaften in starkem Maße unter den negativen Folgen der institutionellen Sklerose litten und schließlich zusammenbrachen. Der sklerotische Kollaps wurde aber sicherlich nicht herbeigeführt, weil der materielle Wohlstand so hoch war, sondern wohl eher, weil das Ordnungssystem ein gewisses Alter erreicht hatte.

Nun lehrt aber die Geschichte, daß der zu beobachtende Zusammenhang zwischen materiellem Entwicklungsstand und Ordnungssystem nicht in jedem Falle zutrifft. Bei einer genaueren Analyse sind sehr wohl gravierende Unterschiede in den einzelnen Ländern festzustellen. So wissen wir, daß etwa der Merkantilismus in Frankreich und den deutschen Einzelstaaten ganz andere Züge aufwies als der Merkantilismus in England oder den Niederlanden. Vor allem die Vereinigten Staaten von Amerika fallen vollkommen aus diesem Entwicklungsschema: Die Vereinigten Staaten haben nämlich in ihrer ersten Entwicklungsphase der Industrialisierung das Stadium einer staatlich planwirtschaftlichen Ordnung nicht durchlaufen.

Auch beim Übergang zu marktwirtschaftlichen Systemen lassen sich bedeutende Unterschiede in den einzelnen Ländern feststellen. So vollzog sich beispielsweise die Liberalisierung der Volkswirtschaft in England nahtloser und schneller als etwa in den kontinentalen europäischen Staaten, in denen die Öffnung der Güter- und Faktormärkte eng mit politischen Revolutionen verbunden war. Daneben hielten sich die kommunistischen Systeme auch sehr viel länger, als es aus der Sicht der These vom Zusammenhang zwischen Entwicklungsstand und Ordnungssystem eigentlich zu erwarten gewesen wäre.

Schließlich sollte man bedenken, daß ein solcher Zusammenhang zwischen Entwicklungsstand und Ordnungssystem bereits in dem Sinne besteht, daß marktwirtschaftliche Systeme effizienter als bürokratische arbeiten und schon aus diesem Grunde gewisse Zusammenhänge zwischen materiellem Wohlstand und Ordnungssystem zu erwarten sind. Dieser Zusammenhang soll in diesem Abschnitt aber nicht angesprochen werden. Hier geht es allein darum, inwieweit der Entwicklungsstand das Ordnungssystem bedingt und nicht umgekehrt. Der hier angesprochene Zusammenhang – ein marktwirtschaftliches System ermöglicht eine höhere materielle Wachstumsrate – kann allerdings insofern von Bedeutung sein, als das empirisch nachgewiesene Zusammentreffen bestimmter Ordnungssysteme mit bestimmten Entwicklungszuständen nicht unbedingt darauf zurückzuführen ist, daß der Entwicklungsstand ein bestimmtes Ordnungssystem bedingt, sondern die Art des jeweils verwirklichten Ordnungssystem selbst wieder die Wachstumsrate der Entwicklung bestimmt.

Wir kommen somit zu dem ersten Teilergebnis, daß der Zusammenhang zwischen dem wirtschaftlichen Entwicklungsstand und dem Ordnungssystem offensichtlich sehr viel komplexer ist als es zunächst den Anschein hatte. Es besteht sicherlich kein einfacher Ursache-Wirkungszusammenhang in dem Sinne, daß das Niveau des pro-Kopf-Einkommens einer Volkswirtschaft eindeutig das wirtschaftliche Ordnungssystem bestimmt.

Wir wollen wir uns deshalb fragen, über welche Ursachenketten möglicher Zusammenhänge zwischen dem materiellen Entwicklungsstand und dem Ordnungssystem entstehen können. Wenn wir die Outputfaktoren betrachten, dann wird der materielle Entwicklungsstand vor allem durch die Höhe des pro-Kopf-Einkommens der Bevölkerung bestimmt. Legen wir unser Augenmerk hingegen auf die Inputfaktoren, dann zeigt sich die materielle Entwicklung vorwiegend in einer Akkumulation von Kapital und technischem Wissen, die selbst wieder zu einer Qualifizierung der Arbeitskräfte führt.

Gleichzeitig kann man aber auch feststellen, daß mit steigendem materiellen Wohlstand – zumindest ab einem bestimmten Niveau – die Wachstumsrate der Bevölkerung sank. Diese rückläufige Wachstumsrate der Bevölkerung beruht nun aber nicht nur darauf, daß im Zuge der technischen Entwicklung auch Verhütungsmittel entwickelt wurden, sondern hat sicherlich auch damit zu tun, daß staatliche Sicherungssysteme eingeführt und damit die ursprünglich individuelle Altersvorsorge immer stärker kollektiviert wurde. Damit verminderte sich aber der Zwang der erwerbstätigen Bevölkerung, möglichst viele Kinder zu haben, um im Alter abgesichert zu sein. Die Kinder entwickelten sich von einem **Produktions**faktor immer mehr zu einem **Konsum**gut. Schließlich ging die Fertilität aber auch deshalb zurück, weil die Frauen in immer stärkerem Maße erwerbstätig wurden.

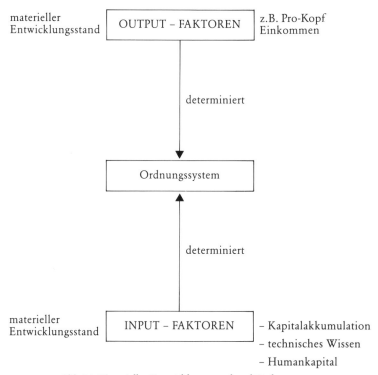

Abb. 21: Materieller Entwicklungsstand und Ordnungssystem

Ein erster Zusammenhang zwischen der Höhe des pro-Kopf-Einkommens und dem Ordnungssystem könnte nun darin bestehen, daß bei einem extrem geringen pro-Kopf-Einkommen nur ein bürokratisches Zwangssystem sicherstellen kann, die Einkommen gerecht zu verteilen. Das pro-Kopf-Einkommen ist in dieser Situation so gering, daß bei einer freiheitlichen Regelung die Gefahr nicht von der Hand zu weisen sei, daß große Teile der Bevölkerung noch nicht einmal ein Einkommen in Höhe des physischen Existenzminimums erhalten würden. Je größer nun aber das Sozialprodukt ist, um so mehr kann auf staatlichen Zwang verzichtet werden. Im Zuge des wirtschaftlichen Wachstums geht zwar möglicherweise der Anteil der Unselbständigen am Sozialprodukt weiter zurück. Trotzdem steigt aber das pro-Kopf-Einkommen der Ärmeren an. Damit erhalten aber immer weniger Bürger ein Einkommen unterhalb des physischen Existenzminimums.

Die eigentlich relevanten Zusammenhänge zwischen Entwicklungstand und Ordnungssystem dürften sich aber über die Inputfaktoren vollziehen. In der Anfangsphase der Industrialisierung ist die Bereitschaft der Arbeitnehmer, einer regelmäßigen erwerbswirtschaftlichen Tätigkeit nachzugehen, extrem gering. Möglicherweise kann nur staatlicher Zwang dies ändern. Es mangelt aber vor allem an einer ausreichenden Bereitschaft, wirtschaftliche Risiken auf sich zu nehmen und unternehmerisch tätig zu werden. In der Phase, in der Märkte aufgebaut werden, ist das unternehmerische Risiko aber extrem hoch. Es haben sich auch noch nicht genügend Unternehmerpersönlichkeiten herausgebildet, die von sich aus unternehmerische Aktivitäten ergreifen. In dieses Bild paßt auch, daß die Vereinigten Staaten zu Beginn der Industrialisierung keines bürokratischen Systems bedurften. Die Entwicklung war durch einen starken Zustrom von Einwanderern geprägt, die eine hohe Risikenbereitschaft mitbrachten.

Schließlich funktionieren Märkte nur dann reibungslos, wenn gewisse Institutionen existieren, die nicht nur einen adäquaten ordnungspolitischen Rahmen setzen, sondern auch kollektive Investitionen in eine Infrastruktur – Schulen, Verkehrsnetze etc. – vornehmen. Alles dies muß zunächst einmal von seiten des Staates geschaffen werden, um überhaupt eine liberale Verkehrswirtschaft zu ermöglichen.

10.4 Interdependenz der Ordnungen

Eine der Grundaussagen der von *W. Eucken* entwickelten Ordnungstheorie ist die These der Interdependenz der Ordnungen. Man kann diese These auf zumindest dreierlei Art und Weise interpretieren.

(1) Sie kann zunächst einmal besagen, daß die Ziel- und Wertvorstellungen der Individuen ganz bestimmte Ordnungen in Wirtschaft und Politik nahelegen. So beruht beispielsweise die marktwirtschaftliche Ordnung auf dem Grundsatz, den einzelnen Individuen die Produktions- und Konsumfreiheit einzuräumen: Das Individuum solle als Konsument selbst darüber entscheiden, wie es sein Einkommen verausgabe. Als Anbieter von Produktionsfaktoren solle es selbst darüber bestimmen, wie es die knappen Ressourcen einsetzt. Schließlich soll es als Unternehmer nicht nur selbst darüber befinden, welche Güter und Dienstleistungen angeboten, sondern auch mit welcher Produktionstechnologie sie poduziert werden.

Man kann nun das Recht auf Produktions- und Konsumfreiheit als Spezialfall eines allgemeinen Rechtes auf Entscheidungsfreiheit ansehen und die gleichen oder ähnlichen Rechte auch in den anderen gesellschaftlichen, vor allem politischen Bereichen fordern. Wenn man für eine allgemeine Entscheidungsfreiheit der Individuen eintritt, wird man auch im politischen Bereich auf einer demokratischen Ordnung bestehen. Nur in einer demokratischen Verfassung ist nämlich dem einzelnen Bürger das Recht vorbehalten, in periodisch stattfindenden Wahlen über die Politiker und damit über die zu realisierenden politischen Programme abzustimmen. Man kann insofern davon sprechen, daß eine marktliche Ordnung im wirtschaftlichen Bereich nur mit einer demokratischen Ordnung im politischen Bereich verträglich ist.

Die Freiheitsrechte können nun aber in den beiden Ordnungssystemen nur in unterschiedlichem Maße verwirklicht werden. Wir hatten im Rahmen der Ordnungsanalyse bereits gesehen, daß das demokratische Wahlsystem nur bedingt in der Lage ist, die politischen Entscheidungen den Wünschen der Wähler anzupassen. Bei demokratischen Wahlen wird nicht nur stets eine mehr oder weniger große Minderheit überstimmt, es besteht auch nur die Möglichkeit, die politischen Entscheidungen immer nur nach Ablauf einer mehrere Jahre dauernden Legislaturperiode zu revidieren. Schließlich muß sich der Wähler bei den Wahlen für ein ganzes Bündel von Lösungen entscheiden, da in einer repräsentativen Demokratie bei der Wahl nur Politiker und Parteien aber nicht Einzelfragen zur Abstimmung stehen.

Demgegenüber zwingt der marktliche Koordinationsmechanismus dem einzelnen die Präferenz der Mehrheit nicht auf. Einmal getroffene Entscheidungen können grundsätzlich immer wieder revidiert und für jedes einzelne Gut kann im Prinzip unabhängig von den Lösungen bei anderen Bedürfnissen entschieden werden. Diese recht unterschiedlich ausgeprägten Freiheitsrechte des einzelnen in den beiden Ordnungssystemen liegen aber in der Natur der zu lösenden Probleme. Da politische Lösungen letztlich den Charakter von Kollektivgütern haben, erzwingen sie in einer Demokratie den Willen der Mehrheit.

(2) Die behauptete Interdependenz der Ordnungen kann zweitens auch in dem Sinne verstanden werden, daß die Funktionsfähigkeit eines Systems davon abhängt, ob in dem jeweils anderen Bereich auch eine ganz bestimmte, mit diesem System konforme Ordnung verwirklicht ist. So wird bisweilen davon gesprochen, daß sich marktwirtschaftliche Lösungen nur dann verwirklichen lassen, wenn im politischen Bereich eine demokratische Verfassung realisiert ist. In einer Diktatur müsse stets befürchtet werden, daß der Diktator marktinkonforme Maßnahmen ergreife und damit die marktliche Ordnung außer Kraft setze.

Es mag nun aber auch umgekehrt richtig sein, daß eine demokratische Ordnung selbst wieder ein marktwirtschaftlich organisiertes System voraussetzt. So könnte etwa eine zentrale Wirtschaftsbürokratie, deren Aufgabe es wäre, die Produktion aller Güter zu planen, über soviel Macht verfügen, daß sich der Politiker über die Wünsche der Wähler hinwegsetzen könnte. Damit würde aber die Kontrolle des Politikers durch demokratische Wahlen von innen ausgehöhlt.

(3) Die These von der Interdependenz der Ordnungen kann drittens schließlich in dem Sinne verstanden werden, daß von den Systemen in dem einen Bereich auch Wirkungen auf die Systeme in den jeweils anderen Bereichen ausgehen. Damit wären Markt und Demokratie dann interdependent, wenn etwa die Errichtung einer Demokratie schließlich zu einer marktwirtschaftlichen Ordnung führen würde oder umgekehrt von einem marktwirtschaftlichen System solche Zwänge auf die Politik ausgingen, daß eine Diktatur von einer Demokratie abgelöst würde.

Während es bei den ersten beiden Interpretationen der These von der Interdependenz der Ordnungen eher um wohlfahrtspolitische Probleme ging – welche Ordnung im einen Bereich ist im jeweils anderen Bereich erwünscht – geht es bei dieser dritten Auslegung um faktische Zusammenhänge zwischen den Systemen: Die Systeme entfalten gewisse Wirkungen, die schließlich dazu führen, daß sich auch das jeweils andere System ändert. Diese dritte Interpretation geht nicht nur sehr viel weiter als die beiden ersten, sie kann auch nicht ohne weitere empirische Prüfung als selbstverständlich angesehen werden.

Dieser Interpretation begegnet man beispielsweise im Zusammenhang mit den reformpolitischen Aktivitäten in China, die nach Maos Sturz eingeleitet wurden. Die chinesischen Führer versuchten, die Wirtschaft stärker zu dezentralisieren, indem sie gewisse Konsumfreiheiten für die Haushalte und Produktionsfreiheiten für die Unternehmungen zuliesen. Die gleichen Politiker waren aber nicht bereit, die politische Ordnung zu demokratisieren. Im Zuge der Liberalisierung der Wirtschaft entstanden nun aber politische Kräfte, die auch auf eine Liberalisierung im politischen Bereich drangen. Es wurde deshalb davon gesprochen, daß eine Liberalisierung der Märkte automatisch eine Bedrohung für eine politische Diktatur bedeute.

Auf der einen Seite gelingt es bei offeneren Güter- und Faktormärkten nicht mehr so ohne weiteres, das Wissen über politische Lösungen im Ausland wie bisher zu unterdrücken und zu verheimlichen. Auf der anderen Seite wird aber die wirtschaftliche Macht der Individuen auch dazu benutzt werden, politischen Einfluß auszuüben. Gerade weil aber die politischen Kräfte unter Druck gerieten, waren sie in der Folgezeit darum bemüht, die Liberalisierung der wirtschaftlichen Ordnung teilweise wiederum rückgängig zu machen.

Obwohl es also den Anschein hat, daß die These von der Interdependenz der Ordnungen in dieser Hinsicht – der Markt erzwingt auch Demokratie – empirisch viel für sich hat, müssen doch Zweifel angemeldet werden, ob auch der umgekehrte Zusammenhang – die Demokratie führt zur Marktwirtschaft – empirisch belegt werden kann. Wenn wir beispielsweise Frankreich in der Zeit nach dem zweiten Weltkrieg betrachten, dann stellen wir nämlich fest, daß es immer wieder versuchte, planifikatorische Vorstellungen zu verwirklichen. Dies ist ein Beispiel dafür, daß demokratische Politiker sehr wohl daran interessiert sind, planwirtschaftliche Elemente nicht nur einzuführen, sondern schon bestehende auch noch zu erweitern. Da die Demokratie möglicherweise die Politiker zu Maßnahmen zugunsten der Wähler zwingt, können die politischen Entscheidungsträger versucht sein, dies über planwirtschaftliche Bürokratien zu erreichen.

Vor allem in Zeiten der Not scheinen demokratisch gewählte Politiker unter einen sehr starken Handlungsdruck zu geraten. Dabei geht es zumeist primär darum, überhaupt Aktivitäten zu entfalten. während die Frage, wie effizient diese Maßnahmen sind, oft eher in den Hintergrund tritt. Dies gilt vor allem dann, wenn man erst längerfristig feststellen kann, ob sie effizient waren oder nicht. So setzte sich beispielsweise bei den Politikern in der Bundesrepublik aufgrund der schlechten Erfahrungen der 70er und 80er Jahren die Meinung durch, daß mit nachfrageorientierten, keynesianischen Maßnahmen das Problem der Arbeitslosigkeit nicht mehr befriedigend gelöst werden könne, weil angebotsseitige Ursachen vorliegen. Die Massenarbeitslosigkeit in den neuen Bundesländer scheint aber diese Erkenntnis in den Wind zu schlagen und die Politiker unter Druck zu setzen, doch wieder auf keynesianische Instrumente zurückzugreifen.

Ein ganz ähnlicher Wandel scheint sich in der Wohnungspolitik abzuzeichnen. Auch hier hatte die wissenschaftliche Diskussion der 70er Jahre eindeutig die Mängel aufgezeigt, die mit einer Objektförderung verbunden sind und darauf verwiesen, wie vorteilhaft eine Subjektförderung sei. Diese Erkenntnisse scheinen im Augenblick angesichts des enormen Wohnungsdefizites vor allem in den neuen Bundesländern wieder vergessen zu werden. Gegen besseres Wissen werden erneut Maßnahmen präferiert, die auf eine Objektförderung setzen.

Trotz allem sind diese Zusammenhänge aber nicht so eindeutig, daß man davon sprechen könnte, eine demokratische Regierung sei außerstande, eine marktwirtschaftliche Ordnung zu garantieren. Es gibt genügend empirische Belege, die zeigen, daß auch von demokratischen Regierungen planwirtschaftliche Elemente abgebaut haben. Die Regierungen Adenauer und Erhard sind sicherlich Paradebeispiele dafür, daß es auch in demokratischen Ordnungen möglich ist, konsequent planwirtschaftliche Elemente aus einer wirtschaftlichen Ordnung zu entfernen. Schließlich ist die Deregulierungsdebatte in den letzten Jahren ein weiteres Beispiel dafür, daß demokratische Regierungen auch für Maßnahmen eintreten können, die die Funktionsfähigkeit der Märkte stärken. Offensichtlich ist der Zusammenhang zwischen den Ordnungssystemen im politischen und wirtschaftlichen Bereich sehr viel diffiziler, als daß man vom Vorhandensein eines Ordnungssystems in einem Bereich bereits auf die Art des Ordnungssystems in dem jeweils anderen Bereich schließen könnte.

Bei unseren bisherigen Überlegungen gingen wir stillschweigend davon aus, daß die These von der Interdependenz der Ordnungen stets auf das gesamte Ordnungssystem im wirtschaftlichen und politischen Bereich bezogen wird. So hatte auch W. Eucken bereits seine These verstanden. Wir können aber diese These auch auf das Verhältnis von Subordnungen untereinander anwenden, so etwa wenn man eine Verbindung zwischen der Verfassung der Währungsmärkte und der Gütermärkte oder der Geld- und der Arbeitsmärkte behauptet.

Es ist weithin unbestritten, daß planwirtschaftliche Regelungen auf einem Markt im allgemeinen weitere interventionistische Eingriffe auf anderen Märkten nach sich ziehen. Damit sind aber beispielsweise Regulierungen auf dem Geldmarkt ineffizient, wenn sie nicht von flankierenden, regulierenden Maßnahmen auf dem Kapitalmarkt begleitet werden. Da zwischen beiden Märkten substitutive Beziehungen bestehen, werden die Wirtschaftssubjekte auf den Kapitalmarkt ausweichen, wenn sie ihre Zielvorstellungen auf den Geldmarkt nicht mehr befriedigend verwirklichen können. Es ist aber durchaus auch möglich, daß komplementäre Beziehungen interdependente Märkte begründen. Es verwundert deshalb nicht, daß beispielsweise regulierende staatliche Eingriffe auf dem Automarkt solange ineffizient bleiben, wie die Zulieferermärkte, wie etwa der Reifenmarkt, nicht ebenfalls reguliert werden.

10.5 Stützung einer Ordnung durch ausländische Mächte

Bei unseren bisherigen Überlegungen gingen wir implizit von der Annahme aus, daß sowohl die Entstehung als auch der Niedergang von Ordnungen entweder aus der Ordnung selbst heraus – Frage nach der Instabilität von Systemen – zu erklären sind oder wegen interdependenter Beziehungen der Systeme – Interdependenz der Ordnungen – Wirkungen auftraten, aufgrund derer Systemveränderungen aus dem Zusammenwirken bestimmter Kräfte erklärt werden konnten. Die Geschichte zeigt nun aber, daß Ordnungssysteme oft einfach deshalb entstehen und wieder zerfallen, weil sie durch Machteinsatz von ausländischen Staaten zwangsweise eingeführt oder beendet wurden.

Es kann kein Zweifel darüber bestehen, daß beispielsweise in der ehemaligen DDR die politische Diktatur und das staatlich-planwirtschaftliche Wirtschaftssystem von der russischen Besatzungsmacht oktroyiert wurde. Ebenso wenig kann bestritten werden, daß sich dieses System nur solange halten konnte, wie es von der Sowjetunion stabilisiert wurde. Der Machtverlust der Sowjetunion leitete gleichzeitig auch den Zusammenbruch der von ihm abhängigen Satellitenstaaten ein.

Aber auch die alte Bundesrepublik ist ein gutes Beispiel dafür, wie äußere Einflüsse die Ordnungsstrukturen beeinflussen können. So ist es sicherlich der amerikanischen Besatzungsmacht und deren Wirtschaftsverfassung zu verdanken, daß in der amerikanisch besetzten Zone schon sehr früh marktwirtschaftliche Strukturen errichtet wurden. Aber auch die Einführung der Mitbestimmung im Montanbereich in der britisch besetzten Zone ist zweifellos auch dem Umstand zu verdanken, daß die damalige britische Regierung von der Labourpartei gestellt wurde und deshalb sozialistische Gedanken in die Betriebsverfassungen des Montanbereiches Eingang fanden.

Das Entstehen und der Zerfall von Ordnungssystemen, die auf diesem Weg von außen eingeleitet werden, können selbstverständlich nicht mit Kräften erklärt werden, die aus der entstehenden oder zerfallenden Ordnung selbst wirken. Eine Ordnung kann durchaus funktionsfähig und stabil sein und trotzdem durch eine auswärtige Macht zerstört werden. Es ist aber auch denkbar, daß Ordnungssysteme selbst dann von außen aufgezwungen werden wenn sie dem Willen und den Eigenheiten einer Bevölkerung zuwiderlaufen.

Es gibt ganz unterschiedliche Gründe, weshalb eine auswärtige Macht die Vorherrschaft erlangt und in der Lage ist, fremden Volkswirtschaften bestimmte Ordnungssysteme aufzuzwingen. Ein wesentlicher Grund ist aber sicherlich in der Funktionsweise der politischen Ordnungen der Länder zu sehen, die schließlich anderen Ländern ein bestimmtes Ordnungssystem oktroyierten. So hat etwa das System des Nationalsozialismus zu einem Angriffskrieg gegen die Alliierten des zweiten Weltkrieges geführt und den Zusammenbruch des deutschen Reiches eingeleitet. Die Schwächen einzelner politischer Regime sind aber sicherlich ebenso wie Versuche der Expansion, auch zu einem Teil aus dem System heraus zu erklären.

Es entspricht nun aber der kommunistischen Ideologie, solche politischen Prozesse selbst wieder aus der Entwicklung der wirtschaftlichen Ordnungssystemen zu erklären. Das politische System ist nach diesen Vorstellungen lediglich der Überbau über das herrschende Wirtschaftssystem, das wegen der Notwendigkeit, permanent Kapital zu akkumulieren, nicht sicherstellen kann, daß die gesamtwirtschaftliche Nachfrage auf den binnenwirtschaftlichen Märkten für optimale Lösungen ausreicht. Es ist deshalb gezwungen, wirtschaftlich weltweit zu expandieren. Die Unternehmungen haben auf der einen Seite ein starkes Interesse daran, das Ausland zu unterwerfen, um auf diesem Wege neue Absatzmärkte zu schaffen. Auf der anderen Seite besitzen sie aber auch die Macht, die Politiker zu veranlassen, ausländische Staaten zu erobern und zu unterwerfen.

Diese kommunistische Ideologie geht von der falschen, bereits vom älteren Liberalismus widerlegten Annahme aus, daß der Vorteil der einen Nation stets ein Nachteil für eine andere Nation bedeuten müsse. Dies war historisch gesehen die Position des Merkantilismus, der den Reichtum der eigenen Nation durch Überschüsse in der Leistungsbilanz zu erreichen suchte. Aus definitorischen Gründen müssen den eigenen Überschüssen in der Leistungsbilanz aber notwendigerweise gleich große Defizite des gesamten Auslandes entsprechen. Die Liberalen haben im Rahmen der Theorie der komparativen Kosten gezeigt, daß ein freier, staatlich unbeeinflußter Außenhandel im allgemeinen allen am Außenhandel beteiligten Volkswirtschaften zugute kommt. Damit geht aber der Vorteil, den einzelne Länder aus dem Außenhandel ziehen, nicht zu Lasten anderer Länder.

Es muß natürlich immer mit der Möglichkeit gerechnet werden, daß bei monopolistischen Marktstrukturen die Unternehmungen lobbyistischen Einfluß auf die Politik erlangen und auch Vermachtungsprozesse im Rahmen der internationalen Ordnung bestimmten Volkswirtschaften eine Vorherrschaft sichern, die es ihnen ermöglicht, ausländischen Staaten gewisse Ordnungsstrukturen aufzuerlegen. Diese einseitigen Machtverhältnisse werden aber eher durch fehlende wettbewerbliche Strukturen und weniger durch die Marktordnung selbst ausgelöst. Die Erfahrungen der Vergangenheit hat dann auch gezeigt, daß die Gefahr des Kolonialismus bei planwirtschaftlichen Systemen und bei Diktaturen sehr viel größer war als bei Marktwirtschaften.

Ein wesentlicher Grund ist sicherlich darin zu sehen, daß solche Vermachtungsprozesse und politische Abhängigkeiten sowohl in einer Diktatur als auch in einer Planwirtschaft bereits im Idealtypus dieses Ordnungssystem angelegt sind. Man muß demgegenüber eher von pathologischen Prozessen sprechen, wenn in marktwirtschaftlichen Ordnungen solche politischen Abhängigkeiten auftreten. Sie entstehen wohl nur, weil das System gerade der Elemente beraubt worden ist, die für ein Funktionieren des Marktsystems konstitutiv sind.

Für die Ordnungstheorie bleibt natürlich die Frage weiter relevant, wann die wirtschaftlichen Ordnungen die Voraussetzungen dafür schaffen, daß sich im Rahmen der internationalen Ordnungen politische Abhängigkeiten ergeben, die selbst wieder ausländischen Staaten die Möglichkeit einräumen, fremden Volkswirtschaften wirtschaftliche Ordnungen aufzuzwingen. Es bedarf einer internationalen Ordnung, die sicherstellt, daß politische Abhängigkeiten nicht entstehen bzw. von selbst wieder abgebaut werden. Die geschichtliche Erfahrung zeigt zwar, daß sich politische Abhängigkeiten immer wieder bilden können. Sie haben aber keinen Bestand, da gerade das übermäßige Anwachsen der Machtposition und das Entstehen von Vorherrschaft die übrigen Staaten zu einer politischen Zusammenarbeit veranlaßt, die die Vorherrschaft der einen Nation begrenzt.

Ein Blick in die europäische Geschichte zeigt, daß vor allem England diese „Gleichgewichtsidee" immer wieder praktiziert und durch wechselweise Koalitionen mit unterschiedlichen Ländern wirksam verhindert hat, daß auf dem europäischen Kontinent einer Nation eine eindeutige Vormachtposition zuwachsen konnte. Auch der Kampf gegen Deutschland im zweiten Weltkrieg kann in diesem Sinne verstanden werden: Die an sich verfeindeten Nationen Englands und der Vereinigten Staaten auf der einen Seite sowie Rußlands auf der anderen Seite schlossen sich vorübergehend zum Block der Alliierten zusammen, um die Vormachtstellung Deutschlands zu brechen.

Auf längere Sicht kann also damit gerechnet werden, daß auch ohne eine gesetzte internationale Ordnung einmal eingetretene Ungleichgewichte abgebaut worden. Allerdings sind nicht nur der Zeitraum, in dem sich diese Prozesse abspielen, sondern auch die Wohlfahrtsverluste, die bis zum Abbau von Vormachtstellungen eintreten, extrem groß. Es besteht deshalb nach wie vor ein Bedarf an einer gesetzten internationalen Rahmenordnung, die diese Gleichgewichtsprozesse beschleunigt und die Reibungsverluste reduziert.

10.6 Der Einfluß von Ideen und Persönlichkeiten

Die Bedeutung von Ideen und Persönlichkeiten für die geschichtliche Entwicklung wird im allgemeinen von Vertretern der Geschichts- und Wirtschaftswissenschaften unterschiedlich eingeschätzt. So betonen Historiker die überragende Rolle von einzelnen Persönlichkeiten für den Verlauf der Geschichte. Demnach sind es im allgemeinen Politiker und andere herausragende Führungskräfte, die letztlich die Entwicklung neuer Fakten herbeigeführt und die Art der Entwicklung geprägt haben. Demgegenüber spielen einzelne Persönlichkeiten im Rahmen einer wirtschaftswissenschaftlichen Erklärung nur eine untergeordnete Bedeutung. Es sind die objektiven Datenänderungen und die Strukturen der einzelnen Gesellschaftssysteme, die letztlich den Verlauf der Ereignisse bestimmen.

Es ist sicherlich richtig, daß je nach methodischer Ausrichtung der Wissenschaftler den einzelnen Individuen ganz unterschiedliche Bedeutung beigemessen wird. So gehen beispielsweise die Vertreter des methodologischen Individualismus davon aus, daß alle wirtschaftlichen Aktivitäten nur von einzelnen Individuen ausgehen können. Es sind die Präferenzen und Aktivitäten der einzelnen Wirtschaftssubjekte, die letztlich festlegen, bei welchen Preisen und Mengen eine Volkswirtschaft zu einem Gleichgewicht findet. Trotzdem ist die Rolle der einzelnen Persönlichkeiten, wenn es darum geht, bestimmte Ereignisse zu erklären, auch bei den Vertretern des methodologischen Individualismus extrem gering.

Es wird unterstellt, daß die einzelnen Wirtschaftssubjekte rational handeln und versuchen, ihren Nutzen bzw. Gewinn zu maximieren. Sie unterscheiden sich nicht voneinander. Somit wird aber auch das, was die Individualität ausmacht, aus der Betrachtung ausgeklammert. Aber auch dann, wenn man, wie etwa *F. A. v. Hayek*, von der Vorstellung ausgeht, daß auch die wirtschaftlichen Ereignisse in starkem Maße von solchen persönlichen Aktivitäten bestimmt werden, zieht man daraus den Schluß, daß deshalb die Wirtschaftswissenschaften nicht in der Lage sind, eindeutige Voraussagen über den Verlauf der ökonomischen Problemgrößen zu treffen. Die Wirtschaftswissenschaftler müßten sich deshalb auf **Mustervoraussagen** beschränken.

Vor allem *J. A. Schumpeter* zählt zu den wenigen Wirtschaftstheoretikern, die in ihren Lehren, vor allem im Rahmen der Theorie vom Unternehmer, persönliche Daten und Reaktionsweisen mit in die Betrachtung einfließen lassen. Von Ausnahmefällen abgesehen unterscheidet man ansonsten zwischen einer geschichtlichen Betrachtungsweise, in die vor allem die persönlichen Aktivitäten einfließen, die sich aber auf konkrete Einzelfälle beschränkt und der Geschichtswissenschaft vorbehalten ist und einer theoretischen Analyse, die allgemeingültige Aussagen treffen möchte und gerade deshalb von den persönlichen Besonderheiten der Individuen absehen muß.

Diese Trennung begegnet uns nun aber auch in der Ordnungsanalyse wieder: Einerseits wird in der Lehrgeschichte aufgezeigt, wie bestimmte Ordnungsideen von einzelnen Forschern entwickelt wurden, andererseits geht es im Rahmen der Ordnungsanalyse auch wieder um allgemeine Gesetzmäßigkeiten, bei deren Entwicklung von den persönlichen Motiven und individuellen Aktivitäten zu abstrahieren ist. Der Hauptgegenstand dieses Kapitels soll sicherlich die Analyse allgemeiner Gesetzmäßigkeiten sein. Der persönliche Einfluß einzelner Individuen kann aber trotz dieser Sicht der Dinge eine bedeutende Rolle spielen, weil das Entstehen und der Zerfall von Ordnungssystemen möglicherweise auch durch das Wirken einzelner Persönlichkeiten beeinflußt wurde. Es geht also vor allem um die Frage, inwieweit es von den Aktivitäten einzelner abhängt, ob bestimmte neue Ordnungen geschaffen und alte überwunden werden.

Nun wird man aber einräumen müssen, daß Ideen im allgemeinen und Ordnungsideen im besonderen immer von einzelnen Forschern entwickelt wurden. Damit kann aber jede Veränderung in den Ordnungssystemen auch immer auf ganz bestimmte, einzelne Personen zurückgeführt werden. In diesem Sinne setzt die Bewegung des Liberalismus im ausgehenden 18. Jahrhundert etwa *A. Smith* u. a. voraus. Dies ist aber gar nicht die eigentliche Frage, auf die es hier ankommt. Zur Diskussion steht vielmehr, ob die näheren geschichtlichen Umstände der damaligen Zeit den Nährboden für eine liberale Theorie abgaben und ob eine andere Persönlichkeit diese oder ähnliche Gedanken entwickelt hätte, wenn es *A. Smith* nicht gegeben hätte.

Man geht hier also von der Vorstellung aus, daß die Zeitumstände ganz bestimmte Entwicklungen nahelegen und es dann nur eine Frage der Zeit sei, wann diese Entwicklung in bestimmte Ideen gekleidet werde. Der Marxismus mit seiner Idee des gesellschaftlichen Überbaus hat eine solche Vorstellung in extremer Form entwickelt. Andererseits könnte man weiter folgern, daß ohne diese Entwicklung in den Fakten zwar möglicherweise solche Ideen entwickelt worden wären, da es liberale Vorstellungen sicherlich zu allen Zeiten gab. Diese Vorstellungen wären aber von den Politikern nicht aufgegriffen worden, wenn die Zeitumstände für diese Gedanken nicht reif gewesen wären. So wird etwa im Rahmen der Forschung über die Politikberatung bisweilen die These vertreten, daß der Wissenschaftler im Sinne eines Alibis nur die Formulierungen und Rechtfertigungen für das abgeben, was die Politiker ohnehin tun wollten und auch ohne die Wissenschaftler getan hätten.

In dieser extremen Form sind diese Thesen sicherlich nicht allgemein gültig. Man wird aber zugeben müssen, daß die von Wissenschaftlern entwickelten Ideen nicht im luftleeren Raum entstehen. Es sind die Schwierigkeiten in der politischen Praxis, weshalb nach neuen Lösungsmöglichkeiten gerufen wird. Die Wissenschaftler haben ein Interesse daran, diesen Forderungen zu entsprechen und nach neuen Lösungsmöglichkeiten zu suchen, da sie auf diesem Wege zu sozialem Ansehen gelangen können. Insofern ist es richtig, daß Ideen, die keine Antwort auf die augenblicklich politisch vorherrschenden Problemlagen geben, auch keine politische Resonanz finden und deshalb auch nicht zu einer Änderung der tatsächlichen Ordnungen beitragen können.

Trotzdem zeigt dieses Beispiel aber auch deutlich, daß den einzelnen Persönlichkeiten sehr wohl eine entscheidende Rolle bei der Veränderung von Ordnungen zukommt. Die Entwicklung der Ereignisse legt gewissermaßen nur die Fragen fest, die es zu lösen gilt, nicht aber auch schon die Antworten. Es hängt von den Qualitäten der Forscher ab, welche Antworten gefunden werden aber auch von den persönlichen Fähigkeiten der Politiker, die Antworten der Wissenschaft aufzugreifen, die auch wirklich Erfolg versprechen.

Es ist unbestritten, daß auch objektive Daten mit dazu beitragen, ob Wissenschaftler die richtigen Antworten finden. Der Erfolg einzelner Forscher hängt beispielsweise nicht nur vom allgemeinen Forschungsstand, sondern auch davon ab, wie intensiv der Wettbewerb der Ideen ausfällt. Die Frage, ob die Politiker genügend Anreize haben, die richtigen Antworten aufzugreifen, hängt selbst wieder von der politischen Ordnung ab. Dabei ist sicherlich auch entscheidend, ob die Politiker auf den politischen Märkten unter einem ausreichend starken wettbewerblichen Druck stehen, nach erfolgversprechenden Lösungen Ausschau zu halten und der Wettbewerb so kanalisiert wird, daß der Politiker gewinnt, der auch sachlich befriedigende Lösungen anbietet.

Trotz dieser objektiven Bestimmungsgründe verbleibt der Persönlichkeit des Forschers und des Politikers ein bedeutender Platz, wenn es darum geht, Veränderungen zu erklären. Es hängt stets von persönlichen Eigenschaften des Forschers ab, welche Antwort er auf vorgegebene Fragen findet. Es gibt keine fest vorgegebenen Antworten, sondern stets mehrere Möglichkeiten. Die Rahmendaten können noch so eng sein und das Handeln beeinflussen, sie legen niemals eine bestimmte Antwort fest. In ganz ähnlicher Weise legt auch kein noch so starker Wettbewerb unter den Politikern fest, wie er unter den von der Wissenschaft angebotenen Lösungen auswählt. Es hängt immer auch vom Umfang der Risikobereitschaft des einzelnen Politikers ab, welche Antwort er aufgreift. Die Risikenbereitschaft des Politikers stellt aber stets ein höchst persönliches Datum dar.

Daneben sollte man auch berücksichtigen, daß ein ganz bestimmtes Ergebnis in der ökonomischen Theorie im allgemeinen nur für bestimmte idealtypische Lösungen behauptet wird. Wenn beispielsweise der Wettbewerb der Unternehmer untereinander sehr stark wird und der einzelne Anbieter einen verschwindend kleinen Anteil am Gesamtangebot bestreitet, dann bleibt dem einzelnen Unternehmer gar nichts anderes übrig, als jede Gewinnchance auszunutzen. Er läuft sonst Gefahr, von den Konkurrenten ausgebootet zu werden und Konkurs anmelden zu müssen. Hier bleibt dem einzelnen Unternehmer kein persönlicher Spielraum. Ist der Unternehmer allerdings Monopolist, so läßt sich zwar bei einem Verhalten à la Cournot eine deterministische Lösung aufzeigen.

Diese Lösung gilt aber nur unter der Annahme, daß der Unternehmer seinen kurzfristigen Gewinn maximieren möchte. Während unter den Bedingungen eines atomistischen Wettbewerbs die Marktform auch das Streben nach Gewinn determiniert, stellt die Gewinnmaximierung für den Monopolisten nur eine unter mehreren

Möglichkeiten dar. Warum sollte ein Monopolist nicht bestrebt sein, seinen Nutzen dadurch zu maximieren, daß er auch auf Kosten des Gewinnes soziale oder auch technische Zielvorstellungen zu realisieren versucht?

Wenn wir nun aber berücksichtigen, daß wir in der Realität im allgemeinen nicht den Idealtypus des vollständigen Wettbewerbes antreffen, so ist dies gleichbedeutend damit, daß in der Realität im allgemeinen nicht allein die Marktdaten entscheiden. Der einzelnen Persönlichkeit verbleibt deshalb ein mehr oder weniger großer Spielraum.

Über Entstehung und Zerfall wirtschaftlicher Ordnungen entscheiden nicht so sehr die ökonomischen Märkte, sondern die politische Ordnung. Hier gilt aber a fortiori, daß keine dem idealtypischen Wettbewerbsmarkt entsprechende politische Lösung zu erwarten ist. Auch unter idealtypischen Bedingungen der Demokratie erfolgt die Anpassung an eingetretene Datenänderungen nur sehr stark verzögert. Dies allein schon bewirkt, daß dem einzelnen Politiker ein sehr viel größerer diskretionärer Handlungsspielraum als einem Wirtschaftsführer verbleibt. Dieser Spielraum steigt an, wenn wir realistischerweise berücksichtigen, daß auch die politischen Märkte nur höchst unvollkommen sind.

10.7 Eigendynamik der Systeme?

Bisweilen wird die Meinung vertreten, daß Ordnungssysteme eine biographische Entwicklung durchmachen, die dem Lebenslauf von Individuen gleichen. Es wird davon ausgegangen, daß sie zunächst wachsen und gedeihen. Sie lernen mit den anfänglichen Schwierigkeiten umzugehen und verbessern sich weiter. Ab einem bestimmten Zeitpunkt treten aber gewisse Alterungsprozesse auf, die sie zunehmend erstarren lassen. Daran brechen die Systeme schließlich zusammen.

Vor allem *M. Olson* hat die These aufgestellt, daß hochindustrialisierte Volkswirtschaften in ihrer Spätphase unter einer Art institutioneller **Sklerose** leiden. Sie sind immer weniger in der Lage, sich an Veränderungen in den Umweltbedingungen – Datenänderungen – anzupassen. Es ist nun aber nicht ganz einfach, eine solche These empirisch zu belegen. Natürlich trifft es zu, daß fast alle früher existierenden Systeme irgendwann einmal untergegangen sind. Ein sehr großer Teil vor allem der wirtschaftlichen Systeme sind aber sicherlich nicht endogen, sondern eher exogen und bisweilen auch gewaltsam umgekrempelt worden, weil sich die politischen Systeme verändert haben.

Hier in diesem Abschnitt interessiert uns vor allem die Frage, wie man einen solchen Wandel von Systemen erklären kann. In der Literatur wurde vor allem versucht, sinnvolle Antworten auf die Frage zu finden, weshalb Systeme erstarren und schließlich absterben. Wenn wir noch einmal den Vergleich mit dem menschlichen Körper heranziehen, dann besteht der Alterungsprozeß offensichtlich vor allem darin, daß Zellen eine kurze Überlebenszeit haben und somit immer absterben, junge Organismen aber die Fähigkeit aufweisen, neue Zellen zu produzieren. Diese Fähigkeit verringert sich aber mit zunehmendem Lebensalter. Damit sinkt aber auch die Fähigkeit, sich an Datenänderungen anzupassen. Der Organismus ist von einem bestimmten Zeitpunkt an, den von außen kommenden Belastungen nicht mehr gewachsen.

Wenn wir diesen Gedanken auf das gesellschaftliche Ordnungssystem übertragen, dann bedeutet dies, daß man die Überlebensfähigkeit eines Systems an dessen Fähigkeit erkennen kann, sich an Datenänderungen anzupassen. Diese Anpassungsfähigkeit wird zum einen durch die **Preisflexibilität** und zum andern durch die **Preiselastizität** von Angebot und Nachfrage – Mobilität der Faktoren auf den Faktormärkten – bestimmt. Einmal eingetretene Datenänderungen schlagen sich in Ungleichgewichten nieder. Diese Ungleichgewichte führen unter normalen Bedingungen zu veränderten – relativen – Preisen. Ein Angebotsüberhang löst beispielsweise auf einem funktionierenden Markt sinkende Preise aus. Wegen dieser veränderten Preise passen sich Angebot und Nachfrage an, normalerweise verringert sich das Angebot, während die Nachfrage steigt. Sowohl die Reaktion auf der Angebots- als auch die auf der Nachfrageseite bauen das eingetretene Ungleichgewicht ab.

Der Grad der Flexibilität der – relativen – Preise und die Höhe der Preiselastizitäten von Angebot und Nachfrage determinieren die **Anpassungskapazität** eines Systems. Bei einem gegebenen Umfang an Datenänderungen müssen sich die relativen Preise um so stärker verändern, je weniger die Mengen auf veränderte Preise reagieren. Gleichzeitig läuft der Prozeß der Anpassung an die neuen Gegebenheiten aber auch langsamer ab. Man kann nun empirisch feststellen, daß im Zuge der wirtschaftlichen Entwicklung offensichtlich sowohl die Preise nach unten starrer geworden sind, die Werte der Elastizitäten zurückgegangen sind und die Mobilität der Produktionsfaktoren geringer geworden ist. Eine Vielzahl von Gründen kann für diesen Wandel verantwortlich sein.

Zunächst einmal muß man davon ausgehen, daß eine **Anpassung** als solche stets vorübergehende **Wohlfahrtsverluste** mit sich bringt – eine Anpassung ist unbequem – und die Bereitschaft, solche Wohlfahrtsverluste hinzunehmen, mit wachsendem Wohlstand zurückgeht. Solange das Einkommen noch gering ist, äußert sich eine Wohlfahrtssteigerung vor allem in einem Anstieg der Einkommen. Die einzelnen Individuen werden in diesem Falle auch eher bereit sein, jede mögliche Einkommenssteigerung zu nutzen. Sie werden deshalb recht flexibel und elastisch auf Datenänderungen reagieren. Wenn aber ein bestimmtes materielles Wohlfahrtsniveau erreicht ist, gewinnen die immateriellen Werte an Gewicht. Man verzichtet dann auch schon mal auf mögliche Einkommenssteigerungen, wenn diese nur durch größere Anpassungsprozesse erreicht werden können, da die Anpassung als solche als unangenehm empfunden wird und damit weniger zusätzlichen Nutzen stiftet.

Ein zweiter Grund, weshalb die Anpassungsfähigkeit im Zuge der wirtschaftlichen Entwicklung zurückgeht, ist wohl auch darin zu sehen, daß sich zumindest in der Vergangenheit der technische Fortschritt vor allem in einer steigenden Kapitalintensität niederschlug. Damit erhöhte sich aber auch der **Anteil der fixen Kosten** für die Unternehmungen. Je größer allerdings dieser Anteil der fixen Kosten ist, um so weniger sind die einzelnen Unternehmungen bereit und in der Lage, auf eingetretene Datenänderungen schnell zu reagieren, da man nur noch ein Teil der Kosten kurzfristig anpassen kann. Damit werden aber auch die Preise inflexibler.

Mit steigendem Wohlstand einer Gesellschaft räumt man drittens dem Ziel der **Sicherheit** einen immer größeren Stellenwert ein. So glaubt man beispielsweise, es sich leisten zu können, den Kündigungsschutz der beschäftigten Arbeitnehmer stärker auszuweiten, obwohl man damit aber nicht nur die Fähigkeit der Unternehmungen verringert, sich an Datenänderungen anzupassen, sondern auch die Beschäftigungschancen der einmal arbeitslos gewordenen Arbeitnehmer stark beeinträchtigt. Gleichzeitig setzt die öffentliche Hand die finanziellen Mittel in immer stärkerem Maße ein, um Unternehmungen zu erhalten und immer weniger, um innovative Aktivitäten zu unterstützen.

Der wirtschaftliche und technische Fortschritt äußert sich aber auch darin, daß die **Organisationsfähigkeit** von Interessen ansteigt. Damit geraten aber die politischen Entscheidungsträger immer stärker unter Druck, protektionistische Aktivitäten zugunsten gut organisierter Interessengruppen ergreifen zu müssen. Dies hat allerdings nicht nur zur Folge, daß sich diese wirtschaftlichen Akteure immer weniger an Datenänderungen anpassen müssen, da ihnen die Politiker sogenannte Quasirenten sichern, sondern man richtet seine Aktivitäten auch in viel stärkerem Maße daran aus, ob und wie man an die „Subventionstöpfe" des Staates gelangen kann.

Schließlich trägt auch die Dynamik in der Entwicklung der Märkte selbst zu einer gewissen Erstarrung des Systems bei. Der Wohlstand zeigt sich vor allem auch in einem sehr differenzierten Angebot an Gütern und Dienstleistungen. Je inhomogener aber diese Güter und Dienste sind, umso weniger entsprechen die wettbewerblichen Verhältnisse auf diesen Märkten denen der vollkommenen Konkurrenz, um so stärker ist der Einfluß monopolistischer Elemente und um so eher dominieren oligopolistische Verhältnisse. Die Marktformenlehre hat nun aber gezeigt, daß unter den Bedingungen **oligopolistischer Konkurrenz** viel eher nach unten starre Preise zu erwarten sind, weil beispielsweise die Preis-Absatz-Funktion einen Knick aufweist und angebotsbedingte Datenänderungen die Unternehmungen nicht veranlassen, die Preise ihrer Produkte zu ändern. Aber auch unter den Bedingungen der **monopolistischen Konkurrenz** wird es wahrscheinlicher, daß die Preise nach Datenänderungen relativ inflexibel bleiben. Dies dürfte vor allem dann der Fall sein, wenn sogenannte „Menu-Kosten" – Kosten für neue Preislisten etc. – existieren.

Wenn aber die individuelle Wohlfahrt auch deshalb steigt, weil sich die Wirtschaftssubjekte ihre Wünsche von Politikern erfüllen lassen, dann steht zu befürchten, daß das System von sich aus, den **Umfang an Datenänderungen** erhöht. Damit steigt aber auch die Anfälligkeit des Systems. Auch bei einer unveränderten Anpassungskapazität kann ein System anfälliger werden und im Überlebenskampf scheitern, wenn das Ausmaß an Datenänderungen im Zeitablauf zunimmt und die Datenänderungen, wie bei politischen Entscheidungen üblich, zeitlich konzentriert auftreten. Damit kann man ihnen nur noch sehr bedingt ausweichen.

10.8 Zur Konvergenzthese

Bisweilen wird die These vertreten, daß sich die wirtschaftlichen Ordnungssystem tendenziell einander annähern. Wenn man will, kann man in dieser These eine spezielle Ausgestaltung der Interdependenzthese sehen. Die These von der Konvergenz der wirtschaftlichen Systeme kann in zweierlei Varianten diskutiert werden. 1) Eine erste Variante besteht darin, daß man behauptet, die Ordnungssysteme **verschiedener Länder** konvergierten. Dies ist auch die allgemeine Version der Konvergenzthese. Diese These wird damit begründet, daß ein Wettbewerb der Systeme bestehe und sich die Politiker aufgrund dieses Wettbewerbes gezwungen sehen, die Elemente des jeweils anderen Systems zu übernehmen, die sich dort bewährt haben.

Für diese Variante spricht, daß einerseits die meisten Ostblockstaaten im Laufe der Zeit eine gewisse Liberalisierung und Dezentralisierung durchgeführt haben, während anderseits die marktwirtschaftlichen Systeme die regulierenden Eingriffe des Staates verstärkt haben. Kritisch muß man allerdings hinzufügen, daß diese Entwicklung nicht geradelinig verläuft. In den demokratischen Staaten wechseln sich Zeiten zunehmender regulierender Eingriffe des Staates mit Zeiten ab, in denen wieder stärker dereguliert wurde. Aber auch in den kommunistischen Staaten, wie etwa in China, sind solche Pendelbewegungen – in gewissen Zeiten wurde reguliert, in anderen Zeiten wieder dereguliert – festzustellen.

Es ist grundsätzlich sicherlich denkbar, daß es auch bei den Entwicklungen auf ordnungspolitischem Gebiet so etwas wie „konjunkturelle" Schwankungen gibt. Dennoch bleibt aber abzuwarten, ob diese periodischen Schwankungen von einem eindeutigen, langfristig stabilen Trend – Planwirtschaften greifen immer stärker marktwirtschaftliche Elemente auf und marktwirtschaftliche Ordnungen verlassen sich immer mehr auf bürokratische Formen der Koordination – überlagert werden.

Der Druck, der von einem Wettbewerb der Systeme auf die Politiker ausgeübt wird und sie veranlaßt, die besseren Elemente des jeweils anderen Systems zu übernehmen, kann nun aber auch zustande kommen, weil die Bürger eines Landes in ein anderes abwandern, wenn sie mit den Leistungen ihrer Politiker unzufrieden sind. Dieser Mechanismus funktioniert aber in diesem Falle wohl nur sehr bedingt, weil planwirtschaftliche Systeme diese Möglichkeit der Abwanderung zum größten Teil unterbinden. Es scheint also, um mit *A. O. Hirschmann* zu sprechen, weniger die Möglichkeit zur **Abwanderung** als zum **Widerspruch** zu sein, die zu einer wettbewerblichen Situation zwischen den Politikern einzelner Staaten führt. Die Politiker müssen danach mit einer politischen Revolution rechnen, wenn es ihnen auf Dauer nicht gelingt, das Wohlfahrtsniveau der konkurrierenden Systeme zu erreichen.

Nun setzt auch diese These, daß der Mechanismus des Widerspruchs dominiert, voraus, daß die Bürger der planwirtschaftlichen Systeme auch von den Errungenschaften der anderen wirtschaftlichen Ordnungssysteme erfahren. Gerade in dieser Hinsicht schotteten aber die Ostblockstaaten ihre Bürger lange Zeit von ausländischen Einflüssen weitgehend ab. Damit hatten die Bürger aber auch nur bedingt die Möglichkeit, Vergleiche zwischen den verschiedenen Ordnungssystemen anzustellen.

Wenn man also die These weiter aufrecht erhalten will, wonach der Mechanismus des Widerspruchs relativ effizient ist, muß man zumindest unterstellen, daß es keiner Diktatur auf Dauer gelingt, ihre Bürger von den relevanten Informationen abzuschneiden. Dies dürfte allerdings auch schwer sein, wenn wir realistischerweise annehmen, daß der Wunsch nach einem höheren materiellen Wohlstand in allen Systemen existiert, mit steigendem Wohlstand aber auch immer mehr Güter und Dienstleistungen, wie beispielsweise Fernsehen, Reisen etc., nachgefragt werden, die aber auch automatisch zu besseren Informationen über das Niveau des Wohlstandes im Ausland führen.

Nach unseren bisherigen Überlegungen können planwirtschaftliche Systeme wohl nicht umhin, sich den marktwirtschaftlichen Systemen anzupassen. Die ursprüngliche Konvergenzthese weist nun aber darauf hin, daß auch die marktwirtschaftlichen Systeme unter dem Druck stünden, gewisse Elemente der staatlichen Planwirtschaft zu übernehmen. Diese These mag zunächst verwundern. Es ist zwar richtig, daß in marktwirtschaftlichen und demokratischen Ordnungen in viel stärkerem Maße als in den Diktaturen die Voraussetzungen für einen Systemwettbewerb gegeben sind: Die Bürger können sich nicht nur über die Vorteile der anderen Systeme informieren und Widerspruch anmelden, sie können bei Unzufriedenheit auch abwandern. Allerdings machen die Wähler in den demokratischen Staaten offensichtlich von dieser Möglichkeit keinen Gebrauch, da die eigene materielle Wohlfahrt die der planwirtschaftlichen Systeme bei weitem überragt.

Da man aber trotzdem erklären muß, weshalb auch in traditionellen marktwirtschaftlichen Ordnungen dirigistische Elemente übernommen werden, greift man auf die These zurück, wonach marktwirtschaftliche Ordnungen eben nicht in allen wirtschaftlichen Fragen planwirtschaftlichen überlegen seien. Es wird zwar zugestanden, daß die Marktwirtschaft hinsichtlich der materiellen Wohlfahrt und der Gewährung individueller Freiheitsrechte bürokratischen Systemen eindeutig vorzuziehen sei, die Probleme der sozialen Sicherheit und Gerechtigkeit aber in planwirtschaftlichen Systemen befriedigender gelöst werden könnten als in reinen Marktwirtschaften.

Diese These hat insoweit einiges für sich, als in der Tat ein reines marktwirtschaftliches System immer nur das Leistungsprinzip verwirklichen kann. Wenn man es aber für sinnvoll erachtet, das Leistungsprinzip durch Bedarfselemente oder die Forderung nach einem Mindesteinkommen zu ergänzen, führen die Marktkräfte allein nicht zum Ziel. Man wird auch zugeben müssen, daß man sich bei einer reinen Marktlösung nicht gegen die materiellen Folgen aller sozialen Risiken absichern kann. Dies gilt möglicherweise für das Risiko der Arbeitslosigkeit, das oft als nicht oder nur schwer versicherbar angesehen wird.

Damit ist aber noch nicht nachgewiesen, daß planwirtschaftliche Systeme marktwirtschaftlichen eindeutig überlegen sind. Nur wenn es bürokratischen Systemen besser als marktlichen gelingt, die gesellschaftlich erwünschte Korrektur der Verteilung um Bedarfselemente herbeizuführen oder bei nicht oder nur schwer versicherbaren Risiken effizientere Lösungen zu finden, hätte man eine ausreichende Begründung, weshalb marktwirtschaftliche Systeme ebenfalls unter Druck stünden, gewisse Elemente bürokratischer Systeme zu übernehmen. Allein der Hinweis auf gewisse Marktmängel genügt aber sicherlich nicht, da auch mit Mängeln der bürokratischen Systeme gerechnet werden muß.

2) Wenden wir uns nun noch der zweiten Variante der Konvergenzthese zu. Es wird auch behauptet, daß sich in einer Volkswirtschaft die **politischen Parteien** in der Fra-

ge, welche wirtschaftliche Ordnungsidee verwirklicht werden soll, aufeinander zu bewegen.

Man geht dabei von der Annahme aus, daß sich die einzelnen politischen Parteien in ihren ideologischen Grundpositionen unterscheiden. So hätten wir beispielsweise in einem Zweiparteiensystem auf der einen Seite liberale und konservative Parteien, die eine marktwirtschaftliche Lösung präferieren. Auf der anderen Seite stünden demgegenüber die sozialistischen Parteien, die planwirtschaftlichen Lösungen den Vorzug geben. Wegen dieser ideologischen Unterschiede stützten sich die konservativen und liberalen Parteien zunächst vor allem auf die Selbständigen, während die sozialistischen Parteien ihre Stammwähler unter den Arbeitnehmern fänden.

Der demokratische Wettbewerb zwinge nun die Parteien, neue Wählerschichten zu erschließen, da keine Partei mit ihren Stammwählern bereits über eine ausreichende Mehrheit verfüge. Beide Parteien seien also gezwungen, sich um die Wähler zwischen den Selbständigen und Arbeitnehmern zu bemühen. Die konservativen Parteien werden deshalb den Versuch unternehmen, auch die höheren Angestellten und die Facharbeitskräfte anzusprechen. In ähnlicher Weise wären die sozialistischen Parteien bestrebt, ihr Klientel zu erweitern, indem sie auch Selbständige unter den mittelständischen Unternehmern unterstützen.

Diese Tendenz, auch Bevölkerungsgruppen der politischen „Mitte" anzusprechen, gehe soweit, bis beide Parteien sich eine ausreichende Mehrheit erhoffen könnten. Es ist allerdings die gleiche Bevölkerungsgruppe, um die sich die Parteien an der Grenze bemühen. Jede Partei kann damit rechnen, daß man für neue Wähler etwas mehr tun muß als für die Stammwähler. Diese sind relativ sicher, während die neuen Wähler nur gewonnen werden können, wenn man sie begünstigt. Diese Begünstigung der mittleren Wählergruppen erfolgt bis zu dem Punkt, wo die Unzufriedenheit unter den Stammwählern so groß wird, daß sie ihrerseits abwandern. Wann dieser Punkt erreicht ist, hängt auch davon ab, ob es links und rechts von den großen Parteien weitere Parteien gibt, zu denen die Unzufriedenen abwandern können.

Wichtig ist in diesem Zusammenhang die Tatsache, daß an der Grenze dieses Ausdehnungsprozesses zur Mitte hin, beide politischen Parteien die gleichen Wählerschichten ansprechen. Da der Grenzwähler aber für beide Parteien identisch ist, sind die Parteien auch gezwungen, ihre politischen Programme einander anzunähern. Im Idealfall erzwingen gleiche Wählerschichten an der Grenze auch identische Wahlprogramme der konkurrierenden politischen Parteien.

Diese These wurde zunächst nur für ein **Zweiparteiensystem** entwickelt. Nun haben wir aber beispielsweise in der Bundesrepublik Deutschland ein Mehrparteiensystem. Trotzdem lassen sich ähnliche Gesetzmäßigkeiten auch für dieses System feststellen. Das Mehrparteiensystem erzwingt in der Regel eine Koalition mehrerer politischer Parteien. Gerade dadurch steigt aber die Wahrscheinlichkeit, daß sich die Regierungsprogramme verschiedener möglicher Koalitionen einander annähern. Nun steht nämlich die jeweils größere Partei unter dem Druck, sich den Vorstellungen des jeweils kleineren Koalitionspartners anzupassen. Der kleinere Koalitionspartner übernimmt nun zum Teil die Rolle des Grenzwählers.

Tatsächlich kann man aber eine solche Konvergenz in der Realität nur teilweise feststellen. Es ist einerseits zwar sicherlich richtig, daß die konservativen Regierungen im Laufe der Zeit ihre sozialpolitischen Reformbemühungen ausgeweitet haben und sozialdemokratische Parteien auch Marktelemente in ihr politisches Programm aufnahmen. Andererseits kann aber wohl kaum geleugnet werden, daß gerade in der Frage, wie man wirtschaftliche Probleme lösen will, deutliche Unterschiede zwischen beiden Parteien bestehen blieben.

Ob nämlich die Parteiprogramme tatsächlich konvergieren, hängt von einer Reihe von Faktoren ab. Auf der einen Seite wird dieser Prozeß davon bestimmt, wie bedeutend die Stammwähler sind. Die Wahlen in den letzten Jahrzehnten haben zumindest in der Bundesrepublik Deutschland gezeigt, daß sich die Parteien immer weniger auf ihre **Stammwähler** verlassen können. Damit gelingt es den Parteien aber auch immer weniger, Wählerstimmen zu gewinnen, wenn sie sich in Richtung auf die politische „Mitte" bewegen. Der Chance eines möglichen Zuwachs neuer Wähler entspricht immer mehr das Risiko, daß bisherige Wähler abwandern.

Diese Prozesse, bei denen die großen politischen Parteien um die politische Mitte kämpfen, haben dazu geführt, daß sich rechts und links von den großen Volksparteien auch radikalere Parteien entwickelt haben. Das hat aber sicherlich auch mit dazu beigetragen, den Prozeß der Abwanderung der bisherigen Stammwähler noch zu beschleunigen.

Schließlich erzwingt aber auch der Wettbewerb der Politiker untereinander eine stärkere Differenzierung der Parteiprogramme. Einer Oppositionspartei wird es wohl nur gelingen, die bisherige Regierung abzulösen, wenn sie glaubhaft versichert, die anstehenden Probleme mit anderen Konzepten als die Regierung lösen zu wollen. Wenn aber die Parteiprogramme der beiden großen Volksparteien identisch wären, hätte der Wähler keine ausreichende Veranlassung zur Opposition zu wechseln. Ein intensiver Wettbewerb auf den politischen Märkten trägt deshalb auch zu differenzierteren Parteiprogrammen bei.

Literaturverzeichnis

A. Allgemeine Literaturhinweise: Lehrbücher und Gesamtdarstellungen

Ahrns, H.-J., Feser, H.-D., Wirtschaftspolitik. Eine problemorientierte Einführung. 5. Aufl., München 1987
Altmann, J., Wirtschaftspolitik. Eine praxisorientierte Einführung. 4. Aufl., Stuttgart 1990
von Arnim, H. H., Volkswirtschaftspolitik. 5. Aufl., Frankfurt 1985
Berg, H., Cassel, D., Theorie der Wirtschaftspolitik, in: Vahlens Kompendium der Wirtschaftstheorie und Wirtschaftspolitik, 2. Bd., 4. Aufl., München 1990
Bernholz, P., Grundlagen der politischen Ökonomie. Bd. 1, 2 u. 3, 2. Aufl. Tübingen 1984
Cassel, D. (Hrsg.), Wirtschaftspolitik im Systemvergleich. München 1984
Eucken, W., Grundsätze der Wirtschaftspolitik. 6. Aufl., Tübingen 1990
Frey, B. S., Theorie demokratischer Wirtschaftspolitik. München 1981
Gäfgen, G. (Hrsg.), Grundlagen der Wirtschaftspolitik. 4. Aufl., Köln 1972
Giersch, H., Allgemeine Wirtschaftspolitik. Bd. I und II, Wiesbaden 1960 und 1977
Henschel, H. und E. Knappe, Volkswirtschaftslehre. Bd. 2: Problembereiche der makroökonomischen Analyse und Entscheidung. Würzburg 1975
Issing, O. (Hrsg.), Allgemeine Wirtschaftspolitik. 2. Aufl., München 1988
Külp, B., Grundfragen der Wirtschaft. Eine Einführung in die Sozialökonomie. Köln 1967
Leipold, H., Wirtschafts- und Gesellschaftssysteme im Vergleich. 5. Aufl., Stuttgart 1988
Luckenbach, H., Theoretische Grundlagen der Wirtschaftspolitik. München 1986
Molitor, B., Wirtschaftspolitik. 3. Aufl., München 1992
Pütz, Th., Grundlagen der theoretischen Wirtschaftspolitik. 4. Aufl., Stuttgart 1979
Pütz, Th., Wirtschaftspolitik. 4. Aufl., Stuttgart 1979
Ramb, B.-Th., Grundlagen der Wirtschaftspolitik. München 1987
Schachtschabel, H. G., Allgemeine Wirtschaftspolitik. Stuttgart u. a. 1975
Schumpeter, J. A., Aufsätze zur Wirtschaftspolitik. Tübingen 1985
Streit, M. E., Theorie der Wirtschaftspolitik. 4. Aufl., Düsseldorf 1991
Teichmann, U., Wirtschaftspolitik. Eine Einführung in die demokratische und die instrumentelle Wirtschaftspolitik. 3. Aufl., München 1989
Tuchtfeld, E., Bausteine zur Theorie der Wirtschaftspolitik. 2. Aufl., Bern 1987
Woll, A., Wirtschaftspolitik. München 1984

B. Zusätzliche Literaturhinweise zu einzelnen Kapiteln

Kapitel 1: Gegenstand und Aufgaben der Wirtschaftspolitiklehre

Albert, H., Politische Ökonomie und rationale Politik. Vom wohlfahrtsökonomischen Formalismus zur politischen Soziologie, in: ders., Aufklärung und Steuerung – Aufsätze zur Sozialphilosophie und zur Wissenschaftslehre der Sozialwissenschaften. Hamburg 1976
v. Beckerath, E. u. a. (Hrsg.), Probleme der normativen Ökonomik und der wirtschaftspolitischen Beratung. Schriften des Vereins für Socialpolitik. N. F., Bd. 29, Berlin 1963
Borner, S., Wissenschaftliche Ökonomik und politische Aktion – Eine politische Ökonomie der professionellen Beratung der Wirtschaftspolitik. Bern u. a. 1975
Bonus, H., Information und Emotion in der Politikberatung – Zur politischen Umsetzung eines wirtschaftstheoretischen Konzepts, in: Zeitschrift für die gesamte Staatswissenschaft, 138 (1982), S. 1–21
Gäfgen, G., Politische Ökonomie und Lehre von der Wirtschaftspolitik: Zur Realisierbarkeit wirtschaftspolitischer Vorschläge, in: H. Körner (Hrsg.), Wirtschaftspolitik – Wissenschaft und politische Aufgabe. Bern 1976

Gäfgen, G., Formen und Bedingungen wissenschaftlicher Beratung der Wirtschaftspolitik. Konstanz 1987

Lompe, K., et al., Enquete-Kommission und Royal Commissions. Beispiele wissenschaftlicher Politikberatung in der Bundesrepublik Deutschland und Großbritannien. Göttingen 1981

Rubbert, U., Theoriedynamik und die Grundlagen ökonomischer Politikberatung. Hamburg 1984

Streißler, E., Entwicklungslinien der Wirtschaftstheorie und ihre Ausstrahlung auf die Wirtschaftspolitik. in: B. Keller und A. E. Ott (Hrsg.), Angewandte Wirtschaftsforschung im Spannungsfeld zwischen Wirtschaftstheorie und Wirtschaftspolitik. Tübingen 1983, S. 20–40

Tinbergen, J., Über die Theorie der Wirtschaftspolitik, in: G. Gäfgen (Hrsg.), Grundlagen der Wirtschaftspolitik. 4. Aufl., Köln 1972, S. 383–396

Tuchtfeldt, E., Die wissenschaftliche Fundierung der Wirtschaftspolitik, in: Hamburger Jahrbuch für Wirtschafts- und Gesellschaftspolitik, 4 (1959), S. 298–311

Kapitel 2: Die Werturteilsproblematik

Albert, H., Konstruktion und Kritik. Aufsätze zur Philosophie des kritischen Rationalismus. 2. Aufl., Hamburg 1975

Albert, H., Wertfreiheit als methodisches Prinzip – Zur Frage der Notwendigkeit einer normativen Sozialwissenschaft, in: Schriften des Vereins für Socialpolitik, N. F., Bd. 29, Berlin 1963, S. 32–63

Albert, H., Das Werturteilsproblem im Lichte der logischen Analyse, in: G. Gäfgen (Hrsg.), Grundlagen der Wirtschaftspolitik. 4. Aufl., Köln-Berlin 1972, S. 25–52

Albert, H., Theorie und Praxis. Max Weber und das Problem der Wertfreiheit und der Rationalität, in: H. Albert und E. Topitsch (Hrsg.), Werturteilsstreit. 2. Aufl., Darmstadt 1979

Aldrup, D., Werturteilsstreit, in: Handwörterbuch der Wirtschaftswissenschaft, Bd. 8, Stuttgart 1980, S. 659–666

v. Ferber, C., Der Werturteilsstreit von 1909–1959. Versuch einer wissenschaftlichen Interpretation, in: E. Topitsch (Hrsg.), Logik der Sozialwissenschaften, 7. Aufl., Köln 1971, S. 165–180

Külp, B., Zur Zielproblematik in der Lehre von der Gesellschaftspolitik, in: F. Greiß u. a. (Hrsg.), Der Mensch im sozioökonomischen Prozeß. Berlin 1969

Myrdal, G., Objektivität in der Sozialforschung. 2. Aufl., Frankfurt 1971

Myrdal, G., Das politische Element in der nationalökonomischen Doktrinbildung. Hannover 1963

Popper, K. R., Logik der Forschung. 9. Aufl., Tübingen 1989

Popper, K. R., Objektive Erkenntnis. Ein evolutionärer Entwurf. 4. Aufl., Hamburg 1984

Weber, M., Die „Objektivität" sozialwissenschaftlicher und sozialpolitischer Erkenntnis, in: Weber, M.: Gesammelte Aufsätze zur Wissenschaftslehre. 3. Aufl., Tübingen 1968, S. 146–214

Weisser, G., Das Problem der systematischen Verknüpfung von Normen und Aussagen der positiven Ökonomik in grundsätzlicher Betrachtung, in: Schriften des Vereins für Socialpolitik, N. F., Bd. 29, Berlin 1963, S. 16–31

Willgerodt, H., Regeln und Ausnahmen in der Nationalökonomie, in: N. Kloten u. a. (Hrsg.), Systeme und Methoden in den Wirtschafts- und Sozialwissenschaften. Tübingen 1964, S. 697–725

Kapitel 3: Zielanalyse

Berg, H., Internationale Wirtschaftspolitik. 2. Aufl., Göttingen 1988

Berthold, N., Multinationale Unternehmen und nationale Währungspolitik – Eine Analyse des Interessenkonfliktes zwischen kurzfristigem Finanzmanagement multinationaler Unternehmen und nationaler Währungspolitik. Freiburg 1981

Berthold, N., Keynesianische versus klassische Arbeitslosigkeit, in: Wirtschaftswissenschaftliches Studium (WiSt), 17 (1988), S. 485–493

Berthold, N., Internationale währungspolitische Arrangements – Zwischen ökonomischer und politischer Rationalität, in: Kredit und Kapital, 23 (1990), S. 437–467

Berthold, N., Sozialpolitik zwischen ökonomischer und politischer Rationalität, in: Hamburger Jahrbuch für Wirtschafts- und Gesellschaftspolitik, 35 (1990), S. 171–185
Berthold, N., Ansätze einer ökonomischen Theorie der Sozialpolitik – Normative und positive Aspekte, in: Jahrbuch für Sozialwissenschaft, 42 (1991), S. 145–178
Dahl, R. A. und Ch. E. Lindblom, Sieben Grundziele der Gesellschaftsgestaltung, in: G. Gäfgen (Hrsg.), Grundlagen der Wirtschaftspolitik. 4. Aufl., Köln 1972, S. 211–236
Giersch, H., Konjunktur- und Wachstumspolitik in der offenen Wirtschaft. Wiesbaden 1979
Görgens, E., Beschäftigungspolitik. München 1981
v. Hayek, F. A., Law, legislation and liberty. A new statement of the liberal principles of justice and political economy. Vol. 2, London 1976
v. Hayek, F. A., Theorie komplexer Phänomene. Tübingen 1972
v. Hayek, F. A., Drei Vorlesungen über Demokratie, Gerechtigkeit und Sozialismus. Tübingen 1977
Issing, O., Notenbanken II: Verfassung, Ziele, Organisationen und Instrumente, in: Handwörterbuch der Wirtschaftswissenschaft, Bd. 5, Stuttgart 1980, S. 334–349
Issing, O., Einführung in die Geldtheorie. 8. Aufl., München 1991
Issing, O., Einführung in die Geldpolitik. 4. Aufl., München 1991
Jarchow, H.-J., Rühmann, P., Monetäre Außenwirtschaft. Band I und II, 2. Aufl., Göttingen 1988 und 1989
Jarchow, H.-J., Theorie und Politik des Geldes. Band I: Geldtheorie. 8. Aufl., Göttingen 1990, Band II: Geldmarkt (Bundesbank und geldpolitisches Instrumentarium). 5. Aufl., Göttingen 1988
Kirsch, G., Die politische Realisierbarkeit gesellschaftspolitischer Ziele – ein Beitrag der Ökonomischen Theorie der Politik, in: Schriften des Vereins für Socialpolitik, N. F. 92/II (1977), S. 879–927
Kösters, W., Zur theoretischen und empirischen Bestimmung der Vollbeschäftigung. Göttingen 1986
Kromphardt, J., Arbeitslosigkeit und Inflation. Eine Einführung in die makroökonomischen Kontroversen. Göttingen 1987
Külp, B., Außenwirtschaftspolitik. Düsseldorf 1978
Külp, B., Verteilungstheorie. 2. Aufl., Stuttgart 1981
Külp, B., et al., Sektorale Wirtschaftspolitik. Berlin 1984
Okun, A. M., Equality and Efficiency: The Big Trade-off. Washington D. C. 1975
Pätzold, J., Stabilisierungspolitik. Grundlagen der nachfrage- und angebotsorientierten Wirtschaftspolitik. 3. Aufl., Bern 1989
Popper, K. R., Prognose und Prophetie in der Sozialwissenschaft, in: E. Topitsch (Hrsg.), Logik der Sozialwissenschaft. 7. Aufl., Köln-Berlin 1971, S. 113–125
Ramser, H. J., Beschäftigung und Konjunktur. Versuch einer Integration verschiedener Erklärungsansätze. Berlin 1987
Rawls, J., Eine Theorie der Gerechtigkeit. Frankfurt 1975
Rose, K., Theorie der Außenwirtschaft. 10. Aufl., München 1989
Siebert, H., Außenwirtschaft. 5. Aufl., Stuttgart 1991
Teichmann, U., Grundriß der Konjunkturpolitik. 4. Aufl. München 1988
Tinbergen, J., Gerechtigkeit als gesellschaftspolitisches Ziel. Der Beitrag der Theorie der Wirtschaftspolitik zur Entwicklung gesellschaftspolitischer Zielsysteme, in: Schriften des Vereins für Socialpolitik, N. F. 92/I (1977), S. 9–29
Tuchtfeldt, E., Zielprobleme in der modernen Wirtschaftspolitik. Tübingen 1971
Watrin, Chr., Eine liberale Interpretation der Idee der sozialen Gerechtigkeit. Bemerkungen zum Buch von J. Rawls „Eine Theorie der Gerechtigkeit", in: Hamburger Jahrbuch für Wirtschafts- und Gesellschaftspolitik, 21 (1976), S. 45–61
Watrin, Chr., Ökonomische Theorien und wirtschaftspolitisches Handeln, in: H. Albert (Hrsg.), Theorie und Realität. 2. Aufl., Tübingen 1972, S. 359–391
Woll, A., Inflation. München 1979

Kapitel 4: Mittelanalyse

Barth, H.J., Bessere Stabilisierungspolitik durch Regelmechanismen oder regelgebundenes Verhalten?, in: B. Gahlen und H. K. Schneider (Hrsg.), Grundfragen der Stabilitätspolitik. Tübingen 1974, S. 147–170

Berthold, N., Keynesianische versus klassische Arbeitslosigkeit, in: Wirtschaftswissenschaftliches Studium, 17 (1988), S. 485–493

Berthold, N., Kann eine Stabilisierungspolitik in Demokratien überhaupt Erfolg haben?, in: Jahrbuch für Neue Politische Ökonomie, 8 (1989), S. 45–61

Berthold, N., Institutionelle Innovationen in der Sozialpolitik – Ein erfolgreicher Weg zum Abbau wohlfahrtsstaatlicher Ineffizienzen?, in: P. Oberender und M. Streit (Hrsg.), Soziale und ökologische Ordnungspolitik in der Marktwirtschaft. Baden-Baden 1990, S. 28–67

Berthold, N., Ansätze einer ökonomischen Theorie der Sozialpolitik – Normative und positive Aspekte, in: Jahrbuch für Sozialwissenschaft, 42 (1991), S. 145–178

Buchanan, J. M., Public Principles of Public Debt. Homewood 1958

Duwendag, D., Staatsverschuldung – Notwendigkeit und Gefahren. Baden-Baden 1983

Felderer, B. und S. Homburg, Makroökonomik und neue Makroökonomik. 5. Aufl., Berlin 1991

Gäfgen, G., Formale Theorie des politischen Handelns: Wissenschaftliche Politik als rationale Wahl von Strategien, in: H. Maier u. a. (Hrsg.), Politik und Wissenschaft. München 1971

Kydland, F. E. und E. C. Prescott, Rules Rather than Discretion. The Inconsistency of Optimal Plans, in: Journal of Political Economy, 85 (1977), S. 473–491

Lang, E. und W. Koch, Staatsverschuldung – Staatsbankrott? Würzburg 1980

Milbradt, G. H., Darstellung und Analyse der Staatsverschuldung in der Bundesrepublik Deutschland. Köln 1980

Mundell, R. A., The Appropriate Use of Monetary and Fiscal Policy for International and External Stability, in: International Monetary Fund, Staff Papers, 9 (1962), S. 70–79

Myrdal, G., Das Zweck-Mittel-Denken in der Nationalökonomie, in: Zeitschrift für Nationalökonomie, 4 (1933), S. 305–329

Teichmann, U., Wirtschaftspolitik. Eine Einführung in die demokratische und instrumentelle Wirtschaftspolitik. 3. Aufl., München 1989

Tinbergen, J., Über die Theorie der Wirtschaftspolitik, in: G. Gäfgen (Hrsg.), Grundlagen der Wirtschaftspolitik. 4. Aufl., Köln u. a. 1966, S. 383–396

Weitzman, M., The Share Economy. Cambridge, Mass. 1984

Weitzman, M., Macroeconomic Implications of Profit Sharing, in: NBER Macroeconomics Annual, 1 (1986), S. 291–335

Zimmermann, H., Instrumente der Finanzpolitik, in: Handbuch der Finanzwissenschaft. 3. Aufl., Bd. 1, Tübingen 1977, S. 165–192

Kapitel 5: Trägeranalyse

Bernholz, P., Economic Policies in a Democracy, in: Kyklos, 19 (1966), S. 48–80

Bernholz, P., Einige Bemerkungen zur Theorie des Einflusses der Verbände auf die politische Willensbildung in der Demokratie, in: Kyklos, 22 (1969), S. 276–288

Bernholz, P., Die Machtkonkurrenz der Verbände im Rahmen des politischen Entscheidungssystems, in: Schriften des Vereins für Socialpolitik, N. F. 74/II, Berlin 1972/73, S. 859–881

Berthold, N., Lohnstarrheit und Arbeitslosigkeit. Freiburg 1987

Berthold, N., Külp, B., Gewerkschaftsinterne Entscheidungsprozesse als Ursache inflexibler Löhne, in: Jahrbuch für Neue Politische Ökonomie, 5 (1986), S. 174–190

Berthold, N., Marktversagen, staatliche Intervention und Organisationsformen sozialer Sicherung, in: G. Rolf u. a. (Hrsg.), Sozialvertrag und Sicherung – Zur ökonomischen Theorie staatlicher Versicherungs- und Transfersysteme. Frankfurt 1988, S. 339–370

Berthold, N., Tariflöhne und Tariflohnrelationen – Flexibilitätsdefizite am Arbeitsmarkt?, in: H. Scherf (Hrsg.), Beschäftigungsprobleme hochentwickelter Volkswirtschaften. Berlin 1989, S. 233–250

Buchanan, J. M./Tullock, G., The Calculus of Consent. Logical Foundations of Constitutional Democracy. Ann Arbor 1971

Buchanan, J. M./Wagner, R. E., Democracy in Deficit. The Political Legacy of Lord Keynes. New York u. a. 1977
Engels, W., Mehr Markt. Soziale Marktwirtschaft als politische Ökonomie. Stuttgart-Degerloch 1976
Frey, B. S., Theorie demokratischer Wirtschaftspolitik. München 1981
v. Hayek, F. A., Law, legislation and liberty. A new statement of the liberal principles of justice and political economy. London, Vol. 1, 1973, Vol. 3, 1979
v. Hayek, F. A., Drei Vorlesungen über Demokratie, Gerechtigkeit und Sozialismus. Tübingen 1977
Herder-Dorneich, Ph./Groser, M., Ökonomische Theorie des politischen Wettbewerbs. Göttingen 1977
Hoppmann, E. (Hrsg.), Konzertierte Aktion – Kritische Beiträge zu einem Experiment. Frankfurt/Main 1971
Knappe, E., Einkommensumverteilung in der Demokratie. Freiburg 1980
Issing, O., Die Unabhängigkeit der Bundesbank – Theoretisch umstritten, praktisch bewährt, in: W. Ehrlicher und D. B. Simmert (Hrsg.), Geld- und Währungspolitik in der Bundesrepublik Deutschland. Berlin 1982, S. 49–60
Kirsch, G. (Hrsg.), Föderalismus. Stuttgart-New York 1977
Kirsch, G., Politische Grenzen der Geldpolitik, in: W. Ehrlicher und D. B. Simmert (Hrsg.), Geld- und Währungspolitik in der Bundesrepublik Deutschland. Berlin 1982, S. 33–47
Kleps, K.-H., Verbände als Träger von Wirtschaftspolitik, in: Handwörterbuch der Wirtschaftswissenschaft, Bd. 8, Stuttgart 1980, S. 176–188
Kock, H., Stabilitätspolitik im föderalistischen System der Bundesrepublik Deutschland. Köln 1975
Külp, B., Der Lohnfindungsprozeß der Tarifpartner. Darmstadt 1977
Külp, B., Zur Problematik der Tarifautonomie, in: Hamburger Jahrbuch für Wirtschafts- und Gesellschaftspolitik, 17 (1972), S. 199–222
Lampert, H., Die Wirtschafts- und Sozialordnung der Bundesrepublik Deutschland. 9. Aufl., München 1988
Olson, M., Die Logik des kollektiven Handelns. Kollektivgüter und die Theorie der Gruppen. Tübingen 1968
Roppel, U., Ökonomische Theorie der Bürokratie. Beiträge zu einer Theorie des Angebotsverhaltens staatlicher Bürokratien in Demokratien. Freiburg 1979
Starbatty, J., Erfolgskontrolle der Globalsteuerung. Konjunkturpolitik unter dem Einfluß der politischen Willensbildung. Frankfurt 1976
Teichmann, U., Wirtschaftspolitik. Eine Einführung in die demokratische und instrumentelle Wirtschaftspolitik. 3. Aufl., München 1989
Tiebout, C., A Pure Theory of Local Expenditure, in: Journal of Political Economy, 64 (1956), S. 416–424
Tuchtfeld, E., Die Träger der Wirtschaftspolitik, in: Das Wirtschaftsstudium (Wisu), 13 (1984), S. 275–281
Watrin, Ch., Zur Rolle der organisierten und nicht organisierten Interessen in der Sozialen Marktwirtschaft, in: E. Tuchtfeld (Hrsg.), Soziale Marktwirtschaft im Wandel. Freiburg 1973, S. 69–90
Zohlnhöfer, W., Die wirtschaftspolitische Willens- und Entscheidungsbildung in der Demokratie. Ansätze einer Theorie, Habilitationsschrift. Freiburg i.Br. 1972

Kapitel 6: Analyse des politischen Willensbildungsprozesses

Alesina, A., Macroeconomics and Politics, in: NBER Macroeconomics Annual 1988, S. 13–52
Arrow, K. J., Social Choice and Justice. Oxford 1984
Bernholz, P., Die Machtkonkurrenz der Verbände im Rahmen des politischen Entscheidungssystems, in: C. Watrin (Hrsg.), Macht und ökonomisches Gesetz. Berlin 1973, S. 859–881
Bernholz, P. und F. Breyer, Grundlagen der Politischen Ökonomie. 2. Aufl., Tübingen 1984
Berthold, N. und B. Külp, Kann eine Stabilisierungspolitik in Demokratien überhaupt Erfolg haben?, in: Jahrbuch für Neue Politische Ökonomie, 8 (1989), S. 45–61

Berthold, N., Ansätze einer ökonomischen Theorie der Sozialpolitik – Normative und positive Aspekte, in: Jahrbuch für Sozialwissenschaft, 42 (1991), S. 145–178
v. Beyme, K., Interessengruppen in der Demokratie. 5. Aufl., München 1980
Blankart, C. B., Zur ökonomischen Theorie der Bürokratie, in: Public Finance, 30 (1975).
Blankart, C. B., Öffentliche Finanzen in der Demokratie. München 1991
Breyer, F., Logrolling, in: Wirtschaftswissenschaftliches Studium (WiSt), 10 (1981), S. 125–128
Buchanan, J. M., The Economics of Politics. Lancing 1978
Buchanan, J. M./Tullock, G., The Calculus of Consent. Logical Foundations of Constitutional Democracy. Ann Arbor 1971
Downs, A., Ökonomische Theorie der Demokratie. Tübingen 1968
Eucken, W., Grundsätze der Wirtschaftspolitik. 6. Aufl., Tübingen 1990
Frey, B. S., Theorie demokratischer Wirtschaftspolitik. München 1981
Frey, B. S., Internationale Politische Ökonomie. München 1985
Frey, B. S., Public Choice. Ergebnisse der letzten zehn Jahre, in: Wirtschaftswissenschaftliches Studium (WiSt), 20 (1991), S. 492–496
Helpman, E., Imperfect Competition and International Trade, in: European Economic Review, 31 (1987), S. 77–81
Helpman, E. und P. Krugman, Trade Policy and Market Structure. Cambridge, MA 1989
Herder-Dorneich, Ph., Politisches Modell zur Wirtschaftstheorie. Theorie der Bestimmungsfaktoren finanzwirtschaftlicher Staatstätigkeit. Freiburg 1959
Herder-Dorneich, Ph. (Hrsg.), Zur Verbandsökonomie. Ansätze zu einer ökonomischen Theorie der Verbände. Berlin 1973
Herder-Dorneich, Ph., Groser, M., Ökonomische Theorie des politischen Wettbewerbs. Göttingen 1977
Hibbs, D., Political parties and macroeconomic policy, in: American Political Science Review, 71 (1977), S. 1467–1487
Kirchgässner, G., Optimale Wirtschaftspolitik und die Erzeugung politisch-ökonomischer Konjunkturzyklen. Königstein/Ts. 1984
Kirsch, G., Neue Politische Ökonomie. 2. Aufl., Düsseldorf 1983
Kirsch, G. (Hrsg.), Föderalismus. Stuttgart 1977
Krugman, P. (Hrsg.), Strategic Trade Policy and the New International Economics. 2. Aufl., Cambridge, MA 1987
Krugman, P., Is Free Trade Passé?, in: Journal of Economic Perspectives, 1 (1987), S. 131–144
Mueller, D. C., Public Choice: A Survey, in: Journal of Economic Literature, 14 (1976), S. 395–433
Niskanen, W. A., Ein ökonomisches Modell der Bürokratie, in: W. Pommerehne und B. S. Frey (Hrsg.), Ökonomische Theorie der Politik. Berlin 1979
Niskanen, W. A., Bureaucrats between Self Interest and Public Interest, in: H. Hanisch (Hrsg.), Anatomy of Government Deficiencies. Berlin 1983
Nordhaus, W., The political business cycle, in: Review of Economic Studies, 42 (1975), S. 169–190
Oates, W. E. (Hrsg.), The Political Economy of Fiscal Federalism. Lexington 1977
Olson, M., Die Logik des kollektiven Handelns. Tübingen 1968
Olson, M., Aufstieg und Niedergang von Nationen. Ökonomisches Wachstum, Stagflation und soziale Starrheit. Tübingen 1985
Pommerehne, W. und B. S. Frey, Ökonomische Theorie der Politik. Berlin 1979
Rogoff, K. und A. Sibert, Equilibrium political business cycles, in: Review of Economic Studies, 55 (1988), S. 1–16
Roppel, U., Ökonomische Theorie der Bürokratie. Beiträge zu einer Theorie des Angebotsverhaltens staatlicher Bürokratien in Demokratien. Freiburg 1979
Schneider, F., Der Einfluß von Interessengruppen auf die Wirtschaftspolitik. Eine empirische Untersuchung für die Schweiz. Bern 1985
Schotter, A., Schwödiauer, G., Economics and the Theory of Games: A Survey, in: Journal of Economic Literature, 18 (1980), S. 479–527
Schumpeter, J. A., Kapitalismus, Sozialismus und Demokratie. 6. Aufl., München 1987
Stigler, G. J. (Hrsg.), Studies in Political Economy. Chicago 1988
Tiebout, Ch., A Pure Theory of Local Expenditures, in: Journal of Political Economy, 64 (1956), S. 416–424

Tollison, R. D., Rent Seeking: A Survey, in: Kyklos, 35 (1982), S. 575–602
Tullock, G., The Politics of Bureaucracy. Washington D. C. 1965
Usher, D., Die ökonomischen Grundlagen der Demokratie. Frankfurt 1983
Vieler, A., Interessen, Gruppen und Demokratie. Tübingen 1985
Wittman, D., Why Democracies Produce Efficient Results, in: Journal of Political Economy, 97 (1989), S. 1395–1424

Kapitel 7: Wohlfahrtsökonomik

Arrow, K. J. und T. Scitovsky (Hrsg.), Readings in Welfare Economics. London 1969
Arrow, K. J., Little's Critique of Welfare Economics, in: American Economic Review, 41 (1951), S. 923–934
Bator, F. M., The Simple Analytics of Welfare Maximization, in: American Economic Review, 47 (1957), S. 22–59
Baumol, W. J., Welfare Economics and the Theory of the State. London 1965
Boulding, K. E., Einführung in die Wohlfahrtsökonomik, in: G. Gäfgen (Hrsg.), Grundlagen der Wirtschaftspolitik. 4. Aufl., Köln 1972, S. 77–109
Breyer, F., Das Sen-Paradoxon, in: Wirtschaftswissenschaftliches Studium (WiSt), 9 (1980), S. 580–582
Ebert, U., Beiträge zur Wohlfahrtsökonomie: Effizienz und Verteilung. Berlin 1987
Gärtner, W., Einige Theorien der Verteilungsgerechtigkeit im Vergleich, in: G. Enderle (Hrsg.), Ethik und Wirtschaftswissenschaft. Berlin 1985, S. 111–142
Gorman, W. M., The Intransitivity of Certain Criteria Used in Welfare Economics, in: Oxford Economic Papers, 7 (1955), S. 25–35
Hackmann, J., Das Pareto-Prinzip: eine allgemein akzeptierbare Grundlage für wohlfahrtstheoretische Untersuchungen?, in: Zeitschrift für Wirtschafts- und Sozialwissenschaften, 94 (1974), S. 239–265
Hicks, J. R., The Scope and Status of Welfare-Economics, in: Oxford Economic Papers, 27 (1975), S. 307–326
Hicks, J. R., The Foundations of Welfare Economics, in: Economic Journal, 49 (1939), S. 696–712
Hicks, J. R., Wealth and Welfare. Collected Essays on Economic Theory. Vol. 1, Oxford 1981
Hicks, J. R., The Four Consumers' Surpluses, in: Review of Economic Studies, 11 (1943/44), S. 31–41
Jochimsen, R., Ansatzpunkte der Wohlfahrtsökonomik. Basel 1961
Kaldor, N., Welfare Propositions of Economics and Interpersonal Comparisons of Utility, in: Economic Journal, 49 (1939), S. 549–552
Knappe, E., Der Scitovsky-Doppeltest und das Samuelson-Gorman-Kriterium, in: Wirtschaftswissenschaftliches Studium (WiSt), 8 (1977), S. 386–389
Knappe, E., Rosar, A., Literaturüberblick: Wohlfahrtsökonomik, in: Wirtschaftswissenschaftliches Studium (WiSt), 20 (1991), S. 213–214
Külp, B., Die Rolle der Einkommensverteilung innerhalb der Wohlfahrtstheorie, in: B. Külp und W. Stützel (Hrsg.), Beiträge zu einer Theorie der Sozialpolitik. Berlin 1973, S. 99–129
Külp, B. u. a., Wohlfahrtsökonomik I. Die Wohlfahrtskriterien. 2. Aufl., Tübingen, Düsseldorf 1984
Dies.: Wohlfahrtsökonomik II. Maßnahmen und Systeme. Tübingen, Düsseldorf 1976
Külp, B., U. Schlieper, B. S. Frey, Wohlfahrtsökonomik I–III, in: Handwörterbuch der Wirtschaftswissenschaft, Bd. 9. Stuttgart 1980, S. 469–502
Leibenstein, H., Allocative Efficiency vs. „X-Efficiency", in: American Economic Review, 56 (1966), S. 392–415
Leibenstein, H., Beyond Economic Man: A New Foundation for Micro- Economics. Cambridge, Mass. 1976
Lipsey, R. G. und K. Lancaster, The General Theory of Second Best, in: Review of Economic Studies, 24 (1956/57), S. 11–32
Little, I. M. D., A Critique of Welfare Economics. Oxford 1957
Luckenbach, H., Theoretische Grundlagen der Wirtschaftspolitik. München 1986

Meade, J. E., Trade and Welfare. London 1952
Meade, J. E., A Geometry of International Trade. London 1967
Mishan, E. J., A Survey of Welfare Economics, in: Economic Journal, 70 (1960), S. 197–265
Mishan, E. J., Introduction to Normative Economics. New York 1981
Mishan, E. J., Economic Efficiency and Social Welfare. London 1981
Mueller, D. C., Public Choice. 13. Aufl., Cambridge 1985
Ng, Y. K., Welfare Economics: Introduction and Development of Basic Concepts. 3. Aufl., London 1983
Peacock, A. T. und C. K. Bowley, Pareto Optimality and the Political Economy of Liberalism, in: Journal of Political Economy, 80 (1972), S. 476–490
Pigou, A. C., The Economics of Welfare. 4. Aufl., London 1962
O'Connell, J., Welfare Economic Theory. Boston 1982
Rawls, J., A Theory of Justice. Cambridge, Mass. 1972
Recktenwald, H. C., Die Nutzen-Kosten-Analyse. Entscheidungshilfe der politischen Ökonomie. Tübingen 1971
Robbins, L. C., Interpersonal Comparisons of Utility, in: Economic Journal, 48 (1938), S. 635–641
Roppel, U., Pareto-Kriterium, in: Wirtschaftswissenschaftliches Studium (WiSt), 5 (1976), S. 429–433
Samuelson, P. A., The Evaluation of Real National Income, in: Oxford Economic Papers, 2 (1950), S. 1–29
Schumann J., Wohlfahrtsökonomik, in: Wirtschaftswissenschaftliches Studium (WiSt), 12 (1983), S. 512–520
Scitovsky, T., Note on Welfare Propositions in Economics, in: Review of Economic Studies, 9 (1941/42), S. 77–88
Sen, A. K., Choice, Welfare and Measurement. Oxford 1982
Smith, A., An inquiry into the nature and causes of the wealth of nations. London 1776; deutsche Übersetzung von H. C. Recktenwald, Der Wohlstand der Nationen. 3. Aufl., München 1983
Sohmen, E., Allokationstheorie und Wirtschaftspolitik. Tübingen 1976
Wolters, R., Das Kaldor-Hicks-Kriterium, in: Wirtschaftswissenschaftliches Studium (WiSt), 5 (1977), S. 231–233

Kapitel 8: Ordnungsanalyse

Arrow, K. J., Social Choice and Individual Values. 5. Aufl., New Haven, London 1972
Bator, F. M., The Anatomy of Market Failure, in: Quarterly Journal of Economics, 72 (1958), S. 351–379
Berthold, N., Internationale Koordination der Ordnungspolitik – Eine effiziente institutionelle Innovation?, in: Jahrbuch für Neue Politische Ökonomie, 9 (1990), S. 108–125
Blankart, B., Grenzen der konstitutionellen Eigentumsgarantie, in: Jahrbuch für Sozialwissenschaft, 26 (1975), S. 10–21
Boulding, K. E., Towards a Pure Theory of Threat Systems, in: American Economic Review, Papers and Proceedings, 53 (1963), S. 424–434
Breton, A., The Economic Theory of Representative Government. Chicago 1974
Buchanan, J. M., Freedom in Constitutional Contract. Perspectives of a Political Economist. College Station u. a. 1977
Buchanan, J. M., The Limits of Liberty. Between Anarchy and Leviathan. Chicago, London 1975
Buchanan, J. M. und G. Tullock, The Calculus of Consent. Ann Arbor 1971
Dahl, R. und Ch. E. Lindblom, Politics, Economics and Welfare. Planning and Politico-Economic Systems Resolves into Basic Social Processes. New York, Evanston, London 1953
Downs, A., Inside Bureaucracy. Boston 1967
Downs, A., Ökonomische Theorie der Demokratie. Tübingen 1968
Engels, W., Mehr Markt. Soziale Marktwirtschaft als politische Ökonomie. Stuttgart 1976
Eucken, W., Grundsätze der Wirtschaftspolitik. 6. Aufl., Tübingen 1990
Frey, B. S., Theorie demokratischer Wirtschaftspolitik. München 1981
Frey, B. S., Moderne Politische Ökonomie. München, Zürich 1977

Galbraith, J. K., Der amerikanische Kapitalismus im Gleichgewicht der Wirtschaftskräfte. Stuttgart u. a. 1956
Galbraith, J. K., Countervailing Power, in: American Economic Review, Papers and Proceedings, 44 (1954), S. 1–6
v. Hayek, F. A., Law, legislation and liberty. A new statement of the liberal principles of justice and political economy. Vol. 1–3, London 1973/76/79
v. Hayek, F. A., Der Wettbewerb als Entdeckungsverfahren. Kieler Vorträge, N. F. 56/1968
Hedtkamp, G. (Hrsg.), Anreiz- und Kontrollmechanismen in Wirtschaftssystemen I und II. Berlin 1981 bzw. 1982
Herder-Dorneich, Ph. und M. Groser, Ökonomische Theorie des politischen Wettbewerbs. Göttingen 1977
Hirschmann, A. O., Abwanderung und Widerspruch. Reaktionen auf Leistungsabfall bei Unternehmungen, Organisationen und Staaten. Tübingen 1974
Hoppmann, E., „Neue Wettbewerbspolitik": Vom Wettbewerb zur staatlichen Mikro-Steuerung, in: Jahrbücher für Nationalökonomie und Statistik, 184 (1970), S. 397–416
Kirsch, G., Ökonomische Theorie der Politik. Tübingen 1974
Kirzner, J. M., Competition and entrepreneurship. 5. Aufl., Chicago 1978
Knappe, E., Einkommensumverteilung in der Demokratie. Der Beitrag der ökonomischen Theorie der Demokratie zur Analyse der Verteilungspolitik. Freiburg 1980
Külp, B., Theorie der Drohung. Köln 1965
Külp, B., Verbände in Verhandlungen – Marksteine der Theorie der Tarifverhandlungen, in: Ph. Herder-Dorneich (Hrsg.), Zur Verbandsökonomik. Ansätze zu einer ökonomischen Theorie der Verbände. Berlin 1973, S. 110–162
Külp, B., Die Bedeutung der Wettbewerbsverhältnisse auf den Arbeitsmärkten für die Stabilisierung des Preisniveaus, in: Schriften des Vereins für Socialpolitik, N. F. Bd. 85/II, Berlin 1975, S. 1069–1086
Külp, B. u. a., Wohlfahrtsökonomik II: Maßnahmen und Systeme. Tübingen, Düsseldorf 1976
Luckenbach, H., Theoretische Grundlagen der Wirtschaftspolitik. München 1986
Michels, R., Zur Soziologie des Parteienwesens in der modernen Demokratie. 6. Aufl., Stuttgart 1989
v. Mises, L., Bureaucracy. New Haven und London 1962
Mueller, D. C., Constitutional Democracy and Social Welfare, in: Quarterly Journal of Economics, 87 (1973), S. 60–80
Niskanen, W. A., Bureaucrats and Politicians, in: The Journal of Law and Economics, 18 (1975)
Olson, M., Die Logik des kollektiven Handelns. Kollektivgüter und die Theorie der Gruppen. Tübingen 1968
Roppel, U., Ökonomische Theorie der Bürokratie. Beiträge zu einer Theorie des Angebotsverhaltens staatlicher Bürokratien in Demokratien. Freiburg 1979
Schmidtchen, D., Wettbewerbspolitik als Aufgabe. Methodologische und systemtheoretische Grundlagen für eine Neuorientierung. Baden-Baden 1978
Schumpeter, J. A., Kapitalismus, Sozialismus und Demokratie. 6. Aufl., München 1987
Sen, A. K., Collective Choice and Social Welfare. San Francisco u. a. 1970
Sohmen, E., Allokationstheorie und Wirtschaftspolitik. Tübingen 1976
Williamson, O. E., Markets and Hierarchies: Analysis and Antitrust Implications. A Study in the Economics of Internal Organization. New York, London 1983
Williamson, O. E., Die ökonomischen Institutionen des Kapitalismus – Unternehmen, Märkte, Kooperationen. Tübingen 1990
Zohlnhöfer, W., Die wirtschaftspolitische Willens- und Entscheidungsbildung in der Demokratie – Ansätze einer Theorie, Habilitationsschrift, Freiburg i. Br. 1972

Kapitel 9: Ordnungskonzeptionen

Arndt, H., Kapitalismus, Sozialismus, Konzentration und Konkurrenz. 2. Aufl., Tübingen 1976
Baumol, W. J., Welfare Economics and the Theory of the State. London 1965
Böhm, F., Wirtschaftsordnung und Staatsverfassung. Tübingen 1950

Borchert, M, U. Fehl und P. Oberender (Hrsg.), Markt und Wettbewerb. Bern 1987
Braybrooke, D. und Ch. E. Lindblom, A Strategy of Decision – Policy Evaluation as a Social Process. London 1970
Bress, L. und K. P. Hensel (Hrsg.), Wirtschaftssysteme des Sozialismus im Experiment – Plan oder Markt. Frankfurt 1972
Breton, A., The Economic Theory of Representative Government. Chicago 1974
Cassel, D. (Hrsg.), Wirtschaftspolitik im Systemvergleich. Konzeptionen und Praxis der Wirtschaftspolitik in kapitalistischen und sozialistischen Wirtschaftssystemen. München, 1984
Cassel, D. (Hrsg.), Ordnungspolitik. München 1988
Coase, R. H., The Problem of Social Cost, in: Journal of Law and Economics, 3 (1960)
Dobb, M. H., Welfare Economics and the Economics of Socialism. Cambridge 1969
Dobias, P., Theorie und Praxis der Planwirtschaft. Paderborn 1977
Eucken, W., Die Grundlagen der Nationalökonomie. 8. Aufl., Berlin u. a. 1965
Eucken, W., Grundsätze der Wirtschaftspolitik. 6. Aufl., Tübingen 1990
Friedman, M., Kapitalismus und Freiheit. Frankfurt 1984
Grossekettler, H., Der Beitrag der Freiburger Schule zur Theorie der Gestaltung von Wirtschaftssystemen. Volkswirtschaftliche Diskussionsbeiträge der Westfälischen Wilhelms-Universität Münster, Nr. 90, 1987
v. Hayek, F. A., Individualismus und wirtschaftliche Ordnung. 2. Aufl., Salzburg 1976
v. Hayek, F. A., Law, legislation and liberty. A new statement of the liberal principles of justice and political economy. Vol. 1–3, London 1973/1976/1979
v. Hayek, F. A. (Hrsg.): Collectivist Economic Planning. London 1935
Hedtkamp, G., Wirtschaftssysteme. Theorie und Vergleich. München 1974
Hensel, K. P., Grundformen der Wirtschaftsordnung. Marktwirtschaft – Zentralverwaltungswirtschaft. 3. Aufl., München 1978
Issing, O., Investitionslenkung in der Marktwirtschaft? Göttingen 1975
Kromphardt, J., Konzeptionen und Analysen des Kapitalismus – von seiner Entstehung bis zur Gegenwart. 2. Aufl., Göttingen 1987
Krüsselberg, H. G., Marktwirtschaft und ökonomische Theorie. Freiburg 1969
Leipold, H., Wirtschafts- und Gesellschaftssysteme im Vergleich. 5. Aufl., Stuttgart 1988
Meißner, W., Investitionslenkung. Frankfurt/Main 1974
v. Mises, L., Die Wirtschaftsrechnung im sozialistischen Gemeinwesen, in: Archiv für Sozialwissenschaft und Sozialpolitik, 47 (1920/21), S. 86–121
Peters, H.-R., Einführung in die Theorie der Wirtschaftssystem. München 1987
Pigou, A. C., Socialism versus Capitalism. London 1958
Popper, K. R., Die offene Gesellschaft und ihre Feinde. Bd. I u. II, 7. Aufl., Tübingen 1992
Schumpeter, J. A., Kapitalismus, Sozialismus und Demokratie. 4. Aufl., München 1975
Sik, O., Wirtschaftssysteme. Vergleiche, Theorie, Kritik. Berlin, 1987
Starbatty, J., Ordoliberalismus, in: O. Issing (Hrsg.), Geschichte der Nationalökonomie. München 1984, S. 191–207
Stark, F. (Hrsg.), Revolution oder Reform? Herbert Marcuse und Karl Popper – Eine Konfrontation. München 1971
Stützel, W. (Hrsg.), Grundtexte zur Sozialen Marktwirtschaft. Zeugnisse aus zweihundert Jahren ordnungspolitischer Diskussion. Stuttgart 1981
Thieme, H. J., Wirtschaftspolitik in der Sozialen Marktwirtschaft. 2. Aufl., Hamburg 1976
Vaubel, R. und H. D. Barbier (Hrsg.), Handbuch Marktwirtschaft. Pfullingen 1986
Wagener, H. J., Zur Analyse von Wirtschaftssystemen. Eine Einführung. Berlin u. a. 1979
Willeke, F.-U., Grundsätze wettbewerbspolitischer Konzeptionen. Tübingen 1973

Kapitel 10: Entstehung und Zerfall von Ordnungen

Audretsch, D. B., et al. (Hrsg.), The Convergence of International and Domestic Markets. Amsterdam 1989
Baldwin, R. E., Trade Policy in a Changing World Economy. New York 1988
Berg, H., Internationale Wirtschaftspolitik. 2. Aufl., Göttingen 1988
Bernholz, P., Growth of Government, Economic Growth and Individual Freedom, in: Zeitschrift für die gesamte Staatswissenschaft, 142 (1986), S. 661–683

Berthold, N. und B. Külp, Rückwirkungen ausgewählter Systeme der Sozialen Sicherung auf die Funktionsfähigkeit der Marktwirtschaft. Berlin 1987
Dornbusch, R., Flexible Exchange Rates and Interdependence, in: IMF Staff Papers, 30 (1983), S. 3–30
Eucken, W., Grundsätze der Wirtschaftspolitik. 6. Aufl, Tübingen 1990
Frey, B. S., Internationale Politische Ökonomie. München 1985
Giersch, H., Eurosclerosis. Kieler Diskussionsbeiträge 112, Kiel 1985
Giersch, H., Free Trade in the World Economy. Towards an Opening of Markets. Tübingen 1987
v. Hayek, F. A, Der Wettbewerb als Entdeckungsverfahren, in: F. A. v. Hayek, Freiburger Studien. Gesammelte Aufsätze, Tübingen 1969, S. 249–265
v. Hayek, F. A., Die Theorie komplexer Phänomene. Tübingen 1972
Issing, O. (Hrsg.), Zukunftsprobleme der Sozialen Marktwirtschaft. Berlin 1981
Nozick, R., Anarchy, State, and Utopia. Oxford 1974
Olson, M., The Rise and Decline of Nations. New Haven 1982
Popper, K. R., Die offene Gesellschaft und ihre Feinde. 7. Aufl., Tübingen 1992
Schlecht, O., Ethische Betrachtungen zur Sozialen Marktwirtschaft. Tübingen 1983
Schumpeter, J. A., Kapitalismus, Sozialismus und Demokratie. 4. Aufl., München 1975
Siebert, H. (Hrsg.), Perspektiven der deutschen Wirtschaftspolitik. Stuttgart 1983
Stigler, G., Why Have the Socialists Been Winning, in: Ordo, 30 (1979), S. 61–68
Streissler, E. und C. Watrin (Hrsg.), Zur Theorie marktwirtschaftlicher Ordnungen. Tübingen 1980
Streit, M. (Hrsg.), Wirtschaftspolitik zwischen ökonomischer und politischer Rationalität. Wiesbaden 1988
Vaubel, R. und H. D. Barbier (Hrsg.), Handbuch der Marktwirtschaft. Pfullingen 1986
Welfens, P. J. J. und L. Balcerowicz (Hrsg.), Innovationsdynamik im Systemvergleich. Heidelberg 1988
Williamson, O. E., The Economic Institutions of Capitalism. New York 1985

Personen- und Sachverzeichnis

abnehmender Grenzertrag 181
Abstimmungsregeln 120
Abwanderung und Widerspruch 216, 262
Abwertung 90
Agrarsektor 152, 199 ff
Aktualität von Zielen 62, 69 ff
akzidentielle Systemmerkmale 243
Albert, H. 33, 45, 80
Alesina, A. 144
Allgemeingültigkeit 37 ff
Allokation 4, 12, 82 ff, 217, 230, 236
– optimale 177
allokationsneutrale Subventionen 201
Allokationspolitik 12
Allokationswirkungen 201
allokative Ineffizienz 155
Alterungsprozeß von Ordnungen 247, 259
Altruismus 202, 218
Analyse, absolute 101
– dynamische 43 ff, 103
– komparative 101
– qualitative 42 ff, 102
– quantitative 42 ff, 102
– statische 43 ff, 103
Anpassung 241
Anpassungsfähigkeit 260
Anpassungskapazität 260
Anreize 14, 24, 206 ff, 238, 258
Anreizproblem 206
Ansehen 207
Antimonopolgesetzgebung 117
Arbeitslosigkeit 74, 95, 98, 104 ff, 111, 134, 138, 189, 218, 233, 237
– keynesianische 84, 105, 111, 138
– klassische 105, 111
Arbeitsteilung 5, 117, 205
Arrow-Paradoxon 223
Ausbeutungsthese, marxistische 70
Aussage, explikative 52, 177, 206 ff
– normative 52, 177, 206 ff
Auswahlproblem 50
Außenhandel 117, 255
Außenpolitik 8
Außenwirtschaftliche Maßnahmen 116 ff
Außenwirtschaftstheorie 150 ff, 184 ff, 244
Autarkie 185

Basisbewertung 45
Bedarfselemente 68

Bedingung, ausreichende 41, 79, 104
– notwendige 41, 79, 104
– konstitutive 113
Begriff 33
Begründungszwang 80
Bernholz, P. 23
Beschäftigungspolitik 74, 99, 104 ff, 109, 132, 134 ff, 138
Beschäftigungsprogramme 109
Beteiligungsgrad 128
Beteiligungsintensität 128
Bewertungen 3, 18, 46 ff, 52 ff, 70
Bewertungen als Erkenntnisobjekt 46 ff
Bezugskurve der Bürokratie 153 ff
Bilanzgerade 180 ff
*Bismarck*sche Sozialgesetzgebung 11
Böhm-Bawerk von, E. 135
Boulding, K. 215
Bretton-Woods-Währungssystem 163, 244
Buchanan, J. M. 23
Budget-Output-Funktion 154
budgetbeschränktes Verhalten der Bürokraten 154
Budgetdefizit, siehe Staatsdefizit
Budgetmaximierung 153
Bürokratie 10, 25, 131, 153 ff, 156 ff, 207, 215, 239, 247
Bürokratie-Theorie 153 ff
Bürokratiesystem 210, 213 ff, 225

Christliche Soziallehre 126, 129, 227, 231
Cobweb-Theorem 223
Cost-benefit-Analyse 194 ff
countervailing power 225
Cournot, A. 258
crowding out 98

Dahl, R. A. 215, 216, 239
Daten 17
Datenänderungen 241, 245, 259 ff
decision lag 71
Deduktion 55
Definitionen 2, 34 ff, 52
Deflationsspirale 113
Demokratie 26, 63, 76, 100, 128, 141 ff, 207, 250 ff, 262 ff
Denkinstrumente 32 ff
Denkmodell 33
deterministisches Menschenbild 38

Deutsche Bundesbank 89, 125 ff, 189
Deutsche Währungsunion 189 ff
Devisenmarkt 89, 244
Devisenmarktinterventionen 89
dezentrale Entscheidungsstruktur 125
Dezentralisierung 238, 262
Differenzierung 209 ff
– funktionelle 209
– personelle 209
– zeitliche 209
Diskriminierung 227
Distribution, siehe Verteilung
Downs, A. 23, 146
Drohsystem 215
Drohung 211
Dumping 152
Dynamik 244
Dynamische Analyse 43 ff

economies of scale 150
ECU 244
Effektivverdienst 69
Effizienz von Mitteln 93, 100 ff
Effizienzanalyse 101 ff
Eigendynamik der Systeme 247, 259 ff
Eigeninteresse 169
Eigennutz 24
Eigentum 95, 113, 214, 231
Eigentumshaftung 231
Eigentumsordnung 214
Eigentumspolitik 95
Eigenwert 77, 81 ff
Eigenwert von Mitteln 93, 97 ff
Eigenwert von Trägern 119, 126 ff
Eigenwertbegründung 77
Einbahnspekulationen 246
Einigungsmechanismus 120
Einkommenselastizität 42
Einkommensentstehungsinteressen 149
Einkommensgleichung 41
Einkommensverteilung, siehe Verteilung
Einkommensverwendungsinteressen 149
Einparteiensystem 226
Einstimmigkeit 165
Einzelprognosen 72
Elastizität 42
Enteignung 193
Entscheidungsstruktur, dezentrale 125
– zentrale 125
Entwicklungshilfe 203 ff
Entwicklungsstand 246 ff
Ergebnisorientierung 242
Erkenntnisobjekt 45
Erkenntnisprozeß 33
Eucken, W. 112, 113, 214, 230, 231, 238, 239, 241, 250, 253
Europäische Gemeinschaft 152, 199

Europäisches Währungssystem (EWS) 89, 126, 190, 244
evolutorischer Prozeß 48
Existenzminimum 69
exit and voice, siehe Abwanderung und Widerspruch
explikative Aussagen 52, 177
explikative Informationen 206 ff
Export 151, 184 ff
externe Effekte 5, 150, 164, 168, 199, 201 ff, 205, 223, 224 ff, 236 ff

Faktenzusammenhang 37 ff
Faktormobilität 158, 221, 260
Faktorrente 198
Falsifizierung 39 ff, 50, 72, 79
Familienlastenausgleich 132
Federal Reserve System 126
Fehlschluß, naturalistischer 55
Fiskalpolitik 90, 98, 104 ff, 144, 164, 219
– expansive 104 ff
Flankierende Maßnahmen 104
Föderalismus 124, 129, 157 ff
Folgekosten 108
Freiheit 9, 68, 115, 217, 227, 250
Frey, B. S. 23
Friedman, M. 146, 234
Funktionsgleichung 42
Funktionszuteilung 206

Galbraith, J. K. 225
GATT 150, 153
Gebietskörperschaften 14, 137 ff, 157 ff, 193, 195 ff
Gebot 14
Gefangenendilemma 166 ff
Geldangebot 125, 189
Geldmengenpolitik 89
Geldnachfrage 189
Geldpolitik 90, 105, 113, 144, 162
Geldwertstabilität, siehe Preisniveaustabilität
Geldwirtschaft 207
Gemeindefinanzen 137, 196
Gemeinden, siehe Gebietskörperschaften
Gemeinwohl 24, 67
gerechte Verteilung 65 ff
Gerechtigkeit 65 ff, 227
Geschlossenheit von Zielsystemen 65
Gesetz der Preisunterschiedslosigkeit 198
Gesetz vom abnehmenden Grenzertrag 181
Gesetz vom abnehmenden Grenznutzen 198
Gesetze 207
Gesetzgebung 157
Gesetzmäßigkeiten 72
Gewerbefreiheit 210
Gewerkschaften 127, 218
Gewinnbeteiligung, investive 86, 94 ff, 231

Gewinnmaximierung 141, 256
Gewinnquote 84
Gewissen 207
Giralgeldschöpfung 75
Gleichgewicht 44, 89 ff, 123, 223, 240
Gleichgewicht, Existenz 223
– externes 89 ff, 123
– internes 89 ff, 123
– Stabilität 223
Gleichgewichtsidee 255
Gleichgewichtstheorie 44
Gleichheit 115, 128
Globalsteuerung 90, 233
goal attainment 3
Gorman, W. M. 193
Grenzertrag 181
Grenzgrößen 42
Grenzkosten-Preis-Regel 237
Grenzkostenkurve 199
Grenznutzen 198
Grenzproduktentlohnung 218
Grenzwähler 264
Grossman, G. 150

Haftung 113
Handelsbeschränkungen 150, 185
Handelsindifferenzkurven 184
Handelspolitik, strategische 150
Harsanyi, J. 121
Haushalt 13, 99, 181
Häußler, E. 97
Hayek von, F. A. 72, 112, 113, 126, 133, 214, 218, 256
Hebesätze, kommunale 159
Helpman, E. 150
Herder-Dorneich, Ph. 23, 216
Hicks, J. R. 56, 190, 191
Hierarchie 215
Hilfswissenschaften 26
Hirschmann, A. 158, 216, 262
Historische Schule 31
Hypothesen 36 ff, 48, 78

Ideen 256 ff
Ideologie 228, 254
immaterielle Größen 194
immaterielle Güter 8
imperative Mengenplanung 237
Import 151, 184 ff
Importkontingent 116
Importnachfrageelastizität 244
Importzoll 116
Indifferenzkurve 180 ff, 184 ff, 190
indikative Planung 234
Individualismus, methodologischer 256
Industrialisierung 229, 247
Industrieansiedlungspolitik 159, 195 ff

Inflation 81 ff, 95, 189
– galoppierende 83
– schleichende 83
Inflationsbekämpfung 81 ff, siehe auch Preisniveaustabilität
Informationen 205 ff, 226
Informationsmonopol 173
Informationsproblem 206
Informationssysteme 206 ff
Infrastruktur 196, 250
Inkrementalismus 228
Innenpolitik 8
Innovationen 75
Inputfaktoren 248 ff
inside lag 71
insider 135
instabiles System 114, 240 ff
Instabilitätsthese 115, 240 ff
institutionelle Sklerose 247, 259
Instrument 12
Intensitätsgrad 14
Interdependenz der Ordnungen 250
Interdependenzen 7
Interessengebundenheit 47
Interessengruppen 146 ff, 261
Interessenkollision 119, 131 ff
Interessenkonflikte 205
internationale Kooperation 161 ff, 166 ff
internationale Ordnung 255
internationaler Preiszusammenhang 162
Internationaler Währungsfonds (IWF) 244
Interventionen 89, 162, 247
Investitionen 99, 104, 234
Investivlohn 86, 94 ff, 231

Jochimsen, R. 58
Johnson, H. G. 90, 122, 123
Juglar-Zyklus 145

Kaldor, N. 56, 190, 191
Kaldor-Hicks-Kriterium 191 ff, 194
Kaldor-Hicks-Test 191 ff
Kalecki, M. 84
Kapitalismus 213
kardinale Maßgröße 43, 178 ff
Kartell 116, 208
Kathedersozialisten 9, 45
Kaufkraft 78
Kausalität 40
Keynes, J. M. 48, 58. 218, 233
Keynesianische Arbeitslosigkeit 84, 105, 111, 138
– Beschäftigungsprogramme 109
– Einkommensgleichung 41
– Konsumnachfrage 42
– Politik 41, 252
– Theorie 82, 90, 98

Klassische Arbeitslosigkeit 105, 111
Klassische Theorie 31, 98
Knies, K. 45
Kollektiveigentum 214
Kollektiventscheidungen 128, 220
Kollektivgüter 13, 106, 144, 148, 153 ff, 203 ff, 209, 220, 224, 230, 232
Kollektivierungstendenz 131
kommunale Konjunkturpolitik 137 ff, 158
kommunaler Wettbewerb 159 ff
komparative Analyse
Kompensationskriterien 190 ff
Kompetenzverteilung 122
Komplementaritätsbeziehungen der Märkte 114
komplexe Phänomene 72, 115
Kompromißfindung 120
Konflikt, faktischer 84
– logischer 84
– permanenter 85
– qualitative 85
– quantitative 85
– situationsbezogener 85
Konformität 93, 111 ff
Konformitätskriterien 114
Konjunktur 90, 217
Konjunkturpolitik 71, 74, 106, 123, 137 ff, 144 ff, 158, 161 ff, 234
Konjunkturschwankungen, antizyklische 74, 138
– prozyklische 74, 138
Konjunkturtheorie 75
Konjunkturzyklus, politischer 144 ff, 219
Konkretisierung von Mitteln 93 ff
Konkurrenz, potentielle 208
– ruinöse 209
Konkurrenzsozialismus 236
Konstanz der Wirtschaftspolitik 113
konstituierende Prinzipien 113, 231
konstitutive Systemmerkmale 243
Konsumentenrente 197 ff
Konsumfreiheit 250
Konsumfunktion 201
Konsumnachfrage 42
Konsumplan 181
Konsumtion 5, 13, 206
Kontrolle 63, 206, 216, 226
Kontrollrichtung 216
Kontrollumfang 216
Konvergenzthese 115, 261 ff
Konzertierte Aktion 234
Kooperation 205
Kooperation, internationale 161 ff, 166 ff
Koordination 205 ff, 238
Koordinationsmechanismus 141 ff, 239
Korrelation 40
Kosten-Output-Funktion 154

Kritischer Rationalismus 26
Krugman, P. 150
Kulturpolitik 8
Kündigungsschutz 135

Laisser-faire-Liberalismus 229
Lange, O. 236
Leber, G. 97
Lehrmeinungen 31
Leibenstein, H. 155
Leistungsprinzip 217, 262
Leitbilder, gesellschaftliche 227
Leitwährungssystem 244
Lerner, A. 56, 178, 236, 244
Liberalisierung 252
Liberalismus 24, 68, 82, 98, 132, 227, 229 ff, 257
Liefmann-Keil, E. 8, 225
Lindblom, Ch. 215, 216, 239
Lipsey, R. G. 84
Lobbyismus 150, 156
log rolling 147, 165 ff, 173, 194
Lohnforderungen 82
Lohnführerschaft 123
Lohnkosten 95
Lohnleitlinie 234
Lohnpolitik 134
Lohnquote 84

Macht 3, 187, 223, 225, 253 ff
– kulturelle 4
– politische 4
– wirtschaftliche 4
Makropolitik 13
Malinvaud, E. 105
Mannheim, K. 47
marginale Konsumneigung 42
Marginalgrößen 42
Markt 13, 46, 215, 239
Marktinterventionen 13 ff, 199 ff
Marktkonformität 112, 231
Marktkonformität außenwirtschaftlicher Maßnahmen 116 ff
Marktmacht 187
Marktmängel 133, 222
Marktmechanismus, freier 231
Marktsystem 210 ff
Marktunvollkommenheiten 150
Marktversagen 133, 222, 236
Marktwert 221
Marktwirtschaft 112 ff, 141, 224, 230, 232, 248, 250 ff, 262
Marktwirtschaft, staatlich gelenkte 232 ff
Marktzugang 210, 231
Marshall, A. 185, 197, 244
Marshall-Lerner-Bedingung 244
Marx, K. 48, 213
Marxismus 70, 257

marxistische Ausbeutungsthese 70
materieller Entwicklungsstand 249
materielle Güter 8
materielle Interessen 207
Maximin-Prinzip 68
Meade, J. E. 184
Meade'sche Handelsoptimum 184 ff
Mehrheiten, qualifizierte 223
– zyklische 223
Mehrheitsentscheidung 143, 165, 202, 212, 223, 226
Mehrparteiensystem 226, 264
Menger, C. 31
Menu-Kosten 261
Meritorisierung 217, 236
Merkantilismus 229, 246, 255
Methodenlehre 62
Methodenstreit 31 ff, 45
Methodik 31 ff
methodologischer Individualismus 256
Migration, siehe Faktorwanderung
Mikropolitik 13
Mill, J. St. 31
Mindesteinkommen 147
Mischsysteme 114
Mißbrauchskontrolle 210
Mittel 10
– Charakter 53
– Effizienz 100 ff
– Eigenschaften 94
– Eigenwert 97 ff
– Formulierung 93
– Konformität 93, 111
– Konkretisierung 93 ff
– Sekundärwirkung 106 ff
Mittelanalyse 46, 93 ff
Mobilität 221
Möglichkeitsanalyse 101
Möglichkeitskurve 186
Monopol 117, 208, 223, 225, 236, 258
– bilaterales 216, 226
– natürliches 209, 230
Monopolisierung des Geldangebots 112, 126
Monopolisierungsgrad 84, 188
monopolistische Konkurrenz 261
moral suasion 14
Mueller, D. C. 121, 218
Müller-Armack, A. 230
Mundell, R. A. 90, 122, 123
Musgrave, R. A. 210
Musterprognosen(Musteraussagen) 72, 115, 256
Myrdal, G. 20

Nachfrage, effektive 41
nachfragebeschränktes Verhalten der Bürokraten 154
Nachfragekurve der Wähler 153 ff

Nachfragelücke 98
Nachfrageüberhang 75, 84, 233
naturalistischer Fehlschluß 55
Naturalwirtschaft 207
Naturrechtslehre 55
Nebenbedingung 8, 55, 187
Neoklassiker 32
Neoklassische Theorie 32 ff, 218
Neopositivismus 33, 62, 81
nicht-tarifäre Handelshemmnisse 150
Nichtlinearitäten 238
nichtversicherungsfähige Risiken 220
Niskanen, W. A. 131, 153, 154, 226
Niveaupolitik 12
Nivellierung der Einkommensverteilung 146, 218
Nominaldefinition 2, 34
Nominierungsprozeß 147
Nordhaus, W. 144, 219, 234
normative Aussagen 52, 177
normative Informationen 206 ff
normative Leerformel 63
normativer Gehalt von Zielen 61
Normativismus 56 ff
Normen 28, 63
Notenbank 87, 124 ff
Notenbankunabhängigkeit 87, 124 ff
Nutzen 178 ff, 194 ff, 203 ff, 207, 256
Nutzenfunktionen 203 ff
Nutzenkalkül 195
Nutzenkonzepte 178 ff
Nutzenmaximierung 3, 21 ff, 141, 178 ff, 256
Nutzenmöglichkeitskurve 191

Objektförderung 252
offene Märkte 113
Offenmarktpolitik 162
öffentliche Güter, siehe Kollektivgüter
Ökonomie der Politik, siehe politische Ökonomie
ökonomische Theorie der Demokratie, siehe Demokratie
ökonomisches Prinzip, siehe wirtschaftliches Prinzip
oligopolistische Konkurrenz 261
Oligopoltheorie 123, 159
Olson, M. 148, 247, 259
Operationalität 2
optimaler Konsumplan des Haushaltes 181
optimum optimorum 178
Optimum, gesamtwirtschaftliches 182
– individuelles 181
Optionsfixierer 153, 225
Optionsfixierungsmacht 208
ordinaler Maßstab 43
Ordnung 142, 227 ff, 239 ff
– Entstehung und Zerfall 239 ff

Ordnung
– gesetzte 214
– spontane 214
Ordnungsanalyse 205 ff
Ordnungskonzeptionen 227 ff
Ordnungspolitik 85
Ordnungssysteme 227 ff, 253 ff
Ordnungstypen 205 ff
Ordo-Liberalismus 230
Organisation 241
Organisationsfähigkeit 173, 261
Orientierungsdaten 234
Outputfaktoren 248 ff
outside lag 71

Paretianische Wohlfahrtsökonomik 56, 178
Pareto, V. 56
Pareto-Feld 191
Pareto-Optimum 203
*Pareto*kriterium 149, 179, 190 ff, 194
*Pareto*optimale Verteilung 201 ff
parlamentarische Kontrolle 226
Parsons, T. 3
Parteien 14, 262 ff
pattern predictions, siehe Musterprognose
Permanent-income-Hypothese 80
Persönlichkeiten 256 ff
*Phillips*kurve 84
Pigou, A. C. 178
Planaufstellung 215
Planifikation 234, 252
Planrealisierung 215
Planung, indikative 234
Planwirtschaft, staatliche 235 ff, 246
Plausibilitätsbeweis 79
policy-mix-Strategie 90, 122 ff
Politik 3
Politikberatung 54, 168 ff
Politikbereiche 7 ff
Politiker 63, 66, 76, 99, 197, 258, 262 ff
Politiker-Wähler-Modell 146
Politikversagen 133
Politikwissenschaft 26
politische Nebenbedingungen 187
Politische Ökonomie 23 ff
politischer Konjunkturzyklus 144 ff, 219
Polyarchie 215
Positivismus 81
Präferenzen 180 ff, 217, 228, 241, 256
Prämisse 36
prästabilisierende Harmonie 229
Preis-Reaktionskurve 160
Preiselastizität 260
Preisniveaustabilität 12, 74, 81, 89, 98, 122, 125, 161, 231
Preisunterschiedslosigkeit 198
Preisverzerrungen 83

Prinzip der konkurrierenden Kompetenzverteilung 122
Privateigentum 113, 214, 231
Problemadäquanz 2
Problemgröße 36
Produktion 5, 8, 13, 206
Produktionsfaktoren 241
Produktionsfreiheit 250
Produzentenrente 199
Prognose 51, 70, 71 ff, 103, 219, 234, 256
Prohibitivzölle 112, 116
Proporzwahlrecht 226
Protektionismus 150, 261
prozyklische Haushaltsführung 158
Pütz, Th. 112, 113

qualitative Analyse 42 ff
quantitative Analyse 42 ff
Quasi-Altruismus 218
Quesnay, F. 229

Rahmenbedingungen 171
Rahmenordnung 112, 142
Randbedingungen, siehe Nebenbedingungen
Rationalisierungsinvestitionen 82
Rationalität 3, 20, 22, 54, 59
Rawls, J. 68, 121
Realdefinition 2
Realignment 190
Realisierung von Zielen 88, 100
realization lag 71
Rechtsordnung 230
recognition lag 71
Regelbeförderung 225
Regeln 6, 146
Regress, unendlicher 80
regulierende Prinzipien 231
Regulierungen 210, 247
Reine Theorie 31
Rentenkonzept 197 ff
Rentenreform 108 ff
Retorsionszoll 150
Revolutionärer Ansatz 228
Rezession 75
Ricardo, D. 31
Risiko 220
Risikobereitschaft 258
Robinson, J. 244
Röpke, W. 112, 114, 115, 116, 117, 230

Sachaussage 54
Sachzusammenhang 40
Samuelson, P. A. 182
Sanktionen 206
*Say'*sches Theorem 218 ff
Schlichtung 122, 223
Schlichtungsdilemma 122

Schlüsselindustrien 235
Schlußverfahren 55, 71
Schmoller von, G. 31, 45
schmutziges Floaten 162
Schumpeter J. A. 23, 25, 75, 82, 133, 141, 146, 148, 169, 256
Schutzzollpolitik 151
Scitovsky, T. 192, 194
Scitovsky-Test 192
second best 186 ff, 189 ff
Sekundärwirkungen 131, 203, 228
– von Mitteln 93, 106 ff
Selektionsprozeß der Wahrnehmung 47
Senioritätsregel 135
Sicherheit 9, 115, 217, 220, 227, 261
Situationsanalyse 69
Skaleneffekte 130
Smith, A. 141, 229, 230, 257
Soziale Marktwirtschaft 230
sozialer Frieden 217, 220
soziales Ansehen 14, 207
Sozialgesetzgebung 11, 230
Sozialhilfe 69
Sozialisierung des Eigentums 227
Sozialisierungsprozeß 229
Sozialismus 68, 213, 227, 232, 236
Sozialismus freiheitlicher 232
Sozialpolitik 8 ff
Sozialversicherung 232
sozio-technische Umformung 17, 101
Sparangebot 94
Sparprämiengesetz 108
Spekulation 245 ff
Spieltheorie 166 ff
spontane Ordnung 214
Staatsdefizit 98
Staatsverschuldung 98 ff
stabile Wirtschaftspolitik 231
stabiles System 240 ff
Stabilisierungspolitik 18, 84, 107, 168, 218
Stabilität 240
Stabilitätsgesetz 125
Stagflation 76, 233
Stammwähler 264
Startchancengleichheit 68, 152
stationäre Gesellschaft 77, 240
Statische Analyse 43 ff
Steinmann, B. 113
sterilisierende Geldpolitik 162
Steuern 100, 208
Steuerpolitik kommunale 161
Stimmenaustausch (vote trading) 121
Stimmengewinne 130
Stimmenkumulierung 148
Stimmenmaximierung 23, 141
Subjektförderung 252

Subsidiaritätsprinzip 63, 119, 126, 129 ff
Substitutionsbeziehungen der Märkte 114
Substitutionselastizität 208
Subsysteme, gesellschaftliche 4
Subventionen 199 ff, 208, 261
System konkurrierender Geldschöpfungsinstitutionen 126
Systemänderung 243
Systemdynamik 244, 259
Systemkonformität 93, 111
Systemmängel 222 ff
Systemmerkmale 243

Tabellini, G. 144
Tarifautonomie 234
Tariflohn 69
Tarifpartner 119
Tarifverhandlungen 122, 127, 134, 221, 234
Tarifvertrag 95
Tausch 13
Tauschkurve 185
Tauschsystem 215
Tautologie 33, 77
technischer Fortschritt 241
terms of trade 97, 150, 184 ff
terms of trade-Effekt 150
terms of trade-Linien 185
Thalheim, K. C. 112
Theorem von *Tinbergen* 86 ff, 90
Theorie der Scheine 216
Theorie des Zweitbesten, siehe second best
These von *Böhm-Bawerk* 135
time lags 71
Tinbergen, J. 17, 86, 87, 90
Totalsozialisierung 235
Träger 10, 14
– Eigenwert 126 ff
– Willensbildungsprozeß, 119
Trägeranalyse 46, 119 ff
Transformationskurve 88 ff, 181 ff, 186
trial and error-Prozeß 159
Trittbrettfahrerverhalten 203
Tullock, G. 23, 131
Turgot, A. R. 229

Überflußgesellschaft 69
Umsatzsteuern 112
Umverteilung 146, 184, 202, 231, 232
Umweltbelastungen 196
Unabhängigkeit der Mittel 88
Ungleichgewicht 240
Ungleichgewichtstheorie 105
Unternehmer 37, 75, 250, 256
Unternehmung 13

unvollkommene Märkte 150
Ursache-Wirkungs-Zusammenhang 17, 93, 101
utopische Ziele 88

Verbände 156 ff
Verbot 14
Vergessensrate 144
Verhalten 39, 76
Verhandlung 122, 207, 215, 239
Verhandlungslösung 165
Verhandlungssystem 210, 211 ff
Verifizierung 39 ff, 50
Verkehrswirtschaft 214
Versicherung 220
Versorgungsstaat 232
Verstaatlichung 235
Verteilung 8, 65 ff, 82, 95, 109, 146, 201 ff, 217 ff, 221, 227, 231, 236, 247, 262
Verteilungspolitik 12, 65 ff, 82, 95, 105, 109, 224, 247, 262
Verteilungstheorie von *Kalecki* 84
Verteilungsziel 85
Vertragsfreiheit 113, 231
Verzögerungen 71
Volkskapitalismus 231
Vollbeschäftigung 66, 74, 164, 218, 233
Vollbeschäftigungspolitik 132
vote trading 121
voting by feet 158

Wachstum 82, 95, 164, 217
Wachstumspolitik 68
Wagner, A. 45
Wähler 153 ff, 262 ff
Wahlsystem 67, 141 ff, 210, 212 ff, 215, 223, 234, 239
Währungskonkurrenz 126
Währungspolitik 113, 123, 124 ff
Währungssysteme 244
Wanderungen, siehe Faktorwanderung
Weber, M. 32, 45, 56, 58, 59, 153
Wechselkurs 89 ff, 117, 161, 244
Weisser, G. 9, 56
Wertbasisproblem 47 ff
Wertprämisse 55
Werturteilsfreiheit 19, 32 ff, 46 ff, 52 ff
Werturteilsproblematik 44 ff
Wettbewerb 117, 128, 142, 158, 159, 188, 208 ff, 229, 258
– der Systeme 262
– der Wissenschaftler 175
Wettbewerbsgesetzgebung 231
Wettbewerbsintensität 209, 216
Wettbewerbspolitik 230
Willensbildungsprozeß 67, 119 ff, 127, 141 ff, 206
Wirkungsanalyse 16

Wirtschaft, Begriff 3
Wirtschaftsethik 26
Wirtschaftsgeschichte 26
Wirtschaftspolitik, Definition 1 ff, 7, 16
Wirtschaftsrechnung 238
Wirtschaftsrecht 26
Wirtschaftssystem 93, 111
Wirtschaftstheorie 16, 32
Wissen 6, 147
Wissenschaft, wertgebundene 57
Wissenssoziologie 47
Wissensvermittlung 6
Wittman, D. 144
Wohlfahrt 11, 150, 227, 260
Wohlfahrtsfunktionen 179 ff
Wohlfahrtsökonomik 29, 88, 177 ff
Wohlfahrtsoptimum 178, 180 ff
Wohlfahrtsvergleich 197 ff
Wohlfahrtswirkungen 151
Wohlfahrtsziele 67
wohlmeinender Diktator 180
Wohlstand 262
Wohnungsbau, sozialer 233
Wohnungspolitik 252

X-Ineffizienz 155

Zahlungsbilanz 89
Zentralbank, siehe Notenbank
zentrale Entscheidungsstruktur 125
Zentralisierung 64, 127, 131, 235 ff
Zentralverwaltungswirtschaft 214, 237 ff
Ziel
– Aktualität 62, 69 ff, 103
– außenwirtschaftliches 85
– Begründung 62, 76
– Bereiche 12
– Charakter 53
– Eignung 216
– Formulierung 63
– Gewichtung 115
– Harmonie 83
– Hierarchie 11
– Immunisierung 78
– Inhalt 12, 61
– konjunkturpolitisches 85
– normativer Gehalt 61, 62 ff
Ziel-Mittel-System 3, 17
Ziel-Mittel-Träger-Problem 205
Zielanalyse 46, 61 ff
Zielkonflikt 20, 62, 83 ff, 106
Zielsystem 65
Zins 94
Zölle 97, 112, 116, 150 ff, 184 ff
Zwang 136, 202, 229, 235 ff
Zwangssparen 95
Zweiparteiensystem 263